원불교와 깨달음

원불교와 깨달음

류성태 著

學古房

프롤로그

본 저서는 종교체험, 궁극적 실재 및 원불교의 깨달음에 대한 개론적 성격을 지니고 있다. 일원상의 깨달음에 쉽게 접근할 수 있도록 성리(性理)를 중심으로 비교적 평이하게 서술하였다.

불교의 화두와 같은 성리는 생각만큼 접근하기가 쉽지 않다는 것이며, 본 저술 작업도 이러한 고민 극복의 차원에서 시도되었다. 종교적 깨달음이란 단박에 이루어지는 것이 아니라 의두와 성리 연마를 통해 이루어지는 것이기 때문이다.

저술이라는 벽돌을 쌓을 때마다 부족함을 느끼고 때론 후회스럽기도 하지만, 이 순간의 최선이라 안위(安慰)하면서 겸허한 마음을 지면에 전하고자 한다. 깨달음을 향한 종교 및 인문학적 개념정의와 문제의식의 일단이라고 본다면 좋을 것이며, 이러한 관견(管見)이 필자로 하여금 용기를 부추긴 것이다.

환기컨대 성리를 너무 어렵게 생각하지 않았으면 한다. 필자는 〈원불교신문〉에 「문목(問目) 둘러보기」를 3년간 연재하면서(원기95-97년) 나름대로 성리와 깨달음에 대한 관심을 기울였다. 성리의 전신인 문목 137항목을 대종사의 사상과 경륜 밝히는 차원에서 연마, 깨달음과 성리에 관심이 커진 것이다.

21세기는 영성의 시대이다. 영성과 관련한 종교의 중심 기능이 깨달이라는 것을 감안하면, 원불교 100년에 즈음하여 성리가 더욱 조명될 것이다. 현대인들을 깨달음의 세계로 인도하지 못하면 종교의 역할은 축소될 수밖에 없다고 본다.

본 저서의 출판에 협력한 서울 학고방 사장님께 심심한 사의를 표하며, 우리 모두 깨달음의 개벽인이 되기를 염원한다.

2012년 4월 신룡벌 서재에서
류성태 識

목차

총설

1. 원불교, 깨달음 어떻게 보는가? ……………………………… 13
2. 성리와 깨달음의 연구방법론 ………………………………… 18

깨달음의 체험

1. 깨달음의 본질론 ……………………………………………… 23
   1) 깨달음의 본질 ……………………………………………… 23
   2) 깨달음의 가치 ……………………………………………… 28
   3) 깨달음과 지식 ……………………………………………… 34
2. 깨달음과 경전 ………………………………………………… 40
   1) 성자의 출현과 깨달음 …………………………………… 40
   2) 깨달음과 나 ……………………………………………… 46
   3) 깨달음과 경전 …………………………………………… 52
3. 깨달음의 장애 ………………………………………………… 61
   1) 중생과 부처의 간극 ……………………………………… 61
   2) 무명과 깨달음 …………………………………………… 67

3) 깨달음의 장애 ·· 72
4. 종교와 깨달음 ·· 77
  1) 깨달음과 종교 ·· 77
  2) 깨달음과 동서종교 ·· 82
  3) 인도철학의 깨달음 ·· 87
  4) 불교의 깨달음 ·· 92
  5) 도교의 깨달음 ·· 98
  6) 유교의 깨달음 ·· 102
  7) 한국종교의 깨달음 ·· 107

원불교와 깨달음

1. 깨달음과 일원상 ·· 115
  1) 일원상과 깨달음 ·· 115
  2) 게송과 깨달음 ·· 121
  3) 의두·성리와 깨달음 ······································ 126
2. 깨달음과 원불교 ·· 131
  1) 깨달음의 교판적 접근 ···································· 131
  2) 원불교의 깨달음 ·· 137
  3) 깨달음과 마음공부 ·· 143

3. 깨달음의 공유 ·· 149
   1) 깨달음의 공유 ·· 149
   2) 누구나 깨달을 수 있는가? ······························ 154
   3) 돈오점수와 깨달음 ······································· 159

4. 깨달음의 계기와 체험 ····································· 165
   1) 깨달음의 계기 ·· 165
   2) 깨달음의 방법 ·· 170
   3) 깨달음의 단계 ·· 175
   4) 깨달음의 체험 ·· 180
   5) 깨달음의 결과 ·· 185

5. 21세기와 깨달음 ·· 190
   1) 깨달음과 성직자 ··· 190
   2) 깨달음의 사회적 기여 ·································· 195
   3) 깨달음의 해석학 ··· 200
   4) 깨달음과 21세기 ··· 206

궁극적 실재와 법신불

1. 종교의 본질과 성리 ·· 213
   1) 종교의 본질과 궁극적 실재 ···························· 213

2) 성리와 궁극적 실재 ·· 216

2. 궁극적 실재와 법신불 ·· 220
   1) 궁극적 실재의 의미와 절대자 ······························· 220
   2) 궁극적 실재와 법신불 일원상 ································ 226

3. 궁극적 실재의 존재와 인식 ··· 231
   1) 궁극적 실재의 존재론적 접근 ································ 231
   2) 궁극적 실재의 인식방법론 ···································· 236

4. 자아체험과 궁극적 실재 ··· 241
   1) 궁극적 실재와 자아발견 ······································· 241
   2) 궁극적 실재와 종교체험 ······································· 245
   3) 궁극적 실재의 본질과 절대무 ································ 250

5. 궁극적 실재의 탐구와 응답 ··· 255
   1) 궁극적 실재의 탐구영역 ······································· 255
   2) 궁극적 실재에 응답하는 종교 ································ 259

원불교의 문목과 성리

1. 의두 성리가 강조되는 이유 ·· 265
2. 『수양연구요론』의 문목 등장 ······································· 267
3. 문목 개념의 변천 ·· 272

4. 문목 항목의 변천 ……………………………………… 280

5. 문목의 의의 및 과제 …………………………………… 294

6. 의두와 성리로의 변신 ………………………………… 301

원불교 성리의 본질

1. 봉래주석과 성리형성 ……………………………………… 305
   1) 봉래정사 주석기와 성리 ……………………………… 305
   2) 성리의 형성과 변천과정 ……………………………… 311

2. 성리의 본질과 일원상 …………………………………… 317
   1) 성리의 본질 …………………………………………… 317
   2) 성리와 일원상 ………………………………………… 322

3. 정전과 대종경의 성리 …………………………………… 329
   1) 정기훈련 11과목과 의두 성리 ……………………… 329
   2) 대종경의 성리품 ……………………………………… 334

4. 원불교 성리와 전통사상 ………………………………… 339
   1) 성리와 유교 성리학 …………………………………… 339
   2) 성리와 불교화두 ……………………………………… 343
   3) 원불교 성리의 특징 …………………………………… 349

5. 성리의 적공과 방법 ……………………………………… 355

1) 성리와 적공 ································· 355
　　2) 성리와 깨달음 ······························ 360
　　3) 성리연마의 방법 ··························· 364

6. 정법교리와 성리의 난제 ···················· 370
　　1) 정법교리와 성리 ··························· 370
　　2) 성리의 난제(難題) ························ 376
　　3) 평상심과 성리 ······························ 380

7. 성리 해석학과 교단 100년 ················ 385
　　1) 성리 해석학 ································· 385
　　2) 자신성업봉찬과 교단 100년 ········· 390

총설

1. 원불교, 깨달음 어떻게 보는가?

우리의 생명력은 세상을 살아가는 에너지라는 점에서 매우 중요한 것이라 본다. 이 생명력은 인간의 원초적 욕구라 해도 좋을 것이다. 삶에 대한 욕구가 있어 모든 생명체는 고귀한 생명을 유지하기 때문이다. 육신의 생명력에 더하여 정신의 활력에 관련된 욕구란 무엇일까? 그것은 깨달음이라 보며, 이성적 존재로서 깨달음보다 고상하고 아름다운 인품은 없을 것이다.

고금(古今)을 통하여 인류의 지속적인 존경을 받아온 분은 누구이며, 그들은 왜 존경받고 있는가? 여기에서 성자 출현이 거론되며, 성자의 반열에 있는 분들이 숭앙을 받는 것은 그들이 절대자, 혹은 진리에 대한 깨달음을 얻었기 때문이다. 만일 이들이 진리의 혜안(慧眼)을 얻지 못했다면 숭경을 받을 수 없었을 것이다.

혜안을 지닌 성자들로서 석가와 예수, 공자와 노자, 마호메트와 소크라테스 등이 오늘날 더욱 각인되고 있는 이유는 무엇인가? 그들은 정신문명에 엄청난 영향을 미친 성현들이며, 인류의 문명사를 통해서 우리에게 정신세계의 맑은 영성을 선사하였기 때문이다. 곧 일체 생령들에게 지혜의 샘으로서 진리에 눈을 뜨게 하였던 것이다. 진리에 눈을 뜬다는 것은 깨달음의 세계에 진입한다는 뜻이다. 세계적 성현이 등장할 때마다 우리에게 맑은 영성을 깨우쳐 주는 계기가 되어왔다.

물론 성자의 출현은 어느 한 시대만의 일은 아닐 것이다. 고금을 통해 이들의 등장은 가능한 일이다. 난세에 처할 때 인류를 향도할 메시아적 성자 출현을 간절히 염원하는 것은 그들이 새 시대를 구원할 지도자로 우리에게 친근하게 다가서기 때문이다. 한국 근대의 종교 지도자로서 최수운, 강증산, 소태산 등이 그들이다.

1916년 4월 28일, 원불교를 창립한 소태산 대종사는 19세기 말 민족의 암울한 상황에서 희망의 빛으로 우리에게 다가왔다. 유년기인 7세부터 깨달음에 대한 열망 속에서 하늘은 왜 푸르고, 구름은 왜 떠다니는가 등 우주에 대한 호기심으로 가득하였다. 이러한 깨달음에의 열망은 청년기까지 지속되어 오랜 구도 고행의 결과, 마침내 청년 26세에 큰 깨달음을 이루게 된다.

그러면 소태산은 무엇을 깨달았다는 것인가? 신비의 이적을 나투기라도 했다는 것인가? 이는 원불교 교리의 정체성과도 관련된다. 그는 대각일성(大覺一聲)에서도 밝힌 바와 같이 만유가 한 체성이며 만법이 한 근원임을 깨달았다. 곧 생멸없는 도와 인과보응의 이치라는 일원상 진리를 각득하였으며, 원불교에서는 이날을 대각개교절(大覺開敎節)이라 한다.

일원상 진리의 깨달음을 통해 대각을 이룬 소태산은 당시의 심회(心懷)를 『대종경』 성리품 1장에서 다음과 같이 밝힌다. "청풍월상시(淸風月上時)에 만상자연명(萬像自然明)이라." 바람 부는 맑은 날, 둥근 달이 뜬 밤하늘에 삼라만상이 자연 밝아진다는 뜻이다. 깨달음의 환희가 이처럼 법열로써 우리에게 전해지고 있다. 선천과 후천이 교역되던 날 소태산의 깨달음은 혜안, 곧 불안(佛眼)으로 비추어져 우주 삼라만상이 온전히 드러났음을 환희의 심경으로 바라본 것이다.

 후천개벽의 성자인 소태산 대종사에게 밝은 지혜의 광명을 가져다 준 깨달음의 내역은 크게 두 가지로 묘사되고 있다.

 그 첫째는 불생불멸의 원리이다. 불생불멸이란 엄연히 생로병사의 속박 속에 있는 인생사를 돌아볼 때 윤회 해탈이라는 영원성을 상징하는 면에서 불가사의한 일이다. 중국 고대의 사유에 의하면 생사란 기(氣)의 취산(聚散)이라 하여 일생만을 인정해오던 터에, 불교의 사유에 따라 전생과 현생, 내생이라는 영생사를 인정해야 하는 점에서 더욱 그렇다. 소태산은 『대종경』 천도품에서 말하기를, 육체는 비록 죽었다 살았다 하여 이 세상과 저 세상이 있으나 영혼은 영원불멸하여 길이 생사가 없다(16장)고 하였던 것이다.

 그 둘째는 인과보응의 이치이다. 소태산은 이 세상의 생명현상을 인연연기의 은혜 충만으로 보았다. 만유의 중중무진한 생명력으로 드러난 은혜의 종류를 천지은, 부모은, 동포은, 법률은이라 하였으며, 이 네 가지 은혜의 작용은 영원히 상생의 기운 속에서 지속된다고 하였다. 그것은 각자의 업보에 따라 선연선과 악연악과로서 생로병사의 윤회를 한다는 것이다. 이에 소태산은 삼세의 인과에 통달하여 삼계화택(三界火宅)에서 헤매는 일체 중생으로 하여금 한 가지 극락에 안주하도록 해야 한다(대종경, 인도품 2장)고 하였다.

 이처럼 소태산은 생로병사를 해탈하여 불생불멸이라는 영생의 길을 얻고 인과의 이치를 터득하여 인류에게 혜복을 구하도록 하였다. 그의 깨달은 내역은 원불교가 추구하는 교리정신의 정체성을 파악하는데 도움을 준다. 원불교 교법의 대체(大體)는 두 가지의 큰 기둥, 곧 불생불멸과 인과보응이라는 이치로 구성되어 있으며, 이는 원불교 신앙의 대상과 수행의 표본인 일원상 진리의 요체인 것이다.

  물론 두 가지의 깨달음은 전통불교의 교리와 큰 차이가 없다고 볼 수도 있을 것이다. 소태산은 스스로의 구도에 의해 큰 깨달음을 얻었음에도 불구하고 그가 깨달은 내역을 살펴보면 이미 석가모니가 깨달은 것과 큰 차이가 없음을 알고 다음과 같이 말한다. "내가 스승의 지도 없이 도를 얻었으나 발심한 동기로부터 도 얻은 경로를 돌아본다면 과거 부처님의 행적과 말씀에 부합되는 바 많으므로 나의 연원을 부처님에게 정하노라"(대종경, 서품 2장). 그가 원불교를 창립할 때에 불법을 주체로 하여 새 영산회상을 이루었던 것이다.

  한국의 궁촌벽지 영광의 영촌마을에서 출현한 소태산은 대각을 이룬 후 원불교가 불법을 연원으로 하였다는 점에서, 불법 주체의 정신과 불교 혁신의 정신을 강조하였다. 전통불교가 오랜 세월을 지내오면서 아노미 현상 등으로 개혁해야 할 점이 많음을 인지한 소태산은 원기 20년 (1935) 『조선불교혁신론』을 저술함으로써 새 시대의 새 불교를 세상에 펼치고자 하였기 때문이다. 선천시대의 기성종교가 지닌 한계를 극복하고 후천시대의 용화회상이라는 새 불법의 정신개벽을 개교동기로써 천명한 것이 이와 관련된다.

  이제 원불교는 창립 100년(2016)을 맞이하는 세기적 전환기에 처해 있다. 새 시대의 깨달음을 이룬 소태산 대종사의 포부와 경륜을 재음미함과 동시에 이를 새롭게 부각시킴으로써 원불교가 건설하고자 하는 낙원세계의 미래상을 펼쳐 보여야 한다. 여기에는 여러 방법이 동원되지만 우선 소태산이 깨달은 대각(大覺)의 정신으로 돌아가야 한다는 뜻이다.

  따라서 "원불교의 깨달음이 지향하는 본질이 무엇인가?"라는 것을 다시 새겨보고 자신부터 무명의 암흑에서 벗어나는 적공이 요구된다. 그것은 일원상 진리를 깨달아 실천하는 것에서 비롯되는 바, 원융무애하고 무시무종한 일원상의 진리를 깊이 요해하고 실천에 옮기는 일이 필요하다는 뜻이다. 소태산의 깨달음이 바로 불생불멸과 인과보응의 일원상 진리에서 비롯되었다는 점에서 영생의 이치와 상생의 이치를 몸소 실천에 옮기자는 것이다.

소태산이 『정전』에서 밝힌 일원상 진리의 신앙 및 수행은 우리가 평소 신행(信行)으로 행해야 할 핵심 교리이다. 소태산은 「일원상의 진리」를 설하면서 일원은 우주만유의 본원이며 제불제성의 심인이며 일체중생의 본성이라 하였다. 나아가 대소유무, 생멸거래, 선악업보, 언어명상이 끊어진 자리라 하면서도 공적영지의 광명을 따라 대소유무, 선악업보, 언어명상이 완연하다고 하였으니 일원상 진리의 체용(體用)을 일목요연하게 설명하였다.

체용 겸비의 일원상 진리를 깨닫기 위해서는 무엇보다도 성리 연마가 중요하다. 일원상 진리에 계합할 수 있는 여러 길 중에서도 성리를 거론하며, 이는 우주만유의 본래이치와 우리의 자성원리를 해결하여 알자는 것이라고 소태산은 밝히고 있다. 깨달음의 종교로서 원불교가 성리 연마를 중시하는 이유가 여기에 있다. 진리를 깨닫도록 하는 방법으로서의 성리 연마는 불교의 화두 연마와 통한다는 점에서 견성성불에 있어서 요긴한 길이 아닐 수 없다.

주목할 바, 원불교에서 마음공부를 강조하는 것도 궁극적으로 깨달음을 향한 길이며, 마음의 원리를 깨닫는 성리 연마가 필수라는 것이다. 하루하루 부단히 마음을 수련하는 수도인으로서 성리 연마에 게으를 수 없는 이유이다. 원불교에서 자주 거론되는 '자신성업봉찬'의 의미가 이러한 자신의 자성을 발견하는 성리 연마를 통해서 진행되는 사업임을 명심하자는 것이다.

본 저서를 통해 궁극적 실재인 일원상의 깨달음, 곧 성리 연마의 당위성을 거론함으로써 원불교가 깨달음을 강조하는 종교라는 점을 드러내고자 하였다. 원불교는 정법회상으로서 깨달음을 향도하는 종교가 되어야 한다는 것이다. 깨달음을 간과하거나 소홀히 하는 종교는 설사 그것이 교세가 대단한 기성종교라 해도 기복종교로 전락할 수 있음을 인지할 필요가 있다. 원불교가 오탁악세의 병을 진단, 마음 정화의 청량제로서 무명 중생을 인도하는 종교의 소명을 다하자는 뜻이 여기에 포함되어 있다.

2. 성리와 깨달음의 연구방법론

머리말에서 밝힌 바처럼 필자는 초기교단의 문목(問目)을 〈원불교신문〉에 140여회 연재하면서 성리에 대한 관심이 더욱 깊어졌다. 본 신문의 고정 칼럼으로서 「문목 둘러보기」는 스스로에게 사유하는 기회를 가져다 준 것이다. 문목 관련 글을 연재하면서 조심스러웠던 것은 "류성태가 성리를 알아?"라는 소리가 귓가에 들리는 것 같았다. 그 순간 "그래, 내가 성리를 알면 얼마나 안다고?"라며 잠시 신문 연재에 대한 두려움을 느낀 적이 있었다.

이제부터 진리의 심오함에 눈을 더 뜨고 의두와 성리를 가까이 천착해 들어가야겠다는 결심을 하게 된 것이다. 이를 계기로 일원상 진리, 깨달음의 방법, 의두의 의미, 성리의 연마 등 많은 소재가 뇌리에 스쳐지나가며 지금까지 고민한 흔적들을 본 지면에 조심스럽게 서술하였다. 이러한 과정들이 오늘의 『원불교와 깨달음』이라는 저서로 탈바꿈되니 설사 미흡한 글이 발견된다고 해도 나름대로 최선을 다했음을 밝힌다.

　많은 수행자들이 "성리 연마가 잘 안 된다"며 성리의 테마를 찾지 못하고 흥미를 느끼지 못하는 경우가 있다. 왜 이러한 현상이 나타나는가? 그것은 성리 연마의 방법론에 소홀한 탓이라 본다. 본 저서는 이에 다소 도움이 되리라는 안위를 하면서 필요할 경우 석학 제현의 글들을 참조함으로써 성리 및 관련 사상들을 음미하며 나름대로의 관견을 정리한 것이다.

　저서의 목차를 보면 모두 5장으로 구성되어 있다. 즉 깨달음의 체험, 원불교와 깨달음, 궁극적 실재와 법신불, 원불교의 문목과 성리, 원불교 성리의 본질론이 이와 관련된다. 여기에서 깨달음의 체험이 간절함을 밝혔고, 원불교의 깨달음이란 무엇이며, 법신불과 궁극적 실재의 관련성을 모색하였다. 이어서 원불교의 의두 및 성리의 전신인 문목의 발전사를 거론하였고, 원불교 성리의 본질론을 모색하였다.

　목차의 각5장이 지니는 특징은 깨달음을 전제로 한 개론서적 의미를 지니는 면에서 중복 내지는 산만할 수도 있음을 부인할 수 없다. 필자 나름대로의 관점에 따라 5장의 대체를 조망해 보면 깨달음의 체험과 더불어 원불교 깨달음의 정체성을 밝히는데 지면을 할애하였다. 또한 법신불 일원상인 궁극적 실재에 대한 관심을 갖고 의두와 성리를 연마함으로써 결국 수도인의 염원인 깨달음에 이른다는 것에 초점을 두었다.

　구체적으로 저술의 논조를 일목요연하게 이해하려면 「총설」 1-2부분이 적절할 것이며, 세부적으로 각 장별(章別)의 특성을 이해한다면 저서가 지향하는 방향을 대략 알 수 있으리라 본다. 무엇보다도 내용의 요체는 원불교 성리와 깨달음이라는 주제를 통해 21세기의 바람직한 교단과 신앙인의 성불제중을 일관하고 있다. 각 장별의 특색을 우선 살펴보자.

　제1장은 깨달음의 체험에 대하여 살펴보았다. 여기에서는 깨달음의

본질과 공유, 깨달음의 계기와 체험, 깨달음의 장애가 무엇인지 하나하나 점검해 보았다. 특히 깨달음의 계기와 체험의 장에서는 깨달음의 방법과 결과를 거론함으로써 깨달음의 유용성을 제기하고자 하였다. 그리고 깨달음의 장애에서는 무명 중생의 한계를 밝히고 이의 극복 방안에 관심을 갖도록 했다.

제2장은 원불교와 깨달음에 대하여 점검하였다. 일원상을 왜 깨달아야 하는가를 언급하면서 깨달음의 교판적 접근을 시도하였다. 이어서 종교와 깨달음에서는 동서 종교에서 깨달음을 어떻게 보는가와 한국종교의 깨달음에 대하여 살펴 보았다. 나아가 21세기의 깨달음을 향하여 성직자의 역할, 해석학에의 기대, 21세기에 있어서 깨달음의 중요성을 점검하였다.

제3장은 궁극적 실재와 법신불의 관계를 살펴보았다. 법신불 일원상은 원불교의 궁극적 실재임을 확인할 수 있으며, 주로 궁극적 실재의 존재와 인식의 방법에 대하여 조명하였다. 자아발견과 종교체험에 있어서 궁극적 실재는 인격 성숙을 향한 탐구의 대상이었고, 그 실재에 응답하는 종교가 미래사회를 바르게 향도할 수 있는 종교라는 것도 모색했다.

제4장은 원불교의 문목과 성리에 대한 것이다. 여기에서는 의두와 성리가 강조되는 이유를 밝히면서, 원기 12년(1927)에 발간된 『수양연구요론』에 문목이 등장하게 된 배경을 살펴보았다. 그것은 문목의 개념과 항목의 변천과정에 연구의 초점을 두었다는 뜻이며, 나아가 문목의 의의와 과제는 물론 문목이 의두와 성리로 정착되는 과정을 살펴보았다.

제5장은 원불교 성리의 본질에 대하여 논하였다. 소태산은 봉래 주석 당시에 깨달음을 향한 성리의 법어를 주로 설하였던 점을 참조하여 성리의 본질과 일원상의 관계에 대하여 조명하였다. 나아가 원불교의 교서에

서 거론되는 의두와 성리 항목들을 살펴보았으며『정전』의 정기훈련 11과목과 의두·성리는 물론 『대종경』의 성리품을 조망한 것이다. 또한 성리와 제종교의 관계, 성리의 적공과 깨달음의 관련성에 대해서도 서술했다.

앞으로 정법을 신앙하고 수행하는데 있어서 원불교의 의두와 성리에 대한 관심은 개인은 물론 교단적으로 바람직한 일이다. 소태산이 초기교단을 건설할 때 법풍을 불러일으키고 법위를 향상시키기 위해 밝힌 문목(問目)에 관심을 갖는 것은 당연하다. 본 저서는 교학 정립에 있어서 의두와 성리 나아가 깨달음의 해석학이 되기를 바라마지 않는 것이다.

이에 우리는 궁극적 실재인 법신불과 만날 수 있는가를 지속적으로 자문해보아야 할 것이다. 법신불 일원상과의 교류를 통한 깨달음의 장에 진입할 수 있기 때문이다. 원불교 창립 100년을 전후하여 자신성업봉찬사업과 교화대불공이라는 양대 과제에 접하여, 성리를 연마하고 깨달음에 이르는 방법, 나아가 이와 관련한 지평의 확대라는 점에서 본 저서가 종교인의 영성함양 및 교단 발전에 일익이 되기를 염원해 본다.

제1장
깨달음의 체험

1. 깨달음의 본질론

1) 깨달음의 본질

고금 종교나 철학의 정신세계에서는 깨달음의 문제에 대하여 깊은 관심을 가져왔다는 점에서 그 의미를 새겨볼만한 일이다. 각(覺)은 『설문』에 의하면 오(悟) 또는 오(寤)로 해석되고 있다. 두 해석의 의미는 같은데, 전자는 마음의 깨우침과 관련되고 후자는 실상의 꿈에서 깬다는 뜻으로 이해된다. 이에 허실의 경험이 현실세계의 정신 활동에 투사되어 마음의 미혹과 청정 상태를 구분하게 되는 바, 여기에서 오(寤) 또는 오(悟)의 정신적 의미가 드러나고, 각(覺)은 인간의 내면적 양지의 각성과 계발을 의미하게 된다.[1] 여기에서 거론하고자 하는 것은 깨달음이란 주로 종교적인 영역인 것으로서 오(悟)와 관련된다고 볼 수 있다.

불교 신앙의 세계에 있어서 깨달음이란 주로 연기론이 강조되고 있다. 이를테면 불법의 깨달음은 피차(彼此)의 인연 및 상관성에 관련된다는 것이다. 원시 불경에 나타난 불타의 언급은 이를 시사하고 있다. "연기법은

---

1) 이경무,「동양의 學과 서양의 學問」,『범한철학』22집, 범한철학회, 2000 가을, p. 265.

내가 만든 것이 아니고 다른 사람이 만든 것도 또한 아니다. 그러나 여래가 세상에 출현하거나 아직 출현하지 않았거나와 이에 관계없이 법계에 항상 존재하는 것이다. 여래는 이 법을 스스로 깨달아 정각을 이루고 모든 중생을 위하여 분별하여 연설하고 개발하여 현시한다"(T.99, p.85 b).[2] 불타가 깨달은 연기론은 이것이 있으므로 저것이 있고 저것이 있으므로 이것이 있다는 인연 연기의 법칙에 대한 것이다.

불타의 깨달음은 인연 연기론에 바탕한 보리심(菩提心) 곧 정신적 깨달음과 연계된다. 불교의 아뇩다라 삼먁삼보리를 얻는 것이 깨달음이기 때문이다. 『금강경』에 의하면 아뇩다라 삼먁삼보리를 얻어 깨달음을 얻었다는 말이 나온다. 그것은 정지(正智)와 관련되는 것으로 제자 수보리와의 대화에 잘 나타나 있다. "또한 수보리야 선남자 선녀인이 이 경을 받아 가지며 읽고 외우되 만일 남에게 업신여김이 되면 이 사람은 선세(先世)의 죄업으로 마땅히 악도에 떨어지련마는 이 세상에서 남에게 천대를 받는 고로 선세 죄업이 곧 소멸하고 마땅히 아뇩다라 삼먁삼보리를 얻으리라."[3] 깨달음에 의하여 아뇩다라를 얻으면 죄업을 멸하고 해탈에 이르도록 적공하여 보리심의 지혜로 세상을 살아갈 수 있기 때문이다.

보리심의 지혜를 통해 정지(正智)를 갖는다면 깨달음은 불성 회복으로 이어진다. 정지는 달리 말해서 내 안에 품부되어 있는 불성을 회복하여 발휘하는 것이다. 인간의 성품에 대한 원효의 절대적 신념은 『열반경 종요』의 불성문에도 나타나 있다. 곧 원효는 불성에 대한 여섯 가지 주장을

---

2) 박선영, 「불교적 교육과 종교적 다원주의」, 『한국불교학』 제11집, 한국불교학회, 1986, p.135.
3) 『金剛經』, 「16. 能淨業障分」, 復次須菩提야 善男子善女人이 受持讀誦此經호대 若爲人輕賤하면 是人이 先世罪業으로 應墮惡道언마는 以今世人이 輕賤故로 先世罪業이 卽爲消滅하고 當得阿耨多羅三貌三菩提하리라.

소개하고 있는데 모두가 나름대로 의미를 지니는 바, 그 대의를 종합하면 중생의 보편적 마음인 이고득락의 마음에 의해서 중생이 부처가 될 수 있으며, 이 마음은 알라야식에 본래 들어있는 종자로서 불성의 본체인 것이다.4) 진여의 성품으로 나타나는 불성이야말로 원효에게는 깨달음의 진경으로 이해되고 있다. 우리가 영성의 신령함을 잃지 않도록 불성의 회복이 요구되는 이유가 이와 관련된다.

불성의 회복이란 달리 말해서 자심미타(自心彌陀)를 찾는 것이기도 하다. 지속적인 염불을 통해서 삼매에 진입할 경우 자심미타를 얻는다고 한다. 우리의 본래 마음은 생멸이 없으므로 무량수라 할 것이요, 또 소소영령하므로 각(覺)이라 하는데 이것을 자심미타라고 한다. 『정전』에서 밝히기를 "우리의 자성은 원래 청정하여 죄복이 돈공하고 고뇌가 영멸하였나니, 이것이 곧 여여하여 변함이 없는 자성극락이니라"5)고 하였음을 참조할 일이다. 깨달음을 통하여 청정한 자성을 회복하고 죄복이 돈공한 경지를 누리는 것이 자성극락이자 자심미타를 발견하는 길이다.

이 자성극락은 나 개인의 사사로운 분별심에 구애되지 않는다. 예컨대 위빠사나 명상의 깨달음에서 가장 중요한 것은 모든 것에는 실체가 없고 나라는 것이 없다는 통찰이다.6) 위빠사나에도 다양한 수행법이 있지만, 나의 알아차림으로써 깨달음을 얻는 것이며, 그것은 삼법인(三法印)에 있다고 할 수 있다. 일상의 삶에서 바른 나를 찾고, 참 나의 각인을 통하여 깊은 통찰력을 얻는 것은 깨달음으로의 진입이자 불법의 참 경지에 이르

---

4) 안옥선, 「원효사상에 있어서 인권의 기초이념」, 『범한철학』 제26집, 범한철학회, 2001년 가을, pp.123-124.
5) 『정전』, 제3수행편, 제3장 염불법, 1. 염불의 요지.
6) 박석, 「명상과 사상과의 관계」, 『원불교사상과 종교문화』 30집, 한국원불교학회 · 원불교사상연구원, 2005.8, pp.19-20.

는 것이라 본다. 개인의 나, 혹은 삿된 나를 벗어난 통찰의 지혜가 깨달음의 본질이 아닐 수 없다.

사적인 나를 극복한 이상 깨달음은 착심을 버리고 현재 그 자리에 바르게, 또 제대로 있는 것을 말한다. 현재 그 자리에 바르게 서 있는 것을 각(覺)이라고 하는 바, 바로 그것이 불교에서 착심을 버리라는 언급과 통하는 것이다.[7] 착심에 매달릴 때 우리는 고통스러운 것이며, 밝은 지혜를 잃어버린다는 점에서 깨달음과의 거리가 멀어지고 만다. 중생의 착심을 극복할 때에 얻어지는 것은 깨달음의 진경이다. 깨달음을 위해서는 중생의 고통인 착심을 극복하려는 노력이 필요하며, 착심을 벗어날 때 진리의 진경을 체험하는 길이기도 하다.

착심을 벗어난 깨달음이란 마음의 맑은 상태를 견지하는 것이며, 그것은 깨달음의 본질에 더욱 다가선다. 우리가 추구하는 마음 상태는 청아하고 맑은 마음으로서 이는 수행인으로서 지고의 목적이기도 하다. 성성(惺惺) 즉 깨어있음(깨달음)이란 마음의 가려짐(어두움)이 없는 맑은 상태를 의미하는 것으로 사물을 있는 그대로 담아내기 위하여 거울의 먼지나 잡티를 제거하는 노력이 필요한 것처럼, 우리에게 이와 같은 노력이 요청되며 이것이 일종의 성성성(惺惺惺)이다.[8] 먼지와 잡티를 제거하는 것이 수행이요 깨달음으로 가는 길이며, 조촐하고 맑은 마음을 얻을 때 적적성성의 경지에 도달하는 것이다.

적적성성의 경지에 이르는 깨달음을 철학 및 종교와 관련지어 본다면 흥미로우리라 본다. 그것은 원불교에서 존재 법칙의 근거가 되는 법신불

---

7) 송항룡, 「노장철학의 세계」, 한국불교환경교육원 엮음, 『동양사상과 환경문제』, 도서출판 모색, 1997, p.59.

8) 최정묵, 「주자철학에 있어 敬의 의미와 위상」, 『동서철학연구』 제22호, 한국동서철학회, 2001년 12월, p.184.

의 위력을 확인하는 것이고, 철학적으로 보면 궁극적 실재를 체험하는 것이다. 진리의 깨달음이란 법신불 일원상이라는 적적성성의 신앙체험과 관련된다. 이같은 신앙체험의 위력에 의해 일원상의 진리는 이해되는 것이며, 모든 것은 일원상에 의해 생존한다는 존재법칙을 알게 된다. 일원상과 동격으로 인지될 수 있는 궁극자에 대해 깊은 관심을 갖는 일이 필요한데 그 궁극적 관심은 우주의 존재법칙과 인생의 문제로 압축된다.[9] 존재법칙의 근거를 진공묘유의 적적성성한 일원상으로 파악하는 것은 참 오도의 길이요, 이와 유사하게도 철학에서는 폴 틸리히가 언급하듯이 궁극적 실재에 대한 깊은 인식으로서 깨달음으로 연결된다.

깨달음은 또한 주관과 객관의 이원적 긴장관계를 극복하여 자유와 평등을 얻는 마음 상태이다. 나의 의식 속에는 나라는 대상과 상대방이라는 대상이 항상 갈등하고 대립한다. 이에 깨달음은 대상의 주객이라는 이원성을 극복하는 것이므로, 개인의 절대적 자유와 인간의 무차별 평등이라는 이원적 긴장관계는 깨달음의 실천적 체험 속에서 해소되어 평등을 성취하는 자유, 개인을 진정 자유롭게 하는 평등이 된다.[10] 깨달음을 통하여 주객 분리를 극복하는 미분의 통일체적 사유는 진정한 자유와 평등을 가져다준다는 점에서 자성의 상태 곧 깨달음의 본질에 속하는 것이다.

다음으로 깨달음을 인생의 본질적 삶과 관련함으로써 생사문제와 연결하여 본다. 생사는 나의 존재에 대한 본질문제라는 점에서 더욱 거론됨직한 일이다. 석가모니와 소태산은 인간의 생로병사를 깨달음의 계기로 삼아 생사와 관련한 법어를 비중 있게 설하였다. 소태산은 사람의 생

---

9) 박상권, 「원불교 신앙론」, 『인류문명과 원불교사상』(上), 원불교출판사, 1991, p.229.
10) 불교신문사 편, 『불교에서 본 인생과 세계』, 도서출판 홍법원, 1988, p.147.

사는 눈을 떴다 감았다 하는 것과 같고, 숨을 들이쉬었다 내쉬었다 하는 것과 같으며, 잠이 들었다 깨는 것과 같다고 하였다. 이처럼 사람의 생사는 한번 태어났다 죽는 것이라 하지만, 불생불멸의 이치에서 보면 순간인 바, 깨친 사람은 변화라 하고 깨치지 못한 사람은 생사라 한다.[11] 속세에서 생각하는 것처럼 생사의 문제를 영원한 이별적 사고에 멈추어버린다면 그것은 생사윤회라는 무명에 떨어지기 쉽다. 이에 생사는 영생의 입장에서 보면 일종의 변화로 인지하여야 큰 깨달음을 얻는다는 것이다.

깨달음은 궁극적으로 생사를 해탈하면서도 우리의 불성을 현실에 적극 응용할 때 그 생명력이 밝은 빛을 발한다는 사실을 알아야 한다. 깨달음이란 새 시대의 생활불교에 있어서 현실극락을 수용하는 것이기 때문이다. 생로병사의 깨달음을 구현한 인격 부처님의 형상화 곧 등상불에 익숙해진 사람들에게 "부처를 어디에 모셨는가"라는 질문에 대하여 일터에서 돌아오는 산업부원들을 가리켜 '저들이 부처'라고 설한 소태산의 법어[12]는 격외의 화두로 들릴 수도 있을 것이나 깨달음의 본질을 현실에 응용하는 가장 적극적인 방법을 일깨우는 말씀이다.[13] 깨달음의 생명력이 이처럼 현실세계에서 나와 너, 국가와 세계에 널리 전파될 때 성자가 추구하는 깨달음과 그 본질에 더욱 다가설 수 있으리라 본다.

2) 깨달음의 가치

우리가 생명의 가치를 인식하며 살아가는 것과 그렇지 않은 것 사이에

---

11) 한종만, 『원불교 대종경 해의』(下), 도서출판 동아시아, 2001, p.158.
12) 『대종경』 성리품 29장.
13) 박상권, 「소태산 성리해석의 지향성 연구」, 『원불교사상과 종교문화』 32집, 원불교사상연구원, 2006.2, p.104.

는 큰 차이가 발생한다. 나의 삶을 참 생명의 가치로 연결할 수 있느냐의 여부에 따라 삶은 행복 아니면 불행으로 이어지기 때문이다. 아침마다 내가 눈을 뜬다는 것 자체가 내가 살아있다는 것이며, 그것은 생명의 연장이라는 측면에서 가장 행복한 순간이라고 할 수 있을 것이다. 내가 아침에 눈을 뜨지 못하면 결국 생로병사의 원리에 따라 나의 육신은 지수화풍으로 흩어지는 죽음이라는 사실에서 새날의 아침은 나의 생명체가 지니는 가치가 크다는 것을 확인시켜 준다.

아침은 인간만이 아니라 동물도 소중하게 다가온다. 그러나 정작 동물은 아침을 맞이하는 참 가치를 느끼지 못한다는 점에서 생명을 이성적으로 인지하지 못하는 이상 인간이 향유하는 정신적 깨달음의 세계와는 거리가 멀다. 최령한 인간의 가치는 동물과 달리 깨달음에 있다는 사실 때문이다. 감각을 지닌 동물이 있다고 해도 인간의 영식(靈識)과는 크게 다르다. 세계 속에서 유일하게 깨달음을 얻어 무한한 자신의 가능성을 계발할 수 있는 위치에서 인간 존재자[14]를 감사한 마음으로 숙고해 볼 일이다. 여기에서 우리는 이성적 존재로서 깨달음의 가치에 관심을 갖지 않을 수 없다.

동물과 달리 우리 인간은 이성을 지닌 관계로 깨달음의 가치를 보다 소중히 여긴다. 그것은 인간으로서 존엄을 지키는 일이기도 하며, 사생(四生) 중 인간으로서 지고의 존재임을 확인하는 것이기도 하다. 최령하다는 것은 자발적 동인(動因)을 갖고 매사에 의미 부여의 지혜를 갖는 것이며, 그것은 정신세계의 무한 확장이기도 하다. 곧 나의 경험에 대한 자발적인 움직임이 생기며, 이런 움직임은 어떤 차원에서는 최고의 깨달음

---

14) 김성관, 「원불교 인간관」, 『원불교사상시론』 1집, 수위단회사무처, 1982, pp.51-52.

이라는 것으로 그것은 오랜 수행을 통해서 정신세계를 갖는 가장 좋은 길이다.15) 인간으로서 정신세계를 지향하는 것은 자신을 배경으로 한 대인접물(待人接物)에 대하여 이성적인 시각으로 의미 부여하는 일이라 본다.

의미 부여를 중시하는 깨달음의 가치는 자신의 행동을 신중하게 성찰하는 것이다. 소태산은 성도 후 월명암에서 자신의 깨달음을 성찰하였는데, 만행을 하면서 항상 불성과 하나가 되어 있는지 점검하며 일마다 아상 인상 중생상 수자상이 없었는지 대조함으로써 유무념 대조를 하면서 화두를 다시 공부해서 의심을 없앤 것이다.16) 깨달음의 가치는 자신의 행동을 점검하는 것에 더하여 지난 행동을 보다 성찰적인 지혜로 바라보고 앞으로의 행동에 바람직한 방향의 가치를 부여하는 수행적 삶이라 하지 않을 수 없다.

이러한 성찰 속에서 깨달음의 가치는 우리로 하여금 일상적 삶에서 역사적 존재 가치임을 확인시켜 준다. 일상적 삶은 일회적이고 단절적이라면 역사적 가치의 삶은 지속적이고 선구적 의미를 지닌다는 의미이다. 역사적 존재로서의 불타에 있어 제일 중요한 것은 진리의 오도(悟道)라는 사실이며, 이 성도에 의하여 인간 석가는 불타(覺者)가 된 것이며, 불교 또한 이로부터 비롯된다.17) 우리가 암흑에서 벗어나 깨달음의 밝은 지혜를 간직함으로써 그것은 성자의 깨달음에 인연하여 미래를 향하는 것이다. 이는 나의 깨달음으로 연결시키는 가치가 삼세를 통하여 지속된다고 하

---

15) 김지하 시인의 언급이다(오선명 정리, 「특별대담-김지하 詩人」, ≪원광≫ 299호, 1999년 7월, 월간원광사, p.25).
16) 황근창, 「물리학과 일원상의 진리」, 창립10주년기념 추계학술회의 ≪원불교 교의 해석과 그 적용≫, 한국원불교학회, 2005년 11월 25일, p.60.
17) 노대훈, 「원불교의 불타관」, 『원불교사상시론』 제Ⅲ집, 원불교 수위단회, 1998년, p.64.

지 않을 수 없다.

　깨달음의 가치에 의해 우리는 지속적인 적공을 통해서 교법실천 및 신앙체험과 연결된다. 종교인으로서 가장 중시하는 것은 깨달음과 동시에 그것을 교리 실천과 관련지어야 한다는 것이다. 종교적 수행과 신앙이 우리의 깨달음에 직결되어 있기 때문이다. 깨어 살아가는 모습에는 세 가지가 있으니 첫째 양심으로 깨어 살아가며, 둘째 교법으로 깨어 살아가며, 셋째 진리적 원리에 따라 깨어 살아간다.[18] 우리가 깨달음으로 살아가야 하는 이유는 교법과 진리에 맞는 삶이어야 하기 때문이며, 그것은 깨달음의 가치가 현실에서 발휘되어야 한다는 것이다.

　깨달음의 가치는 또한 우리에게 반야지혜를 발휘하도록 해준다. 반야지를 얻지 못하면 무명에 떨어지며 결국 구원의 길과는 멀어진다는 사실을 직시하지 않을 수 없다. 경산종법사는 다음과 같이 말한다. "교리반야는 문자반야라고도 한다. 문자반야는 거울과 같은 것이다. … 우리는 이 교리반야를 통해서 부처를 만날 수 있고, 진리반야를 깨닫고 실천할 수 있다."[19] 교리에 대한 깨달음 곧 교리반야는 소중한 것인데, 그것은 진리로 인도하는 안내이자 무명을 극복하게 해주는 가치관이다. 불법을 밝히고 실천하도록 하는 깨달음의 가치가 구도자에게 무명 극복의 구원이라는 극락을 가져다준다는 점을 주목하지 않을 수 없다.

　구원으로서의 극락 수용은 대자대비와 연결되는 깨달음의 본질이다. 여기에서 불교의 보성론을 소개하여 보도록 한다. "보살은 멀리 있는 것도 아니다. 그는 대비(大悲)로 말미암아 그들을 저버리지 않기 때문이다.

---

18) 좌산종법사의 대각경축법어이다. 「원기 83년도 대각개교절 경축사―깨어살자」(원불교신문, 1998.4.24).

19) 장응철 역해, 『반야심경 강의―자유의 언덕』, 도서출판 동남풍, 2000, p.27.

이것이 무주처(無住處)를 본성으로 하는 정등각(正等覺)을 얻는 방편이다. … 두 가지 법(반야·자비)은 최고 깨달음의 근본 주처(住處)이다"(大正 31, 833b).20) 대자대비를 발하는 것은 깨달음의 근본이자 깨달음의 목적이기도 하다. 깨달음이 자비를 통하여 극락이 현시되므로 정등각과 같은 깨달음의 본질에 직결된다.

원불교적 입장에서 깨달음의 가치는 일원상 진리와 연계하지 않을 수 없다. 그것은 일원상 진리의 불멸과 상생작용, 곧 불생불멸과 인과보응의 이치를 추구하는 것이기 때문이다. 진리를 깨달음으로써 유한한 인간의 세계가 무한의 세계로 지향한다는 것은 일원상의 진리의 현현(顯現)과도 같다. 행복자는 누구인가? 일원대도를 오득하여 불생불멸의 진리와 인과보응의 진리를 깨쳐 알고 진·강급의 이치를 깨쳐 알아서 마음의 등불을 밝힌 사람이 영원한 행복자라고 생각한다.21) 일원의 진리를 깨달음으로써 불멸과 인과의 이치를 나의 삶에 연결시키는 것은 적공의 결실, 곧 일원의 참 경지를 체험하게 된다.

불생불멸과 인과보응이라는 일원의 진리를 깨닫게 됨은 일생이라는 단생에서 다생의 영원성을 얻게 해주며, 생로병사의 원리를 알게 해준다. 만일 이같은 깨달음의 가치를 얻지 못한다면 윤회의 삶을 면하지 못할 것이다. 부처는 사문유관(四門遊觀)을 통하여 생로병사의 진리를 깨달았으며, 그로 인해 영원불멸한 이치를 깨달았다. 소태산 역시 생멸없는 도와 인과보응의 이치, 곧 일원의 진리를 깨달았던 것이다.22) 깨달음의 가치는 이러한 법신불 일원상 진리의 영원성과 연계하는 적공에 있다고

---

20) 정호영, 「여래장사상의 인간이해」, 『한국불교학』 제11집, 한국불교학회, 1986, p.418.
21) 조전권, 선진문집1 『행복자는 누구인가』, 원불교출판사, 1979, pp.19-20.
22) 『대종경』 서품 1장.

본다.

영원불멸한 불법을 믿고 부처를 지향하는 적공은 결과적으로 중생의 성품이 부처의 성품(法性)과 일치하는 깨달음을 얻자는 뜻이다. 그것은 일체 만유가 부처임을 확인하는 것이며, 법성(法性)의 가치가 모두에 편만한 깨달음의 진경을 얻게 해주는 것이다. 이 법성의 자리에서 보면 일체가 화신불이요, 법성과 하나된 상태로 있는 한 일체 만유가 부처요, 그대로 불국토이다.[23] 모두에게 불성이 함유되어 있는 것을 알면 만유가 부처요 나의 성품이 일체가 되어 정토 극락에서 진여자성의 빛을 발하게 된다.

정토 극락에서 법성과 일체가 되는 것은 불법을 수행하는 종교인으로서 현실의 삶에서 이고득락과 전미개오를 지향하는 것이기도 하다. "불법을 공부하는 우리 공부인은 첫째 이고득락하게 될 것이니 곧 고를 떠나 낙을 얻으라. … 둘째는 전미개오라, 미한 것을 궁글려 깨달으라는 뜻이니 곧 견성을 하라는 말이니라. … 셋째는 지악수선으로 모든 악을 끊고 뭇 선을 닦을지니라."[24] 깨달음이란 현실의 고통에서 벗어날 수 있는 이고득락의 길이라는 것으로 이는 깨달음이 우리에게 전하는 선물이다.

그리하여 소태산은 깨달음의 가치를 이고득락과 전미개오로 보아 불교의 한 특성을 밝히었다. 『대종경』 교의품 1장에서 말하기를, 불가에서는 우주만유의 형상 없는 것을 주체삼아서 생멸 없는 진리와 인과보응의 이치를 가르쳐 전미개오의 길을 주로 밝히었다고 한다. 전미개오는 불법의 현실구원적 가치관이기도 하다. 우리가 깨달음을 추구하는 것은 현실

---

23) 황근창, 「물리학과 일원상의 진리」, 창립10주년기념 추계학술회의 ≪원불교교의 해석과 그 적용≫, 한국원불교학회, 2005년 11월 25일, p.56.
24) 『정산종사법설』, 제7편 불법대해 1장.

구원과 직결되어야 하는 점을 간과해서는 안 되며, 그것이 전미개오인 것이다. 불법의 전미개오란 미혹된 중생을 구원하여 깨달음의 세계로 나가도록 하는 것이며, 이는 소태산이 불법을 연원으로 정한 여러 이유 중의 하나이다.

3) 깨달음과 지식

깨달음의 세계는 무엇일까? 깨달음의 경지와 지식의 박학은 상호 관련이 있다는 것인가? 깨달음이란 지식으로도 설명될 수 있어야 한다는 언어철학이 갖는 매력이 이러한 질문을 가능케 한다. 지식으로 충만된 사람이 깨달음에 빨리 도달할 수 있을 것이라는 추단도 가능한 일이다. 그러나 깨달음이란 지식으로 무장한 과학의 세계에서 검증할 수 없다는데 문제가 있다. 깨달음의 세계는 과학적으로 검증될 수 없을 뿐더러 경험적 논리로도 설명될 수 없는 부분이 있기 때문이다.[25] 마음의 깨달음은 종교라는 영역에 속하며 실험 논리가 요구되는 지식은 과학의 영역에 속한다는 사실에서 상호 갈등이 야기될 소지가 있다. 깨달음과 지식의 상관성을 거론하는 단서는 이러한 문제의식과 관련된다.

문제는 현대인들이 추종하는 지식만으로 종교의 실존을 체험하는 깨달음이란 쉽지 않다는 것이다. 오늘날 많은 사람들이 문명의 개발로 인해 지식 만능의 풍조에 따라 무한 지식을 추구하며, 지식이 권력화되는 현상을 당연한 것으로 받아들이고 있다. 이러한 문제를 냉철히 인식한 한 지식인이 말하기를, 자신이 알고 있는 지식을 충실히 나열하는 것으로 명 강의가 될 수는 없으며, 강의의 본질은 지식의 전달이 아니라 나의

---

25) 신순철, 「원불교 개교의 역사적 성격」, 『원불교사상』 14집, 원불교사상연구원, 1991, pp.5-6.

실존적 깨달음의 전달[26]이라고 하였다. 지식을 축적하고 그 지식을 통해 학생들에게 강의하는 지식인들로서 종교가 추구하는 깨달음의 세계와는 상당한 거리가 있음을 실토하고 있는 것이다.

이러한 맥락에서 본다면 당돌하게도 학생들이 학교 선생에게 다음의 질문을 던질 수도 있다고 본다. 미국의 버스웰 교수는 다음과 같이 고백하고 있다. "내가 가르치는 어떤 학급에서 학생들에게서 첫 수업시간에 받는 첫 질문은 내가 깨달았는가에 관한 것이다."[27] 그러한 질문은 학생들로서 선생의 지식 전달도 중요하지만 깨달음의 중요성을 환기시키는 것이라 본다. 물론 이는 불교 수업을 담당하던 버스웰 교수로서는 심각한 질문으로 인식하였을 것이다. 단순한 지식 전달만이 아니라 깨달음을 전하는 이상적 교수상을 견지하도록 강한 인상을 받았을 것이기 때문이다.

종교적 깨달음이란 지식인으로서 언어나 개념, 형상 등으로 표현하는 데 어려움이 있다는 사실을 잘 알고 있다. 지식의 언어와 형상을 통한 깨달음의 접근은 그것이 지니는 한계가 있기 때문이다. 역대 이래로 많은 명상가들이 깨달음의 경지를 묘사할 때 그것이 어떠한 언어나 개념 그리고 형상으로도 표현할 수 없는 현묘한 세계임을 강조하였다.[28] 진리의 현묘한 세계를 언어로는 감당할 수 없다는 사실을 상기한다면 언어와 명상의 개념 중심으로 접근하는 지식과 직관 중심으로 접근하는 깨달음에 큰 차이가 발생한다.

---

[26] 김용옥, 『老子와 21세기』, 통나무, 1999, p.18.
[27] 로버트 버스웰(로스엔젤레스 캘리포니아 주립대학 교수), 「불교와 원불교에 있어서의 학자적 삶과 조화로운 삶」, 원불교사상연구원 개원 30주년 기념 국제학술회의『생명・환경・평화』, 원불교사상연구원, 2004.10.29, p.64.
[28] 박석, 「명상과 사상과의 관계」, 『원불교사상과 종교문화』 30집, 한국원불교학회・원불교사상연구원, 2005.8, pp.16-17.

설사 차이가 있다고 해도 지식 섭렵을 통한 무지(無知)의 극복이 지성인으로서 중요한 일이며, 오늘날 자신의 사유영역이 언어로 표현되는 현실을 무시할 수는 없는 일이다. 직관만을 강조하여 언어 전달의 수단으로 동원되는 일상적 지식이 필요 없다는 사유가 무지이자 무식의 행위로서 그것은 다시 문맹으로 돌아가자는 논리로 악용될 소지가 있기 때문이다. 헤겔이 말한 바대로 역시 최악의 불행은 이성을 혐오하는, 다시 말해서 무식의 병이다.29) 무지와 무식의 병은 현실의 지적 가치를 부정하는 행위로서 우민정치와도 같은 역사의 퇴행이라는 사실을 간과할 수 없다.

과거로의 퇴행을 막기 위해서라도 무지의 극복이 중요하다는 것을 인지함으로써 지식의 개념과 범주를 설정하여 진정한 지식의 섭렵이 필요하다. 이를테면 인간의 지식에는 여러 가지가 있으며, 여기에서 깨우침의 자각지(自覺知)가 필요한 것도 사실이다. 인간의 다양한 지식에는 상식, 수학, 논리적 지식, 과학적 지식, 윤리적·종교적 깨우침이 있으나 그 근본은 이 깨우침의 자각지30)라는 것이다. 일반적 지식과 자각지에 있어 서로 갈등적 요소가 있는 것은 지혜의 활용을 통해 극복될 수 있다. 지식을 섭렵하되 논리적 지식의 추종에 더하여 종교적 깨우침을 전하는 지혜의 자각기가 요구된다는 것이다.

일반적 지식이나 자각지의 범주에서 볼 때 동·서양의 지식에 대한 이해와 깨달음의 동이성은 없는가를 살펴보도록 한다. 먼저 서구적 사유를 살펴본다. 서구에서 지식은 논리와 실험을 통해 검증된 과학적인 지식을 주로 언급한다. 그들이 말하는 지식은 동양적 특성인 전체의 유기체적

---

29) 불교신문사 편, 『불교에서 본 인생과 세계』, 도서출판 홍법원, 1988, p.84.
30) 申一澈, 「글로벌화 세계와 열려진 정신」, 제1회 《열린정신 포럼 발표요지》, 원광대학교 인문대학 열린정신연구회, 1998년 5월 28일, p.14.

접근이 아니라 개체의 원자론적 접근을 중시하는 과학과 연결된다는 점에서 그 특성을 지닌다. 다만 지식의 문제를 교육과 연결시킬 때 동양 지식론과의 연계가 가능하다. 슈프랑거(Eduard Spranger)에 있어서 교육의 결정적 임무는 인간을 내면적으로 눈뜨게 하는 것, 즉 양심의 각성으로 파악되고 있는데 이는 바로 영적인 도약이라 했고, 데어보라프(Josef Derbolab)는 깨달음을 교육의 전체와 동일시하려 하고 있다.[31] 이처럼 서구에서 말하는 지식의 교육이 양심의 각성과 연결될 때 동양종교에서 거론되는 깨달음과 공유될 수 있다고 본다.

이러한 맥락에서 본다면 동양의 경우 학문의 지식과 깨달음이 크게 구분되지 않았던 것은 고전 정신에서 얼마든지 발견된다. 학(學)의 전체 구조는 식(識), 효(效), 각(覺)의 상호 관계 그리고 거기에는 총체적으로 투사된 정신적 특질에 이해되어 형성되는 것이다.[32] 따라서 동양의 고전 정신에서 학문이나 지식은 서구의 논리적, 개체적 성향의 접근이라기보다는 바로 인간의 인격 내지 자아의 획득과 관련되는 특성을 지닌다. 여기에는 학식보다는 깨달음의 도를 강조하기 때문이다. 노자는 『도덕경』 48장에서 학문을 날마다 덜어내고 도를 날마다 키우라고 하였다. 그는 외부의 수사적 전개 수단으로서의 학문이 날마다 증장되는 폐단을 지적하고 내적 인품 도야의 도(道)를 수행하도록 하였다.

따라서 동양의 도가적 사유에서 볼 때 과학은 인위적인 것이고 종교나 철학은 득도에 관련된다는 사실을 알 수 있다. 종교의 깨달음과 지식의 관계에 있어, 과학에서 이론 수단으로 전개되는 지식은 지엽적인 것으로

---

31) 박선영, 「불교적 교육과 종교적 다원주의」, 『한국불교학』 제11집, 한국불교학회, 1986, p.144.
32) 이경무, 「동양의 學과 서양의 學問」, 『범한철학』 22집, 범한철학회, 2000 가을, p.264.

간주되고 종교의 각증은 단순한 지식에 한정되지 않고 지혜의 범주로 등장하기 때문이다. 달리 말해서 과학은 주로 관찰, 분석, 추리의 방법으로 합리성에 근거해서 자연법칙을 발견하고 과학적 설명에 그 목적을 두는 바, 원불교는 근본에 중점을 두고 각증이라고 하는 직시적 방법에 의존한다.[33] 이처럼 지식과 깨달음이 다르게 접근되는 것은 과학에 대한 종교의 시각 차이를 중심으로 바라본 것이다.

종교의 시각은 과학이 지니는 한계를 인지하면서 깨달음의 지혜를 추구하려는 구도자적 의지를 우선으로 한다. 종교를 직업으로 하는 종교인, 과학자, 기업인, 일반인으로서의 시각은 각자 다를 것이다. "아는 데에는 지식과 상식, 지혜가 있다. 지식과 상식은 배워서 얻을 수 있지만, 지혜는 깨달음을 통해서만 얻을 수 있다."[34] 한국의 CEO 삼성그룹의 이건희 회장의 언급이 시사하는 바가 크다. 지식과 지혜를 구분하는 것은 이처럼 명약관화한 것이다.

물론 논리적 과학에 바탕한 사유방식은 합리성에 기인한다는 점에서 지식의 중요성을 인지할 수 있다. 과학이 오늘날 눈부시게 발전해 온 것을 간과해서는 안 된다는 것이 이러한 시각이다. 지식을 다채롭게 활용하지 않고 지혜가 발휘될 수 없기 때문이다. 다양한 입체적 사고는 다양한 사고와 많은 경험, 새로운 발상, 스스로 고민하는 과정에서 나오며, 불교에서 말하는 '깨친다'라는 개념과 비슷하다.[35] 깨달음의 경지는 일반적 지식, 과학적 실험 등을 중심으로 한 지식들이 축적되고 그것이 지혜로 터득되는 경우가 많다. 종교적 깨달음의 지혜가 과학적 지식과 전혀

---

33) 정유성, 「원불교 과학관」, 『원불교사상시론』 1집, 수위단회사무처, 1982, p.212.
34) 이건희, 『생각좀 하며 세상을 보자』, 동아일보사, 1997, p.12.
35) 위의책, p.38.

다르다는 사고는 단순 논리인 것이다.

　종교가 추구하는 깨달음의 사고는 지식에서 강조되는 합리를 수용하면서도, 이를 초극하는 해탈의 역량에 관련된다. 불교에서 부각되는 신앙적 의미의 특징을 보면 1) 일(一)과 다(多), 2) 인격성과 비인격성, 3) 초월성과 내재성, 4) 합리성과 초합리성, 5) 지(智)와 비(悲) 등으로 정리될 수 있다.36) 지식과 지혜를 판이하게 구분하려는 것은 과학과 종교의 영역을 구분하는 이분법적 사고라는 것이다. 이에 양면을 조화하는 입체적 시각의 방법이 21세기에는 더욱 요구될 것이라 본다.

　우리가 지식을 섭렵하면서도 지혜를 추구해야 하는 주된 이유는 기술이나 지식이 종교적 깨달음의 세계를 향도하는데 한계가 있다는 사실 때문이다. 지식은 과학을 발전시키는 기술 개발에 많은 도움이 되는 측면에 주로 필요한 일이다. 그러나 지식의 테크닉은 마음으로 새기고 노력한다 해도 깊은 깨침이 있어서 마음이 스스로 그러하게 하는 경지에 이르는 것만 못한 것이다.37) 현대인에게 지식에서 지혜로 나아가야 하는 과제를 남겨주는 셈이다.

　따라서 지식 일방으로 나아갈 소지가 있는 지식인의 아만심 극복이 필요하다. 심연의 영성을 깨우치는 깨달음으로 나아가는 것이 인류가 행복을 추구하고 평화를 지켜가는 길이기 때문이다. 지식이 정보화 및 개발이라는 미명하에 팽창하고 또 지적 역량을 아무리 갖춘다고 해도 영성의 깨달음을 가져다주는 종교의 역할은 더욱 요구된다. 지식은 문명의 이기에 따라 과학의 발전에 도움을 주는 면에서 필요하지만, 그 문명을 선도

---

36) 노권용, 「원불교 신앙론의 과제」, 『원불교학』 창간호, 한국원불교학회, 1996, pp.23-24.
37) 문상선, 「기술은 짧고 깨침은 길다」, 『차는 다시 끓이면 되구요』, 출가교화단, 1998, p.83.

할 지혜를 확충시키는 일을 간과한다면 환경의 파괴, 전쟁의 위협에 놓일 가능성이 큰 것이다. 물질개벽에 따른 정신개벽이 필요한 이유는 지식의 한계에 대한 깨달음, 곧 지혜 가치의 기반이 탄탄해야 한다는 점에서 발견된다.

2. 깨달음과 경전

1) 성자의 출현과 깨달음

우리가 자주 거론하는 성인이란 누구인가? 우선 동양의 고전『주역』을 살펴보도록 한다. "천지가 자리를 베풂에 성인이 능함을 이루니, 사람에게 도모하고 귀신에게 도모함에 백성이 능함에 참여한다. 팔괘는 상으로써 고하고 효(爻)와 단(彖)은 정(情)으로서 말해주니, 강유가 섞여 거처함에 길흉을 볼 수 있다."[38] 동양철학에 있어서 성자는 천인합일의 정신으로 세상을 밝히고 인류로 하여금 길흉을 분간케 하여 구제하는 존재로 알려져 있다.『주역』에 따르면 성자는 능함을 이룬다(聖人成能)고 하였는데, 이 능함이란 달리 말해서 깨달음을 이룬다는 것으로 이해된다. 깨달음은 견성에 머무르지 않고 인류 구원의 행동으로 이어지도록 할 때 그 동력을 얻는다.

    구원의 동력을 제공하는 성인과 군자를 인격 완성자로 보는 것은 동양 고전의 정신에 근거한다. 인격 완성을 목적으로 하는 학(學)은 각(覺), 효(效), 식(識)의 지향과 관심에서 도덕심과 도덕 실천을 주로 하는 바, 성인

---

38) 『周易』「繫辭傳」下 12章, 天地設位, 聖人成能, 人謀鬼謀, 百姓與能. 八卦以 象告, 爻象以情言, 剛柔雜居, 而吉凶可見矣.

군자의 인격을 추구하는 학은 그 정신에 있어서는 도덕적 가치를 지향하고 그 삶에 있어서는 도덕적 실천에 관심을 갖는다.[39] 이처럼 성자가 능함을 이룬다(成能)고 하는 말은 깨달음의 학문에 더하여 도덕적 실천으로 이어지는 것으로 이것을 성인 군자의 인품이라 보는 것이다.

유교의 성인으로서 공자를 상기한다면 불교에 있어서 큰 깨달음의 스승은 석가모니이다. 석가는 온화한 성품에다 깨인 사람이었으며, 죽음을 맞이한 그는 자신이 영원불멸할 거라고 생각하는 제자들을 보고 미소를 전하였다.[40] 러셀의 언급처럼 석가는 성품을 깨닫고 인간의 궁극적 관심사인 생로병사의 원리를 깨달은 자이다. 생로병사를 깨달았다는 것은 우리가 반드시 겪게 되는 생로병사에 해탈을 얻었다는 것이며, 여기에 구속된 무명의 속박을 벗어났다는 것이다. 성자란 이처럼 생로병사의 윤회 곧 무명에 구속된 상태를 벗어나 해탈한 이상적 인품이라 규명할 수 있다.

오늘날 왜 불타가 존경을 받는가? 그는 무명을 극복, 해탈과 영원성을 깨달았기 때문이다. 그의 인품을 흠모한 나머지 수많은 중생들이 인간 불타에 귀의하였다. 불타는 신이 아니라 깨달은 사람이며, 중생은 이에 깨칠 가능성과 능력을 갖춘 존재이다.[41] 석가모니는 불성을 구유한 인간으로서 우리 각자가 존귀한 존재임을 알도록 천상천하유아독존을 설하였다. 그가 말한 독존(獨尊)은 인간 가치의 무한한 존엄성과 능력을 인지하고 자신의 불성을 발현하도록 깨달음으로 나아가는 지혜를 가져다주는 것이다. 불교가 깨달음의 종교라고 하는 것도 인간 개개인이 독존의

---

39) 이경무, 「동양의 學과 서양의 學問」, 『범한철학』 22집, 범한철학회, 2000 가을, p.269.
40) 버트런드 러셀 著, 송은경 譯, 『나는 왜 기독교인이 아닌가』, 사회평론, 1999, p.43.
41) 불교신문사 편, 『불교에서 본 인생과 세계』, 도서출판 홍법원, 1988, p.113.

존재로서 석가모니처럼 깨달음에 이를 수 있는 여래장을 지녔기 때문이라고 본다.

우리 모두의 여래장을 발견하듯 석가모니는 큰 깨달음을 얻고 녹야원에서 최초로 법을 설하였다. 그는 29세에 구도를 시작하여 출가를 단행한 후 걸식하면서 구도의 정열을 바쳤다. 마가다(Magadha)국에서 6년 동안 선정(禪定)과 고행을 하던 어느 날 가야(Gaya, 伽倻)에 있는 보리수 밑에서 대각을 이룬 것으로 이는 그의 나이 35세 때의 일이었다. 성도(成道) 후 전에 고행을 같이 했던 다섯 비구들에게 법을 설하기 위하여 베나레스(바라나시)에 있는 녹야원(지금의 사르나트)에 갔다. 그곳에서 그는 최초로 애욕과 고행의 양극을 피하여야 한다는 중도 및 사성제 팔정도를 가르쳤으며, 이것이 그의 유명한 초전법륜이다.[42] 처음으로 법을 설한 고집멸도와 정정진, 정사유, 정어, 정업 등이 이것이다.

돌이켜 보면 석가모니의 전신(前身) 바라문 청년이 부처가 되기를 서원하자, 연등불은 그가 미래의 석가모니불임을 짐작하였다. 한 바라문 청년이 연등불을 뵙고 숭경심을 내어 꽃을 공양하고 머리카락을 진흙 위에 펴 드리면서 "나도 반드시 부처가 되겠다"고 서원하였다. 그때 연등불은 너는 미래 세상에 석가모니 부처님이 될 것이라고 수기(授記)를 주었다는 유명한 설화가 있다.[43] 연등불 설화에 의하면 청년 석존이 과거 부처님을 뵌 후부터 깨달음을 구하게 되었고, 큰 서원을 일으켜서 마침내 깨달음을 얻었다는 것이며, 이러한 서원을 통해 수기를 받았다는 것은 불교의 탄생을 의미한다.

---

42) 길희성, 『인도철학사』, 민음사, 2007, p.53.
43) 권탄준, 「화엄경의 誓願思想 소고」, 『한국불교학』 제11집, 한국불교학회, 1986, pp.423-424.

불교를 새롭게 혁신한 소태산은 그가 깨달은 내역을 이미 깨달음을 얻은 부처의 경지와 같음을 인지하였다. 7세부터 우주 대자연에 의심을 품고 9세에는 인간사에 의심을 품어 긴 구도 과정을 겪은 후 26세에 깨달음을 얻은 것이다. 곧 그는 모든 종교의 경전을 두루 열람하다가 『금강경』을 보고 석가모니불은 진실로 성인들 중의 성인이라며 다음과 같이 말한다. "내가 스승의 지도 없이 도를 얻었으나 발심한 동기로부터 도 얻은 경로를 돌아본다면 과거 부처님의 행적과 말씀에 부합되는 바 많으므로 나의 연원을 부처님에게 정하노라."[44] 석가모니와 깨달음의 공유를 인식한 소태산은 새 회상을 창립하면서 불법을 주체삼아 완전무결한 회상을 열 것을 천하에 공표하였다.

석가모니와 소태산은 종교의 교조이자 성자로서 자신의 깨달음과 인류 구원이라는 두 가지 목표를 수행하였기에 오늘날 성자로 받들어지고 있는 것이다. 불법을 주체로 한 성자들은 모든 중생들을 위한 이타행을 강조하는 불교를 제창하고 나왔다.[45] 따라서 성자의 깨달음과 인류 구원이라는 경륜을 실천하는 것이 성자를 신봉하는 근본적 이유가 되기에 충분하다. 석가모니와 소태산의 대각이 인류에게 더욱 깊이 새겨지는 이유가 이것이며, 이에 성자의 값진 깨달음을 본받아 제자들 역시 구도와 전법 교화에 진력해야 한다.

오랜 구도를 통해 새롭게 전법 교화의 장을 마련한 소태산은 성자의 큰 경륜으로서 득도한 경지를 우리에게 전해주었다. 그가 득도한 경지는 심오하여 단순히 문자적 논리형식으로는 불가능하며 구도의 수행 과정이 병행될 때만이 가능한 것이다.[46] 과거지향식으로 견성하는 정도에

---

44) 『대종경』 서품 2장.
45) 길희성, 『인도철학사』, 민음사, 2007, p.133.

머물러 자신의 독각(獨覺)을 미화하고 진전이 없다면 그것은 소태산의 득도 및 교화의지와 거리가 멀어지는 것이다. 이에 견성을 통한 지혜의 확장에 더하여 성불로 이어지는 수행이 뒷받침되어야 새 시대를 향도하게 된다.

새 시대의 성자로 탄생한 소태산은 우주 대기의 홀연함과 더불어 개벽의 주인임을 각인한듯 26세에 대각을 이룬 젊은 청년으로서 앞으로의 세상을 향도할 방향을 직감하였다. 정산종사의「불법연구회 창건사」의 기록에 의하면 당시 이른 새벽에 대종사 묵연히 앉으니, 우연히 정신이 쇄락하여 전에 없던 새로운 기분이 있으므로, 이상히 여기여 창을 열고 나와서 사면을 살펴보니, 때에 천기(天氣)가 청랑(晴朗)하고 별과 별이 교교(皎皎)하였다[47]고 한다. 이에 영산의 맑은 공기를 호흡하며 장내를 두루 배회한 후 구세제중의 새로운 사명에 불타올랐다. 새 시대의 새 불법으로 세상을 구제할 성자의 출현이 시작된 것이다.

진리의 깨달음을 얻은 새 시대의 성자로서 큰 사명을 갖고 출현한 소태산은 일원상의 진리가 전통종교의 궁극적 실재와 회통한다는 사실을 알게 되었다. 그의 대각 후 최초의 행적을 보면, 우연히 지나가는 행인이 서로 담소하는 내용을 듣고 깨달음의 경지를 확인하는 두 가지의 문구가 있었으니 "오유영부 기명선약 기형태극 우형궁궁(吾有靈符 其名仙藥 其形太極 又形弓弓)" "대인자, 여천지합기덕, 여일월합기명, 여사시합기서, 여귀신합기길흉(大人者, 與天地合其德, 與日月合其明, 與四時合其序, 與鬼神合其吉凶)" 전자는『동경대전』에 나타나듯이 동학의 가르침이었고 후자는 주렴계의

---

46) 정우열,「일원상의 삼속성과 한의학 원리」, 원사연 131차 월례발표회, 원불교사상연구원, 2002.10.10. p.1.
47) 정산종사,『불법연구회창건사』제1편 1회 12년, 제5장 출정과 대각,「始創元年」(박정훈 편저,『한울안 한이치에』, 원불교출판사, 1982, p.195).

『태극도설』에 실린 후 널리 알려진 『주역』의 내용이다.[48] 그는 새 시대의 성자로 출현하여 전통종교의 사상을 통섭하고, 고금 성자의 정신을 계승하고자 한 것이다. 소태산은 석가와 공자, 맹자와 노자, 최수운과 강증산의 성자 정신을 수렴한 새 시대의 성자였다.

소태산에 이어 정산 송규도 원불교의 제2대 종법사로 추대되어 해방 후 가장 어려운 시기의 교단을 이끌었다. 그 역시 깨달음의 경지를 「원각가」로 표출하고 있다. 1932년 여름 정산은 자신의 깨달음을 원각(圓覺)이라 표현한 것이다. 『월말통신』 38호의 「원각가」를 보면 "호호망망(浩浩茫茫) 너른 천지 길고 긴 세월에 / 과거 미래 촌탁하니 변불변 이치로다 / 변화변화 하는 것은 천지 순환 아닐런가 / 천지 순환하는 때에 주야 사시 변화로다"가 그것이다.[49] 그는 세상사가 일원대덕(一圓大德)의 결과임을 알고 불변성심(不變誠心)으로 동고동락을 염원하였다. 깨달음의 심회가 소태산 대종사에 이어 정산종사에게 계승된 것이다.

이제 소태산 대종사와 역대 종법사가 이룬 대각의 본연을 새기면서 후진들은 깨달음의 정신을 오늘의 현실에서 새겨나가는 일만 남아 있다. 어느 날 대종사의 법설을 듣고 삼산 김기천은 홀연히 깨침을 얻어 한시를 읊었는데, "운주향천탄, 알력이상난, 야우증강수, 중류자재운(運舟向淺灘, 謁力移尙難, 夜雨增江水, 中流自在運)"이라고 하였다.[50] 이는 배를 운전하여 여울로 향하니, 진력해도 옮기기 쉽지 않지만, 밤비에 강물이 불어나서 중류에 자유로이 돌아오더라는 것이다. 이것은 삼산이 깨달음을 향하여 정

---

48) 이성전, 「선천·후천론과 원불교 팔괘기의 의미」, 『원불교사상과 종교문화』 44집, 한국원불교학회·원불교사상연구원, 2010.2, pp.41-42.
49) 박용덕, 『천하농판』, 도서출판 동남풍, 1999, p.14.
50) 박용덕, 선진열전 1-『오, 사은이시여 나에게 힘을 주소서』, 원불교출판사, 1993, p.215.

진 적공을 하였지만 여전히 해오를 얻기가 쉽지 않았다는 내용이다. 그러나 그가 대종사의 법설을 받들고 큰 깨달음을 얻었다는 것으로 해탈의 세계에 진입하고 있음을 밝히고 있다. 소태산 대종사는 제자들을 훈도, 깨달음으로 인도하여 인류의 성현들이 되라고 한 것이다.

2) 깨달음과 나

나의 모든 대상과의 관계는 사회적 존재로서의 자각에서 비롯되며, 이는 상호 호·불호의 인간관계로 이어진다. 나를 둘러싼 모든 대상이 나의 심신작용에 도움을 주던가, 아니면 고통을 주던가 하는 상황에서 상대방과 나의 관계가 전개된다는 것이다. 다시 말해서 대인접물은 오로지 나로부터 그 존재를 확인할 수 있으며, 나는 언제나 나 자신 외에, 그리고 내가 보고 있는 것 외에 또 다른 사물들이 존재한다는 것을 은밀하게 깨닫게 된다.[51] 이처럼 내 주변을 둘러싸고 있는 모든 존재는 나의 미망 혹은 개오의 길로 인도하는 것이다. 내 존재의 자각과 심신작용을 통한 깨달음으로 이어진다면 그것은 분명 개오인 셈이다.

그러나 깨달음은 다른 사람에 좌우되는 것보다는 자아의 존재의식에 의해 더욱 영향을 받는 것이다. 우리는 정신적 깨달음을 자신이 아니라 다른 사람이 가져다준다고 착각한다. 물론 타자의 조력도 필요할 것이나 인식의 착각에 의해 진정한 자신의 깨달음이 이루어지지 못하는 경우가 많다. 불교에서 강조하는 깨달음은 다른 사람의 조작에 의존하는 것이 아니라 자기 자신에 의하여 스스로 깨닫는 것이다.[52] 자각적 깨달음이

---

51) 메를로 뽕띠 지음, 권혁면 옮김, 『의미와 무의미』, 서광사, 1988, p.45.
52) 박선영, 「불교적 교육과 종교적 다원주의」, 『한국불교학』 제11집, 한국불교학회, 1986, p.136.

진정한 자신의 개오를 가져다주며, 이것을 자주적인 깨달음이라 할 수 있다. 따라서 우리는 스스로 정진하여 참 깨달음에 이르도록 해야 한다.

깨달음에 이르기 위해서는 깨달음의 동기가 중요하며, 이는 자신의 제반 문제를 해결하기 위한 것이다. 깨달음이란 나의 행복과 관련되지 않을 수 없기 때문이다. 행복과 자유의 경지를 향유하는데 자각이라는 것이 요구되며, 이러한 자각은 나의 참 깨달음에 이르도록 독려하게 된다. 물론 도를 깨우치려는 동기는 사람마다 다르겠지만 근본적으로 자신의 문제를 해결하겠다는 것이다.[53] 자신과 직접 관련되지 않은 깨달음은 단순한 인지의 환기 차원에 머무는 것이 대부분이다. 자신의 감각감상이나 심신작용처리에 관련된 직접적인 체험이 있어야 자신의 인격 향상과 발전을 가져다주는 동인이 된다. 능동적·자각적 깨달음이 중요한 이유가 여기에 있다.

그러면 내 삶의 목표가 왜 깨달음과 관련되느냐는 고민이 필요하다. 나는 무엇 때문에 사는가를 심각하게 고민해볼 일이다. 나의 존재 가치를 음미하고 어떠한 삶이 진정한 삶인가를 검토해보자는 것이다. 단순한 의식주 해결에 만족하며 살아간다면 진정한 삶의 목표가 되기에 충분하지 못하다. 이에 일상의 삶에서 내가 왜 살아가는가의 동기부여를 분명히 하는 일이 요구된다. 중생의 고통에서 벗어나고, 속박에서 벗어나 진정한 해탈과 자유의 삶을 살아가는 것이 인생의 목표라면 나는 깨달음의 세계로 나아가지 않을 수 없다. 그것이 내 인생의 목표가 되기 때문이다. 수행과 정진을 통해 일원상 진리의 깨달음을 얻고, 여일한 정진으로 나아갈 때 우리는 성자적 삶을 살아갈 수가 있다.

---

53) 황근창,「물리학과 일원상의 진리」, 창립10주년기념 추계학술회의 ≪원불교의 해석과 그 적용≫, 한국원불교학회, 2005년 11월 25일, p.50.

성자적 삶을 위한 나의 본래면목은 무엇일까? 희로애락의 삶속에서 나를 기쁘고 즐겁게 하는 것이 본래면목인가? 아니면 이의 극복을 통한 해탈의 삶에서 진여의 성품을 지켜가는 것이 나의 본래면목인가? 법정의 저술에 나오는 바[54] 9세기 중국의 선승으로 위산이란 분이 있었고, 그의 문하에 총명한 향엄이란 학인이 있었다. 위산은 향엄이 큰 그릇임을 알고 말한다. "지금까지 보고 들은 것을 떠나서 너의 본래면목에 대해 한마디 말해보라." 향엄은 몇 마디 대답해 보았지만, 스승은 모두 아니라고 한다. 그는 자기 방으로 돌아가서 여러 책들을 꺼내 찾아보아도 말할 수 없었다. 다시 위산선사 앞에 나아가 가르쳐 주기를 청한다. 그러나 위산은 그저 호통을 칠뿐이다. "내가 말하는 것은 내 소견이지, 그게 너에게 무슨 소용이 되겠느냐?" 향엄은 이 말에 큰 충격을 받아, 가지고 있던 책들을 모두 불살라 버리고 비장한 각오로 수행한 끝에 본래면목을 깨닫게 되었다.

일상의 본능적인 나에 취해 있으면 본래면목을 회복하지 못하고 세속적 부귀영화를 추구하다가 이에 매몰되고 만다. 외형의 향락에 젖어들 경우 무상의 진리를 간과하기 때문이다. 진리를 깨닫지 못한 채 수용하는 모든 부귀영화는 풀끝의 이슬 같고 허공의 구름 같고 떠다 놓은 물과 같은 것이다.[55] 부유함이 인생을 지배하고, 귀한 신분의 권력이 마음을 유혹하며, 영화가 삶의 부족함을 모르게 한다면 그것은 외형적 삶의 향락에 머무는 현상이다. 부귀영화가 인생의 전부라고 착각한다면 분명 영원불멸한 무상의 진리를 잊고 사는 것이다. 인간의 생로병사에는 한계가 있으며, 이러한 생로병사의 한계를 극복하고 깨달음의 세계로 나아갈 때

---

54) 법정, 『맑고 향기롭게』, 조화로운 삶, 2006, pp.134-135.
55) 조전권, 선진문집1 『행복자는 누구인가』, 원불교출판사, 1979, p.20.

부귀영화가 풀잎 위의 이슬과 같아 태양이 뜨면 이내 말라버림을 깨닫게 된다.

따라서 나의 색신이 지수화풍으로 흩어짐을 깨달아야 한다. 나는 영원히 살 수 있다거나, 또 부귀영화는 영원히 내 곁에 있을 것이라고 생각한다면 착각이며 망상에 불과한 중생의 무명심이다. "또 이 색신이라 하는 것은 흙과 물과 불과 바람 이 네 가지 인연의 모인 바라, 그 바탕이 완특하여 정식이 없는 것이니 어찌 능히 보고 듣고 깨닫고 알리오. 능히 보고 듣고 깨닫고 아는 것은 반드시 너의 불성이라."56) 색신의 무상함을 깨닫는 것이 불교에 있어서 성불의 기반이다. 색신이 무상함을 인지하고 우주에 충만된 여래장의 세계에서 나의 진여자성을 발견한다면 그것은 밝은 지혜를 얻음은 물론 인류를 구원할 큰 힘을 갖추는 것이다.

인류 구원의 힘을 갖추기 위해서 성리를 연마하며 진리의 깨달음으로 나아가야 한다. 일원상 진리에 어두우면 그것은 인류 구원의 힘을 갖출 수 없는 것이다. 소태산 대종사가 성리를 설할 때 "진리 자리를 일러 봐라"하였는데 정산종사 일어나 "언어도가 끊어지고 심행처가 멸했습니다"라고 아뢰니 "옳다 되었다"라고 하였다.57) 이처럼 불생불멸과 인과보응의 일원상 진리를 깨닫도록 연마를 해야 한다. 깨달음은 법신불 일원상 진리의 각증에 있어야 하기 때문이다.

진리의 각증을 위해서는 나의 영혼이 깨어 있어야 한다. 영혼이 깨어 있지 않으면 우리의 영성은 정지되고 만다. 우주 만물의 깨어있는 영성

---

56) 『修心訣』 4章, 且色身, 是地水火風四緣所集, 其質頑而無情, 豈能見聞覺知, 能見聞覺知者, 心是汝佛性.

57) 진리는 깨쳤느냐 못깨쳤느냐에 있는 것이지, 말을 잘하고 못하는 것에 있는 것이 아니다.(박정훈 원로교무의 전언이다. 노태형 정리,「성리특별법회 1—이산 박정훈 교무」,≪원불교신문≫, 2001년 4월 27일, 2면).

에 내가 다가서지 못한다면 영혼의 맑은 에너지가 사라져버리는 것이다. 이에 나의 영혼이 깨어 있어야 하고, 간절함과 열린 마음이 있어야 하며, 자기 안의 양심이 살아 있어야 한다.[58] 깨어있는 영성이란 마음이 열린 상태로서 투명한 양심을 가지고 삶을 이끌어가며 종교적 감성을 키워가는 것을 의미한다. 깨달음이란 종교적 영혼의 열림과 관련되며, 그것은 영성의 세계에 문을 두드리는 것이다.

나의 영성이 열리기 위해서 우리는 현재 어떻게 행동하며 사는 것이 바람직한가를 심각하게 고민해야 한다. 불교에서는 일체 중생이 모두 불성을 가지고 있어서 불타 즉 각자(覺者)가 될 수 있지만, 중요한 것은 그 사람의 과거나 미래에 있지 않고 항상 지금 어떻게 행동하고 사고하고 있느냐 하는 것이다.[59] 지금 현재 나의 마음 작용은 어떠한가? 깨어있는 상태인가 아니면 정지되어 있는가를 성찰하지 않을 수 없다. 현재의 삶에 충실하지 못하다면 그것은 깨달음을 이룰 수 없는 일이다. 과거에 깨우쳤으니 현재는 정지해 있다든가, 현재는 안일하게 있으면서 미래에 깨우치겠다던가 하는 것은 바람직하지 않다. 현재 나의 깨달음이 순간순간의 생활 속에서 나타나야 하기 때문이다.

그래서 우리의 깨달음은 최령한 인간으로서 순간순간의 노력과 직결된다. 우리가 아무런 노력도 없이 인도에 수생한다는 것은 쉽지 않은 일이며, 또 내가 깨닫는 삶을 이끌어가는 것은 얼마나 어려운 일인가? 현재의 삶에서 세상의 이치를 터득하고 안빈낙도의 생활을 해야 하는 것이다. 그 어려운 생명의 탄생 중에서도 사람으로 태어난다는 것은 더욱 어

---

58) 이승헌, 『힐링 소사이어티』, 한문화, 2001, p.15.
59) 이만, 「종자설의 연원에 관한 고찰-업사상을 중심으로」, 『한국불교학』 4 (한국불교학회 편, 한국불교학 제7집), 불교학술연구소, 1995, p.172.

려운 일이며, 그렇게 어렵게 사람으로 태어나서도 세상의 이치를 터득하고 인생의 도리를 깨닫는 것은 그보다도 훨씬 더 어려운 일이다.[60] 이에 부단히 수행하는 서원을 세워서 항상 깨달음의 중요성을 각인, 노력하지 않을 수 없다. 깨달음이 나에게 얼마나 중요한지 인식하지 못하고 살아간다면 앞으로도 미한 중생으로 전락되고 말 것이다.

　미한 중생의 탈을 극복하기 위하여 나의 깨달음을 향한 노력은 한 개체가 우주적 자아와 연결됨을 알게 해준다. 개아의 영역이 충만된 우주로 확대되는 깨달음을 향유하기 때문이다. 소태산의 깨달음은 인간과 우주 자연이 한 통일체로 한 근원, 한 이치의 유기체적 관계에 있음이 확연하다.[61] 나의 영역이 확대된다는 것은 개체적 나에 머무는 것이 아니라 우주적 대아에 합류하는 것이다. 따라서 나의 개체가 갖는 한계를 극복한 우주적 통일체의 체험이야말로 깨달음이 가져다주는 가장 큰 선물이라 본다.

　깨달음의 선물을 얻는 데에는 나 자신의 노력과 나를 지도하는 스승의 가르침에 의해 여러 측면에서 은혜 충만성이 발견된다. 아무리 내가 똑똑하다고 해도 나의 개체에 국집되지 않으려면 주변의 스승이나 선지자의 도움이 필요하다. 스승의 가르침에 의한 배움이 결국 제자의 깨달음으로 종료되어야 한다[62]는 점을 새겨본다면 나의 깨달음은 자기 적공과 더불어 스승의 지도가 요구된다는 뜻이다. 스승의 지도 없이 깨달음을 얻은 자수자각의 성자들도 물론 있겠지만, 도가의 경우 대체로 스승의 지도가 필요하다고 본다. 비컨대 학교 스승의 가르침을 통해 지식을 얻고 사회적

---

60) 김충열, 『유가윤리강의』, 예문서원, 1994, p.39.
61) 이성전, 「원불교 개교정신과 생명질서」, 『원불교사상과 종교문화』 39집, 한국원불교학회・원불교사상연구원, 2008.8, p.99.
62) 張相浩, 『人格的 知識의 擴張』, 敎育科學社, 1994, p.81.

인재가 되는 면을 상기하면 도가에서 스승의 역할이 중요하다.

설사 스승의 지도에 의해 깨달음을 얻는다 해도 그 깨달음은 우리의 일상을 벗어나 있지 않다. 마조 도일은 평상심을 통해서 깨달음을 밝히고 있다. "도는 수행을 필요로 하지 않는다. 다만 더 오염되지 않도록 해야 한다. 무엇이 오염되지 않는 것인가? 생사심을 일으키고 조작하는 마음으로 깨달음에 나아가려고 하는 것이 모두 오염이다. 만약 곧바로 불도를 알고자 한다면 평상심이 도이다."63) 따라서 평상심을 회복하는 생활을 한다면 결국 깨달음으로 인도된다. 일상의 삶에서 진리를 연마하여 그 지혜를 생활 속에서 활용하는 것이 평상심이라 보며, 여여한 평상심이어야 진정한 깨달음에 이르는 것이다.

3) 깨달음과 경전

서구종교는 대체로 성경을 통해 사회정의를 실현해 왔다. 『구약』과 『신약』 등이 그것으로 서구에서는 본 경전의 가르침을 사회정의 실현의 기준으로 삼아온 것이다. 사회정의를 규명하는 방식은 서양의 종교에 있어서 그러한 판단 기준들을 가지고 있으며, 그것은 바로 신이 인간에게 명한 바의 소명으로서 예언자의 입을 통해 말씀으로 전달되고 경전으로 구체화되었다.64) 이처럼 경전은 동양종교의 경우 깨달음의 기준으로 삼은 것에 비해서 서구종교는 신앙강령과 사회정의 실현을 위한 행동에 초

---

63) 『景德傳燈錄』卷 第28, "江西 大寂道一禪師示衆云 道不用修但莫汚染 何爲汚染 但有生死心造作趣向皆是汚染 若欲直會其道平常心是道"(TS51, 440a).
원영상, 「선사상사에서 본 무시선법의 구조고찰」, 『원불교사상과 종교문화』 42집, 원불교사상연구원·한국원불교학회, 2009.8, p.60.

64) 한내창, 「사회운동과 종교」, 『원불교사상과 종교문화』 27집, 원불교사상연구원, 2004.2, pp.285-286.

점을 맞추어온 성향을 부인할 수 없다.

　이에 동양종교의 경전은 주로 수양론적 인격과 깨달음을 표준으로 삼아온 것이다. 불타의 깨달음을 보면 "참으로 진지하게 사유한 끝에 일체의 존재가 밝혀졌을 때 그의 의혹은 씻은 듯이 사라졌다. 연기(緣起)의 법을 알았기 때문이다"라고 전하고 있다.[65] 동양의 경전으로서 불전(佛典)은 불법의 깨달음을 전하는 것으로 성자의 연기론이 그대로 전수되어 왔다. 석가모니는 인연 연기법을 깨달아 제자들에게 가르쳤는데, 석존 멸후 이러한 가르침이 경전을 통해 전해진 것이다.

　석가모니가 깨달은 내용은 인간 존재의 근거를 연기의 법에 의하여 밝힌 것으로 그것은 12연기설로 잘 알려져 있다. 불교의 초기경전에서는 연기를 통상 인간의 미혹과 깨달음의 문제와 관련하여 설하고 있는데, 보통 12연기 또는 12인연의 형태로 설하고 있다.[66] 관련 경전류에서는 12연기론이 무명, 행, 식, 명색, 육입, 촉, 수, 애, 취, 유, 생, 노사를 설하고 있다. 석가모니가 설한 연기법이 12연기라는 것은 불교의 초기경전에서 전해지는 것으로, 인간의 윤회는 생로병사의 순환 속에 전개되므로 이러한 윤회의 고리를 벗어나는 것이 깨달음이라는 것이다.

　구도과정을 통해 불타가 깨달은 내역 또한 경전에서 찾아볼 수 있다. 빨리 『율장』을 보면, 석존은 정각 후 7일 동안 보리수 밑에서 삼매에 들어 있었다고 한다. 다시 다른 나무 밑으로 옮겨 5주간이나 해탈의 기쁨을 맛보고 있었다 하며, 경전에는 "법의 즐거움을 스스로 받다(自受法樂)"라고 기록되어 있다.[67] 그는 기나긴 고행을 한 끝에 자신의 수행법을 통해 정각

---

65) 불교신문사 편, 『불교에서 본 인생과 세계』, 도서출판 홍법원, 1988, p.110.
66) 정순일, 『인도불교사상사』, 운주사, 2005, p.125.
67) 위의 책, p.101.

을 이룬 것이다. 『율장』「대품」에서 석존은 보리수 밑에서 깨달음을 이루었는데, 한번 결가부좌한 채로 장장 7일 동안 해탈의 기쁨을 누리며 앉아 있었다. 삼매와도 같은 선정을 통한 깨달음이 초기경전인 『율장』에 여여하게 전해져 온다.

이처럼 누구나 구도 고행을 한다면 깨달음을 얻을 수 있다는 것이 경전에 거론되며, 곧 『열반경』과 『화엄경』에서 깨달음의 길을 제시하고 있다. 『보성론』의 여래장과 불성론은 중국 선종에 와서 성품에 대한 깨달음의 요체가 되었고 『열반경』의 일체중생실유불성(『대반열반경』 권6, 여래성품)의 언급이나 『화엄경』에서 일체 중생은 모두 여래의 지혜를 갖추고 있다(『대방광불화엄경』 권51, 여래출현품)고 한 것은 이미 모든 중생이 불성을 갖추고 있으므로 깨달음을 얻을 수 있다는 가능성을 보여준 것이다.[68] 깨달음의 경지가 경전에 그대로 드러나 있으니 누구나 깨달음을 얻으려면 경전의 말씀을 참조하지 않을 수 없다.

특히 『화엄경』은 석가모니가 깨달음을 얻는 장면이 잘 묘사된 경전이라 할 수 있다. 곧 『화엄경』은 석가모니불이 마가다국의 보리도량에서 깨달음을 얻는 것에서 시작되며, 그 이후에 전개되는 모든 중중무진의 법계 연기(緣起)의 세계는 바로 부처님의 성도(成道)라고 하는 사실에서부터 시작된다.[69] 본 경의 「세간정안품」에는 정각을 이룬 석가모니가 묵묵히 지혜의 빛으로서 광명을 발하고 있는 광경이 거론되고 있다. 나아가 연화장 세계로서 『화엄경』에 설해지는 것으로는 많은 부처와 보살들이 만행의 꽃으로 장식한 것으로서 깨달음의 세계가 그대로 드러나는 양

---

[68] 원영상, 「선사상사에서 본 무시선법의 구조고찰」, 『원불교사상과 종교문화』 42집, 원불교사상연구원·한국원불교학회, 2009.8, pp.57-58.

[69] 권탄준, 「화엄경의 誓願思想 소고」, 『한국불교학』 제11집, 한국불교학회, 1986, pp.424-425.

상이다. 혹 어렵게 느껴질 수 있는 『화엄경』이 석가모니의 깨달음을 전하는 경전으로 친근하게 다가서는 이유이다.

　불경 중에서 깨달음에 대하여 설하고 있는 경전으로는 또한 『금강경』을 거론할 수가 있다. 『금강경』에 의하면 세상에 고정된 것은 하나도 없음을 확실하게 깨우침으로써 최고의 지혜에 도달할 수 있다고 설한다. 석가모니가 수제자에게 말하기를 "수보리야 네 뜻에 어떠하냐? 여래가 아뇩다라 삼먁삼보리를 얻었느냐? 여래가 설법한 바가 있느냐?"[70]라며 깨달음의 경지를 얻도록 하고 있다. 아뇩다라 삼먁삼보리를 얻을 경우, 여래의 지혜덕상을 구비하며 이는 깨달음의 참다운 경지로 이어지는 것이다. 석가모니는 수보리에게 깨달음의 진경을 체득하도록 『금강경』에서 자세히 설하고 있다.

　『반야심경』에서도 깨달음의 경지가 설해지고 있다. 『반야심경』의 도피안 사상은 그 주문(呪文)에 잘 나타나 있다. "가신님이여, 가신님이여, 저 언덕으로 가신님이여, 저 언덕으로 완전히 가신님이여, 깨달음이여, 영광이 있으소서"라고 번역이 되는 이 구절은 사실 오온(五蘊)의 세계를 떠나 저쪽으로 가라가 아니라 오온을 무루(無漏)한 것으로 만들어(五分法身 : 계·정·혜·해탈·解脫知見) 다시 이 세상에서 온전하게 살라는 뜻이다.[71] 이처럼 깨달음의 영광이 있으라고 한 것은 『반야심경』의 경구를 주송함으로써 깨달음을 얻으라는 의미로 이해된다.

　다음으로 『아함경』에도 깨달음의 내용이 전해진다. 석존이 성도했을 때 무엇을 깨달았는가에 대하여 『아함경』에서는 통상 15종의 이설이 있

---

70) 『金剛經』, 7. 無得無說分, 須菩提야 於意云何오 如來―得阿耨多羅三貌三菩提耶아 如來―有所說法耶아.
71) 이기영, 「현대에 있어서의 종교의 진리성」, 『인류문명과 원불교사상』(下), 원불교출판사, 1991, p.1396.

다고 하는데, 그밖의 『율장』이나 『불전(佛傳)』 등에 나타난 내용들을 종합함으로써 석존의 깨달음을 조명해 볼 수 있을 것이다.[72] 석존의 깨달음에는 연기론이나 무상과 무아 등이 거론될 수 있으며, 이것은 사제 팔정도 십이인연이라는 교강으로 성립된다. 석가의 이러한 깨달음은 아뇩다라 삼먁삼보리로서 무상정등정각(無上正等正覺)을 성취하는 것이다. 이는 오탁악세를 정화시키는 것으로 불타가 대각을 통해서 정법을 세상에 선포하였음을 참조할 일이다.

이어서 『대방등대집경』에서는 한적함과 무위의 깨달음을 얻는다고 하였다. "선정을 옳게 한 이는 진정한 내 아들이다"라 하고, 게송으로 읊기를 "한적하여 하염없는(無爲) 부처 경계여 / 거기서 깨끗한 깨달음을 얻는다 / 만일 선정에 머무는 이를 비방한다면 / 그는 바로 부처를 비방함일세."[73] 보조국사 지눌이 인용한 언급이 이것으로 깨달음이란 선정을 몸소 체험하는 것이며, 체험된 선정을 통하여 맑고 밝은 깨달음을 얻게 된다는 것이다. 선정이란 곧 깨달음이며 이는 불타의 본연이기 때문이다.

보조국사 지눌은 이어서 깨달음을 거론함에 있어서 『대지도론(大智度論)』을 인용하고 있다. 『대지도론』에 이르기를 "세상의 예삿일에 있어서도 부지런히 노력하지 않으면 그 일을 이루지 못하거늘, 하물며 위없는 깨달음을 배움에 있어서 선정을 쓰지 않아서야 되겠는가"라 하고, 게송으로 말하기를 "선정은 금강의 갑옷이니 / 능히 번뇌의 화살을 막네 / 선정은 지혜를 지키는 창고지기며 / 온갖 공덕의 복 밭이로다 // 분주한 티끌이 하늘의 해를 덮으면 / 큰 비가 그것을 능히 씻고 / 망상의 바람이 마

---

72) 정순일, 『인도불교사상사』, 운주사, 2005, p.117.
73) 鏡虛禪師 編, 이철교 역, 「高麗國 普照禪師 勸修定慧結社文」, 『禪門撮要』 下卷, 민족사, 2005, pp.319-320.

음을 어지럽히면 / 선정이 능히 그것을 없앤다"74) 라고 했다. 고금을 통하여 불교의 경전과 조사들의 전적(典籍)을 인용하는 것은 주로 깨달음과 관련한 가르침이 수록되어 있다는 사실에 있다.

따라서 불법을 수행하는 사람들은 경전을 통해서 깨달음의 진수를 알아야 한다. 불법을 통해 깨달음을 얻고자 하는 수많은 수도인들이『경전』을 통해서 성자의 경지에 이르렀기 때문이다. 누구에게나 거리낌 없는 가르침으로서 동서고금을 가릴 것 없이 많은 수행자들이 이『금강경』을 통해서 깨달음을 이루었으며, 선종에서도 일찍부터 이 경전을 소의경전으로 삼았다.75) 중심경전이나 소의경전 모두가 중생을 깨달음으로 인도하는 불법 전수의 경전이기 때문에 우리가 불전을 참조하여 수행 정진을 한다면 성도할 수 있으리라 본다.

성도에 이르는 석존의 깨달음이란 특별히 신비적인 것이 아니다. 그가 일상의 삶에서 수행을 하며 부단한 정진의 결실을 이루었다는 점을 경전의 법어를 통해서 새겨야 할 것이다. 수많은 불타 제자들이 지혜와 해탈을 얻고, 수행법을 익힌 경전들이 오늘날까지 전수되는 것도 이 때문이다. 석존 최초의 제자가 된 다섯 비구가 초전법륜을 통하여 4제와 8정도, 5온을 관찰함으로써 아라한의 깨달음을 얻었고, 많은 수행법으로 정신을 통일하고 계속하여 4념처를 수행한 다음, 7각지를 실수하고 이를 완전히 익히어 지혜와 해탈을 얻고 마침내 깨달음에 도달한다는 수행법을 설한 것이 경전에 나타난다.76) 불교의 경전이 없다면 불타의 깨달음이나 제불조사의 수행 방법이 전수되지 못할 것이다. 우리에게 불전으로서 초

---

74) 鏡虛禪師 編, 이철교 역, 「高麗國 普照禪師 勸修定慧結社文」,『禪門撮要』下卷, 민족사, 2005, pp.318-319.
75) 서문, 法頂스님(김용옥,『금강경강해』, 통나무, 1999, p.8).
76) 정순일,『인도불교사상사』, 운주사, 2005, p.142.

기경전이나 소의경전들이 필요한 이유이다.

그러므로 깨달음을 전하는 경전으로서 불전의 가르침을 신봉하지 않을 수 없다. 불전을 통해서 수행 방향을 가늠하고, 그로 인해 깨달음으로 인도될 수 있기 때문이다. "나는 불타의 심인(心印)을 전해주고 있다. 어찌 내가 굳이 불교 경전의 뜻을 어긴다는 말인가"(『六祖法寶壇經』南頓北漸 第七;吾傳佛心印安敢遠於佛經)라고 하는데, 이는 중국의 선종 제6조인 혜능(638-723)의 말로 전해져 온다.77) 불타의 심인이란 부단한 수행을 통해 깨달음을 얻은 부처들과 여러 종파를 세운 조사들의 깨달은 마음 자체를 뜻한다는 점에서 이 심인을 전한 경전은 우리에게 보배의 경전일 수밖에 없다. 보배 경전을 참조하지 않고 홀로 수행하여 깨달음을 이룬다는 것은 그만큼 어렵다는 뜻이다.

설사 수행 과정에 있어서 불경을 참조하지 않았다고 해도 깨달음 이후에 그것이 소중한 경전으로 다가올 수밖에 없다. 소태산 대종사는 큰 깨달음을 얻은 후 모든 종교의 경전을 두루 열람하다가 『금강경』을 보고 석가모니는 진실로 성인들 중의 성인이라며 다음과 같이 말하였다. "내가 스승의 지도 없이 도를 얻었으나 발심한 동기로부터 도 얻은 경로를 돌아본다면 과거 부처님의 행적과 말씀에 부합되는 바 많으므로 나의 연원을 부처님에게 정하노라."78) 그는 깨달음을 얻은 후에도 여러 경전을 열람하였다. 그가 열람한 경전 중에서도 최고의 경전으로 간주한 『금강경』은 꿈에서 본 경전이라 하여, 자신이 깨달은 경지와 석가모니가 깨달은 경지가 상통함을 밝혀 성불의 연원종교로 삼은 것이다.

---

77) 최동희, 「소태산의 본체관-圓相을 중심으로-」, 『인류문명과 원불교사상』(下), 원불교출판사, 1991, p.1242.
78) 『대종경』, 서품 2장.

깨달음의 연원 경전을 참조하지 않고 어림짐작으로 불법을 연마한다는 것은 정법수행과 거리가 있는 일이며, 그로 인해 편벽의 독각일 수 있다. 깨달음의 경전을 수행의 근거로 삼아야 하는 것이며, 그렇지 않으면 위경(僞經)을 공부하는 것과 다를 것이 없다. "공부를 하는 데에는 대중을 잡는 것이 제일 중요하나니, 경전도 대중없이 건성으로 읽으면 비록 몇 백권을 읽어도 서자서 아자아(書自書 我自我)로 아무 소득이 없나니라."79) 정산종사의 언급처럼 공부하는데 있어서 대중을 잡는 기준이 경전이다. 경전이라는 보고(寶庫)가 없다면 우리는 시공을 통하여 불타의 가르침을 전수할 수 있겠는가를 숙고해 보아야 한다. 경전이란 우리가 신앙하고 수행하는 보경이기 때문이다.

하지만 일단 깨달음에 이르면 모든 것을 판단하는데 있어서 경전에 매달리는 일은 없어야 한다. 궁극에 가서 경전까지도 잊어야 한다는 것이 화두로 등장한다. 불립문자라고 했듯이 한 법도 설한 바가 없다는 불타의 가르침을 새겨보자는 것이다. 이에 선종에서는 경전을 버리라고 하였으며, 이는 철저하게 깨닫게 하기 위해서이다.80) 만일 경전의 문자 하나하나에 사로잡힌다면 그것은 언어명상에 구애된다. 또 경전에 구속되다 보면 이론에 치우치고 나중에 이법신앙에 치우칠 우려가 크다. 경전을 신앙 수행의 기준으로 삼되, 궁극에 가서 경전마저 넘어서는 자세로 정진한다면, 견성성불의 지혜를 얻게 되는 것이다.

이러한 맥락에서 소태산은 여러 경전을 교판적으로 접근한다. 제자 송도성이 옛 성인의 경전도 혹 보았고 그 뜻의 설명도 들었으나 한갓 읽어서 욀 뿐 도덕의 참 뜻이 실지로 해득되지 않는다고 하였다. 소태산은 이

---

79) 『정산종사법어』, 권도편 34장.
80) 한종만, 『원불교 대종경 해의』(上), 도서출판 동아시아, 2001, p.453.

에 말하기를, 옛 경전은 이미 지어 놓은 옷과 같아서 모든 사람의 몸에 고루 다 맞기 어렵고, 구전심수로 배우는 것은 그 몸에 맞추어 새 옷을 지어 입는 것과 같아서 옷이 각각 그에 맞는 법으로 마음 기틀을 계발하는 공부가 어찌 저 경전만으로 하는 공부에 비할 바이겠느냐[81]고 하였다. 경전을 접하되 경전 문구에 매달려 부처의 본의를 파악하는데 소홀해지는 것은 바람직하지 않다. 더욱이 고경을 참조하되 새 시대의 교법으로 혁신하는 온고지신의 의지를 중시해야 하는 것이다.

하여튼 깨달음으로 인도하는 경전 중에서도 새 시대의 교법, 나아가 자신의 근기에 맞는 경전의 선택이 필요하다. 정산종사는 경전의 의미를 다음과 같이 말한다. "『정전』은 교리의 원강을 밝혀주신 원(元)의 경전이요 『대종경』은 그 교리로 만법을 두루 통달케 하여주신 통(通)의 경전이라, 이 양대 경전이 우리 회상 만대의 본경이니라."[82] 이처럼 정산종사는 소태산 대종사의 새 시대의 경전을 강조하면서 미래지향적 불법 수행을 강조하고 있다. 같은 맥락에서 정산종사는 『예전』은 경(敬), 『성가』는 화(和), 『세전』은 정(正)이 그 주지가 된다며 새 시대의 불법을 전하는 경전을 강조하고 있다.

경전의 중요성이 아무리 강조된다고 해도 깨친 사람이 주인으로 되는 후천시대에 진입하여 새 시대의 경전을 날마다 수지독송하는 것이 과제로 남는다. 경산종법사 역시 과거는 영웅 한 사람이 좌지우지 하던 시대였지만 지금은 하나하나 먼저 깨친 사람이 주인이 되는 성자의 시대라며, 우리는 이 경전의 가르침을 날마다 수지독송하고 시시때때로 배우고 익혀, 하나하나 먼저 깨달아 스승의 마음이 내 마음이 되고, 스승의 말씀

---

81) 『대종경』, 교의품 24장.
82) 『정산종사법어』, 경의편 1장.

이 내 말이 되며, 스승의 행동이 내 행동이 되어 스승과 하나가 되라[83]고 하였다. 경전을 독송하는 뜻은 우리가 깨달아 세상의 빛이 되자는 것인 바, 경전과 깨달음의 관련성이 여기에 나타난다.

3. 깨달음의 장애

1) 중생과 부처의 간극

불교는 중생과 불타의 간극이 미오(迷悟)로 나타남을 분명히 하는 종교이다. 불교는 그만큼 깨달음을 강조하는 종교로서 미혹의 세계를 멀리하도록 하는 것을 본연으로 삼기 때문이다. 곧 불교의 특색은 여래와 인간과의 관계가 지속적으로 문제시되어 온 것이며, 그것은 깨달은 자와 깨닫지 못한 자, 곧 불타와 중생이라는 양자의 상위(相違)를 분명하게 하는 것을 포함한다.[84] 깨달은 자는 부처요 깨닫지 못한 자는 중생이라는 면에서 부처를 지향하는 깨달음의 종교로 잘 알려져 있는 것이다.

깨달은 부처와 그렇지 못한 중생의 세계는 상이하다고 본다. 유무변환과 일체개진(一切皆眞)은 같은 '만법의 세계'라는 점에서 통하지만 전자는 중생의 세계이며 후자는 깨친 자의 세계라는 점에서는 전혀 상이하다.[85] 깨달은 사람에 있어서 산은 맑고 밝은 산이요, 깨닫지 못한 사람에 있어

---

83) 경산종법사, 원기 94년 대각개교절 「종법사경축사」.
84) 田中典彥, 「불교적 영성의 일고찰-불성의 자각과 전개」, 제19회 국제불교문화학술회의 ≪지식정보화사회에 있어서 불교-생명과 영성≫, 원광대·일본불교대, 2005.9.9-10, pp.48-49.
85) 정순일, 「성리개념의 변화와 그 본질」, 『원불교사상과 종교문화』 35집, 원불교사상연구원, 2007.2, pp.134-135.

서 산은 어둡고 물은 탁하며 마음은 움울의 상태에 있을 뿐이다. 같은 산과 물에 대한 인식에 있어서 깨닫지 못한 경우와 깨달은 경우에 있어서 명산대천이냐 그렇지 않느냐의 차이가 있다.

이처럼 판이한 현상계에서 우리는 어떻게 살아가야 할 것인가? 깨달은 부처로 행복하게 살아갈 것인가? 아니면 몽매한 중생으로 고통스럽게 살아갈 것인가? 부처와 같이 진리를 깨닫고 살아도 일생이요, 무지몽매한 중생과 같이 살아도 일생이다. 나아가 인륜과 도덕을 존중하여 정로를 찾아서 살아도 일생은 일생이고, 도덕과 법률을 파괴하고 무질서하게 살아도 일생은 일생이며, 대종사와 같이 공도에 헌신하여 살아도 일생은 일생이니 우리는 그 어느 편의 일생을 취하여 걸어갈 것인가?[86] 무지몽매한 일생을 극복해야 한다는 점에서 우리는 자문자답해야 할 사항이라 본다. 자신을 성찰하지 못한다면 중생의 삶으로서 깨달음의 길과는 거리가 멀어지기 때문이다.

깨닫지 못한 중생이 자신의 무지몽매함으로 인하여 진리 연마에 소홀하거나, 때로는 수도하는 이의 마음마저 곤혹스럽게 한다. 지배 계급에 있는 사람이 자기들만이 똑똑하고 민중은 무식하다고 해서 무시하거나, 반대로 깨닫지 못한 민중이 깨달은 사람을 귀히 여기지 않으면 함께 밝아질 수 없다.[87] 무지한 사람은 분발하여 깨달음의 기회를 찾도록 노력해야 할 것이며, 선지자나 선각자와 더불어 구도 적공하는데 도움을 얻는 것이 진급하는 사회요 중생의 탈을 벗어나도록 하는 계기가 되는 것이다.

진급의 사회에 있어서 석가는 중생과 부처 사이의 불성에는 아무런 차

---

86) 청하문총간행회,『묵산정사문집』, 원불교출판사, 1985, p.26.
87) 金恒培,「老子 道思想의 特性과 構造」,『道家哲學』창간호, 韓國道家哲學會, 1999, p.54.

이가 없음을 강조하였다. 그는 성도 후 스스로를 일체의 승자, 일체의 지자, 무상사(無上師), 아라한, 등정각자(等正覺者)(律藏 3, 大品 1, 南傳藏 3, 15. 中部 經 1, 南傳藏 9, 306)라 했으며, 이때의 석존은 자신을 교진여 등 5비구와 더불어 아라한이라 자칭하며, 석존과 제자들 사이에 성자로서의 자격에는 아무런 차이를 두지 않았던 것이다.[88] 중생과 부처의 차별을 두지 않았다는 것은 모두가 깨달을 수 있다는 불교의 여래장 사상과도 관련된다. 여래장 사상을 전하여 중생들 모두가 깨달음을 얻어서 성불의 대열에 합류하도록 제도중생에 앞장섰던 것이다.

하지만 누구나 여래장을 소유하고 있다고 해도 깨달으면 부처요, 깨닫지 못하면 중생이라는 현실을 인지하고 살아야 한다. 불법을 자신 위주의 사고방식으로 생각하여 부처나 중생이나 별반 다를 것이 없다고 하는 반론도 있겠지만 깨달으면 부처요 깨닫지 못하면 엄연히 중생[89]이라는 점을 새겨두어야 할 것이다. 깨닫지도 못한 상태에서 부처라고 착각을 한다면 마치 계율을 자기 편의적 해석으로 받아들여 자칭 대승행(?)으로 생각하는 것과 같다. 불법 자체에는 중생과 부처가 따로 없다고 해도 적공이 없는 미혹된 현실의 중생은 중생 그대로 삶이 전개될 따름이다. 깨달음을 향해 적공하는 사람에 한하여 장차 중생과 부처의 간극을 없앨 수가 있기 때문이다.

사실 부처와 중생의 간극으로 인하여 여래는 여래장을 발현하는 것이며, 중생은 윤회의 고통 속에서 살아간다는 것을 깊이 인식하자는 것이다. 원효는 '중생은 본래 본각(本覺)이 있으나 객진인 욕심의 가시에 덮여

---

88) 노대훈, 「원불교의 불타관」, 『원불교사상시론』 제Ⅲ집, 원불교 수위단회, 1998년, p.64.
89) 불교신문사 편, 『불교에서 본 인생과 세계』, 도서출판 홍법원, 1988, p.44.

서 현재 자기 본각을 얻지 못한 존재라고 한다'(금강삼매경론, 한불전1, 633쪽 하단)라 하였고, 한편으로 여래장과 관련하여 '성인과 중생 양자는 본래 깨달은 존재로서 항상 일각(一覺)이다'(同書)라고 하였다.90) 여래와 중생의 차이를 능히 언급할 수 있는 자는 평등 여여한 깨달음을 얻은 혜안을 구비한 성인이다. 중생이 미혹 속에서 벗어나려고 할 때 성자의 여래장은 빛이 나는 것이며, 윤회의 고통에서 평생을 살아갈 때 그 여래장은 숨겨지는 것이다.

이에 중생이 여래장을 지니고 사느냐의 여부는 중생이 자성을 회복하려고 하느냐, 아니면 중생심으로 사느냐의 차이와 관련된다. 불리자성(不離自性)을 깨닫도록 공부를 할 경우 중생도 여래장을 구유하고 발휘할 수 있는 것이다. "한 마음이 미하여 육취(六趣)에 가는 이는 자성을 떠나는 것이요 동하는 것이며, 법계를 깨쳐 한 마음을 회복한 이는 자성에 돌아오는 것이요 정하는 것이라고 하니, 비록 미하고 깨침이 다를지언정 그 본원인즉 하나이라."91) 『수심결』에서 보조국사가 언급한 것처럼 한 마음이 미하면 자성을 떠나는 것이며, 이내 맑은 자성을 회복한다면 그것은 불성을 구유한 사람이 되는 것이다. 부처가 된다는 것은 자성 본래의 여래장을 그대로 함유하기 때문이다.

우리가 본래 간직하고 있는 여래장은 항상 진급의 세계에서 밝게 빛나는 것이다. 일상의 삶에서 미오(迷悟)와 연결하여 볼 경우 깨어서 살면 여래장의 발현으로서 보은하는 것이요, 그렇지 않으면 중생으로서 윤회의 강급으로 이어진다. 인간의 삶이란 주어진 환경에서 자성을 회복하느냐

---

90) 안옥선, 「원효사상에 있어서 인권의 기초이념」, 『범한철학』 제26집, 범한철학회, 2001년 가을, p.124.
91) 『修心訣』 20章, 故로 云하사대 迷一心而往六趣者는 去也요 動也며 悟法界而復一心者는 來也요 靜也라하시니 雖迷悟之有殊나 乃本源則一也니라.

하는 점이 매우 중요한 일이다. 중생으로 남아 있느냐, 아니면 깨달음의 부처를 견지하느냐와 직결되기 때문이다. 좌산종사도 원기 83년 「대각경축사」에서 언급하기를 "깨어 살면 지혜와 은혜가 생산되어 진급이 되지만은, 그렇지 않으면 무지와 해독으로 강급이 되어 윤회의 수레바퀴를 벗어날 수 없을 것이다. 그러므로 윤회를 벗어나서 영생을 통한 대진급의 길로 나가려면 나날이 깨어 살아야 한다"[92]고 하였다. 깨어서 살아야 주변의 어떠한 고통의 환경에 처해도 상생의 은혜로 진급하지만 그렇지 못할 경우 강급은 물론 고통의 윤회를 벗어날 수 없다는 것이다.

우리는 이미 깨달은 자라고 주장할 수 있다. 그러나 깨달은 자라고 가정해도 삼독 오욕에 사로잡히거나, 깨달음을 향한 적공을 하지 않고 방심하면 중생의 삶을 벗어날 수 없다. "깨달음을 기다리는 자는 몇 날을 기다려도 오지 않는다. 우리는 이미 깨쳐 있는 부처이다. 지금 이대로 알고 실천하는 것이다. 법신불이 우리에게 이 소명을 부여하였다."[93] 구도의 정진으로 노력하지 않고 자신이 중생의 삶에 벗어나지 못한 상태에서 관념으로 여래장을 믿고 있다면 그것은 깨달음과는 거리가 멀어진다. 이미 깨쳐 있는 존재라는 것은 불성을 함유하고 있다는 의미이며, 여기에는 불성을 실천하는 솔성(率性)을 단서로 한다는 것이다.

따라서 깨달은 자라면 희열에 찬 정진 적공의 자세와 체험이 자발적으로 나타난다. 7가지 깨달음의 체험이 이것이다. 불경 『잡아함』에 의하면 삼십칠보리분법의 여섯째는 칠각지(七覺支)로 칠각분(七覺分), 칠등각지(七

---

92) 좌산종법사,「원기 83년도 대각개교절 경축사 '깨어살자'」,≪원불교신문≫, 1998년 4월 24일, 1면.
93) 일원의 위력을 얻고 일원의 체성에 합하자는 말이 이것인 바, 1997년 9월 21일 원불교중앙총부 정례 일요법회의 설교시간에 노대훈 교무(교학대학원장)의「불법은 천하의 대도」라는 제목의 설교 중에서 발췌하였다.

等覺支), 칠보제분(七菩提分)이라고도 하는데, 이는 깨달음의 경지를 일곱 개의 부분으로 정리한 것이며, 칠각지란 염각지(念覺支), 택법지(擇法支), 정진각지(精進覺支), 희각지(喜覺支), 경안각지(輕安覺支), 정각지(定覺支), 사각지(捨覺支) 등으로 각지란 깨달음(覺)의 부분을 의미한다.[94] 깨달음에 대한 가지가지의 실상을 전하는 언급이 아닐 수 없다. 우리의 한 생각에 대한 깨달음, 정법을 선택하는 깨달음, 정진의 깨달음, 희열의 깨달음 등이 이와 관련된다.

궁극에 가서 범부와 성인이라는 상념마저도 넘어서는 경지가 있음을 알아야 한다. 깨달았다는 아상을 갖는다거나, 깨닫지 못했다는 현애상에 매달리는 것은 바람직하지 않기 때문이다. 『수심결』에서는 다음과 같이 말한다. "미하고 깨침이 없은즉 범부와 성인이 없고, 범부와 성인이 없은즉 물들고 조촐함이 없고, 물들고 조촐함이 없은즉 옳고 그름이 없고, 옳고 그름이 없은즉 일체의 이름과 말을 다 가히 얻지 못할지니…."[95] 중생과 부처가 따로 없다는 사유를 하는 것은 적공의 일직심을 갖는 것으로 이해된다. 본질의 세계에서 중생과 부처가 따로 있다고 생각하는 것은 일체중생이 불성을 간직하고 있다는 '일체중생실유불성'의 사실과도 동떨어지는 것이다. 결국 중생과 부처의 간극이 없는 여일한 세계가 해탈이라 본다.

---

94) 『잡아함』제26(차광신, 「원시불교의 실천·수행론에 대한 고찰」, 제2회 실천교학 학술발표회 ≪학술발표요지≫, 원불교대학원대학교, 2002.3, p.19).
95) 『修心訣』19章, 無迷悟則無凡聖하고 無凡聖則無染淨하고 無染淨則無是非하고 無是非則一切名言을 俱不可得이니….

2) 무명과 깨달음

무명이란 지혜를 밝혀줄 영적 능력을 은폐하는 것이다. 뿐만 아니라 그것은 종교적 신성함과 신비의 세계마저 빼앗아 가는 것이다. 마드바는 무명을 물질의 한 형태로 간주하며, 무명에는 영혼의 영적 능력을 은폐하는 것과 신을 영혼으로부터 은폐하는 것의 2종이 있다고 하였다.[96] 무명이란 이처럼 우리의 맑은 영성을 소멸시켜 버리는 악업의 뿌리가 되므로 극복의 대상이다. 깨달음에 장애가 되는 무명은 반드시 극복해야 할 대상이라는 것을 새삼 깨닫게 해주고 있다.

불가에서 무명에 가리면 전도몽상으로 이어진다고 한다. 무명은 12인연의 단초이자 죽음의 연결고리로서 미혹의 생활로 유도할 뿐만 아니라 업보의 윤회를 하는 성향이 있다. 무명에 가리면 전도몽상을 벗어나지 못하는 것도 이러한 번뇌 망상으로 지속되는 고통 때문이다. 무명은 선연을 악연으로 만들고, 교법에 어두운 관계로 그릇된 행위를 유도한다. 자칫 범하게 되는 죄업은 우리의 삶이 무명에 가린 탓이며, 전도몽상 그 자체로서 악업의 고통을 받을 수밖에 없다. 무명을 단멸해야 하는 이유가 여기에 있다. 무명으로 인해 그릇된 행위를 유발하여 미혹의 생활이 지속되기도 하고, 다른 한편으로 번뇌를 하나하나 단절하여 깨달음으로 향하는 수도의 생활로 전개되기도 한다.[97] 일상의 삶에서 전도몽상과 깨달음의 기로가 무명의 극복 여부에 달려있다.

이에 무명을 벗어나지 못하면 중생이요 깨달아 불성을 회복하면 부처라는 것이다. 어느 날, 혜능의 제자인 하택 신회(荷澤神會)가 북종의 숭원(崇遠)법사에게 무명에 대하여 묻자 숭원은 답하기를, 무명과 불성은 다

---

96) 길희성, 『인도철학사』, 민음사, 2007, p.233.
97) 정순일, 『인도불교사상사』, 운주사, 2005, p.280.

같이 자연적으로 생겨나며, 무명은 불성에 의지하고 불성은 무명에 의지하므로 둘은 서로 의지한다고 했다. 깨달으면 불성이고, 깨닫지 못하면 무명이라는 것이다. 그리하여 그는 『열반경』의 다음 법어를 인용한다. "저 금과 광석이 일시에 생겨나지만 제련사를 만나 광석을 불리고 삶아서 정련(精鍊)하면 금과 광석은 그때 서로 분리된다. 금은 백번 불리고 백번 찧어도 그대로 금이지만 광석은 만약 다시 불리면 변하여 회토(灰土)가 된다. 그때 금은 불성에 비유되고, 광석은 번뇌에 비유된다."[98] 이어서 승원은 번뇌와 불성은 같이 존재하는 바, 불보살과 선지식의 가르침을 통해 발심하여 반야바라밀을 수행하면 곧 해탈할 수 있다고 하였다. 무명과 깨달음을 금과 광석의 채련에 비유하면서 동시성을 설득력 있게 설명하는 것은 금강자성을 얻어 무명을 극복하고 진여의 보리심을 발하라는 것이다.

따라서 무명과 깨달음 사이에서 중생과 부처의 간극이 나타난다는 것은 고금 대승석덕들이 줄기차게 주장을 해왔던 내용이다. 무명에 매달린다면 그것은 진리에 어둡고, 이를 벗어난다면 공(空)과 무상의 원리에 밝다는 사실 때문이다. 부처도 십이인연을 따라서 삼세를 거래하고 중생도 마찬가지로 삼세를 거래하지만, 중생은 무명으로 거래하기 때문에 윤회를 하고 부처나 수도인은 알고 거래하기 때문에 윤회에 자유로울 수 있다.[99] 결국 12인연의 굴레에 사로잡히면 무명에 가리어 악도 윤회의 고리

---

98) 劉澄集錄, 『南陽和尙問答雜徵義』, 涅槃經云 「如金之與礦 一時俱生. 得遇金師 鑪冶烹鍊 金之與鑛 當時各自. 金卽百鍊百精 鑛若再鍊 變成灰土. 金卽喩於佛性 礦卽喩於煩惱.」(정유진, 『신회의 문답잡징의 연구』, 경서원, 2009. 원문 p.109, 번역문, pp.110-111).

99) 장웅철 역해, 『자유의 언덕-반야심경 강의』, 도서출판 동남풍, 2000, pp.104-105.

를 벗어날 수 없으므로 고통스런 삶을 벗어나지 못한다. 그러나 부처는 윤회의 속박에서 벗어나므로 어디에 걸릴 것이 없어 해탈의 삶을 살아가게 된다.

우리가 중생을 벗어나기 위해 해탈된 삶을 살아야 하는 것이며, 이를 위해 깨달음을 얻으려는 것으로 그것은 무명 타파와 관련된다. 깨달음을 위해 불교가 택하는 방법은 무명의 타파를 위한 불법의 실천이며, 실천의 수행은 스스로의 노력으로 번뇌를 멸하는 것으로 철저히 자력적인 성격을 띤다.[100] 깨닫고자 고행을 하는 목적은 무명의 타파와 관련되며, 이러한 무명의 타파는 불법을 실천에 옮김으로써 선연 인과를 맺을 때 가능한 것이다. 선연 선과는 악업을 벗어나는 길이며 그것은 고통을 벗어나는 점에서 악도 윤회에서 벗어날 수 있다. 고금을 통해 선연을 맺도록 깨달음을 주장하는 것은 무명 극복을 위한 것이라는 것을 알게 해준다.

만일 우리가 순간 방심하면 무명에 가리어 일생은 덧없는 몽중사로 전락하게 된다. 의미 없이 살다보니 짧은 일생을 살다가 가는 것이며, 그로 인해 미망에 사로잡히므로 악도윤회의 삶으로 이어진다. 인간 백년사가 모두 몽중 생활이라며 암담하고 답답한 심경에서 조장로(송광)는 꿈몽(夢)자로 시 한수를 지었다. "꿈인가 생시인가 깨어보니 또 꿈이니, 세상인연 끊기 어려워 모두 꿈으로 돌아가네. 맛있는 음식 아름다운 옷 모두 꿈일 뿐, 밤낮으로 놀고 취하니 어찌 꿈이 아니리. 혹 꿈꾸지 않았다고 해도 또 꿈을 짓나니, 그러므로 꿈인 줄 알면 꿈이 아니라네."[101] 꿈같이 왔다가

---

100) 이종희, 「불교 연기설과 윤회론에 관한 소고」, 『한국종교사연구』 제13집, 한국종교사학회, 2005, p.116.

101) 夢夢醒醒又夢 世緣難絶都歸夢 好食佳衣皆若夢 晝遊夜醉豈非夢 或語夢無還 作夢 苦知夢有不成夢 一來如夢夢如歸 遲日春堂先大夢(박용덕, 원불교 선진 열전 5『정녀』上, 원불교출판사, 2003, p.59).

꿈같이 가는 인생을 거론하며 늦은 봄 춘당에서 문득 그 꿈을 깨닫게 된 심경을 표출하고 있다. 꿈과 같은 허망한 일생사를 그저 암울하게 보낼 수는 없는 일이다. 무명에 가린 허무한 일생은 윤회의 속박을 벗어날 수 없기 때문이다.

깨닫지 못하면 어리석은 무명 업보에 순환불궁하게 되어 고통의 속박을 면할 수가 없다. 유루의 세계에 속박되는 것이 무명의 업보에 사는 것이라면 무루의 세계로의 해탈이 극락을 지향하는 것이다. 다시 말해서 세파에의 유루가 미혹의 세계이며 인간의 세계라면, 무루는 깨달음의 세계이고 부처의 세계이므로 윤회의 영향을 미치는 업은 유루업일 수밖에 없다.[102] 우리가 유루의 업보를 면하지 못하는 것을 중생의 세계라 하고 무루의 세계에서 해탈을 누리는 것을 부처의 세계라 하는데, 이 모두가 깨달음의 여부와 관련되어 있다. 불법을 깨닫지 못할 경우 세상의 고통과 직결된 유루의 속박에 매달리는 것이며 그것은 무명의 어리석음 때문이다.

설사 무명으로 살더라도 불연의 계기를 만나서 깨달음을 지향하면 고통의 악업을 극복할 수 있지만, 선연으로 접하지 못하면 중생심이 더하여 깨달은 사람을 불신하거나 깨달음 자체를 멀리하는 경우도 있다. 『수심결』 11장에 의하면, 이미 스스로 밝지 못하면서 또한 다른 사람의 깨달은 것을 믿지 않는 경우가 있다(旣自未明, 亦未信他人有解悟處)고 하였다. 정산종사는 이에 말한다. "각(覺)이니 타력신을 자력신으로, 정법을 바로 알아서 선악과 죄복의 근본을 자각하여 미로에 방황하지 않고 정로에 심입(深入)함으로써 정각정행으로 완전한 천도를 얻게 될 것이니라."[103] 정각

---

102) 이용주, 「설일체유부의 윤회관」, 『원불교사상과 종교문화』 40집, 원불교사상연구원·한국원불교학회, 2008.12, p.225.

정행이 되지 못하여 정법을 알지 못하고 자력신에 기반하지 않으면 중생심으로서 살아갈 수밖에 없다. 이러한 사람은 설사 지식이 많다고 해도 불신의 우려가 있으며, 그로 인해 악도 윤회에 떨어진다.

우리가 악도 윤회의 고통을 유발하는 삶은 주로 재색명리에 유혹되기 때문이다. 재색명리는 유루의 세계에서 유혹하는 대표적인 요소들이다. 그것은 무상의 진리라든가 해탈의 세계를 가로막는 본능적 경계의 항목들이기 때문이다. 돈도 있고 집도 있어서 모든 것들이 골고루 갖춰져 있는 상태를 행복이라 할 수 있지만, 불교적인 입장에서는 늘 깨어 있음을 통해 존재의 진실을 보고 존재의 진실과 합일할 때만이 고통으로부터 자유로워질 수 있으며, 일반적인 행복이란 욕망의 논리나 감각의 논리라는 사실을 깨달아야 한다.[104] 이에 재색명리의 미망 원인은 인간의 세속적 욕망이 치솟기 때문이며, 이의 초탈은 무상의 진리를 깨닫고 정법 신앙에 정진할 때 가능한 일이다.

그러므로 무명에서 벗어나는 것이 깨친 자의 일임은 주지의 사실이다. 깨달은 자와 깨닫지 못한 자의 차이는 무명과 지혜의 차이이다. 깨친 자는 누구인가? 본래 마음이란 두렷하고 고요하며 그 자리를 확인하고 기르는 것이 곧 선(禪)이므로 무명과 욕심의 세계에서 자유와 해탈의 밝은 세계로 들어가는 자이다.[105] 무명으로 인해 욕심에 구속된다면 중생으로서 온갖 고통을 받게 되므로 깨달음을 향해 부단히 노력하지 않을 수 없다. 참선의 적공을 통해서 본래 마음을 회복하는 것이 바로 깨친 자의 본연이 아닐 수 없다.

---

103) 『정산종사법설』, 제6편 생사대사 12장.
104) 실상사 주지 도법스님의 언급이다(오정행 정리, 「좌담-생명에게 은혜를」, ≪원광≫332호, 2002.4, 월간원광사, p.21).
105) 이제성, 『九曲의 물소리』, 원불교출판사, 2002, p.163.

이제 무명의 극복은 미혹에서 깨달음으로 향하는 것임을 알고 적공하는 일만 남아 있다. 불교의 삼십칠 보리분법의 네 번째는 오근(五根)으로 수행자에게 필요한 신근(信根), 정진근(精進根), 염근(念根), 정근(定根), 혜근(慧根)을 말한다(잡아함 제26). 여기서 근(根)이란 능력의 의미로서 미혹의 세계에서 깨달음의 세계로 향하는 능력이[106] 자신의 좁은 근기를 넓게 키워서 미혹을 벗어나는 것이다. 곧 미혹을 벗어나기 위한 공부는 신심, 정진, 일념, 정정, 지혜로서 이는 깨달음을 향한 적공의 방법이다.

마침내 무명을 벗어나 깨달음을 성취하고 해탈에 이르면 모든 고통을 극복하고 극락을 수용하게 된다. 그것은 무명이라는 파멸적 윤회의 씨앗을 벗어날 수 있기 때문이다. 무명을 깨달으면 이고득락의 열반락을 이루는데 그렇지 않고 상대의 계속된 세계나 무지의 미한 세계는 자타의 파멸로 이끌어가는 것이다.[107] 결과적으로 우리는 깨달음이라는 결실을 반드시 성취하여 무명을 벗어날 수 있는 온전한 종교 수행자가 되어야 한다. 육근을 원만구족하게 작용하도록 일원상을 향하여 부단히 성리 연마를 하지 않을 수 없는 것이다.

3) 깨달음의 장애

우리가 원한다고 해도 스스로 적공의 노력이 없다면 깨달음은 쉽게 이루어지지 않는다. 만일 깨달음이 무임승차처럼 너무 쉽게 이루어진다면 수많은 성자들이 세상에 넘칠 것이며, 그것은 적공의 가치도 사라지는 세상이 될 것이다. 시대가 변할수록 세상을 살아간다는 것이 만만치 않

---

106) 차광신, 「원시불교의 실천·수행론에 대한 고찰」, 제2회 실천교학 학술발표회 ≪학술발표요지≫, 원불교대학원대학교, 2002.3, p.18.
107) 불교신문사 편, 『불교에서 본 인생과 세계』, 도서출판 홍법원, 1988, p.60.

으며 적공할 수 있는 주변의 여건이나 환경도 더욱 어려워질 것이다. 여기에는 내외적으로 깨달음에 이르는 장애가 산적해 있음을 알게 된다. 달라이 라마는 말하기를 "완전히 의식이 깨이지 않는 한, 온전하지 않는 한, 깨달음을 얻는데 내면의 방해가 있을 것이다"[108]라고 하였다. 우리의 내면에 장애가 있다면 깨달음에 이르는 길이 쉽지 않다는 의미이며, 이 장애물을 없애려는 노력이 요구된다. 장애물을 극복하는 노력 역시 감내하기 쉽지 않은 고통이 수반되는 것이다.

보통 우리에겐 세 가지의 난관이 있다고 한다. 이 세상에 생명으로 태어나기가 어렵고, 생명 중에서도 사람으로 태어나기가 어려우며, 사람으로서도 모든 것을 알고 사는 각자(覺者)가 되기가 어렵다[109]는 것이다. 일반적으로 우리는 이를 세 가지 인연의 어려움이라고 말한다. 인간의 몸으로 태어나서 미혹된 삶을 살다가 간다면 억울한 일이 아니겠는가? 만물의 영장으로 태어나 맑고 조촐한 자성을 회복하여 도락을 즐기지 못하고 생을 마감한다면 이보다 억울한 일이 없을 것이다. 우리가 그 억울함을 벗어나려면 깨달음의 장애물을 없애고 깨달음을 성취하는 성자가 되도록 해야 한다.

그럼에도 불구하고 깨달음을 이루는 성자가 되기란 여간 쉽지 않다. 가장 먼저 등장하는 장애물은 나의 중생심을 고스란히 드러내는 아집이요 망집이며 고집이다. 인간이 망집 때문에 괴로워하고 업을 짓게 되는 것은 결국 나를 고집하기 때문이며, 바르게 깨달아서 바른 지혜를 완성한다면 해매임의 근본인 속박과 망집을 끊을 수 있다.[110] 무엇이 그렇게

---

108) 달라이 라마 著, 공경희 譯, 『마음을 비우면 세상이 보인다』, 문이당, 2000, p.39.
109) 김충열, 『유가윤리강의』, 예문서원, 1994, p.39.
110) 정순일, 『인도불교사상사』, 운주사, 2005, p.133.

망집을 만드는가? 나만의 울타리를 단단하게 만들어서 나 스스로를 속박하기 때문이다. 깨달음에 대한 장애물의 제거 여부는 나의 울타리를 벗어나느냐 그렇지 못하느냐에 달려 있다고 본다. 돌처럼 단단하게 둘러싼 나의 아집이라는 울타리가 혜안을 가려버리기 때문이다.

그래서 나에 구속되는 망집의 극복이란 쉽지 않으며, 그것은 자신이 오랫동안 쌓아온 훈습(薰習) 때문이다. 자신의 그릇된 습관을 각성하지 못하면 좋지 않은 업으로 남게 되는 것이다. 『수심결』에서 다음과 같이 말한다. "깨친 바가 비록 부처님과 같으나 다생에 습기가 깊은지라. 바람은 잤건마는 물결은 오히려 출렁거리고 성리는 나타났건마는 망념은 오히려 침노한다."[111] 종고선사의 법어처럼 날이 오래고 달이 깊으면 유랑하여 악도 윤회를 면하지 못한다는 것이다. 나의 일생을 통하여 내 눈으로 보고 내 귀로 듣고 내 입으로 말하는 것에 구속되어 상대방을 너그럽게 보기가 쉽지 않으며, 그로인해 나에게 그릇된 습관이 고쳐지지 않고 쌓인 구습이 자신의 정당한 습성인 것으로 착각한다. 그것은 결국 자신을 망집의 울타리 속으로 몰아가는 현상이다.

망집의 울타리를 야기하는 것으로서 깨달음의 장애는 세속의 삶에 있어서 재색명리의 남용에 있다. 재색명리를 어쩔 수 없이 소유할 수밖에 없다고 해도 욕심을 제어하지 못하면 그것에 구속되어 버린다. 이것을 우리는 지나친 소유욕이라고 하며, 결국 깨달음을 가로막는 장애물로 변한다. 우리는 깨달은 사람임이 틀림없는데 우리의 습관화된 사고는 깨닫지 못한 범부로서 싸우고 내가 차지해야 하는 소유의 왕자를 지향하고 있다.[112] 기어이 나의 소유로 만들고야 마는 유루의 소유욕은 세상을 더욱

---

111) 『修心訣』 22章, 如云頓悟雖同佛 多生習氣深.
112) 불교신문사 편, 『불교에서 본 인생과 세계』, 도서출판 홍법원, 1988, p.81.

혼탁하게 만들며 인류를 생존경쟁의 수라장 속에 가두어 둔다. 재색명리의 소유욕에 우리의 일상적 삶이 구속된다면 그것은 깨달음의 길로부터 멀어지는 것이며, 윤회하는 중생의 탈에서 벗어나기 쉽지 않다.

인간관계에 있어서도 장애물이 나타난다. 나와 상대방 사이에 대립이 결과적으로 대아를 지향하는 깨달음에 장애가 된다는 것이다. 소아에 사로잡힐 경우 원근친소에 구애되며 그것은 보다 큰 일원상의 형상을 보지 못하게 된다. "참으로 옳은 시비평론은 원근친소와 자타의 국한을 벗어나 오직 대아주의적 이해득실을 따라 하는 시비평론이니 이는 공적으로 활로를 열어가고 진화의 길을 열어가는 원동력이 된다."[113] 그러나 소아주의에 매달릴 경우 사적 시비평론에 구애되어 대아로의 진입에 방해가 되는 것이다. 정각정행을 가로막는 것은 이처럼 인간관계에서 서로 대립된 시각의 결과이다. 자타의 국한을 벗어나 대아가 되는 길만이 깨달음의 출발이기 때문이다.

소아주의로 흐르듯이 나타나는 우리 내면의 장애물은 우리의 그릇된 심신작용에 관련된다. 곧 우리가 깨달음에 이르지 못하는 장애물을 내면의 탐진치라고 할 수 있다. 인간의 속성인 탐진치를 벗어나서 이를 조절할 방법은 무엇일까를 보면 깨우침을 얻어야 한다.[114] 내가 고통을 받는 가장 근원적인 마음작용은 탐심과 진심과 치심이며 그것은 악업의 윤회를 낳는다. 불교에서는 이를 세 가지 독이 있는 마음이라 하여 삼독심(三毒心)이라 했다. 악업의 뿌리인 세 가지의 독을 제거해야 깨달음의 길에 진입할 수 있기 때문이다.

---

113) 좌산상사법문집『교법의 현실구현』, 원불교출판사, 2007, p.72.
114) 황근창, 「물리학과 일원상의 진리」, 창립10주년기념 추계학술회의 ≪원불교 교의 해석과 그 적용≫, 한국원불교학회, 2005년 11월 25일, p.44.

돌이켜 보면 세상은 나를 깨달음으로 나아가지 못하게 하는 여러 장애가 있을 것이다. 예컨대 세친의 「유식삼십론송」에 의하면 두 장애를 거론하고 있는데 이의 극복을 위해서 고통스런 경계를 무분별지로 이끌어서 진여를 증득해야 하는 것으로 보았다. 곧 그가 말하는 두 가지 장애물이란 첫째 번뇌장(煩惱障)으로서 생사유전의 원인인데 오온을 자신으로 보는 장애, 둘째 소지장(所知障)으로서 탐진치로 인해 지혜의 발현이 일어나지 않는 장애를 말한다.115) 이러한 장애물을 넘어서려면 해탈과 열반에 이르려는 각고의 노력이 필요하다. 세친이 말하는 장애물의 두 가지 외에도 장애물들은 많을 것이다.

그러나 정작 나에게 가로막힌 장애물은 깨달음에 대하여 스스로 퇴굴심을 낸다는 것이다. 깨달음을 두려워하는 현애상에 구애되지 말자는 뜻이다. 현애상이란 깨달음이 더딜 것을 우려하여 아예 접근조차 하지 않으려는 수행의 무기력한 걸림돌이기 때문이다. 보조국사에 의하면 이미 공부하는 길을 알지 못하는 고로 어렵고 아득한 생각을 짓는다(『修心訣』 11章, 既不知方便故, 作懸崖之想)라고 하여 현애상을 거론하였다. 최수운도 말한다. "우리 도는 넓고도 간략하니 많은 말을 할 것이 아니라 별로 다른 도리가 없고 성경신 석자니라. 이 속에서 공부하여 터득한 뒤에라야 마침내 알 것이니, 잡념이 일어나는 것을 두려워하지 말고 오직 깨달음이 더딘 것을 두려워하라."116) 성현의 언급에서 알 수 있듯이 우리에게 장애

---

115) 원영상, 「선사상사에서 본 무시선법의 구조고찰」, 『원불교사상과 종교문화』 42집, 원불교사상연구원·한국원불교학회, 2009.8, p.49.

116) 『東經大全』, 부록 「座箴」, 吾道博而約 不用多言義 別無他道理 誠敬信三字 這裏做工夫 透後方可知 不怕塵念起 惟恐覺來遲(김낙필, 「한국 근대종교의 삼교융합과 생명·영성」, 『원불교사상과 종교문화』 39집, 한국원불교학회·원불교사상연구원, 2008.8, p.35).

물이 많겠지만 깨달음이 더딜 것을 두려워하는 장애물처럼 큰 것은 없다고 본다.

궁극적으로 깨달음에 이르면 깨달음이라는 상도 놓아야 진정한 깨달음이 된다. 『금강경』에 네 가지의 상을 말하였는데, 곧 아상 인생 중생상 수자상이라는 상념에 사로잡히면 그것은 보다 넓은 세상을 조망할 수 없는 것이다. 참다운 도는 무엇이냐는 제자의 질문에 서옹(西翁) 큰 스님이 답하였다. "미혹과 깨달음을 쳐부수니 하늘과 땅이 밝도다."117) 깨달음을 쳐부수라는 말은 선승들이 주고받는 선문답으로, 만일 깨달았다는 상에 매달리면 더 이상 큰 깨달음의 소식을 얻기 어렵다는 뜻이다. 자신이 깨달았다는 생각에 사로잡히는 순간 그것은 중생의 아상에 유혹될 수 있기 때문이다. 곧 깨달음의 마지막 장애가 깨달음의 성취라는 상에 구애되는 아만심이다.

4. 종교와 깨달음

1) 깨달음과 종교

진리의 깨달음이란 무엇일까를 숙고해 보면 서구에서는 이를 계시라 하고 동양에서는 이를 대각이라고 한다. 물론 동서종교를 통틀어 깨달음의 소박한 의미를 종교적 앎이요 지혜라 볼 수 있을 것이다. 종교적 앎이란 아리스토텔레스의 앎에 이르는 세 가지 방법 ─ 데오리아(theoria), 프락시스(praxis), 푀이에시스(poeiesis) ─ 중 프락시스의 앎을 말하며, 그것은 관

---

117) 백양사 무차선회에서 조계종 제5대 종정을 지낸 고불총림 백양사 서옹 방장스님의 언급이다(≪朝鮮日報≫, 1998년 8월 22일, 19면).

상적이고 비참여적인 데오리아의 앎이 아니라 행동과 성찰에 의한 깨달음이다.118) 종교에서 말하는 깨달음은 건조한 지식에 머무는 것이 아니라 성찰적 행동으로 나아가 지혜로 활용되는 것이요, 그래서 종교는 지혜의 보고(寶庫)라 하지 않을 수 없다.

지혜의 보고이기 때문에 성찰적이고 온전한 지식의 확대로 이어지는 것이 깨달음이며, 그것은 종교인들이 추구하는 진정한 지혜이다. 종교가 사랑이 될 수도 있고 단순한 지식이 될 수도 있으며, 종교가 지식의 온전한 확대에서 오는 깨달음일 수도 있는 것이다.119) 사랑과 지식을 넘어선 인류 지혜의 발현이 종교의 본령이기 때문이다. 개인의 사랑에 치중할 경우 그것은 세속적 삶이나 일상의 사회봉사에서 얼마든지 가능한 일이다. 일반적 보편 지식은 전문 연구기관에서 담당하고 학교에서도 담당하고 있다. 이러한 사랑과 지식을 겸하여 온전한 지혜를 베푸는 것이 보다 가치지향적인 종교인의 깨달음에 직결되는 것이다.

환기컨대 종교의 성립은 교조의 지혜 발현에 관련되는 온전한 깨달음에서 비롯된다. 사실 종교는 한 인간의 깨달음을 절대적인 진리로 신봉하는 교단의 조직화가 이루어지면서 교조의 언행이나 교리체계는 점차 신비한 것, 초역사적인 것으로 추상화되는 경향을 보인다.120) 세상을 구제할 능력을 가진 성자의 출현과 그의 깨달음에 의해 종교라는 교단이 성립되며, 그것이 교세의 확장에 따라 조직화의 특성을 지니게 되는 것이다. 설사 조직화된 교단이 교세를 확충한다고 해도 본연의 깨달음을 소

---

118) 이재영, 「수행과정 공유를 통한 종교간의 대화에 관한 연구」, 『종교교육학연구』 제20권, 한국종교교육학회, 2005.5, p.170.
119) 김용옥, 『금강경강해』, 통나무, 1999, pp.15-16.
120) 신순철, 「원불교 개교의 역사적 성격」, 『원불교사상』 14집, 원불교사상연구원, 1991, p.6.

홀히 할 경우, 기성종교가 갖기 쉬운 매너리즘에 봉착하고 만다. 종교는 교세가 확장될수록 교조의 깨달음과 성찰적 행동이라는 초심을 잃어서는 안 된다는 의미이다.

이를 위해서 종교인은 지속적으로 신앙생활과 수련을 통해서 깨달음에 이르러야 하며, 그로 인해 깨달음의 지도자가 요구되는 것이다. 종교에서 법풍 진작과 수련이 강조되는 것도 이 때문이다. 쉽게 말해서 종교에 있어서 핵심이 되는 것은 수련을 강조하여 각자가 깨달음을 얻게 하는 권위 있는 지도자가 되는 것이다.[121] 깨달음에 대한 열망이 부족한 종교 지도자는 진정한 존경의 권위를 얻을 수 없다고 본다. 그만큼 종교에 있어서 지도자의 조건은 수련을 통한 깨달음을 얻고 성찰이라는 노력을 통하여 그 품위가 세워져야 한다는 것이다.

오랜 수련을 통해 깨달음을 획득한 성자의 품위는 모든 종교의 성자에 있어서 공통되는 바가 적지 않다. 그것은 종교가 지향하는 근본정신에 합류하기 때문이다. 각 종교에서 추구하는 궁극적인 경지가 서로 동일선상에서 논의되기 시작한 것은 20세기 중엽으로 올더스 헉슬리가 '영원한 철학'이라는 이름 아래 아시아와 유럽의 주요 종교의 핵심적인 가르침이 비록 언어와 표현방식은 다르지만 결국 동일한 지향점을 지니고 있음을 강조하였다.[122] 설사 성자의 깨달음이 종교간 언어의 차이, 제도의 차이, 문화의 차이로 인해 표면상 다르다고 해도 궁극적으로 하나의 진리를 체험하는 것이라는 보편적 주장이 설득력을 얻는 것도 사실이다.

---

121) 이은봉, 「미래종교에 대한 원불교적 대응」, 제18회 원불교사상연구 학술대회 ≪少太山 大宗師와 鼎山宗師≫, 원광대 원불교사상연구원, 1999년 2월 2일, p.18.
122) 박석, 「명상과 사상과의 관계」, 『원불교사상과 종교문화』 30집, 한국원불교학회 · 원불교사상연구원, 2005.8, p.16.

이러한 맥락에서 구한말 구도의 고행 끝에 대각을 이룬 소태산은 모든 종교의 회통을 밝히고 있다. 1916년 깨달음을 얻은 그는 만유가 한 체성이며 만법이 한 근원이라고 하였으며, 이는 곧 종교회통의 경지로 이어진 것이다. 그는 자신이 깨달은 바를 확인하기 위해 과거 성현들이 밝힌 경전들을 열람하였으니 유학의 사서를 비롯하여 『동경대전』, 『금강경』 등이었다. 깨달음을 얻은 후 『금강경』을 보고 석가모니가 깨달은 진리와 같음을 알았고, 이에 석가모니를 성중성(聖中聖)으로 받들며 연원불로 삼아서 새 불법을 선언하였다.123) 그로서는 깨달음의 내역이 유불도 삼교의 본질과 벗어나 있지 않음을 알았기에 진리의 회통을 주장하는데 아무런 문제가 없었을 것이다.

여러 종교의 회통정신 속에서도 소태산이 불법을 주체로 삼은 것은 스스로 깨달은 내역이 석가모니의 깨달음과 직결되며 개벽의 생활불교를 인지하면서부터였다. 사실 불교는 철두철미한 자각의 종교인 바, 이는 불타에 의해서 그 모범이 나타났으므로 불교를 깨달음의 종교라고 한다.124) 계시의 종교로서 기독교가 거론된다면, 깨달음의 종교로서 불교가 언급되는 점을 상기하면 소태산이 자수자각에 의해 불생불멸과 인과보응을 깨달았기 때문에 불법을 주체로 한 것이다. 유교와 도교 등 여타의 종교 교리와 회통을 강조하면서도 소태산은 생활불교로서의 혁신을 강조한 관계로 불법연구회를 창립하여 새 불법을 세상에 전파고자 했다.

불법을 주체로 한 소태산의 대각 정신을 새겨보면 원불교라는 새 종교가 앞으로 깨달음을 어떻게 실현할 것인가? 그의 대각을 계기로 새로운

---

123) 김정용, 『생불님의 함박웃음』, 원불교출판사, 2010, p.16.
124) 불교신문사 편, 『불교에서 본 인생과 세계』, 도서출판 홍법원, 1988, pp.120-121.

불법운동의 선언적 과정에는 새로운 시대의 도래에 대한 직관적 통찰이 보이며, 미래 문명의 흐름에 관해 후천개벽 시대의 도래라는 독특한 시대인식을 제시한 것이다.[125] 직관적 통찰이란 다름 아닌 후천개벽을 선도할 교단 미래와 관련된다. 후천개벽의 시대에는 기존 종교의 아노미적 혼돈에서 벗어나 새 시대의 가치를 실현할 깨달음이 중요하기 때문이다. 이러한 깨달음은 불교혁신과 같은 정체성을 가지고 새 시대를 향한 교법 실천에 관심을 기울여야 한다는 것이다. 그것이 소태산의 깨달음을 세상에 구현하는 길이기 때문이다.

이를 위해서 종교 지도자에게는 구도와 전법의 정열이 필요하다. 구도와 전법의 정열이 없다면 그것은 깨달음의 세계와는 동떨어진 삶이 되는 것이다. 전법의 의지와 구도적 정열을 위해서 신앙인에게 깨달음의 체험이 요구된다. 종교란 궁극적으로 초월을 지향하는 바, 그것은 깨달음의 경지일 수 있고 진인이 체험하는 도(道)일 수도 있다.[126] 구도의 정열을 불태우며 지속적인 종교체험을 통하여 소태산의 대각정신을 현실에서 실천하는 종교인의 진정한 모습을 지니자는 것이다.

종교체험의 실제와 달리 교세만 확장하는 종교라면 그러한 종교에는 미래가 없다. 만일 원불교가 기성화되고 깨달음의 본질로부터 점차 멀어질 경우 그것은 종교체험에 소홀한 까닭이며, 새 시대의 새 종교라는 명분을 잃고 만다. 원불교 출현의 필연적인 이유는 기성종교의 교리와 기성철학 내지 모든 사상의 근본적 수정으로 인한 새로운 인생관, 세계관, 우주관의 개척과 새로운 윤리의 요청[127]인 점을 간과해서는 안 된다. 종

---

125) 이성전, 「원불교 개교정신과 생명질서」, 『원불교사상과 종교문화』 39집, 한국원불교학회·원불교사상연구원, 2008.8, p.98.
126) 尹永海, 박사학위 청구논문 『朱子의 佛敎批判 硏究』, 서강대학교 대학원 종교학과, 1996, p.3.

교에서 성자의 출현과 깨달음, 그리고 이의 실현이 강조되는 것은 어제와 오늘만의 일은 아니라 본다.

2) 깨달음과 동서종교

과학 문명의 발달은 아무래도 서구의 합리적이고 과학적인 사고에 의한 도움이 컸다고 할 수 있다. 서양인들의 과학적 사고는 우주의 어떠한 대상도 분석하고 이를 활용하는 성향을 지녀왔다면, 동양인의 경우 모든 대상을 분석보다는 직관으로 접하고 평화 공존의 성격을 지녀왔던 것이다. 현재 종교의 양상은 자각적·자율적인 깨달음인 Bodhi(自覺)를 근본으로 하는 불교와 같은 평화 공존의 해탈종교가 있는가 하면, 천주교·기독교·회교와 같은 전투적이며 복종적이며 절대적·타율적 전도를 목표로 하는 강압적인 계시종교가 있다.[128] 이러한 점에서 동양과 서양의 종교적 성향을 상호 대립적 시각으로 보려는 이가 적지 않다.

종교의 사회적 성향도 마찬가지로 동서의 종교관에 뚜렷한 차이가 있다. 서구종교의 경우 경전을 통해 사회 정의의 엄밀한 잣대를 지닌다면 동양종교는 깨달음을 통한 자신 성찰로 이어진다는 것이다. 곧 서구종교의 사회정의는 신이 인간에게 명한 바 소명이 성경으로 구체화되었다면, 동양의 종교들은 사회정의에 대한 기준 설정이 불가능하여 불교나 유교, 도교 모두 무엇이 옳은 것인지에 대한 처방보다는 스스로 자신을 성찰하고 세상을 겸허히 관망하며 깨달음 얻기를 요구한다.[129] 서구종교의 성

---

127) 신도형, 『교전공부』, 원불교출판사, 1992, p.40.
128) 조용길, 「불교의 포교이념과 현대불교의 포교 경향」, 《교화방법의 다각화 모색》, 원불교대학원대 실천교학연구원, 2006.11.10, p.2.
129) 한내창, 「사회운동과 종교」, 『원불교사상과 종교문화』 27집, 원불교사상연구원, 2004.2, pp.285-286.

경에 의한 행동지향의 시각에 비해 동양종교의 내관적 깨달음이 강조된다는 것이다.

절대자를 중심으로 한 종교의 중점 사항도 다르게 나타난다. 서구종교는 모든 것을 신 중심으로 움직인다면, 동양종교는 자신의 깨달음 중심으로 활동한다. 서구의 유일신적 사고에 따른 종교 현상이 있는가 하면, 동양에서는 깨달음을 지향하는 종교 현상이 있다는 것이다. 이에 유일신적 신 중심의 종교들은 신앙을 강조하는 경향이 있고, 깨달음의 도 중심의 종교들은 수행을 강조하는 경향이 있다.[130] 기독교는 전자에 해당한다면 불교는 후자에 해당하므로, 불교에 있어서 중점 사항은 깨달음이 우선시되고 있는 것이다.

이어서 절대자의 계시와 인류의 깨달음에 있어서 서구종교는 신앙적 기도와 예언적 경전을 중심으로 계시 얻는 수단을 이용한다면, 동양종교는 선사들과 선문답을 주고받으며 개인적 수련이라는 방법을 활용하는 성향이다. 기독교에 있어서 저 위에 있는 하나님에서 내 안에 있는 하나님으로, 현실의 야합에서 예언자적 자세로 나아간다면[131] 동양종교는 서양 그리스도교에 강조되는 권위보다는 자각적 수련 종교의 생명력에서 비롯되는 것이다.[132] 이러한 양상에 근거한다면 서양의 종교는 계시와 기도의 종교로 규명할 수 있고 동양의 종교는 수련과 깨달음의 종교로 규명할 수 있다.

---

130) 김성장,「대학의 불교교육에 있어서 신앙 수행 깨달음의 문제」, 제18회 국제불교문화학술회의『불교와 대학—21세기에 있어서 전망과 과제』, 일본 불교대학, 2003.10.28-29, p.203.

131) 오강남,『예수는 없다』, 현암사, 2001, pp.31-33.

132) 이은봉,「미래종교에 대한 원불교적 대응」, 제18회 원불교사상연구 학술대회 ≪少太山 大宗師와 鼎山宗師≫, 원광대 원불교사상연구원, 1999년 2월 2일, p.16.

서구와 동양의 인식론에 차이가 있는 것도 동서양 종교의 인식론 특성이 상이하게 나타난 결과이다. 사물을 보는 시각, 동서 종교의 관점에서 살펴볼 때 상호 양상이 다르다고 볼 수 있다. 곧 서양철학에서의 인식론적 방법은 논리적 사고에 바탕한 사유체계라고 한다면, 불교에서 인식론적 방법은 바로 깨달음이라고 할 수 있다.[133] 서양의 경우 대상을 관찰하고 실험하며 논리의 엄밀성에 근거한다면, 동양의 경우 직관과 투시의 시각에서 종합하는 성향이며, 그것이 양대 종교의 시각을 다르게 하는 것이다. 더욱이 동양의 인식론은 서양의 경우에 비하여 크게 발달하지 않았다. 그것은 동양인의 성향에 있어서 분석적 인식론에 비해 자신의 깨달음과 관련한 직관적 수련의 수양론에 초점을 두었기 때문이다.

나아가 타종교를 바라보는 시각에 있어 동서양의 관점 차이가 나타난다. 서구종교는 타종교에 대한 배타적 시각이 적지 않으며, 동양종교는 종교간 회통을 주장하는 성향이 강하다. 서양은 신의 계시라는 점에서 기독교라는 것에 한정하여 종교의 범주를 축소하고, 동양은 깨달음의 성자적 회통정신에 의해 여러 종교의 범주가 확대된다. 그리스도교의 실존 이해와 구원의 방편은 선(善)이며 자기 소외를 절감하는 종교로서 자기 성찰의 면에서는 불교나 유교와 큰 차이가 없다. 하지만 자기 소외를 극복하는 방편에서는 깨달음이나 극기복례의 수행을 통한 성인화에 주안점이 있지 않았는데, 그 결과 개신교에서 신화(神化)의 교리는 주로 서방 기독교에서 이교적 사상이라고 이단시되거나 경원시되었던 것이다.[134]

---

133) 김성장, 「대학의 불교교육에 있어서 신앙 수행 깨달음의 문제」, 제18회 국제불교문화학술회의 『불교와 대학-21세기에 있어서 전망과 과제』, 일본불교대학, 2003.10.28-29, p.210.
134) 김경재, 「기조발표-동서종교사상의 화합과 회통」, ≪춘계학술대회 요지-동서종교사상의 화합과 회통≫, 한국동서철학회, 2010.6.4, p.21.

여기에서 서구종교는 타종교를 이교적 내지 이단적 종교라는 시각으로 보아 신 중심의 도그마를 전개하였다면 동양의 종교는 깨달음과 자아 확충의 측면에서 타종교를 포용하고자 하였다.

그렇다면 서양종교의 배타적 시각을 동양종교의 사유에서는 어떻게 극복해야 할 것인가? 기독교인으로서 하나님의 사랑을 실천하는 종교인이 되려면 자신의 내면적 깨달음의 가치가 강조되어야 할 것이다. 이러한 내면적 깨달음의 세계는 다름 아닌 타종교의 수행과정을 수용하는 자세가 필요하다.[135] 기독교의 경전에서 강조되는 선행의 가치라든가, 가난한 사람들을 돕고 사회의 정의를 실현하는데 있어서 기독교인들의 신행은 타종교를 비교 우위의 시각에서 희생의 대상으로 삼지 않고 공동선을 향한 종교 다원주의적 시각에서 평가되어야 한다는 것이다. 종교 다원화의 시각은 종교 지도자들의 내면적 깨달음에 의지하는 것으로 원융한 종교 회통을 조명하는데 도움이 되리라 본다. 하나님의 계시가 동양의 성자들처럼 내면적 수련을 통한 깨달음으로 용해되는 포용적 시각이 열려야 한다는 것이다.

물론 흑백론적 이원론에 입각하여 서구종교는 배타적 종교의 시각이요 동양종교는 회통적 종교의 시각이라는 사유에 고집한다면 곤란하다. 종교간 공통점을 찾아 종교 배타의 현상적 상황들을 극복하는 방향에서 접근될 수 있기 때문이다. 예컨대 기독교의 기도와 불교의 참선은 자각 및 깨달음을 목표로 한다는 공통점을 가지고 있다. 기도는 신의 은총과 계시에 대한 깨달음이 목표이며 참선은 자아에 대한 깨달음이 목표인 바, 깨달음의 목표는 다르지만 깨달음에 이르게 하는 수단으로서 참선의

---

[135] 이재영, 「수행과정 공유를 통한 종교간의 대화에 관한 연구」, 『종교교육학연구』 제20권, 한국종교교육학회, 2005.5, p.180.

수행과정은 기독교 신앙에 유용하다.136) 동양종교의 회통성이 기독교에 도움이 된다면 종교간 갈등을 극복하는데 기여할 것이다.

그간 불교계는 기독교의 독단론에 너무 민감하여 왔던 것이 사실이며, 특히 한국 불교계와 민족종교계가 그러하였다. 서구종교의 일신론적 사유가 다원론적 동양종교의 정신을 흔들어놓는 경우가 많았기 때문이다. 이러한 와중에서 한국불교와 유교는 현상적으로 드러내는 일부 개신교의 왜곡된 종교현실과 그리스도교 진면목을 구별하고, 만인과 만물이 소외되지 않는 건강한 생명세계의 실현을 다시 한 번 자각해야 한다.137) 예수의 박애정신이 불타의 대자대비라는 근본정신에서 회통하는 폭넓은 종교인의 시각이 요구된다는 것이다. 21세기 종교평화의 화두는 이러한 동서종교의 극단을 극복하는 깨달음의 지혜가 요구된다고 볼 수 있다.

어떻든 한국의 신종교는 인류를 후천개벽의 깨달음으로 인도하면서도 서구종교의 종말론적 사유에 대하여 다양한 해석학적 시각이 요구된다. 여기에는 종교 지도자들의 깨달음에 의한 혜안이 필요하다고 본다. 앞으로 새 시대가 열린다고 하는데, 지금까지 유년시대에는 타력에 전적으로 의지하여 신앙생활을 했지만 앞으로 장년기에 들어서서는 스스로 수도를 통해 깨달아가지 않으면 안 된다.138) 선천이 지나가고 후천이 도래하며, 종말에 직면하여 구시대의 청산과 새 역사가 창조된다는 동서종교의 시각은 설사 다른 관점에서 나타난 것이라 해도 미래 종교의 밝은

---

136) 이재영, 「수행과정 공유를 통한 종교간의 대화에 관한 연구」, 『종교교육학연구』 제20권, 한국종교교육학회, 2005.5, pp.177-178.
137) 김경재, 「기조발표-동서종교사상의 화합과 회통」, ≪춘계학술대회 요지-동서종교사상의 화합과 회통≫, 한국동서철학회, 2010.6.4, p.22.
138) 이은봉, 「미래종교에 대한 원불교적 대응」, 제18회 원불교사상연구 학술대회 ≪少太山 大宗師와 鼎山宗師≫, 원광대 원불교사상연구원, 1999년 2월 2일, p.22.

전망을 예견할 수 있다. 시대의 종말로 모든 것이 끝나버리는 상황을 동서종교는 원하지 않을 것이기 때문이다. 여기에 종교 지도자들의 공존의식과 인격적 깨달음이 더욱 요구된다.

3) 인도철학의 깨달음

깨달음의 의미를 여러 가지로 언급할 수 있다. 종교적 경험과 관련된 유사 언어는 대각, 깨달음, 견성 등이 있는데, 인도 말에는 영혼을 봄의 atma-darsana, 신을 봄의 Brahman-darsan, 깨달음의 Pratyabhijna라는 뜻이 있다. 그것은 Self-recognition으로 번역함으로써 자아 깨달음이 좋을 것이며, 망각을 극복한 현전의 진정한 깨달음을 의미한다.[139] 이처럼 인도철학에서 깨달음은 자아의 재인식에서 출발하여 망각을 극복하고 현전하여 있는 자아를 말한다.

AD 200년 전후에 정립된 인도의 베다 사상에서는 지혜에서 프라자파티로 되돌아가는 것을 깨달음이라 하고 있다. 베다는 그 어원이 '거룩한 지혜'라는 말인데, 인간의 지혜에서 프라자파티의 우주가 생겼으니, 다시 프라자파티로 되돌아가야 한다는 것이 깨달음이다.[140] 곧 깨달음은 세속적 지식이 아니라 거룩한 지혜를 가리키는 말이다. 인간이 향유하는 지적 팽창에 머무르지 않고 인간의 지혜에서 프라자피토로 되돌아가는 거룩함의 체험이 다름 아닌 깨달음이라 하는 것이다. 여기에서 말하는

---

139) J. Sing, Pratyabhijnahrdayam(Delhi: Motilal Banarsidass, 1987, pp.117-118 (서종순, 「인도의 종교적 경험」, 제28회 원불교사상연구 학술대회 ≪개교 100년과 원불교문화≫, 원불교사상연구원·한국원불교학과, 2009.2.3, p.226).

140) 김용정, 「힌두이즘의 우주관과 자연관」, 한국불교환경교육원 엮음, 『동양사상과 환경문제』, 도서출판 모색, 1997, p.162.

프라자파티는 생물(生物)의 주(主)라는 뜻을 지니고 있으며, 원래는 다른 신들의 칭호로 사용되다가 나중에 독립적인 창조의 신으로 널리 숭배되었다(길희성, 『인도철학사』, 민음사, 2007, p.24)는 사실이다. 프라자파티는 인간과 차별화된 거룩한 신의 항렬에 속하는 것이다.

인도의 육파철학에 있어 상키야(Sāmkhya, 數論) 학파가 있으며 그 개조(開祖)는 카필라(Kapila)로서 BC 3세기에 성립되었고 수론(數論)을 밝히고 있다. 이에 대하여 유가(Yoga, 瑜伽) 학파는 파탄잘리가 개조이고 BC 4~3세기에 성립되었으며 유가경(瑜伽經)이 있다. 이어서 미맘사(Mīmāmsā, 聲論) 학파의 개조는 자이미니(Jaimini)로서 BC 2세기 성립되었고 미만살경(彌曼薩經)을 남기고 있다. 바이세시카(勝論) 학파의 개조는 카나다(Kanāda)이며 BC 2~1세기 성립되었다고 본 경전으로는 승론경(勝論經)이 있다. 베단타(吠壇)학파의 개조는 바다라야나이고 BC 1세기 성립되었으며 베단경(吠壇經)이 있다. 끝으로 니야야(正理) 학파가 있는데 그 개조는 가우타마이며 1~2세기에 성립되어 정리경(正理經)이 전해지고 있다.

인도 육파철학의 첫 학파인 상키야 철학에서는 프라크리티에 대한 푸루샤를 밝히어 이를 깨달음으로 이해한다. 프라크리티는 질료인으로서 활동성을 사트바(純質, Sattva), 라자스(激質, Rajas), 타마스(翳質, Tamas)의 구성요소를 갖고 있다. 여기에서 정지(靜止) 상태는 푸루샤의 관조가 기회인(機會因)이 되어서 격질의 활동을 일으키게 된다. 이러한 근본 원질의 평형상태가 깨어지는 것을 전변(轉變, Parinama)이라고 부르는데, 그때 근본 원질은 최초로 근원적 사유기능(Buddhi, 覺)을 발휘하게 된다.141) 곧 상키야 학파에서 말하는 개인아(푸루샤)의 개념이 정립됨으로써 물질(프라크리티, 元素我)과 구별되며, 여기에서 윤회의 주체가 되는 세신(細身)의 개념

---

141) 정병조, 『인도철학사상사』, 경서원, 1980, p.98.

이 나타나고 있다.

　주목되는 바, 상키야 철학에 의하면 깨달음과 관련되는 분별지(分別智)의 가능성은 붓디 자체 내에서 발견된다. 따라서 프라크리티는 푸루샤의 해방이라는 영적인 목적을 위하여 부단히 활동한다. 이 프라크리티는 본래 푸루샤를 속박하려는 존재가 아닌 것으로 결국 해탈과 속박은 모두 프라크리티 자체 내의 사건이며 붓디가 그 관건을 쥐고 있다는 것이다.142) 붓디에서 분별지가 생기면, 그것을 중심으로 하여 우리의 인식과 행위는 인간의 참 자아인 푸루샤의 경지에 나타난 본래의 순수한 독존(獨存)의 상태에 있게 된다고 보며 여기에 깨달음이 발견된다고 할 수 있다.

　인도철학의 제2기에는 대승불교가 흥기하였고 대승교학이 발달하여 유가행파가 등장하게 된다. 인간의 구원을 논함에 있어 인간이 무(無)로 돌아간다는 것은 자기모순일 수밖에 없지만 그 비약은 어떻게 가능한 것인가? 우리는 불교의 전통 중 유가행학파(Yogacara)의 전의(轉依) 개념에서 그 답을 쉽게 찾을 수 있으며 전의는 허망 분별의 자기가 깨달음의 자기로 전환되는 것을 말한다.143) 자기 변혁에 있어서 미혹과 깨달음의 단절성을 전제하면서도 미혹한 사람과 깨달은 사람의 동일성을 주장하는 것이다. 깨달음과 무명이라는 불타와 중생의 간극은 불교에 있어서 수행의 당위성을 전제한다. 따라서 모두에게 불성이 간직되어 있는 점을 상기하면 미혹과 깨달음은 방심으로 잠시 가려져 있을 뿐 본래 나누어져 있지 않다는 견해를 참고할 일이다.

　다음으로 바이셰쉬카 학파에 있어서 깨달음의 의미를 살펴보고자 한

---

142) 길희성, 『인도철학사』, 민음사, 2007, p.104.
143) 정호영, 「여래장사상의 인간이해」, 『한국불교학』 제11집, 한국불교학회, 1986, p.395.

다. 육파철학의 바이세쉬카 학파의 교리는 여섯 가지를 기반으로 한다. 1) 실체, 2) 성질(실체의 작용), 3) 운동(상승, 하강 등 진행과정), 4) 보편(有性), 5) 특수(원자), 6) 내속(內屬;實, 德, 業, 同, 異, 화합)이 그것으로 이러한 육원관(六原觀)의 본성을 깨닫는 것은 지상의 행복일 뿐 아니라 해탈이며, 그 두드러진 과제가 생천(生天)이다.[144] 이러한 6가지 원리의 실체는 삼매에 들 수 있도록 마나스를 조정하는 것이며, 삼매로의 진입은 요가 수련에 의해서 가능하다고 본다. 육원관(六元觀)의 본성을 깨닫는 일이야말로 행복이자 해탈인 셈이다.

다음으로 인도철학의 육파철학 가운데 정통 브라만의 기본 성전인 『베다』를 어떤 의미에서든 인정하고 있는 학파가 있다. 이를테면 육파의 분류 방법에 대해서 전부터 여러 가지 학설이 있어 왔는데, 인도의 육파철학 가운데 베다에 직접 의거하는 정통사상은 미맘사와 베단타뿐이다. 이 가운데 베단타 학파에서 말하는 깨달음이 무엇인가를 살펴본다. 베단타 학파가 인도 사상의 주류가 되면서 근대 인도의 명상과 깨달음의 체험 양상을 보면 베단타 철학의 요소가 많은 것으로 알려져 있다. 특히 요가 삼매의 경지에서 체험하는 황홀경은 다른 어떤 명상의 체험보다 강렬하며 그것은 깨달음의 체험 방향성을 결정하고 있음을 보여주는 좋은 예이다.[145] 베단타의 체험에서 삼매에 의해 깨달음을 강조하는 이유가 이것이다.

위의 언급처럼 고대 인도철학에서 파급된 영향력은 후에 불교의 깨달음으로 전해진다. 불교의 포용력 역시 이러한 인도철학의 영향을 받고

---

144) 위의 책, p.107.
145) 박석, 「명상과 사상과의 관계」, 『원불교사상과 종교문화』 30집, 한국원불교학회·원불교사상연구원, 2005.8, pp.18-19.

나타난 것이다. 고대 인도사회 전반에 미쳤던 영향력, 그리고 동북아와 동남아를 비롯한 너른 지역에서 전파된 불교의 원동력은 깨달음을 중시하는 합리성과 이에 바탕한 포용성이라는 특색 때문이 아닌가 본다.[146] 불교는 인도에서 탄생하였으므로 인도철학에 기반하지 않을 수 없었으며, 육파철학에서 음미되는 깨달음이 직·간접으로 불교의 윤회와 깨달음 나아가 해탈에 영향을 미쳤던 것이다.

석가모니 여래라는 말도 인도사상의 흐름과 동떨어져 있지 않다. 불타는 깨달음을 얻은 여래(法性)라고 하는데, 『반야경』 등에서 여래는 진여에 도달한 자라고 해석되고 있다. 진여는 법성과 같은 뜻으로 이러한 생각은 "완전히 안다라고 하는 것은 그것이 되어 있는 것이다"라고 하여, 우파니샤드 이후의 인도 사상의 특색을 계승하고 있음을 알 수 있다.[147] 이러한 여래 사상은 생멸법으로 부처를 볼 수 없으므로 부정의 방편을 통해 불생불멸의 실상을 강조하는 것으로 전개되었으며, 이는 후래 대승불교 교의론 전개에 기반이 되었다.

아울러 석가모니의 선정(禪定)이 인도의 요가 체험과 동일선상에서 거론될 수 있는 바, 선정을 통한 깨달음이 요가를 통한 삼매의 경지와 같은 것으로 이해된다. 석존 당시 명상의 방법으로 고행이 성행하기도 하였는데 이들 행법은 신비주의적인 행법에 속하였던 것이다. 후일에 완성된 요가행법은 8지로 정리되었는데, 곧 제계, 내제, 좌법, 조식, 제감, 총지, 정려, 삼매 등의 8가지 행법이 그것이며 특히 삼매는 명상을 주제로 하는 신비주의적인 행법이다.[148] 인도철학의 요가에서 체험 삼매라는 깨달음

---

146) 정순일, 『인도불교사상사』, 운주사, 2005, p.23.
147) 田中典彦, 「불교적 영성의 일고찰―불성의 자각과 전개」, 제19회 국제불교문화학술의 ≪지식정보화사회에 있어서 불교―생명과 영성≫, 원광대·일본불교대, 2005.9.9-10, p.46.

의 세계는 불교 선정을 통한 깨달음이라는 것과 동일선상에서 얼마든지 거론될 수 있다. 원시경전에서 선정과 삼매는 전혀 구별되어 있지 않았다고 해도 석존의 선정이 당시 정비되어 가던 요가의 전통과 동일선상에서 수행되고 있었음을 상기하면 불교의 깨달음이 인도철학의 영향을 받은 것이다.

4) 불교의 깨달음

일반적으로 불교는 깨달음의 종교라고 일컬어진다. 깨달음을 가장 큰 목표로 삼고 있기 때문이다. 이 깨달음은 불교에서 윤회를 극복하고 무명을 벗어나기 위해 강조된다. 불교의 교조인 불타는 원래 깨달은 사람을 뜻하는 것으로, 깨달은 자는 깨달음이라는 인식 형식을 통해 정신적 어두움을 제거하고 밝음을 실현하는 사람을 가리키는 것이다.[149] 어두움을 벗어나기 위한 수행자들에게 깨달음이란 고통을 극복하고 행복을 추구하는 해탈의 길로 여겨지고 있다.

불교를 창립한 석가는 오랜 기간 구도 고행을 통해서 깨달음을 얻은 후 불타가 된다. 그는 보리수 아래에서 간절한 고행을 통해 깨달음을 얻었는데, 그곳을 오늘날 보드가야(Bodhgaya, Buddhagaya, 佛陀伽倻)라고 한다. 필자는 2003년 7월 17일 보드가야를 방문하여 석가모니가 깨달은 보리수 아래에 앉아서 1시간 정도 참선을 하였다. 세월은 흘렀지만 불타의 깨달음을 체험하려는 구도자의 소박한 염원이었다.[150] 보리수 하에서 깨

---

148) 정순일, 『인도불교사상사』, 운주사, 2005, p.89.
149) 박선영, 「불교적 교육과 종교적 다원주의」, 『한국불교학』 제11집, 한국불교학회, 1986, p.134.
150) 필자는 원광대 동아리 「사람사랑위원회」의 지도교수로 참여하였는데, 본 위원회는 15일의 인도와 네팔 기행을 하였다(원광대 사람사랑위원회:하태

달음을 얻을 당시 대지는 진동하였으며, 광명이 발하여 온 세상을 비추니, 태양과 달도 그 빛을 잃을 정도였다고 한다. 정각(正覺)을 얻은 후 석가모니는 최초설법으로 초전법륜을 전하여, 몇몇의 제자들과 더불어 첫 비구가 되었으며 오늘의 불교 교단을 이루게 된 것이다.

불교의 대표적 불경으로 알려진 『화엄경』의 출발은 불타의 깨달음과 의의를 엿볼 수 있는 경전이다. 『화엄경』의 출발은 기본적으로 석가모니의 출가와 수행 그리고 깨달음이라는 구체적 사실에 바탕하고 있으며, 깨달은 부처와 그의 지혜에 의해 드러난 세계, 깨달음의 의의, 나아가 깨달음에 이르는 과정으로서 수행체계 등이 중심 주제가 된다.[151] 본 경전의 「입법계품」은 부처의 깨달음의 경계인 불사의해탈경계(不思議解脫境界)를 보이고, 이어서 그 깨달음의 경계에 들어가기 위한 보현(普賢)의 행원(行願)을 밝힌 것으로 알려지고 있다. 본 경전의 「십지품(十地品)」에서는 불타가 정각에 도달하기 위해서 10바라밀을 수행하는 열 가지의 단계를 구분하여 자세히 설명하고 있어서 깨달음의 진수를 느낄 수 있다.

그렇다면 석가모니의 깨달음이란 무엇을 해결하기 위함이며, 수행자가 일생을 두고 목표로 삼아야 할 이유가 있는가? 한마디로 중생으로서 겪는 고통을 극복하려는 것이 가장 근본적인 원인일 것이다. 중생은 육도 사생이라는 윤회를 면치 못하는데서 오는 고통이 적지 않기 때문이다. 불타는 사고・팔고를 해결하고자 하였으며, 기도와 고행 끝에 깨달음을 얻었는데 소소영령, 무시무종, 부증불감, 불구부정, 불사불생, 불거불래하는 우주의 대 생명과 시간・공간을 초월한 불(佛) 자체를 알았

은, 박도연, 이혜성, 원성제, 노성대).
151) 정순일, 「화엄경의 성립과 구조적 특징」, 『범한철학』 제24집, 범한철학회, 2001년 가을, p.256.

다.152) 깨달음으로 거론되는 경지는 결과적으로 윤회 해탈로 이어지는 것으로 이는 중생의 고통을 벗어나기 위한 것이다.

불타가 깨달은 내용이 후래 불교의 교리로 형성되었는데 그것은 불교의 핵심 교리로서 사제와 팔정도이다. 사제와 팔정도의 법문에서 언급되듯이 도를 깨달아 성불제중의 서원을 이루기 위해서는 마음을 닦고 수행 정진하지 않으면 육도 윤회의 고해와 중생계를 벗어날 수 없다153)는 점에서 불교의 중심교리로 등장한다. 사제로서 고집멸도는 고통에서 해탈에 이르는 과정이 드러나 있고, 팔정도는 정각을 이루는 방법이 설해져 있으며 그것은 극단을 벗어나 중도의 설법으로 전개되는 특징을 지닌다. 모든 것이 고행으로 치닫거나 쾌락으로 치닫는 양 극단을 극복하고 중도를 실천함으로써 팔정도의 경지인 해탈 삼매에 이르게 되는 것이다. 8가지의 바른 도로서 팔정도(八正道)가 갖는 의의는 깨달음에 이르는 불교 수행의 핵심 교의로 등장한다는 점이다.

여기에서 불교 교의(敎義)의 전반은 무상과 무아의 깨달음을 지향하고 있다. 이에 불교의 근원적 진리로 대변되는 무상과 무아를 깨닫기 위한 자기 수양이 어떻게 공동체적인 삶과 균형을 이루는 삶이 될 것인가154) 하는 것은 불교 교의가 갖는 화두이다. 석가모니의 교법을 널리 전파하려는 의도, 나아가 깨달음에 이르는 궁극 목표 역시 무상과 무아의 체험에 관련되어 있다. 무상이나 무아를 체험하지 못한다면 그것은 불교 핵

---

152) 원불교사상연구원 편, 『숭산논집』, 원광대학교 출판국, 1996, p.52.
153) 김성장, 「대학의 불교교육에 있어서 신앙 수행 깨달음의 문제」, 제18회 국제불교문화학술회의 『불교와 대학-21세기에 있어서 전망과 과제』, 일본 불교대학, 2003.10.28-29, p.206.
154) 이재영, 「수행과정 공유를 통한 종교간의 대화에 관한 연구」, 『종교교육학연구』제20권, 한국종교교육학회, 2005.5, p.179.

심 교리의 체험과도 거리가 멀다는 사실을 인지할 필요가 있다. 불교 전반의 교의는 무상과 무아의 정신을 드러낸다는 점에서 깨달음을 향한 자기 수행의 정점이 무엇인지 가늠케 해준다.

본질적으로 무상과 무아의 깨달음은 공(空)의 체험이 중요하다고 볼 수 있다. 공사상을 인지하고 공의 경지에 다다를 때 무상과 무아의 본질에 다가설 수 있기 때문이다. 따라서 불교의 깨달음은 공의 전인적 체험이라 표현할 수 있으며, 그것은 반성적 사고 즉 심사숙고나 사변(思辨)의 과정을 통해 점진적으로 획득되는 이해나 발현과는 달리 직관에 의해 한 순간에 이루어지는 정신적 비약이다.[155] 불가에서 말하는 삼법인으로서 제행무상, 제법무아, 열반적정에 진입한다든가 사상(四相)으로서 아상, 인상, 중생상, 수자상을 극복하는 것이 무상과 무아에 이르는 것이며, 이는 공의 경지를 깊이 체험할 때 가능하다.

공의 체험에 근거한 불교의 진정한 깨달음은 자타 피차 미오(迷悟) 선악 귀천의 차별상을 벗어나는 것이다. 그것은 무명으로부터 벗어나는 길이 되는 바, 『수심결』에서는 다음과 같이 말한다. "피차가 없는즉 오고 가는 것이 없고, 오고 가는 것이 없은즉 나고 죽는 것이 없고, 나고 죽은 것이 없은즉 고금이 없고, 고금이 없은 즉 미하고 깨침이 없다"(19章).[156] 고요하고 청정한 자성을 회복하고 법성에 합일하는 상태에서 어떠한 분별이 우리 심신을 분란하게 할 것인가? 자연을 있는 그대로 바라보는 깨달음은 산은 그대로 산이고 물은 그대로 물이라는 여여자연의 경지로 인도되어 대자대비의 심법을 발휘하기 때문이다.

---

155) 박선영, 「불교적 교육과 종교적 다원주의」, 『한국불교학』 제11집, 한국불교학회, 1986, p.144.

156) 『修心訣』19章, 無彼此則無往來 無往來則無生死 無生死則無古今 無古今則無迷悟.

대자대비와 같은 깨달음의 진정한 의미를 새길 때 갈등을 넘어선 회통의 세계에 합류할 수 있다. 그것이 종교의 사명이요 종교 지도자 및 종교인들로서 세상에 기여할 바이다. 깨달음의 세계는 종교의 벽, 인종의 벽, 이념의 갈등과 중생적 갈등이라는 상대적 이론을 넘어선 세계이므로 선사들은 수행자들에게 형식적인 불타의 존엄성이나 형식적인 숭앙의 형태를 넘어서기를 요구하기도 한다.[157] 종교 회통의 자세는 깨달음을 공유하는 것이다. 이는 성자정신으로 회귀하는 것이며, 석가와 예수, 공자와 노자 등이 추구하는 궁극의 경지이다. 소태산은 이러한 측면에서 회통의 종교를 지향하고 있으며, 단지 진리 표현의 형식만 다를 뿐이라고 하였다.

나아가 깨달음을 실천하는 자는 원대한 이념의 실천에 있어서 단편적 사고, 편견적 사고, 내가 서 있는 곳에 한정된 사고를 벗어나야 한다. 불교의 깨달음에는 현세만 아니라 삼세를 지향하고 자비를 강조하며, 유교에서는 현실 중시의 인륜으로서 충효열을 강조한다. 다시 말해서 동아시아의 윤리덕목 가운데 가장 중시되는 것 중의 하나가 효사상이며, 이는 유교에만 한정되는 것이 아니라 불교에 있어서도 중시되고 있다. 나아가 기독교에서도 "네 부모를 공경하라. 그리하면 너의 하나님 나 여호와가 네게 준 땅에서 생명이 길리라"「출애굽기」 20장 1절을 효의 근간으로 삼고 있다.[158] 공자와 석가와 예수의 인륜 지향적 가치를 새겨본다면 성자의 깨달음이 어느 한편에 치우칠 수 없는 것이다.

궁극적으로 깨달음이란 분별을 넘어선 고요함 즉 니르바나에 이르는

---

157) 吳光爀, 「21세기의 불교의 전망과 과제」, 제17회 국제불교문화학술회의 『21세기 불교의 전망과 과제』, 원광대 원불교사상연구원, 2001.5, p.25.
158) 이태건, 원불교사상연구원 제192차 월례연구발표회, 「기독교 효사상의 현대화」, 2011년 10월 17일, 원불교사상연구원, p.1.

길이다. 니르바나는 깨달음에 의해 성취되는 것으로 천국이나 낙원이라는 용어로도 대체될 수 있다. 니르바나는 만유의 평등한 존귀와 존재 그 자체를 긍정하고 누리는 비움과 충만의 역설적 일치요 영원한 현재를 모든 중생이 누리는 막힘없는 자유의 화엄세계인 바, 그것은 더 이상 분별이 없고 극복되어야 할 소외도 없고 실현해야 할 당위적 목적 지향성이 없다.[159] 니르바나에 이른다면 차별과 분별을 넘어선 고요함을 향유할 뿐이다. 여기에는 시공의 한계가 없으며, 그로 인해 자유로움 그대로의 세계로서 고통이 사라진 해탈과 극락이다.

 이를 위해서 우리는 모두에게 간직되어 있는 여래장을 찾고 자성불을 찾아야 한다. 불교의 깨달음으로부터 얻어야 할 현대인의 교훈은 무엇인가를 보면『수심결』에 내가 곧 부처라는 말에 귀를 기울여야 할 것이다. 어떠한 스님이 귀종화상에게 묻되 "무엇이 부처이오니까?" 화상이 이르되 "내가 지금 네게 일러 주고자 하나 네가 믿지 아니할까 염려하노라." 스님이 이르되 "화상의 진실하신 말씀을 어찌 감히 믿지 아니하오리까?" 화상 이르시되 "곧 네가 부처니라." 스님이 이르되 "어떻게 보림 공부를 하오리까?" 화상 이르되 "한 티끌이 눈에 있으매 허공 꽃이 요란하게 떨어지나니라"하니, 그 스님이 언하에 크게 깨달으니라.[160] 나에게 고유한 불성이 있음을 발견하고 여여한 부처의 심경을 갖도록 해야 한다는 것이다. 이를 위해서 부단한 정진과 적공을 통해 본래 구유한 여래장을 현실에서 드러내는 생활이 요구된다.

---

159) 김경재, 「기조발표-동서종교사상의 화합과 회통」, ≪춘계학술대회 요지-동서종교사상의 화합과 회통≫, 한국동서철학회, 2010.6.4, p. 18.

160) 『修心訣』5章, 叉僧 問歸宗和尙 何者是佛 宗云-我今向汝道 恐汝不信 僧云 和尙誠言 焉敢不信 師云卽汝 是 僧云如何保任 師云一翳在眼 空花亂墜 其僧 言下 有省.

5) 도교의 깨달음

깨달음과 관련되는 득도(得道)라는 용어는 불교와 도교 등에 통용된다. 불교는 참 자아의 발견을 득도라 하며, 이는 삼보에 귀의하여 극락왕생을 하는 것이라고 한다. 노자를 계승한 장자는 득도라는 용어를 그의 저서에서 여섯 차례(응제왕1, 천운1, 지북유2, 양왕2)나 사용하고 있다. 성인의 재질을 갖춘 사람(有聖人之材)은 도를 배우고 득도할 수 있다고 하였는데 여기에서 장자는 도를 배우는 과정을 집중적으로 말하고 있다.[161] 노자도 『도덕경』 48장에서 학문을 하면 날마다 쓸데없는 것만 더해지고 도를 배우면 날마다 덜어냄을 알게 되어 깨달음인 무위의 경지에 이른다(爲學日益, 爲道日損, 損之又損, 以至於無爲)고 하여 득도를 강조하고 있다.

도교에서 득도에 비유할 수 있는 것은 불교의 깨달음이기도 하다. 이를테면 깨달음에 이르는 주된 표현으로 불교의 대각(大覺)에 대한 도가의 경우는 득도(得道)라는 사실이다. 쉽게 말해서 도와 마주치는 것을 각(覺)이라 하고, 각 앞에 마주서는 것을 도라고 하는데 불교식으로 말하면 선(禪)이 바로 그러한 내용을 갖는 것이라고 볼 수 있다.[162] 불교의 경우 좌선(坐禪)을 강조하고 있으며 도가의 경우 좌망(坐忘)을 강조하고 있는 것도 같은 맥락이다. 동양의 유불도 삼교가 심학(心學)이라는 점에서 공통점을 지닌다는 것은 깨달음에 이르고자 하는 심신 수양론의 간절함에서 일치하는 바가 적지 않기 때문이다.

그러면 도교의 시조인 노자의 도는 깨달음과 어떠한 관련이 있는가? 우주 대자연을 그대로 따르는 것이 도이며, 이에 득도는 우주에 존재하

---

161) 陳鼓應 著, 최진석 譯, 『老莊新論』, 소나무, 1997, p.300.
162) 송항용, 「노장철학의 세계」, 한국불교환경교육원 엮음, 『동양사상과 환경문제』, 도서출판 모색, 1997, p.48.

제1장 깨달음의 체험

는 생명체의 자연(自然)에 따르는 체험과 관련된다. 노자가 말한 도는 그가 자연 세계에서 깨달은 체험의 이치들이며, 이런 이치들을 모두 도에 갖다 붙여 인간의 내재적인 생명에 맞추어 전개되어 나온 이론이다.[163] 자연의 순리에 거역하는 것은 도에 거슬리는 행위이며 이는 깨달음으로서의 득도와는 거리가 멀다는 뜻이다. 따라서 도교의 깨달음은 무위의 자연 곧 도에 합일하는데서 모색된다고 볼 수 있다.

노자의 자연관을 계승한 장자 역시 득도의 세계를 비교적 호방하고도 자유롭게 전개하여 무위 자연이라는 깨달음의 경지를 얻고자 하였다. 그것은 장자가 독특하게 사용한 득도로서 조철(朝徹) 혹은 견독(見獨)이라는 표현과도 관련된다. 덕성의 순수한 빛은 일체의 근원을 비출 수 있으며, 이것을 장자는 조철 혹은 견독이라고 하였으니 조철은 수도하는 사람이 어느 날 갑자기 환하게 뚫리는 것이며, 견독은 독자적 실체인 도를 보는 것이다.[164] 조철과 견독에 이르는 것이 장자에 있어서 도의 실체를 깨닫게 되는 것으로 득도라 볼 수 있다.

득도의 방법에 대하여 장자는 구체적으로 언급하고 있는데 그것은 일기(一氣)와 심재(心齋) 좌망(坐忘)이라는 것이다. 마음이 수양을 통해 무념과 깨달음의 경지에 도달한 것을 일컬어 일기(一氣)라 하며, 이 일기를 체험하는 것이 가장 높은 단계의 수양 경지에서 얻은 무념과 깨달음을 말한다.[165] 또 장자가 말하는 심재는 신령스럽고 기묘한 마음을 수양하는 것을 말하며, 심재의 상태에 이르렀을 때 깨달음을 얻었다고 한다. 『장자』

---

163) 陳鼓應 著, 최진석 譯, 『老莊新論』, 소나무, 1997, p.18.
164) 李康洙, 「老莊思想과 現代文明」, 창립 20주년기념 제9회 사회윤리 심포지엄 『세기의 도전, 동양윤리의 응답』, 峨山社會福祉事業財團, 1998년 1월, pp.99-100.
165) 陳鼓應 著, 최진석 譯, 『老莊新論』, 소나무, 1997, p.271.

「인간세」편에서 "재계하라" 했는데, 그것은 제사지낼 때의 재계가 아니라 마음의 재계로서 심재를 거론하는 것이다. 이러한 심재의 경지는 잡념을 없애고 마음을 통일하며, 귀로 듣지 말고 마음으로 듣도록 하는 것이다. 마음으로 들으면 참된 도가 드러나게 되며 이러한 경지를 깨달음이라 하였으니 일기와 심재는 깨달음에 이르는 주요 방법들이다.

그러면 심재는 구체적으로 어떠한 모습으로 다가설 수 있는가? 쉽게 말해서 장자의 심재는 마음속의 욕심을 씻어내는 것으로『예기』「제통」편을 연상케 한다. 군자는 제사를 지낼 무렵에 제칠일(散齊七日)하고 치제 삼일(致齊三日)을 한다. "그가 장차 재계하기에 이르면 부정한 일을 방비하며 그가 즐기려는 욕심을 그치게 하며 귀로 음악을 듣지 아니하니, 그러므로 옛 기록에 이르되 재계하는 사람은 음악을 연주하지 않는다고 하니, 감히 그의 뜻을 흩뜨리지 아니하려는 것을 말한다."166) 이처럼 장자가 말하는 심재는 당시에 전개되었던 제례에 견주어 외형적 제계가 아니라 내면적 마음의 재계를 말함으로써 진정한 득도를 지향한다.

득도를 강조하는 노장사상과 이를 계승한 도교의 내단사상에서는 외형적이고 내면적인 경지를 합하여 몸과 마음을 아우르는 것을 깨달음이라 하고 있다. 물론 내단사상에서는 몸과 마음을 아울러 건전하게 함양한다고 하지만 여전히 깨달음을 통한 마음의 각성이 부족하다는 견해가 있다.167) 이 내단사상에는 몸에 대한 집착의 요소가 남아있다고 불가의

---

166) 『禮記』「祭統」, 及其將齊也, 防其邪物, 訖其嗜欲, 耳不聽樂. 故記曰, 齊者不樂. 言不敢散其志也.
이강수, 「도교의 화합과 회통」, ≪춘계학술대회 요지－동서종교사상의 화합과 회통≫, 한국동서철학회, 2010.6.4, p.82.
167) 김낙필, 「내단사상과 원불교 단전주선법」, 『원불교사상과 종교문화』30집, 한국원불교학회·원불교사상연구원, 2005.8, p.106.

비판을 받았지만, 노자와 장자의 득도와 심재 좌망의 경지에서 본다면 도교의 깨달음은 정신세계의 열림을 강조한다. 넓게 보면 유불도 삼교가 동양사상의 특징과도 같이 심학의 확대를 강조한 점을 간과해서는 안 된다.

도교 내단사상에서 깨달음의 과정을 고찰해 보면 깨달음에 대한 방법론이 구체적으로 거론되고 있음을 알 수 있다. 연정(煉精), 연기(煉氣), 연신(煉神)의 과정은 궁극적 깨달음을 얻고 불사불멸을 추구하기 때문이다. 정기신에 있어서 기(氣)는 우주에 충만한 원기를 뜻하며, 정(精)은 기에 깃들어 있는 무한한 생명력을 지칭하고, 신(神)은 그 생명력의 작용으로 우주 만물이 천변만화하는 것을 주재하는 영묘한 지혜를 의미하는데 이 정기신이 인간에게 온전히 품부되어 각 인체의 단전에 깃들게 되었다는 것이다.168) 이처럼 도교의 내단사상은 정기신의 수련을 구체화함으로써 깨달음의 진경에 이르게 해준다.

물론 도교의 사상에서도 깨달음의 진경에 이르는데 장애가 있음을 밝히고 있다. 장자는 일종의 편견으로서의 성심(成心)을 밝히어 이 성심으로는 깨달을 수 없다고 보았으며, 노자는 감각에 사로잡힌 마음으로는 도를 깨달을 수 없다고 보았다.169) 그러면서 노장철학에서는 자연에 반하는 행동으로서의 인위(人爲)는 모두 감각에 사로잡히게 하므로 인간의 온갖 계교와 욕심이라고 하였다. 우리가 무위자연의 대도에 합일할 때만이 득도의 경지에 진입하여 이를 극복, 자연무위의 깨달음에 이를 수 있다고 한 것이다.

---

168) 全秉薰의 『정신철학통편』 제2편 제1장의 내용에 의한 설명이다.
김낙필, 「정신 개념의 연원과 특성」, 『원불교수행론연구』, 원광대출판국, 1996, p.110.
169) 金恒培, 「老子 道思想의 特性과 構造」, 『道家哲學』 창간호, 韓國道家哲學會, 1999, pp.48-49.

결과적으로 깨달음을 통한 이상적 인물은 어떻게 거론될 수 있는가? 『장자』에 서술된 신인, 진인, 지인에 관한 기록은 아마 신선 형상을 최초로 생동하게 그려낸 것이라 할 수 있다.170) 이처럼 노장철학과 도교에서 그려볼 수 있는 득도의 이상적 인간상은 다양한 호칭으로 등장한다. 도교에서 이상적 인물로 등장하는 신인, 지인, 성인, 진인 등은 무위자연에 합류하는 인품으로서『장자』「천하편」에서 밝힌 천인, 신인, 지인이나「대종사편」에서 밝힌 진인은 득도한 인물들인 것이다. 깨달음을 통한 구경처에 이른 인격자의 모습은 이처럼 다양한 호칭으로 등장하고 있다.

6) 유교의 깨달음

깨달음의 어원에 있어서 중국 고대의 각(覺)이 효(效)에 관련되어 있다. 은말(殷末) 주초(周初)에 인문정신이 싹트고 내면적 자각이 열림에 따라 깨달음의 정신이 본받음이라는 효에 부연되어 있는 것이다. 이로부터 춘추시대에 이르기까지 인문정신이 더욱 앙양되고 상당한 안정기를 맞이함에 따라 역으로 각이 효의 주재적 위치를 차지하게 되었다.171) 그것은 행동의 순수한 본받음의 주체적 위치가 정신적 자각으로서 각이 중시되어 왔음을 뜻하는 것이다. 고대의 본받음을 위한 깨달음의 순서가 세월이 흐르면서 깨달음을 위한 본받음이라는 위치의 재정립으로 이어졌다는 의미이다.

무엇보다도 유교의 깨달음은 동양의 고전인『주역』의 정신을 거론하

---

170) 강성조,「『莊子』에서 본 도교의 연원」, 추계학술회의 ≪한국도교문화의 전통≫, 한국도교문화학회, 2001.12.15, p.45.
171) 이경무,「동양의 學과 서양의 學問」,『범한철학』22집, 범한철학회, 2000 가을, pp.262-263.

지 않을 수 없다. 『주역』은 하나의 거대한 생명체로서 모든 존재들이 하나로 연관되어 있고 융합되어 있는 현실세계 자체를 하나의 진리로 간주한다.172) 이러한 『주역』의 심오한 진리를 연마함으로써 우주와 나는 하나가 되고, 내가 이러한 일체의 경지를 얻기 위해서는 『주역』의 원리를 체달해야 한다. 물론 『주역』에서는 깨달음과 직결되는 각(覺)이라는 말은 발견할 수 없다. 그러나 우주적 유기체의 생명논리라고 할 수 있는 『주역』의 원리를 체득한다면 분명 우리는 유교의 진정한 깨달음에 도달할 수 있다. 『주역』은 자연철학이자 인간학이기 때문에 우주 대자연과 인간이 합일하는 바, 유교의 깨달음은 이 『주역』의 정신이 깨달음의 근간이 되는 것이다.

중국 고대의 하은주 삼대 사상을 정립한 공자의 『논어』는 동양인의 정신적 고전이자 깨달음의 경전으로서 그 위상을 굳건히 세워왔다. 사서(四書)에 있어서 『논어』가 사상적 근간이 되고 있는 바, 중국철학에 있어서 공자의 사상은 서양철학의 소크라테스 사상과 비유되고 있는 것이다. 근래 『논어』를 번역한 김용옥은 다음과 같이 말한다. "나는 『논어』를 선(禪)이라고 생각한다. 유생들은 또 이게 뭔 망발이냐고 다그칠지 모르겠으나 선이란 본시 언어가 단절되는 곳에서 피어나는 모든 깨달음의 통칭이다."173) 그리하여 그는 『논어』를 깨달음의 고전으로 보고 있으며 불교에서 깨달음의 통로인 선과 관련짓고 있음이 주목된다.

공자를 계승한 맹자 역시 동양의 성현으로 받들어지고 있다. 송대 이래 『맹자』라는 고전은 『논어』와 더불어 사서(四書)로 존숭되어 오고 있는 것이다. 맹자는 깨달음에 대하여 말하는데 "하늘이 백성을 양성함에 있

---

172) 박재주, 『주역의 생성논리와 과정철학』, 청계, 1999, p.26.
173) 김용옥, 『논어 한글역주』1, 통나무, 2009, p.189.

어 선지자로 하여금 후지자를 깨닫게 한다"라고 하여 이윤(伊尹)의 말을 거론하고 있다.174) 깨달음이란 선각자로서 후각자를 교화시키는 것이라고 하여 맹자의 깨달음은 성자의 깨달음을 백성들에게 이입시키고 솔성하도록 한다는 것이다. 불교의 자성(自性)과 같이 맹자사상에 있어 깨달음과 직결되는 성선(性善)은 측은지심, 수오지심, 사양지심, 시비지심으로서 사단설의 발현이며, 이는 성품이 본래 선하기 때문이라는 것이다.

잘 알다시피 유교 성품론에 있어서 맹자와 순자가 대표적으로 거론되는 바, 순자에 있어서 학(學)은 효(效)와 식(識)으로 해석하기 시작했는데 깨달음이 이러한 효와 앎에 관련된다고 본다. 그는 경전과 예절 그리고 교육의 중요성을 인지하여 인간을 교화해야 한다고 하였다. "학문은 글을 배우는 선비가 되는 것에서 시작되나, 마지막 목표는 성인이 되는 것에 있다"(『荀子』「勸學」篇, 其義則始乎爲士, 終乎爲聖人)라고 하였으며, 성인이란 숭덕광업(崇德廣業)을 임무로 하여 부단히 정진하는 사람175)으로 보았다. 그에 있어서 깨달음의 경지는 예를 실천하고 궁극적으로 천인합일에 이르는 것이며, 그러한 경지에 이르렀을 때 교화의 참 경지로서 성인 군자가 되는 것이다. 순자의 깨달음이란 배움과 본받음 그리고 앎에서 유추할 수 있으며, 그것은 성자의 교화된 인품과 관련된다.

다음으로 사서 중에서도 비교적 분량이 적은 『대학』과 『중용』에서 깨달음이 무엇인가를 살펴보도록 한다. 우선 『대학(大學)』이란 고전의 용어는 큰 깨달음을 의미한다. 본 고전에 의하면 큰 깨달음으로 가는 교리로는 삼강령 팔조목이 있다고 한다. 곧 『대학』에서 유학사상의 학문 범주와 구체적인 실천 방법을 삼강령과 팔조목으로 제시하고 있는데, 삼강령

---

174) 『孟子』「萬章」上, 天之生此民也, 使先知, 覺後知.
175) 김학권, 「주역의 수양론」, 『논문집』 25권, 원광대학교, 1991, p.77.

과 팔조목은 유학의 학문적인 전 범주와 그에 따른 구체적인 실천 조목을 순서적으로 설명해 놓은 것이다.176) 이에 삼강령 팔조목을 실천하면 유교의 깨달음과도 같은 대인의 심법에 이른다.

『중용』에서는 희로애락이 아직 발하지 않은 상태를 중(中)이라 하고 희로애락이 이미 발하면 화(和)가 되어야 한다고 하였다. 이 모두가 중도적 행동을 유도한다. 이를테면 『중용』에서 말하는 중(中)의 의미는 원래 과·불급 또는 편·기(偏·倚)의 없음이고, 용(庸)의 의미가 평상(平常)임을 미루어보면, 중용이란 과불급이나, 기울어짐이 없이 일상적인 생활에서 화(和)를 이루는 원리라고 할 수 있다.177) 이처럼 유교에서 『중용』의 정신을 살펴본다면 그것은 깨달음을 통한 행동의 원만구족 곧 중도를 실천하는 것으로 볼 수 있다.

무엇보다 유교철학은 중도실천과 현실중시에 그 핵심이 있음을 감안한다면 깨달음의 실제는 일상의 현실에서 정의를 구현하며 살아가는 것이 당위명제로 등장한다. 이를 달리 말하자면 솔성(率性)과도 같이 성품의 회복(復性)과 관련된다고 볼 수 있다. 솔성지위도(率性之謂道)라는 언급처럼 솔성을 하는 것이 정의를 실행하는 도(道)이기 때문이다. 일반인들에 있어서 수도의 교(敎)의 귀결처는 성인과 같이 마음의 본성을 자연스럽게 발현시켜 나가는 솔성의 도와 동일하기 때문에, 수도의 교와 솔성의 도는 한 가지 일이라고 할 수 있다.178) 이처럼 유교의 깨달음에 있어서

---

176) 최영찬, 「유학의 근본정신과 연원」, 『범한철학』 22집, 범한철학회, 2000 가을, p.80.
177) 윤사순, 「유학 윤리의 현대적 變容—欲의 관점을 위주로—」, 『汎韓哲學』 제17집, 汎韓哲學會, 1998.6, p.10.
178) 김세정, 「왕양명의 생명 중심의 일원론적 『中庸』 해석」, 『동서철학연구』 제22호, 한국동서철학회, 2001년 12월, p.217.

그 기반이 되는 것은 솔성의 도를 깨달아 실천에 옮기는 일과 직결되는 것이다.

이러한 중국철학의 정신세계가 새롭게 꽃을 피운 것은 송나라 때의 일이다. 송대의 대표 철학자로 등장하는 이정과 주자는 깨달음의 순서에 대하여 관심을 갖고 있음이 주목된다. 정호(程顥)는 말하기를, 군자의 학은 선각자로 하여금 후각자를 깨우치게 하는 것(『二程遺書』, 卷28, 君子之學也, 使先知覺後知, 使先覺覺後覺)이라 하였다. 이어서 주희는 지식인들의 사명이란 학문적으로 공맹의 뜻을 분명히 밝혀서 스스로 먼저 깨닫고 그것을 후진에게 깨닫게 하는 선각각후(先覺覺後)라고 하였다.179) 곧 송대철학의 이정과 주자는 깨달아 실천하는 깨달음의 정신을 선후 방법론으로 접근하고 있다. 불가에서 말하는 돈오점수의 문제와 관련되는 양상이 이것으로 먼저 알고 후에 깨닫도록 하는 선각각후(先覺覺後)에 대하여 깊은 관심을 표명하고 있다.

이러한 깨달음과 실천의 양대 문제에 대한 시각이 송대의 주자와 명대의 양명 사이에 큰 차이로 나타나게 된다. 주자의 선지후행(先知後行)이라는 시각에 대하여 명대의 왕양명은 지행합일을 강조하고 있다. 왕양명은 내적인 깨달음과 사회적 실천은 분리되지 않는다는 명제를 강조한다.180) 깨달음이 먼저냐, 중생구제가 먼저냐 하는 것은 불교의 큰 관심사였는데, 송대에 불교의 영향을 받았던 주자와 명대의 양명도 이러한 문제에 있어서 서로 대립된 시각을 갖게 되었던 것이다. 주자는 전통 유교

---

179) 송영배, 「세계화 시대의 유교적 윤리관의 의미」, 『새로운 21세기와 유교의 禮』, 전남대 인문과학연구소, 1999. 10, p.97.
180) 김수중, 「양명학의 입장에서 본 원불교 정신」, 제18회 원불교사상연구 학술대회 ≪少太山 大宗師와 鼎山宗師≫, 원광대 원불교사상연구원, 1999년 2월 2일, pp.33-34.

적 시각에서, 양명은 불교적 시각에서 선지후행과 지행합일의 문제를 대두시키고 있음이 주목된다. 이 모두가 앎과 실천에 있어서 선후 문제에 관련되고 있다.

아무튼 유교의 깨달음은 오늘날 유교의 교조인 공자 정신으로 회귀하는 것과 관련되며 이는 고전(古典) 정신에서 찾아볼 수 있다. 한자 문화권에서 본다면 고전을 읽는 것 자체가 문자를 배우는 것에 한정되는 것이 아니라 인격의 감화에 관련되기 때문이다. 공자를 비롯한 고대의 중국 사상가들은 초기의 고전적 문헌들로부터 자신이 가르쳐야 할 가치를 끌어내고 있으며, 이는 최근에 이르기까지 동아시아에서 유지되고 있어서 중국의 학자들은 문제를 접할 때마다 고전을 재해석함으로써 그 해답을 찾아내려고 노력하여 왔다.[181] 유교의 깨달음은 이러한 공자정신의 재해석과 성현의 고전 정신에서 실마리가 풀리며, 현실 구원의 가치로 등장하고 있는 것이다.

7) 한국종교의 깨달음

한국 고유의 사상이란 한국에 전래한 유불도 삼교의 회통에 관련된 현묘지도(玄妙之道)라고 신라 하대의 고운 최치원은 밝히고 있다. 그의 「난랑비서」에서도 알 수 있듯이, 고운은 우리 고유사상을 새롭게 인식하고 이를 유불도 외래사상과 조화시키고자 노력한 흔적을 보여준다는 데서 사상사적 의의를 남긴 사람이다.[182] 그는 한민족이야말로 우수한 민족이며 한국 고유사상의 특성을 종교적 원융성이라 보았다. 최치원은 종교

---

181) 존 K. 페어뱅크 外 2인著/김한규 外 2인譯, 『동양문화사』(상), 을유문화사, 1999, pp.53-54.
182) 韓國哲學思想硏究會, 『韓國哲學』, 예문서원, 1995, p.129.

간 회통을 주장하여 유교 불교 도교의 사상에 근간하여 종교적 영성과 깨달음을 얻을 수 있는 길을 열었다.

고대의 삼국시대로부터 오늘에 이르기까지 우리나라에는 영적 각성을 위한 불교의 선수행이 전개되어 왔다. 고금을 통하여 동남아의 소승불교에 대한 동북아의 대승불교 이념이 전래되어 토착화된 것이다. 특히 한국에 전래된 대승불교는 깨달음을 위한 노력과 자비의 이타행을 통하여 깊은 영적 각성을 추구하는 철저한 선(禪) 수행의 전통을 한국문화에 접목한 것이다.[183] 불자들에게는 깨달음의 주요 방법으로 경전의 이해와 참선 등을 통하여 지혜광명과 영적인 해탈 그리고 자유를 얻도록 하는 불교의 신행(信行)이 요구된 것이다.

불교의 참된 신행으로서 깨달음의 방법이 고려불교에 이르러 주요 이슈가 되었다. 우리에게 잘 알려진 바와 같이 깨달음의 방법은 지눌의 사상에서 그 실마리가 풀린다. 지눌은 선종과 교종이 분열되어 서로 다투고 있던 현실 속에서 선교일치의 이론적 토대를 구축하고, 그 마음을 깨치고 닦는 돈오점수와 간화선의 길을 제시하여 고려불교의 초석을 다져 놓았다.[184] 이른바 깨달음에는 돈오와 점수의 길이 거론되었는데, 여기에서 돈오돈수냐 돈오점수냐 하는 것이 고려불교계의 논쟁이었으며, 이는 보조국사의 『수심결』 등을 통해 잘 나타나 있다.

조선시대에 이르러 이성계의 집권과 정도전의 척불사상인 『불씨잡변』 등에 의하여 불교가 핍박을 받았고 이들에 의해 조선유교가 국교로 등장하였다. 조선은 유교가 국교인 사회였으며 이때 유행한 성리학은 성립초

---

183) 김낙필, 「한국 근대종교의 삼교융합과 생명·영성」, 『원불교사상과 종교문화』 39집, 한국원불교학회·원불교사상연구원, 2008.8, p.28.
184) 김방룡, 「보조 지눌과 소태산 박중빈의 선사상 비교」, 『한국선학』 제23호, 한국선학회, 2009.8, p.134.

기부터 개인의 인격 완성과 바람직한 이상사회를 건설하려는 목표를 지향하였다. 성리학의 사상적 체계는 도학 또는 성학(聖學)이라고 불리어지는데 이는 유가의 오랜 전통인 내성외왕의 도를 계승, 발전시킨 산물이라고 볼 수 있다.[185] 이처럼 조선유교는 개인의 인격 함양과 사회의 온전한 질서 유지를 통한 깨달음의 이상사회에 도달하고자 하였다. 그리하여 삼국시대 및 고려시대의 불교와 달리 조선시대의 유교는 종교적 성격이라기보다는 정치철학으로서의 중추적 기능을 수행하는 상황이었다. 하지만 조선의 도교는 중국의 경우와 달리 도교 교단으로 크게 성공하지 못한 것이다.

설사 그렇다고 해도 삼교합일의 정신이 조선의 한국종교에서도 지속되었다. 송대 이후 삼교합일을 지향했던 내단(內丹) 제파의 이상이 유교적 인륜의 실천과 불교적 깨달음, 도교적 기수련을 종합하려는 것이었음에 유의할 필요가 있으며, 삼교융합의 전통은 조선 후기의 민간도교에도 계승 발전되었다.[186] 조선시대의 민간도교는 삼교의 신앙이 거부감 없이 공존하여 삼교의 수행법이 회통하는 결과를 가져왔다. 수련도교의 발전은 불교와 유교의 사상을 조화시키는데 기여하였는데, 특히 북창 정렴(鄭磏)의 경우가 대표적인 예이다. 그는 도교의 수양, 불교의 깨달음, 유교적 인륜을 조화시킨 인물로 평가를 받고 있다.

조선후기의 실학사상이 등장한 것도 눈길을 끈다. 그것은 조선 유교의 성리학이 무기력하게 되고 이념 중시의 철학에 머물러 사회개혁에 걸림돌이 되었다는 사실과 관련되어 있다. 이에 실사구시의 정신에 입각하여

---

185) 이성전, 「內聖外王의 도로서의 栗谷의 聖學」, 『원불교사상과 종교문화』 28집, 원불교사상연구원, 2004・8, p.201.
186) 김낙필, 「한국 근대종교의 삼교융합과 생명・영성」, 『원불교사상과 종교문화』 39집, 한국원불교학회・원불교사상연구원, 2008.8, p.30.

성리학을 개혁하고 실학을 통해서 민중을 바르게 깨우치고자 하였다. 실학자들은 일을 천시하는 성리학을 조선사회에서 발전의 장애물로 여겼으며 성(性)이니 리(理)니 하는 논의가 인간 본성을 올바로 설명할 수 없다고 주장함으로써 근대 인간주의 사상을 보여주기도 했다.[187] 조선후기의 실학은 애환의 민중적 삶을 일깨우고 새로운 시대에 맞는 현실유학으로 사회를 개선해야 한다는 면에서 당시 민중의 각광을 받았다.

이어서 불교를 새롭게 혁신하고자 백용성(1846-1940)이 창립한 대각교의 깨달음에 대하여 살펴보도록 한다. 백용성은 조선조 불교가 박해와 멸시의 대상임을 인지하였다. 이에 그는 개화기에 밀려오는 일제의 압박 하에서 불교인들의 각(覺)을 새롭게 인식시키고 각의 실현을 주창하기 위해 1921년 대각교를 창립했다.[188] 그가 설립한 대각교의 생활화운동은 저서와 역경을 통한 포교, 선의 대중화, 교단의 정화, 영농을 통한 불교의 자립 등을 바탕으로 하며, 깨달음을 생활과 관련하여 일상의 삶에서 실현하는 것이었다.

불교 종파의 하나인 대한불교 진각종은 1947년 손규상이 경상북도 달성군 성서에 참의원을 설립했으며 49년 심인불교(心印佛敎)로 개칭하여 1953년 대한불교 진각종으로 그 명칭을 변경하였다. 진각종의 개혁정신으로는 1) 산중 은둔불교를 재가중심의 불교, 2) 형식적 의례중심의 불교를 실천 위주의 불교, 3) 형식적 계율 중심의 불교를 깨달음 중심의 불교로 나아가도록 하는 것이다.[189] 진각종에 있어서 계율을 준수하는 것도

---

187) 차인석, 「근대성을 향한 철학」, 범한철학회 2000년 봄 학술발표회 ≪21세기, 철학적 화두의 모색≫, 범한철학회, 2000년 5월, p.5.
188) 김귀성, 「한국 근대불교의 개혁론과 교육개혁」, 『원불교학』 제9집, 한국원불교학회, 2003.6, pp.326-327.
189) 서경전, 「21세기 교당형태에 대한 연구」, 제21회 원불교사상연구 학술대회

필요하지만 깨달음을 지향하는 불교로서 무상진리(無相眞理) 중심의 불교를 추구하였다. 근래 부각되고 있는 종교로서의 진각종은 불교의 깨달음을 강조하면서 심인(心印)이라는 용어를 사용하는 독특성을 지니고 있다.

이어서 한국의 신종교로서 동학, 증산교, 원불교에서 밝히는 깨달음의 내역에 대하여 살펴보도록 한다. 동학을 창립한 수운 최제우(1824-1864)는 서학에 대항하여 동학을 창도하였다. 그는 향방을 가누지 못하는 당시 서민 대중을 흡인하려고 하였으며, 제폭구민 광제창생을 외치다가 끝내 순교하고 말았지만 그의 뜻은 전봉준에 의하여 동학란이라는 격랑을 겪게 됨으로써 민중종교로 발전하기에 이르렀다.[190] 후에 천도교로 개칭된 동학은 이론적 체계화를 모색한 이돈화가 '유의 윤리와 불의 각성과 선의 양기(養氣)는 인성의 자연한 품부이며 천도의 고유한 부분이니 오도는 그 무극대원(無極大源)을 잡은 자이니라'(이돈화, 『천도교창건사』, 경인문화사, 1982, p.33)고 하였다. 천도교는 유불선 삼교의 합일정신을 지닌 것으로, 천인합일에서 인내천을 강조함으로써 유교의 혁신적 깨달음을 내세우는 한국의 신종교로서 그 역할을 하고 있다.

다음으로 강증산(1871-1909)이 창립한 증산교의 깨달음은 무엇을 지향하는가? 동학과 마찬가지로 증산사상은 삼교융합을 중시하지만 도교적 요소가 다소 두드러진 양상이다. 증산교는 선도(仙道)를 주체로 한 통합종교로서 증산사상과 증산교 각파의 제도와 의례에는 많은 도교적 요소들이 발견되고, 증산사상의 전체적 흐름은 도교적인 것이 주류를 이루고 있으므로 선(仙)을 주체로 한 통합종교 사상을 가지고 있는 종교로 보아

≪21세기와 원불교≫, 원불교사상연구원, 2002.1, p.58.
190) 이을호, 「원불교 교리상의 실학적 과제」, 『원불교사상』 8집, 원불교사상연구원, 1984, p.254.

야 한다.[191] 증산교는 민간도교적 주술을 통한 이상선경에 이르러 깨달음의 경지를 체험하려는 성향을 지니고 있다. 우주의 궁극적 존재를 옥황상제라 하여 증산을 인간으로 화현한 상제로 보는 점에 있어서 도교 혁신적 성향의 깨달음이 중시되고 있다.

이에 대하여 불교를 주체로 하면서 전통불교를 새 종교로 혁신한 소태산은 원불교를 창립하여 불법을 일상의 생활 속에서 실천하는 것을 지향하고 있다. 과거 등상불 숭배를 일원상 숭배로 혁신하여 불생불멸과 인과보응의 이치를 깨닫게 함으로써 후천시대의 정신개벽을 목표로 한 것이다. 원불교에서는 이러한 개벽 정신으로써 성불과 제중이라는 신앙인의 과제를 실현에 옮기도록 그 목표를 분명히 하고 있다. 성불이란 깨달음을 지향하는 것으로 부처를 이루는 것이라면, 제중이란 성불을 지향하면서 중생을 파란고해에서 구원함으로써 광대무량한 낙원을 지향하는 것이다. 이것이 정신개벽으로서 원불교 개교의 동기로 부각되고 있다.

위의 언급처럼 깨달음의 상호 정체성을 지닌 신종교로서의 천도교, 증산교, 원불교는 고대로부터 오늘에 이르기까지 계승되어 온 유불도 회통정신과 개혁정신을 주체로 하였다. 이들 신종교는 종교 본연의 깨달음을 강조하면서 사회를 개선하고 인류를 구원하는데 종교의 생명성을 부여한 것이다. 근래 한국의 신종교는 그 창시자의 독특한 종교체험을 기초로 형성되는 바, 근대 민중종교를 대표한다고 할 수 있는 동학의 최제우, 증산교의 강일순, 원불교의 소태산 등은 모두 독특한 종교체험을 가진 뒤에 각각의 종교를 창시하였다.[192] 이들 신종교가 자기 종교의 정체성

---

191) 김홍철, 「한국신종교에 나타난 도교사상—증산교를 중심으로」, 『도교사상의 한국적 전개』, 아세아문화사, 1989, pp.311-325.
192) 박맹수, 「원불교의 민중종교적 성격」, 추계학술대회 ≪소태산 대종사 생애의 재조명≫, 한국원불교학회, 2003.12.5, p.20.

과 목적에 따라 종교를 혁신하는데 나름의 역할을 해왔으며, 그들에게 나타난 종교체험은 깨달음의 체험인 것이다. 미래 사회를 책임질 새 종교로서 원불교는 부단한 종교체험을 통하여 깨달음을 이 지상에 실현하고 인류 구원에 앞장서는 종교로서 위상을 세워야 하는 과제를 안고 있다. 그것이 소태산이 밝힌 정신개벽의 본질이기 때문이다.

제2장

원불교와 깨달음

1. 깨달음과 일원상

1) 일원상과 깨달음

소태산의 오도(悟道)와 일원상은 어떠한 관련이 있는가? 이는 그의 대각 내용이 무엇인가에 대한 궁금증이며, 그것은 법신불 일원상의 깨달음이라는 점에서 비상한 관심을 끌고 있다. 소태산이 대각한 후에 둥근 원상 즉 원(圓)을 상징하고 일원상의 진리라 하였다.[1] 그의 오도 내역이 곧 일원상과 직결되어 있으며, 깨달음의 본체(本體)인 일원상은 1916년 4월 28일 소태산의 대각일성(大覺一聲)과 더불어 나타난 것이다. 깨닫기 이전 유년기부터 청년기의 구도과정을 비롯하여 대각 후 교단 창립기에 이르기까지 깨달음에 대한 그의 심회를 가장 상징적으로 드러낸 것이 일원상이라는 뜻이다.

깨달음의 결실을 이룬 소태산은 일원상을 만방에 드러내며 신앙의 대상으로 삼았는데, 과연 일원상이 지닌 함의는 무엇인가? 소태산이 깨달은 진리의 소식으로 "만유가 한 체성이며 만법이 한 근원이라"하였듯이 진리 자체를 통달한 깨달음이며, 그 핵심은 한 체성 한 근원이다.[2] 만유

---

1) 이성전, 「원불교 개교정신과 생명질서」, 『원불교사상과 종교문화』 39집, 한국원불교학회·원불교사상연구원, 2008.8, p.99.

를 한 체성으로, 만법을 한 근원으로 인식한 것은 후에 교법의 회통성과 관련되며, 나아가 원불교 교법의 정체성으로 드러나고 있다. 원불교의 교리가 일원상 진리의 특성에 따라 회통성을 지녔다는 것이다.

소태산은 교법의 회통 근거가 되는 것으로서 일원상을 만유가 한 체성이요 만법이 한 근원이라 하여 신앙의 대상과 수행의 표본으로 삼았다. 신앙과 수행 양면에서 일원상이야말로 모든 종교 교리와 회통할 수 있는 상징체라는 의미이기도 하다. 대산종사에 의하면 우리 신앙의 대상과 수행의 표본이 법신불 일원상이며 이 원상은 모든 종교의 통합체[3]라고 했다. 그리하여 그는 이 원상의 진리를 끝까지 구하면 얻어지고, 진심으로 원하면 이루어지며, 정성껏 노력하면 성취된다고 하였다. 신앙의 대상이자 수행의 표본이기 때문에 우리의 서원은 일원상을 체로 삼고 현실의 삶에서 체득함과 더불어 실천해야 한다는 것이다.

신앙의 대상과 수행의 표본으로 일원상이 상징된 것은 소태산의 대오분상(大悟分上)에 나타난 법신불의 진리가 그대로 한 두렷한 기틀로 다가왔기 때문이다. 두렷한 기틀을 원불교에서는 일원상이라 하여 신앙의 대상으로 삼고 있는 것이다. 소태산의 대오분상을 그대로 드러낸 신앙의 대상과 수행의 표본인 일원상은 원불교의 이미지를 강하게 나타내며 쉽게 대중에게 전달될 수 있는 호칭[4]으로 정착되었다. 대오분상에서 각 종교의 신앙 대상을 살펴보면 불교에서는 부처님, 기독교에서는 하나님이

---

2) 박상권, 「진리인식에 있어서 무」, 『원불교사상과 종교문화』 40집, 원불교사상연구원·한국원불교학회, 2008.12, p.19.
3) 『대산종사법문』3집, 제2편 교법 5장.
4) 김인철, 「교단의 정체성과 신앙의 호칭문제」, 제28회 원불교사상연구 학술대회 ≪개교100년과 원불교문화≫, 원불교사상연구원·한국원불교학과, 2009.2.3, pp.29-30.

라고 하듯이 소태산이 밝힌 바, 신앙의 대상과 수행의 표본인 일원상은 진리 그대로 한 두렷한 기틀로서 원불교 신앙의 호칭으로 안착된 것이다.

원불교 신앙의 호칭이 지니는 상징성을 감안하면 우리는 신앙과 수행 체험을 통해 깨달음이라는 과제를 해결해야 하며, 그것은 우리가 일원상의 진리에 합일해야 한다는 의미이기도 하다. 일원상 진리에 다가섬으로써 우리는 진리의 혜안을 얻음과 동시에 절대이성에 눈을 뜨게 된다. 다시 말해서 깨달은 자만이 직시할 수 있는 우주의 절대이성이 있는 바, 평범한 인간 이성의 소유자인 범부는 이를 믿어야 함과 동시에 그러한 믿음을 강조한 것이 일원상의 신앙이다.[5] 일원상 진리의 체험이야말로 우주와 인간의 절대이성으로서 우리에게 다가오는 계기가 된다.

이에 일원상을 절대이성으로 감지하는 깨달음의 세계는 우주 만유의 본원이요, 그리고 인간 자아의 본성인 법신불 일원상은 통종교적 만남으로 이어진다. 다시 말해서 만유의 본원이요 제불제성의 심인이요 일체중생의 본성으로서의 법신불 일원상은 삼세의 모든 부처와 성현의 깨달음에 의해 밝혀진 근원적 진리를 원불교적으로 표현한 것이라는 것이다. 거기에는 소태산의 깨달음을 바탕으로 하여 유불도를 비롯한 힌두, 기독교, 한국고유 신앙 등 제종교의 진리관이 조화 회통되고 있다.[6] 이처럼 통종교적 진리성을 내포한 일원상은 보편적 상징체로도 이해할 수 있으며, 그것은 소태산이 깨달은 진리적 종교의 보편성과 상통하는 것이다.

진리적 종교의 보편성으로서 일원상의 진리가 인지되는 것은 소태산이 깨달은 진리가 다채롭게 우주와 인간, 신앙과 수행, 깨달음의 화두, 구

---

5) 박상권, 「진리 인식에 있어서 합리론과 경험론」, 『원불교학』 제8집, 한국원불교학회, 2002.6, pp.156-157.
6) 노권용, 「교리도의 교상판석적 고찰」, 『원불교사상과 종교문화』 45집, 원광대 원불교사상연구원, 2010.8, p.265.

원의 구극처로서 혹은 상징물로서 다가선다는 것에 있다. 곧 원불교의 일원상은 1) 각자(覺者)가 본 우주의 궁극 진리, 2) 우주 전체의 원형, 3) 인간의 궁극 본성, 4) 화두의 성격, 5) 신앙과 수행을 위한 표준, 6) 인생의 구경 목표를 가르쳐 주는 간결하면서도 영원한 진리적 지침, 7) 천만은혜의 근원이며 극락과 열반의 세계를 극명하게 보여주는 종합적 그림[7]이라고 볼 수 있다. 일원상의 진리가 보편성으로 이해되는 종합적인 이념과 실제의 도감(圖鑑)으로 역할을 하고 있기 때문이다.

그러나 종합 도감으로서의 일원상 진리를 쉽게 깨달을 수 없다는 것이 난제이며, 이것은 누대를 걸쳐 미혹된 중생의 무명이 두텁기 때문에 나타나는 현상이다. 도가에 세 가지 어려운 일이 있으니, 하나는 일원의 절대 자리를 알기가 어렵고, 둘은 일원의 진리를 실행에 부합시켜서 동정이 한결같은 수행을 하기가 어렵고, 셋은 일원의 진리를 일반 대중에게 간명하게 깨우쳐 알려 주기가 어렵다.[8] 일원상 진리를 깨달아서 실천하고, 나아가 전법(傳法)해야 함을 밝힌 것이다. 일원상 진리를 깨닫기 위해 부단한 교리연마와 일상생활에의 활용이 가능해진다면 이러한 난제의 해결과 더불어 중생의 무명은 극복될 수 있으리라 본다.

성리 연마를 통해 일원상 진리를 깨달아야 하는 것은 고금을 통하여 수행인에게 지속적인 과제로 남아있는 것이다. 일원상을 성리의 대상으로 삼아 부단히 연마하지 않을 수 없기 때문이다. 이에 일원상은 수행의 표본이요 신앙의 대상일 뿐만 아니라 성리의 대상 즉 깨달음의 대상이라는 점을 인지할 필요가 있다.[9] 만일 일상의 생활에서 일원상이 성리로

---

7) 송천은, 「일원상 진리」, 창립10주년기념 추계학술회의 ≪원불교 교의 해석과 그 적용≫, 한국원불교학회, 2005년 11월 25일, p.B.
8) 『대종경』 부촉품 12장.
9) 김성장, 「신앙대상 호칭문제와 일원상 부처님 봉안 의미」, 『원불교사상과 종

부각되지 않는다면 그것은 깨달음의 삶과 거리가 멀어질 것이다. 부단한 성리 연마를 통해서 일원상 진리가 지니는 공적영지와 진공묘유의 소식을 깨우쳐야 한다고 본다.

체용을 아우르는 최고의 종지로서 일원상은 일원상서원문에 밝히고 있듯이 체득이 중요한 바, 일원의 위력을 얻고 체성에 합하도록 부단히 서원하는 노력이 필요하다. 소태산이 일원상서원문을 밝힌 의도가 그 위력과 체성에 다가서는 것과 관련된다. 그는 이같은 깨달음을 통해 최고 종지를 우주 만유의 근원이며 총체적 진리 그 자체인 법신불 일원상으로 하고 이를 통해 모든 진리, 사상, 수행, 윤리, 생활 등의 근원적 통일과 조화를 이루게 하였다.[10] 단순한 인식의 대상에 한정하지 않고 서원 일념으로 다가서서 일원상 진리가 최고의 종지임을 확인하자는 것이다. 총체적이고 통일체적인 일원상을 일상생활에서 체험해야 결국 깨달음에 이를 수 있기 때문이다.

이를 위해서는 깨달음의 본질을 보다 자각적인 상태로 연결할 필요가 있다. 그것은 우리 실제의 삶, 곧 인간의 심성수양과 관련지어야 하기 때문이다. 이에 일원상은 사방팔방으로 열려 있으므로 마음 각성 곧 마음공부의 중심으로 삼아야 한다. 일원상에는 돌아가는 팽이처럼 그 중심에 구심점이 있으므로 우리는 열려진 마음을 가지되 그 구심점은 종교적 자각의 깨우침에 있지 않으면 안 된다.[11] 일원상이 아무리 절대적 이념이

　　교문화』 37집, 원불교사상연구원, 2007.12, p.63.
10) 김인철, 「소태산사상의 기본구조」, 『인류문명과 원불교사상』, 원불교출판사, 1991, p.48.
　　박혜훈, 「정산종사의 주문 연구」, 『원불교사상』 22집, 원불교사상연구원, 1998, p.241.
11) 申一澈, 「글로벌화 세계와 열려진 정신」, 제1회 ≪열린정신 포럼 발표요지≫, 원광대학교 인문대학 열린정신연구회, 1998년 5월 28일, p.14.

자 신앙의 대상이라 해도 우리가 자각하는 생활로 유도되지 않으면 그것은 나의 마음공부에 도움이 되지 않는 것이다.

따라서 일원상을 영원한 화두로 삼아 반드시 깨우치겠다는 자각심이 요청되며, 그것은 일원상을 깨달아야 한다는 사명의식으로 다가온다. 예컨대 대산종사는 각산 신도형 교무의 영로를 위로하며 일원상과 관련한 법어를 설하였다. 각산은 일원상의 진리를 각득하는데 가장 바르고 기본적인 표준이며 그 진리를 법 받아 육근에 활용하는 표준이라고 하였는데, 그의 열반 후 2재를 마치고 찾아온 유족에게 대산은 '각득무생법인 무루지도통(覺得無生法印 無漏智道通)'이라는 친필을 내리며 '이것이 바로 일원상 자리이다. 도형은 이 자리를 깨치고 갔다'(1973.3.12)[12]라고 하였다. 38세라는 짧은 생애를 마치고 간 각산이야말로 일원상을 깨달은 선지자로 새겨지는 것이다.

일원상의 진리를 깨달아 실천하는 표준이 있다면 그것은 무엇인가? 그것은 「일원상법어」에 잘 나타나 있다. '이 원상의 진리를 각(覺)하면'이라 하였으니 한갓 상징적인 표상에 그치는 것이 아니라 우주와 인생에 생성하는 존재론적 사실임을 입증한 것으로서 각증 위에 영롱하게 드러나는 경지이며, 또 진리 터득의 방법론적 제시라고 할 것이다.[13] 일원상의 각증을 실천에 옮기는 방법으로는 육근을 통해 원만구족하고 지공무사한 행동을 해야 한다. 곧 행동의 표준이란 이처럼 원만성과 공정성을 중심

---

12) 신도형, 『교전공부』, 원불교출판사, 1992, p.72.
각산이 남긴 漢詩들을 보면 한결같이 悟道頌이라고 생각될 정도로 심오한 진리를 담고 있으며, 또한 진리를 실천하겠다는 서원과 다짐으로 일관되고 있다(박광수, 「각산 신도형의 생애와 사상」, 원불교사상연구원 編, 『원불교 인물과 사상』(II), 원불교사상연구원, 2001, p.208).
13) 이은석, 『정전해의』, 원불교출판사, 1985, p.95.

으로 하는 것이다. 그리하여 일원상 진리의 깨달음을 통해서 시방삼계가 오가의 소유임을 알고, 우리 본연의 성품인 줄 알게 되며, 인과보응의 이치가 음양상승과 같이 되는 줄 아는 것이다.

2) 게송과 깨달음

불교의 기본 게송으로는 '제악막작 중선봉행 자정기의 시제불교(諸惡莫作 衆善奉行 自淨其意 是諸佛教)'라는 것이 있다. 불교에 있어서 흔히 칠불통계게(七佛通誡偈)를 거론하는데 이는 『법구경』이나 『유부율』 등에서 발견된다. '제악막작 중선봉행 자정기의 시제불교'라는 게송은 불교의 알맹이를 총괄해서 요약한 것이라고 본다. 악이라고 하는 것은 적든 크든 일체 하지 말며, 선이 되는 것은 적극적으로 이를 받들어 행하고, 스스로 마음을 깨끗이 하는 것이 과거, 미래, 현재 부처님의 공통된 가르침이다.[14] 이를 한 마디로 말해서 스스로 마음을 깨끗이 하라(自淨其意)는 것으로 게송을 통해서 마음을 깨우쳐 청정한 마음을 가지라는 것으로 이해된다.

물론 불교의 교조인 석가모니의 전법 게송이 있다. 그것은 "법은 본래 무법에 법하였고 무법이란 법도 또한 법이로다"이며 이는 궁극적이고 높은 초월성의 법을 말한 것이다.[15] 석가모니가 본 게송을 설한 것은 그를 따르는 수많은 제자들에게 깨우침을 전하려는데 있고, 오늘날 불법의 공(空)과 무상(無常)과 무아(無我)의 소식을 전하는 깨우침의 불법으로 자리매김한다. 법의 개념을 무엇이라고 고정시킨다면 그것은 이미 언어로 표

---

14) 불교신문사 편, 『불교에서 본 인생과 세계』, 도서출판 홍법원, 1988, p.171.
15) 송천은, 「법신여래 일원상」, 제30회 원불교사상연구 학술대회 ≪인류정신문명의 새로운 희망≫, 원광대 원불교사상연구원·한국원불교학회, 2011.1.25, p.17.

현된 법이기 때문에 경직성을 벗어나지 못하고, 법을 설하는 주변의 개념들로서 석가모니의 교법을 잘못 전할 소지가 큰 것이다. 한 법도 설한 바가 없다는 석가모니의 게송은 여전히 깨우침을 전하는 게송이 되고 있다.

소태산은 과거 불타에 대한 게송에 깊은 관심을 가졌다. 어느날 선원에서 제자 송도성에게 과거 칠불(七佛)의 전법 게송을 해석하라고 하면서 제칠 서가모니불에 이르러 "법은 본래 무법(無法)에 법하였고 무법이란 법도 또한 법이로다. 이제 무법을 부촉할 때에 법을 법하려 하니 일찍이 무엇을 법할꼬"에 대하여 말하였다. "본래에 한 법이라고 이름지을 것도 없지마는 하열한 근기를 위하사 한 법을 일렀으나, 그 한 법도 참 법은 아니니 이 게송의 참 뜻만 깨치면 천만 경전을 다 볼 것이 없으리라."16) 게송의 참 뜻을 깨달으면 모든 경전의 소식을 알 것이라고 하였다. 성자의 각중에서 나온 게송이 중생을 깨우치는 첩경임을 확인해준 것이다.

이제 원불교를 창립한 소태산의 게송에 대하여 언급해 본다. 그는 열반 전에 제자들에게 깨달음의 중요성을 강조하며 게송을 설하였다. 곧 열반 2년 전 1941년 1월 28일, 공회당에 대중을 모아놓고 설하였다. "유(有)는 변하는 자리요 무(無)는 불변하는 자리나, 유라고도 할 수 없고 무라고도 할 수 없는 자리가 이 자리며, 돌고 돈다 지극하다 하였으나 이도 또한 가르치기 위하여 강연히 표현한 말에 불과하나니, 구공이다, 구족하다를 논할 여지가 어디에 있으리요. 이 자리가 곧 성품의 진체이니 사량으로 이 자리를 알아내려고 말고 관조로써 이 자리를 깨쳐 얻으라."17) 소태산은 우리가 게송의 참 뜻을 깨쳐 얻어야 불법의 진수를 알 수 있으며, 그로 인하여 그의 참 제자가 될 수 있다고 하였다.

---

16) 『대종경』 성리품 30장.
17) 『대종경』 성리품 31장.

어떻든 게송이란 성자들이 일상적 경험을 넘어선 깨달음의 안목을 짧은 시구 형식으로, 제자들에게 깨달음의 지혜를 전하려는 것이다. 그가 강조한 깨달음의 안목이란 원불교 교리의 진체를 요해하라는 뜻이자, 불법을 깊이 있게 연마해야 한다며 교법의 심오함을 전하려는 뜻이기도 하다. 교리도에서는 게송을 통해 "유는 무로, 무는 유로 돌고 돌아, 지극하면 유와 무가 구공이나, 구공 역시 구족이라"고 하였다. 곧 일원상의 진리를 구공과 구족의 양대 속성으로 밝히고 있으니, 유와 무는 상대적 경험세계의 생멸현상을 말하며, 지극이란 개념은 일상적 경험 차원을 넘어선 각증 차원에서 말한 것이다.[18] 일상적 경험을 넘어선 깨달음의 차원에서 신앙하고 수행에 임하는 자만이 깨달음의 진경에 이를 수 있기 때문이다.

더욱이 게송은 소태산의 열반을 앞둔 최후 법문으로서 그가 깨달은 일원상 진리를 전하려는 상징적 법어의 성격을 지닌다는 점에서 주목받는 것이다. 대원정각의 안목을 관조로써 체험하게 하는 법임을 알면서 게송을 새겨야 하는 바, 유는 변·불변으로, 또 유무는 의리선에서 조사선으로, 유무는 모순 갈등의 세계에서 광대무량한 진경에 이르게 하는 제시어이다.[19] 게송의 요해를 통한 깨달음의 안목을 키워간다면 소태산이 밝힌 낙원세계는 지상에 건설될 수 있다고 본다.

낙원 건설과 관련할 수도 있는 전법 게송은 성성상전(聖聖相傳)의 소식을 전하는 것으로 본다. 인명이란 한계가 있으며, 그로 인해 고금의 성자들은 열반 직전 깨달음의 부촉을 제자들에게 율시(律詩)의 형식으로 전해

---

18) 노권용, 「교리도의 교상판석적 고찰」, 『원불교사상과 종교문화』 45집, 원광대 원불교사상연구원, 2010.8, pp.265-266.
19) 한기두, 『원불교 정전연구』-교의편-, 원광대학교 출판국, 1996, p.147.

준 것이다. 이러한 맥락에서 게송은 소태산이 각득한 일원상 진리와 일생동안 가르친 심법의 내용을 집약하여 제자들에게 전해주었다.[20] 소태산은 26세에 일원상 진리를 깨달아 원불교를 창립한 후, 열반 2년 전 그의 수명의 한계를 알고 게송을 설하여 불법을 전승하도록 부촉한 것으로 보면 무리가 없으리라 본다.

성자의 깨달음과 부촉의 의지가 고스란히 담긴 게송은 진리의 체험 내지 그와 관련한 각증을 강조한다. 중생으로부터 부처를 향하도록 하는 성자의 염원이 실려 있으니 게송의 진경을 깨닫도록 하는 자세가 필요하다. 소태산 대종사를 계승한 정산종사 역시 게송을 설하여 우리에게 중생의 탈을 벗어나 부처의 길로 인도한 것이다. 곧 정산종사는 삼동윤리를 게송으로 설하면서 깨달음의 시각을 그의 세계관과 관련짓고 있다. 제자가 삼동윤리를 스승의 게송으로 삼으면 어떻겠느냐고 사뢰자, 그렇게 하라며 그는 다음과 같이 말한다. "과거에는 천하의 도가 다 나뉘어 있었으나 이제부터는 천하의 도가 모두 합하는 때이니, 대 세계주의인 일원대도로 천하를 한 집안 만드는데 같이 힘쓰라."[21] 한 울안 한 이치에, 한 집안 한 권속이, 한 일터 한 일꾼으로, 일원세계 건설하자는 게송을 설하고 거연히 열반에 들었다.

이어서 대산종사도 정산종사의 경륜을 계승하면서 원불교 중흥의 기초를 마련하였다. 대산종사는 게송으로 '무실무득법 구법시실법 법법본래법 무법무비법(無失無得法 求法是失法 法法本來法 無法無非法)'이라 하고 '진리는 하나, 세계도 하나, 인류는 한 가족, 세상은 한 일터, 개척하자 일원세

---

20) 김인종, 「인명논리와 일원상게송의 순환성 고찰」, 『원불교사상』 제14집, 원불교사상연구원, 1991, p.144.
21) 『정산종사법어』 유촉편 38장.

계'라고 하였다.22) 이어서 『대산종사법문』 4집에서 원불교 100년을 위한 자신성업봉찬을 독려하면서 성리 법어를 설하였다. "대지허공심소현, 시방제불수중주, 두두물물개무애 법계모단자재유(大地虛空心所現, 十方諸佛 手中珠, 頭頭物物皆無碍 法界毛端自在遊)" 깨달음의 소식을 게송의 성격과도 같은 성리 법어로 전하면서 정법 교단의 참다운 신앙인이자 수행인이 되도록 하였던 것이다.

대산종사를 계승한 좌산종사의 게송으로는 "안으로 안으로 하나, 밖으로 밖으로 하나, 영겁 영겁토록 하나, 하나도 없고 없는 하나"23)이다. 깨달음의 세계에서는 일원상 진리의 내외가 따로 없으며 시간의 촌음이 따로 없다. 그리고 하나라는 것도 분별 망상으로 흐를 수 있기 때문에 이것마저도 넘어서는 자세가 요구된다. 하나가 강조되고 있는 것은 우리 인간의 분별 망상으로 인하여 통일체적 원리를 벗어나기 때문이다. 다시 말해서 지엽적으로 흩어짐으로 인해 나타나는 차별성을 극복하기 위함이며, 분별 망상의 극복은 일원상 진리의 깨달음에서 가능한 것이다.

역대 종법사의 게송 외에도 대종사의 초기제자들 중에서 삼산 김기천의 오도송을 소개하여 본다. 원기 13년 12월 5일 밤에 삼산은 꿈을 꾸었다. 대종사가 청정한 초당에 좌정(坐定)하였는데 그 뒤 벽상을 본즉 거기에 한 글귀가 걸려 있었다. "풍후강산정 일초우주명 적본이가족 귀순도대성(風後江山靜 日初宇宙明 賊本爾家族 歸順道大成)" 너무나 뚜렷한 꿈이라 조실에 사뢰니 대종사는 "그 글귀가 참다운 천어(天語)이다"라고 하였다.24) 교

---

22) 안이정, 『원불교교전 해의』, 원불교출판사, 1998, p.214.
23) 좌산상사법문집 『교법의 현실구현』, 원불교출판사, 2007, 뒷표지.
    졸저, 『정전풀이』 상, 원불교출판사, 2011, p.299.
24) 『월말통신』 8호, 夢見詩(박용덕, 『금강산의 주인되라』, 원불교출판사, 2003, p.214).

단의 초기제자 중에서 가장 먼저 깨달음의 소식을 얻어 견성 1호로 알려진 삼산종사의 시어(詩語)는 조사의 게송과도 같은 오도송으로 다가오고 있는 것이다.

제불조사에 의해 천명된 게송들은 그들이 깨달은 경지를 각중의 시구로 표현하는 것이므로 깨달음의 상징적 법어로 삼을 필요가 있다. 게송은 과거 성자들이 깨달은 소감을 글로 표현한 것을 게(偈)라 하고 이 글을 찬미하여 외어 읽는 것을 송(頌)25)이라는 점에서 깨달음을 향한 간절함으로 주송해야 할 것이다. 소태산의 게송이 미한 중생들의 무명을 벗어나게 해주고 지혜광명을 밝혀주는 소중한 법어가 되기를 바라는 것도 이 때문이다. 그의 포부와 경륜을 열반 직전 게송을 통해 설한 의도를 더욱 새겨보아야 할 것이다.

3) 의두 · 성리와 깨달음

화두란 공안(公案)과 같은 것으로 조사들이 오도(悟道) 견성을 위한 진리 연마 대상의 소재를 말한다. 고금 화두가 불가에서 지속적으로 깨달음의 방편으로 이용되고 있다. 화두로서 선종의 조사들에게 대표적인 것은 무(無)인 바, 이 무자를 염두에 두고 "이 무엇일꼬" 하는 생각에 일심을 집중하여 마치 어미닭이 계란을 품어 병아리가 생겨나게 하는 원리와 같은 의심건을 염두에 두고 몰입케 하는 공부법이다.26) 제불조사들이 이처럼 화두를 통하지 않고 깨달음에 이를 수 없음을 알고 평생 연마에 적공을 다한 것이다. 깨달음의 종교인 불교가 화두를 중시하는 이유를 가히 알 수 있다.

불교의 화두는 원불교에서 의두(혹 성리)로 불리는 바, 의두를 연마하지

---

25) 안이정,『원불교교전 해의』, 원불교출판사, 1998, pp.211-212.
26) 김영두,「소태산 대종사의 불연과 교법정신 조명」, 추계학술대회 ≪소태산 대종사 생애의 재조명≫, 한국원불교학회, 2003.12.5, p.9.

않고 깨달을 수 없다는 점에서 불가의 화두와 같은 성격이다. 경산종법사에 의하면 "의문을 갖지 않고는 깨달음을 얻을 수 없다. 문제의식이 없는 조직의 책임자는 그 조직을 성장시킬 수 없다. 의두가 없는 사람은 결코 지혜로워질 수 없다"[27]고 하였다. 의두를 연마하지 않고서는 깨달음에 이를 수 없으니 불법의 지혜가 중요하다는 것이다. 매사 지혜롭지 못하면 결국 중생의 무명에 가리므로 윤회의 속박에 사로잡히는 것과 같다. 따라서 의심건을 통한 의두를 부단히 연마하지 않고서는 깨달음에 이를 수 없는 것이다.

소태산은 이 의두의 중요성을 강조하면서 사실적이고 일상의 생활에서 이를 연마하도록 하고 있다. 자주 물어야 깨달음이 이뤄진다는 것이다. "모르는 것이 있으면 질문하라. 자꾸 물어보아야 깨달음을 얻게 된다"고 하자 좌중이 묵묵하였으며, 한참 후 『불법연구회 규약』의 「본회 유래」를 외우던 한 할머니가 묻기를 "영광군 백수면 그 다음이 무엇입니까"[28]라고 하였다. 이 역시 소박한 생활상의 문답감정을 유도하는 가르침이다. 질문의 답변이 길룡리 혹은 영촌 마을이라 할 수 있다. 정말 몰라서 그러한 문답감정을 하였겠는가? 의두문답은 이처럼 사실적이고 소박한 분위기로서 순간순간의 우연한 상황에서 얼마든지 주고받을 수 있다는 것이다.

깨달음에 이르도록 하는 의두의 역할을 상기하면, 의두 연마의 중요성은 정기훈련법 11과목의 성리(의두 문목)에도 나타나 있다. 초기교단의 훈련 방법의 커리큘럼과 같은 것으로서 정기훈련법은 불교의 동하선과 같은 성격을 지닌다. 소태산은 『불교정전』에서 정기훈련법 11과목을 설정

---

27) 장응철 역해, 『생활속의 금강경』, 도서출판 동남풍, 2000, p.23.
28) 박용덕, 『금강산의 주인되라』, 원불교출판사, 2003, pp.264-265.

하면서 마지막 단계에 성리를 편입하여 그 안에 의두를 넣은 것은 병진의 본질에 충실하면서 마지막으로 보물찾기를 제자에게 시킨 것은 아닐까.29) 깨달음의 길로서 보물찾기와도 같은 의두 성리는 소태산으로서 의두와 성리 연마 없이는 깨달음이 불가능하다는 것을 밝힌 것이다.

물론 성리는 단지 정기훈련 수행의 한 과목에 불과하다고 할 수 있다. 그러나 성리 연마를 통해서 교법의 정수를 꿰뚫어가는 점을 감안하면 깨달음을 향한 구도의 정기훈련법을 통해 성리를 연마하도록 하는 것이 얼마나 중요한지를 알 수 있다. 즉 성리는 수행의 한 과목이지만 궁극적으로 깨달음을 열어주고 깨달음을 활용하는 방법의 실행에 이르면 원불교 사상의 전체를 꿰뚫는 중핵 개념임을 알게 될 것이다.30) 이에 원불교 교법에서 성리의 중요성과 깨달음의 상관성을 거론하지 않을 수 없다고 본다.

그렇다면 의두와 성리에서 연마해야 할 궁극적 대상은 무엇인가? 그것은 일원상을 중심으로 하여 궁구해 나아가야 한다는 것이다. 원불교에 있어서 성리의 내용은 일원의 진리와 일치하는 것으로 일원의 진리에 대한 깨달음은 하나의 진리, 하나의 기운에 대한 깨달음이며, 그의 본체와 묘용을 이해하는 것이 성리 깨침의 길이기 때문이다.31) 성리를 부단히 연마하는 것은 일원상의 진리를 깨닫고자 하는 노력이며, 이에 깨달음에 있어 성리 연마의 중요성을 상기하지 않을 수 없다. 소태산이 깨달은 진리가 일원상으로, 그는 교법 전개에 있어 일원상을 성리의 정점으로 삼

---

29) 정순일, 「성리개념의 변화와 그 본질」, 『원불교사상과 종교문화』 35집, 원불교사상연구원, 2007.2, p.143.
30) 박상권, 「소태산 성리해석의 지향성 연구」, 『원불교사상과 종교문화』 32집, 원불교사상연구원, 2006.2, p.105.
31) 송천은, 「원불교의 성리인식」, 류병덕 박사 화갑기념 『한국철학종교사상사』, 원광대 종교문제연구소, 1990, p.1131.

아 부단히 연마하였던 것이다.

일원상이 성리의 정점인 것은 『정전』의 의두요목이나 소태산의 언행록인 『대종경』의 성리품에 그대로 스며있다. 의두요목이나 성리품 전반이 진리의 각증과 연계되어 있다는 것이다. 구체적으로 성리 법어의 단초와 교단의 새 출발을 주로 담은 『대종경』 성리품 1장과 서품 1장을 관련시켜 이해하면 소태산이 대각한 심경과 그 경지를 이해할 수 있으며, 여기에서 소태산은 법신의 진리를 깨친 것이다.32) 법신의 진리란 쉽게 말해서 일원상의 진리라 볼 수 있다. 『정전』과 『대종경』에 나타난 성리의 세계는 우주의 원리와 인간의 자성을 대상으로 전개한 내용이며, 이는 원불교 교법의 종지인 일원상 진리의 소식으로서 의미 심대하게 다가오고 있는 것이다.

따라서 교법의 종지인 일원상은 소태산의 깨달음과 지도에 힘입어 의두와 성리를 연마하는 것이 필요하다. 소태산은 신앙 체험과 수행적 깨우침을 통해 우주사와 인간사에 밝은 지혜를 갖고 무명을 극복하도록 하는데 도움을 주고 있기 때문이다. 다시 말해서 스승의 지도에 의한 성리 연마는 일원의 광명으로 인도되어 중생의 무명을 벗어나도록 하는데 도움을 준다는 것이다. 그리하여 우주의 심오한 진리를 깨달아 체득함으로써 성리에 의하여 보다 폭넓은 생활을 하자는 데에 있고, 이 의두와 성리를 연마하는 것도 스스로 연마하여 해득을 얻고자 함이다.33) 물론 스승의 도움 없이 스스로 깨달음에 이를 수 있다고 하지만, 나의 존재는 무력해지기 쉽다. 특히 중생의 무명에 가릴 경우 스승의 혜안적 지도가 절실하다.

학교에서 지식을 얻고 지혜를 닦기 위해서 스승이 필요하듯 도가에서

---

32) 한종만, 『원불교 대종경 해의』(下), 도서출판 동아시아, 2001, pp.29-31.
33) 안이정, 『원불교교전 해의』, 원불교출판사, 1998, pp.573-574.

성리의 깨달음을 얻기 위해서 스승의 문답감정이 필요한 것이다. 자수자각에 의한 정각정행(正覺正行)이 우리 모두에게 쉽게 다가서지 않기 때문이다. 단지 독각(獨覺)으로 깨달아 아는 것에 만족할 수도 있으리라 본다. 그러나 깨달음이 중요한 것은 그 깨달음이 실천으로 나타나서 인간사에 활용되어야 하기 때문이다.34) 의두와 성리가 원불교에서 강조되는 것은 이처럼 깨달음과 더불어 실천으로 이어져야 하는 사실에 있다. 우주의 근본이치와 인간의 자성원리를 깨달아 일상의 삶에서 실천할 때 대소유무와 시비이해에 더욱 밝아져서 견성과 성불이 가능해진다.

무엇보다 성리는 견성만이 아니라 성불로 이어져야 하는 것이다. 깨달음의 충족이 견성에 있다면 그것은 또 실행의 성불로 연결되어야 한다는 뜻이다. 전통적으로 성리 탐구는 깨달음, 즉 견성을 성취하는 방법론의 하나로 치부되어 왔는데 견성에 자족하여 큰 공부를 하지 않아 견성에 머무른 채 더 나아가지 못한 수도인이 적지 않았으며, 소태산은 견성을 마친 후에 성불에 이르기 위하여 큰 공을 들이도록 하였다.35) 편벽 수행에 의한 조각도인은 온전한 도인이 아니라는 것으로 벽지불과 같은 치우침이 있어왔음을 역사적으로 알 수 있다. 미래 종교에서는 의두와 성리를 부단히 연마하여 편벽 수행에 치우치지 않도록 하는 세심한 노력이 필요한 것이다.

한편 의두와 성리에는 다소의 차이가 있다. 『정전』에 의하면 의두는 대소유무의 이치에 따라 인간의 시비이해를 건설하고 불조의 화두를 연마하는 것에 관련된다면, 성리는 우주 만유의 본래 이치와 우리의 자성

---

34) 김영민, 「원불교 性理의 활용방안」, 『원불교사상』 23집, 원불교사상연구원, 1999, p.77.
35) 박상권, 「소태산 성리해석의 지향성 연구」, 『원불교사상과 종교문화』 32집, 원불교사상연구원, 2006.2, p.102.

원리를 해결하는 것이다(『정전』정기훈련법 참조). 비록 의두와 성리의 공부는 비슷한 바가 있으나 의두는 광범위한 반면, 성리는 우주와 인간의 구경 본원에 치중하고 있으며 또 더욱 깊은 깨달음을 중시하는 특징이 있다.[36] 반드시 구분해야 하는 것은 아니지만 의두는 분석을 통한 지식의 확장에, 성리는 직관을 통한 지혜의 확장에 특성이 있다는 것이다.

아무튼 의두나 성리에 바탕하지 않은 종교의 깨달음은 외도(外道)에 빠질 수 있음을 주의할 일이다. 그만큼 의두와 성리는 깨달음을 목적으로 하는 정법 신앙과 수행의 길이라는 것이다. 만일 원불교가 성리에 바탕하지 않고 문자의 뜻에 얽매여 교리를 말과 글로만 해석하려 한다면 그에 따른 폐단은 교리적 독단과 오만으로 나타나 다른 종교의 역사현상처럼 그 병폐가 심각할 것이라고 본다.[37] 이는 의두 성리가 정법을 지향하는 종교의 깨달음에 있어 공부 방법으로 반드시 필요한 일이기 때문이다.

2. 깨달음과 원불교

1) 깨달음의 교판적 접근

종교에서 자주 거론되는 교판 용어의 의미와 그 등장 배경을 살펴본다. 교판은 원래 불교의 여러 경론들이 전수되면서 논쟁을 야기하고 호교론적 접근을 시도하며 불교의 교법을 정리하는 과정에서 등장한 용어이다. 교판은 각 종파의 교의를 선양하는 의도로 행해졌으며, 따라서 교상판석은 종파 성립의 필수적인 요건이 되기도 하였다.[38] 특히 각 종교

---

36) 송천은,『열린시대의 종교사상』, 원광대출판국, 1992, p.302.
37) 김성장,「신앙대상 호칭문제와 일원상 부처님 봉안 의미」,『원불교사상과 종교문화』37집, 원불교사상연구원, 2007.12, p.63.

의 경전과 교리의 해석학적 접근에 있어서 이러한 교판적 학문 정립의 과정이 요구되었다. 이는 후래 비교종교학의 영역에서, 또는 전통종교와 신종교의 차별화의 과정에서 나타난 신념체계의 한 모습이었던 것이다. 오늘날 불교와 이웃종교 간의 교리 비교연구에 있어서 교판의 해석학적 방법론이 자주 등장하고 있다.

일반적으로 기독교는 계시의 종교이면서 타력신앙이라 할 수 있고, 불교는 깨달음의 종교이면서 자력신앙의 종교라 할 수 있다는 것도 교판적 시각에서 얼마든지 거론될 수 있다. 이러한 교판의 접근은 자기 종교를 성찰하는 시각에서 논리를 펴나가는 경우가 있고, 이와 달리 타종교와의 관계에 있어 비교 우위의 논리를 펴나가는 경우가 있다. 예컨대 어떤 종파는 불교의 수행과정이 대부분 자력수행의 방법이며 자신의 깨달음과 자신의 극락세계의 왕생을 위하여 수행하지만, 자기만족만을 위한 깨달음과 열반을 추구하는 수행이라면 이기심의 발로라 할 수 있다.[39] 이 주장은 불교 종파의 비판이 뒤따르는 교판적 성향의 연구이다.

특히 불교에 있어서 깨달음의 방법에는 돈오와 점수, 정과 혜의 쌍수의 방법론이 자주 거론되었는데, 한국 불교에서 보조국사의 견해에 있어서 오랜 논쟁을 벌여왔던 점은 교판적으로 깨달음을 돋우기 위함이라 본다. 지눌(1158-1210)은 정혜결사를 결성하여 불교개혁을 실천으로 옮겼으며, 수많은 저술을 통하여 선교(禪敎) 방법을 제시하였다.[40] 그는 조계종

---

38) 노권용, 「교리도의 교상판석적 고찰」, 『원불교사상과 종교문화』 45집, 원광대 원불교사상연구원, 2010.8, p.255.
39) 이재영, 「수행과정 공유를 통한 종교간의 대화에 관한 연구」, 『종교교육학연구』 제20권, 한국종교교육학회, 2005.5, pp.180-181.
40) 김방룡, 「보조 지눌과 소태산 박중빈의 선사상 비교」, 『한국선학』 제23호, 한국선학회, 2009.8, pp.135-136.

의 중흥조이자 한국불교의 토대를 구축한 자로서 깨달음의 방법론을 제기함으로써 우리가 수행 방법을 용이하게 접근하도록 관심을 불러일으켰다. 특히 화두 연마의 종파로 잘 알려진 간화선은 지눌에 의해 수렴되어 그의 제자 혜심(慧諶)에 와서 고려사회에 흥성하였다.

이러한 맥락에서 볼 때 불교 전반에 걸친 불교의 개혁론은 "깨달음은 무엇인가"라는 근원적 질문에서 비롯된다. 깨달음을 이루기 위한 종파의 방법론적 비교 우위의 측면에서 교판적 분석이 시도되는 성향이다. 불교의 교판적인 현상에 대하여 우리는 불교의 정체성을 재정립할 필요를 느끼는데, 그것은 불교란 무엇인가, 깨달음의 내용은 무엇인가라는 근원적인 질문이다.[41] 예컨대 소태산은 깨달음이라는 근원적인 문제에 관심을 갖고 불교의 정체성을 확인함과 더불어 새 시대의 불교 창립이라는 명분을 찾게 되었던 것이다. 기성 종교에 대한 단순한 이해가 아니라 적극적인 접근을 통하여 부처님의 근본정신을 되살리고, 새 시대에 맞는 새 종교가 필요하다는 것을 곳곳에서 피력하였다.

우선 불교는 정혜계 삼대력 양성에 있어서 견성에 초점을 둔 것에 대하여 소태산은 솔성, 나아가 병진에 초점을 두었다는 점에서 전통종교에 대한 교판적 접근이 가능하다. 불교에도 계정혜 삼학이 있으나 이를 수행함도 계를 지켜서 청정한 선정에 들고 선정을 닦아서 무루혜를 얻기 때문에 결국 전미개오의 길을 밝혔으며, 더욱 불교는 미한 중생을 오(悟)라는 각(覺)의 경지에 인도하려는 것이므로 견성에 주체를 두었다.[42] 불교

---

41) 이민용, 「원불교와 불교의 근대성 각성」, 제28회 원불교사상연구 학술대회 《개교100년과 원불교문화》, 원불교사상연구원·한국원불교학과, 2009.2.3, p.18.

42) 한종만, 「원불교와 불교의 관계」, 《院報》제46호, 원광대 원불교사상연구원, 1999년 12월, p.19.

를 전미개오(『대종경』, 교의품 1장)의 종교라 한 것은 불가에서 우주만유의 형상 없는 것을 주체삼아서 생멸 없는 진리와 인과보응의 이치를 가르치고 있기 때문이다. 여기에서 '형상 없는'이라는 점에서 불교 교리의 특징을 밝히고 있으며, 또, 유교와 선가의 특성을 언급하면서 원불교는 수양 연구 취사의 일원화를 지향하는 종교라고 하였던 것이다.

나아가 선수행에 있어서 소태산은 불교의 묵조선과 간화선을 비판하였으며, 이것은 불교 수행의 방법에 대한 교판적 접근이라 본다. 불교 깨달음의 이해에 있어서 상당한 차이를 보이고 있으니, 그 극명한 대비는 묵조선과 간화선의 주장이 다름에서 살펴볼 수 있다.[43] 묵조선을 오래 수행하다 보면 무기공에 떨어질 수 있고, 간화선을 오래 수행하다 보면 머리가 상기되어 오히려 심신 건강에 좋지 않다는 것이다. 『대종경』 수행품 14장에서 단전주법을 취하여 수양하는 시간에는 온전히 수양만 하고 화두 연마는 적당한 기회에 가끔 한 번씩 하라고 한 것이 이와 관련된다.

또한 소태산의 불교 인식에 있어 과거 종파불교를 극복해야 하는 점에서 교판적 성향이 나타난다. 그가 염원한 원불교는 종교의 대혁명을 시도하려는 의지로서 지금과 같이 존재하는 수백종의 종파·교파들은 모두 그 간판을 내리는 때가 와야 할 것을 진리적 안목에서 관조했던 것이다.[44] 그는 『대종경』 서품 19장에서 과거 불가의 가르치는 방법이 경전만 가르치거나 화두를 들고 좌선하는 법을 가르치며, 염불과 주문을 가르치는데 경전으로 가르치기도 어렵고 말로 가르치기도 어려운 점이 있다고 하였다. 이에 대하여 원불교에서는 삼대력을 병진하는 공부법으로

---

[43] 吳光爀, 「21세기의 불교의 전망과 과제」, 제17회 국제불교문화학술회의 『21세기 불교의 전망과 과제』, 원광대 원불교사상연구원, 2001.5, pp.16-17.

[44] 류병덕, 「21C의 원불교를 진단한다」, 제21회 원불교사상연구 학술대회 ≪21세기와 원불교≫, 원불교사상연구원, 2002.1, p.9.

일상생활이나 수행생활이 모두 원만하게 이루어지도록 하였다. 종파불교의 폐단을 극복한 개벽기의 새 교법은 원만한 진리의 수행을 통한 원만한 깨달음을 지향해야 한다는 것이다.

이같은 종교 혁신의 시각에서 본다면 소태산은 대체로 온전한 깨달음과 수행을 얻기 위하여 불교의 편협적인 것을 극복하려는 점에서 불교를 교판적으로 접근하였다. 그의 눈에 비친 불교는 부분적이고 편파적이며 지엽적인데 치우쳐 지극히 편벽된 신앙과 수행을 하는 종교라는 면에서 현장에서 불교를 보는 시각은 전혀 달랐다.[45] 깨달음의 종교가 현실에 다가서서 지혜의 등불을 밝혀주지 못하고 오히려 세속과 괴리된 채 편벽된 수행에 구애된다면 그것은 바람직하지 못한 것이며, 불법 수행의 방향도 온당하지 못하다는 것이다.

기성종교의 시각에 있어서 소태산은 불교만이 아니라 유교와 도교에 대해서도 냉철한 시각으로 접근하고 있다. 그에 있어서 불교적 깨달음의 수행, 유교적 인륜의 실천, 도교적 청정무위의 양생(『대종경』, 교의품 1장)을 종합할 필요가 있음을 밝히어 영성의 자각(佛)과 도덕적 생명의 확충(儒), 우주적 생명과의 합일(道)이라는 세 가지 영역에 대한 필요성을 긍정하는 것으로 풀이된다.[46] 소태산의 유불도 삼교 활용의 정신이 나타나는데 새 시대의 불교는 불교의 개혁에 더하여 유교와 도교의 비판적 수렴이 전개될 때 민중에게 더욱 다가설 수 있고 인류 사회에 기여하는 종교라는 것이다.

---

45) 이민용,「원불교와 불교의 근대성 각성」, 제28회 원불교사상연구 학술대회 ≪개교100년과 원불교문화≫, 원불교사상연구원·한국원불교학과, 2009.2.3, p.14.
46) 김낙필,「한국 근대종교의 삼교융합과 생명·영성」,『원불교사상과 종교문화』39집, 한국원불교학회·원불교사상연구원, 2008.8, p.46.

이같은 교판적 접근은 무조건 타사상을 배척하자는 것이 아니다. 역대 성자들의 깨달음을 일단 긍정하면서 이를 적극적으로, 혹은 진취적으로 이해하려는 특성을 지닌다. 다시 말해서 역대의 성자들은 그들이 깨달은 진리를 나름대로의 표현에 의하여 태극, 무극, 자연, 일원상이라고 하였다. 공자는 천(天)이라는 이름으로 불렀으며, 예수는 신(神)이라는 이름으로 불렀고 불타는 법신불이라 부르기도 하였으며, 원불교의 소태산은 일원이라는 표현을 하였다.47) 그의 깨달음이 일원상으로 나타난 것은 일원의 진리에서 모든 성자들의 정신 및 사상과 회통하므로 전통종교에 대하여 비판을 위한 비판의 시각이 아니라는 것이다.

원불교가 후천개벽기에 창립되어 정신개벽을 들고 나온 것은 역대 기성종교의 장단점을 교판적으로 적극 수렴하면서도 극복해야 한다는 점에 초점이 맞추어져 있다. 이는 소태산의 기성종교에 대한 회통 정신과도 맞물리는 것이다. 전통불교가 대체로 시간과 장소를 초월하여 깨달음을 강조하는데 비해, 시국에 대한 판단을 기초로 그에 상응하는 정신개벽을 촉구한 점은 원불교가 선행 민족종교들의 후천개벽 사상을 계승한 면모이다.48) 원불교는 소태산이 깨달은 일원상의 진리를 근거로 하여, 전통종교에 대한 교판적 시각에 따라 시대화, 생활화, 대중화를 도모하여 인류의 깨달음에 기여하는 종교이며 이것이 소태산이 밝힌 교리 정신이기도 하다.

---

47) 장응철 역해, 『노자의 세계』, 도서출판 동남풍, 2003, p.20.
48) 백낙청, 「통일시대 한국사회와 정신개벽」, 원광대 개교60주년국제학술회의 『개벽시대 생명·평화의 길』, 원불교사상연구원·한국원불교학회 外, 2006.10.27, p.2.

2) 원불교의 깨달음

선천시대의 암울하고 무지한 시대가 지남과 동시에 후천개벽이 도래하고 있음을 인지한 소태산은 폐쇄의 사회가 아닌, 열린 시대를 위해 새 역사를 선도하는 종교를 갈망하게 된다. 후천개벽의 시대에 접어들어 종교 지도자들은 한결같이 종교적 깨달음을 통한 새 종교의 역할을 강조했던 것이다. 구한말 구습을 타파하고 혁신이라는 대전환이 요청되었기 때문이다. 소태산의 후천개벽론은 사회의 근본적 변화와 동시에 깨달음의 상태에서 체험되는 열려진 세계로서 당시의 역사적 미혹과 실존적 어리석음(無明)을 모두 극복할 것을 천명한다.[49] 그는 중생의 무명 타파를 통해서 구원을 향한 새 시대의 선도자적 역할을 강조한 것이다.

후천시대는 새로운 도수의 시작과 더불어 이를 주관할 주세성자의 출현이 기대되었다. 새로운 천지도수를 담당할 주세성자가 전하는 메시지(교리)는 대단히 중요한 의미가 있으며, 거기에는 깊은 깨달음의 지혜가 작용되어 있고, 깊은 자비가 스며있는 것이다.[50] 선천과 후천의 갈림길에서 인간의 지혜가 작용하지 못한다면 그것은 단지 구습만 답습할 뿐이다. 후천도수의 성자 출현이 기대되는 것은 밝은 진리의 등불을 켜서 고통받는 민중에게 희망과 혜안을 가져다 줄 메시아의 역할과 관련된다.

그리하여 후천 개벽기의 성자로 출현한 소태산 대종사의 대각이 지니는 의미를 하나하나 살펴보고자 한다. 우선 후천시대에 임하여 구원의 메시지를 전하기 위한 구도고행 끝에 1916년 26세의 청년 소태산은 일원상 진리의 깨달음을 이룬 것이다. 그의 깨달음은 석가모니가 깨달은 내

---

49) 이성전, 「원불교 개교정신과 생명질서」, 『원불교사상과 종교문화』 39집, 한국원불교학회·원불교사상연구원, 2008.8, p.100.

50) 이광정, 『주세불의 자비경륜』, 원불교출판사, 1994, p.30.

역과 크게 다르지 않았다. 원불교의 출발은 불법에 근거하는 바, 법신불 일원상의 깨달음 곧 새 불법의 깨달음에서 비롯되기 때문이다. 돌이켜 보면 불타의 깨달음의 내용이 법(法)이라 한다면 이 깨달음의 본질을 후일의 제자들은 법신이라 부르기 시작하였으며, 원불교의 법신불은 이러한 법신의 의미에서 확대해석된 것이다.51) 불생불멸과 인과보응의 진리를 담은 두렷한 한 기틀은 불교혁신이라는 새 시대의 법신불 일원상으로 탄생하게 되었다.

법신불 일원상의 불생불멸과 인과보응을 깨달았다고 하는 것은 달리 말해서 일원상 진리의 진공 묘유를 깨달았다는 뜻이기도 하다. 이러한 진공 묘유는 일원상의 존재론적 접근에서 자주 거론되는 것으로서, 일원상 진리의 본원과 현상으로 구분되기도 한다. 이러한 시각에서 본다면 소태산이 깨달은 불생불멸은 진공의 시각에서, 인과보응은 묘유의 시각에서 거론될 수 있다는 것이다. 물론 양자간 체용의 엄격한 구별보다는 진공(묘유)에서, 혹은 (진공)묘유에서 불생불멸과 인과보응을 동시에 투시할 수 있는 시각52)이 요구된다.

진공 묘유는 일원상 진리의 깨달음이자 마음공부의 원리로 이어진다. 소태산이 밝히고 있는 마음과 일원상은 하나로 연계되기 때문에 둥그런 마음의 원리를 깨닫자는 것이다. 그 마음은 언어와 명상이 끊어진 진공으로서 일체의 번뇌가 사라진 고요함이며, 이 마음이 작용하면 묘유가

---

51) 정순일, 「법신불 사은 호칭 재고」, 『원불교사상과 종교문화』 49집, 원광대학교 원불교사상연구원, 2011.9, pp.136-137.

52) 불생불멸과 인과보응은 진공묘유의 또 다른 표현으로서, 법신불 일원의 양면적 속성을 보다 구체적으로 표명한 것이다(노권용, 「교리도의 교상판석적 고찰」, 『원불교사상과 종교문화』 45집, 원광대 원불교사상연구원, 2010.8, pp.272-273참조).

나타나서 진공 묘유의 마음 세계로 전개된다.53) 마음이 텅 빈 가운데 충만된 종교 체험으로 이어지는 것이 마음 원리의 깨달음이라 할 수 있다. 일원상 진리의 깨달음이란 곧 우리의 마음이 맑고 고요하면서도 신령한 지혜를 얻는 것과 같다는 뜻이다.

깨달음에 있어 마음의 맑고 신령한 지혜를 얻는다는 것은 우리의 깨달음이 마음의 원리를 체득함으로써 수행과 신앙을 바르게 하는 것과도 같다. 원불교 수행은 신앙을 바탕으로 삼아 성자의 가르침을 자기화하는 과정으로서, 신앙은 수행의 바탕이 되고 수행은 신앙을 완성시켜 가는 상보적 관계를 지닌다.54) 깨달음을 통해서 신앙과 수행을 지속시켜야 하는 이유가 이것이다. 일원상 진리의 깨달음은 신앙과 수행이라는 구도의 과정 속에서 소태산의 각적 경지를 우리들이 체득하는 것으로 보면 좋으리라 본다.

결국 원불교의 깨달음은 우리의 신앙과 수행이 생활 속에서 돈독함을 성취하는 일이다. 원불교는 편벽함에 의한 신비의 비결을 강조한다거나 기이한 행동을 추구하는 종교가 아니기 때문이다. 신통묘술을 부리는 사람이 참 도인이 아니고 정법을 깨쳐서 정법을 실행하는 사람이 참 도인이라는 점을 새겨둘 필요가 있다. 소태산은 신비한 사술을 크게 경계하였으며, 그로 인해 정법의 신앙과 수행을 강조하였다. 깨달음의 세계에서는 사술이 아니라 신앙·수행이 병진된 정법 교리를 지향하는 것임을 알아야 한다.

정법 교리에 있어서 원불교의 깨달음은 당연히 법신불 사은신앙에 있어

---

53) 김방룡, 「보조 지눌과 소태산 박중빈의 선사상 비교」, 『한국선학』 제23호, 한국선학회, 2009.8, pp.149-150.
54) 박상권, 「소태산 성리해석의 지향성 연구」, 『원불교사상과 종교문화』 32집, 원불교사상연구원, 2006.2, p.89.

지은보은과 관련된다. 소태산이 깨달은 내역은 세밀하게 들여다보면 인과보응의 원리가 있다는 것으로 인과의 신앙이자 사은신앙이며, 사은신앙은 곧 지은보은(知恩報恩)의 삶으로 이어진다. 지은(知恩)이 사은신앙의 깨달음에 연결되는 것이며 그것이 보은행을 추구하는 것이다. 따라서 지은보은을 발견할 수 있는 빠른 길은 믿음으로써 은(恩)의 소종래를 배우고 깨달아야 한다.55) 선연선과와 악연악과라는 은혜의 업종자로서 그 소종래를 깨닫는 것이 지은보은의 실천과 직결되는 것이다.

나아가 원불교의 깨달음은 수행적 측면에서 본다면 삼학 팔조의 정법을 인지하여 실천하는 것과 관련된다. 깨친다는 것은 일원상 진리를 실행할 수 있도록 깊이 아는 것을 말하며, 구체적으로 삼학공부를 통해서 바르게 깨쳐 원만구족하고 지공무사한 체를 그대로 행동하는 것이다.56) 정신을 수양하고 사리를 연구하며 작업을 취사하는데 있어서 깨달음의 지혜가 요구되므로 원불교가 갖는 깨달음의 본질은 이러한 삼학 병진의 수행과 직결된다.

원불교에서 깨달음은 무엇보다 사은 보은과 삼학 병진이라는 명제를 생활 속에서 실천하는 것이 중시되며, 그것은 생활과 불법이 둘이 아니기 때문이다. 생활과 동떨어진 깨달음은 진정한 깨달음으로 볼 수 없다. 생활 속에서 불법을 찾고 불법을 깨닫는 생활로서 일관할 때 극락세계가 전개되는 것이며, 이를 불법시생활 생활시불법이라고 하여 깨달음과 생활을 일원화시켰다.57) 원불교가 지향하는 깨달음은 이처럼 생활 속에서 불법을 실천하고, 불법 속에서 생활과 연결되도록 한 점이 특징이라고

---

55) 신도형,『교전공부』, 원불교출판사, 1992, p.215.
56) 원불교사상연구원 편,『숭산논집』, 원광대학교 출판국, 1996, pp.84-85.
57) 류병덕,「소태산의 실천실학」, 석산 한종만박사 화갑기념『한국사상사』, 원광대학교출판국, 1991, pp.1227-1228.

볼 수 있다.

　현실의 생활을 중시하는 원불교는 깨달음의 목적이나 방향에 있어서 우리의 일상생활을 벗어나지 않는 진리적 신앙을 교시하고 있다. 그것은 도학과 과학을 병행, 생활종교를 표방하는 원불교 본연의 목적과도 일치된다. 과거의 종교 지도자가 예언자적 역할을 했던 것에 비해 소태산과 정산은 과학적 통찰을 통한 이념을 제시하고 종교정신을 이끌었으며, 그것은 진리적 깨달음과 실천을 근거로 한 것이다.[58] 이러한 합리적 사고에 의하여 진리의 깨달음과 실천을 근거하는 것은 원불교 교법의 정체성과 관련된다.

　이러한 정체성을 감안하면 원불교는 깨달음의 목표에 있어서도 진리적 신앙을 중시하면서도 깨달음의 수행법도 구체적이고 사실적이다. 이를테면 훈련법의 구체성, 곧 의두와 성리라는 수행법이 견성성불의 실제적 방법이라는 점이다. 의두와 성리의 부단한 연마를 통해서 깨달음에 이르는 것이 수행법의 하나이다. "전일에 알고자 하시던 그 모든 의두를 차례로 연마해 보시니 모두가 한 생각에 넘지 아니하여 마음 밝아지는 경상이 마치 여명에 날이 장차 밝으려 함에 만상이 저절로 나타남과 같은지라. 이에 대종사께서도 크게 신기하게 여기시사 종으로 고금을 참작해 보시고 횡으로 세계를 관찰해 보시매 하나도 걸리고 막히심이 없으시었다."[59] 의두와 성리 연마를 부단히 해야 하는 이유가 분명히 나타난다. 이와 같이 자수자각에 의한 소태산의 대각은 깨달음에 이르는 방법론에 있어서 난해하거나 신비하지 않고 정법에 근거한 사실적 수행이라는 것

---

58) 김도종, 「정산종사의 정치철학」, 정산종사 탄생 100주년 기념사업회편 『평화통일과 정산종사 건국론』, 원불교출판사, 1998, p.279.

59) 주산종사, 『대종사 약전』(한종만, 『원불교 대종경 해의』(下), 도서출판 동아시아, 2001, p.39).

을 간과해서는 안 된다.

원불교 교화의 본질이 어리석음을 극복하고 깨달음을 지향한다는 점도 깨달음에 있어 진리적이고 사실적인 요인이 된다. "교화란 끝없는 선연을 지음이요, 죄고로부터 구원이요, 어리석음으로부터 깨달음이요, 중생으로부터 불보살로 인도하는 것이다."[60] 그리하여 교화는 가까운 인연부터 해야 하고, 만나는 인연마다 해야 하며 교화사업에 낯 없이 합력해야 한다. 성불제중이나 제생의세가 원불교 교화의 본질이라는 점에서 깨달음이란 교화에서 멀리 떨어져 있지 않다.

교화의 본질을 재음미함으로써 그 목표를 실천하는 것이야말로 불성을 구비한 인간으로서 가치 있는 삶을 지향하는 것이다. 인간이란 각성의 기능이 없거나 본능에만 충실한 동물과 다르기 때문이다. 따라서 교화의 목적은 개인 스스로 잠재적인 가능성을 충분히 발휘하게 하고, 개인으로 하여금 스스로 깨달음의 수행과정을 올바로 유지할 수 있도록 여건을 마련해 주고 도와주는 것[61]임을 잊지 말자는 것이다. 교당은 이러한 교화를 담당하고 깨달음을 인도해주는 각성의 장소인 점을 생각해 보면 원불교 출현의 목표가 교화를 벗어나 있지 않다.

결국 깨달음을 인도하는 교화의 목표를 실천에 옮기고 그 중심 기능을 담당하는 곳은 교당이다. 교당이란 원불교를 신앙하는 재가교도들에게 있어서 특히 깨달음을 얻는 곳으로 인식되어 마땅한 일이다. 〈재가교도의 교화 및 교당에 대한 인식 및 평가〉에 있어서 교화의 의미에 대한 생각을 보면「깨달음을 얻어 부처되기」가 36.7%, 교도들의 행복 31.7%(『세

---

60) 좌산종법사,「교화란?」,≪출가교화단보≫제159호, 2005년 7월 1일, 1면.
61) 조용길,「불교의 포교이념과 현대불교의 포교 경향」,≪교화방법의 다각화 모색≫, 원불교대학원대 실천교학연구원, 2006.11.10, p.4.

미르통신』 9호, 원불교정책연구소, 2010년 3월)라는 점을 고려해보자는 것이다. 깨달음과 안심을 얻게 해주는 곳이 교당이라는 점은 소태산의 각적 안목과 경륜을 실천하는 장이 교당에서 비롯되어야 한다는 점에서 바람직한 역할이다.

3) 깨달음과 마음공부

종교가 인간에게 다가서서 가장 중심적으로 역할을 해야 할 것이 있다면 그것은 무엇인가? 누구나 공감할 수 있는 것은 심신의 안정을 가져다주는 것으로, 그것은 온전한 마음의 열림과 관련된다. 이를 종교의 중심 기능이자 영성적 기능이요 깨달음의 서원을 향한 마음공부 기능이라 할 수 있다.[62] 영성에 눈을 뜨게 하는 깨달음의 마음공부야말로 종교로서 가장 중시해야 할 것이기 때문이다. 마음을 온전하게 바라볼 줄 알고 마음의 열림을 가져다주는 능동적 역량을 키워주는 것이 종교의 핵심적 역할이라는 점에서 깨달음과 마음공부는 불가분의 관계라 본다.

우리가 고통을 받는 원인은 심신간 폐쇄된 상황에서의 마음속의 부정적 작용들에 기인한다. 이를테면 자신의 불안에 사로잡혀 자신의 심신을 요란하게 만드는 잡념이 그것이며, 이 잡념을 없애는 적공이 곧 마음공부요 깨달음으로 가는 길이다. 규봉 종밀은 이에 말한다. "잡념이 일어나면 곧 깨달아야 하며(念起卽覺), 이를 깨달으면 곧 잡념이 없어지게 되나니(覺之卽無) 수행의 오묘한 문이 오직 여기에 있을 뿐이다."[63] 그의 언급은

---

62) 김성장, 「대학의 불교교육에 있어서 신앙 수행 깨달음의 문제」, 제18회 국제불교문화학술회『불교와 대학—21세기에 있어서 전망과 과제』, 일본 불교대학, 2003.10.28-29, pp.203-204.
63) 圭峰宗密, 『禪源諸詮集都序』, 『大正藏』 48권, p.402c. "念起卽覺 覺之卽無 修行妙門唯在此也".

오직 무념으로써 종을 삼을 뿐이니(無念爲宗), 무념의 지견을 얻기만 하면 좋아하고 미워하는 감정이 자연히 담박해지고, 지혜와 자비심이 증가되며, 죄업이 자연 끊어져서 공행이 증진하는 것(但得無念知見 則愛惡自然淡泊 悲智自然增明 罪業自然斷除 功行自然增進)이라 하였다. 사심 잡념으로 고통받는 중생들은 무념과 무상의 심법을 간직해야 어떠한 고통에서도 벗어날 수 있으며, 그것은 궁극적으로 깨달음의 경지인 것임을 알 수 있다.

깨달음의 길과 달리 마음의 부정적 작용은 우리의 마음이 방심되어 자칫 경계를 따라 흔들리는 성향이 있기 때문이다. 22조 마라나존자가 23조 학륵나존자에게게 다음과 같이 말한다. "심수만경전(心隨萬境轉) 전처실능유(轉處實能幽) 수유인득성(隨流認得性) 무희역무우(無喜亦無憂)"라 하였다. 이를 번역하면 "마음은 일만 경계를 따라 구르고 구르는 곳마다 실로 능히 그윽하다. 흐름을 따라 성품을 깨달아 얻으면 기쁨도 없고 또한 근심도 없느니라." 이처럼 마음은 경계를 따라 이리 흔들리고 저리 흔들려서 고통을 유발하는 것임을 알 수 있다. 따라서 사방 좌우로 흔들리는 방심을 극복하면 어떠한 근심 걱정도 사라지므로 마음공부는 수도인으로서 선택의 여지가 없다.

여기에서 수도인의 마음공부는 마음의 본성을 찾는 구도행위이며, 이를 통해 청정한 마음을 체인하여 깨달음을 향유하게 된다. 마음의 본성은 청정한 것이라고 하는 명확한 주장은 대승불교에 들어와서 거론된 것이며, 깨달음의 방법이 마음을 맑게 한다는 것에 의해 가능하다.[64] 청정한 자성을 발견하는 일은 마음공부의 근원적 이유가 되는 것으로, 고래 성철 대덕들이 이미 주장해온 바이다. 불교 수행자들은 본래 구유한 청정자성

---

64) 田中典彦, 「불교적 영성의 일고찰—불성의 자각과 전개」, 제19회 국제불교문화학술회의 ≪지식정보화사회에 있어서 불교—생명과 영성≫, 원광대·일본불교대, 2005.9.9-10, p.43.

을 회복하도록 수행을 지속적으로 해 왔으며, 대승불교의 선사들은 이러한 마음의 청정을 강조하여 자성의 청정성을 온전히 지키도록 하였다.

고려조의 국사였던 보조 스님은 한마음 깨달으면 묘유이므로 이 마음을 떠나 부처를 찾는 것은 어렵다고 하였다. 자성의 온전함을 찾기란 쉽지 않다는 의미이다. 그는 이에 말한다. "한마음(一心)을 미혹하여 끝없는 번뇌를 일으키는 이는 중생이요, 한마음을 깨달아 끝없는 미묘한 작용을 일으키는 이는 부처이다. 미혹과 깨달음은 다르지만, 중요한 것은 모두 한마음에 유래한다는 사실이다."65) 그러므로 보조국사는 마음을 떠나서 부처를 찾으려는 것도 어불성설이라는 것이다. 마음을 떠나 부처를 구하는 일은 물고기가 자신의 절대 의지처인 강이나 바다로 향하지 않고서 생존할 수 없는 산이나 사막을 향하는 것과 같이 어리석은 일이기 때문이다.

자성을 찾는 마음공부는 이처럼 내 마음 바탕을 벗어나지 않는 공부인 이상, 전통종교의 가르침을 성찰하여 성자의 인격을 갖추도록 부단히 행할 수 있는 수행법도 중요하다. 원불교 마음공부의 특징은 소태산이 강조하고 있듯이 유불도를 활용하는 점에 그 특징이 있다. 원불교에서 말하는 마음은 선학(禪學)과 주자학적인 요소가 혼합되어 있고, 마음을 깨치기 위한 수행법은 유불도의 방법이 혼합되어 있으며, 일원상 진리에 접근하는 방법에 있어서는 신앙문과 수행문이 병립되어 있다.66) 원만한 인간상을 갖추는 데에는 어느 한편의 인격만을 가지고 언급하기는 쉽지 않은 일이다. 원불교 교법의 원만구족한 특성을 상기한다면 마음공부는

---

65) 鏡虛禪師 編, 이철교 역, 「高麗國 普照禪師 勸修定慧結社文」, 『禪門撮要』下卷, 민족사, 2005, p.305.
66) 김방룡, 「禪 사상의 관점에서 본 원불교의 마음과 수행법」, 2011년 마음인문학 학술대회 ≪불교의 마음과 실천≫, 원광대 원불교사상연구원 마음인문학연구소, 2011.12.15, pp.95-96.

기본적으로 전통 유불도의 심학(心學)을 두루 회통하고 있는 것이다.

하지만 원불교는 교법의 근본에 있어서 불법을 주체로 하고 있다는 점에서 불교의 일체유심조 원리에 따른 마음공부를 벗어나 있지 않다. 『능엄경』에서는 "온갖 현상의 발생은 오직 마음의 나타남 뿐이니, 온갖 인과와 세계의 미진이 다 마음으로 말미암아 체를 이룬다"고 하였다. 불교와 원불교는 마음이 우주이며 우주가 마음인 것으로, 일체가 오직 마음의 짓는 바라는 것은 마음의 움직임과 우주의 움직임이 마음의 움직임이라는 것이다.[67] 소태산은 이에 나의 조물주는 곧 나(대종경, 변의품 9장)라고 하였다. 나의 조물주가 나인 이상, 내가 순간순간 마음 작용을 체인하는 것 자체가 나의 삶에 연결되어 일체사가 나의 마음작용과 관련된다.

나의 마음작용이 일체사를 이루므로 내 마음 작용의 여부에 따라 극락이 되고 지옥도 된다는 사실을 알아야 하며, 이는 일체유심조의 원리와 관련된다. 한 제자가 극락과 지옥이 어느 곳에 있느냐고 묻자, 소태산은 다음과 같이 답하였다. "네 마음이 죄복과 고락을 초월한 자리에 그쳐 있으면 그 자리가 곧 극락이요, 죄복과 고락에 사로잡혀 있으면 그 자리가 곧 지옥이니라."[68] 극락과 고락이 따로 건설되어 있는 세상이 아니라는 것이다. 내 마음 작용의 여부에 따라 극락과 지옥의 갈림길이 있기 때문이다. 이 마음 작용의 원리를 깨달아서 마음공부를 해야 한다는 것으로 이해하면 좋을 것이다.

그러나 중요한 것은 일체유심조의 원리에 따라서 조촐한 마음의 회복, 즉 깨달음을 통한 이상세계 건설을 지향해야 한다. 소태산이 대각을 이룬 후, 마음공부와 신행을 통해 이상세계의 실현을 유도한 것이 이러한

---

67) 한종만, 『원불교 대종경 해의』(上), 도서출판 동아시아, 2001, p.142.
68) 『대종경』 변의품 10장.

극락세계의 건설에 있다. 소태산의 발심, 구도과정, 깨달음의 심경은 개인의 마음공부와 교리 수행을 통하여 현세적 이상세계를 실현하고자 하는 원불교 개교동기[69]에 잘 나타나 있다. 『정전』개교동기에서는 속세의 문제점을 진단, 인류 구원을 위한 정신개벽을 강조하였으며 그것은 성자적 깨달음의 안목에서 나온 것이다.

깨달음의 정신개벽은 원불교의 마음공부와 직결된다. 마음공부를 한다는 것은 정신개벽의 구체적 실행 방안과도 같기 때문이다. 원불교 100년 슬로건을 보면 「정신개벽으로 하나의 세계」라는 언급이 있다. 이어서 「마음공부로 은혜로운 세상」을 언급하여, 은혜로운 세상을 열어가기 위해서 마음공부가 필요하다[70]고 하였다. 원불교 100년에 즈음하여 유무념 공부 등에 의한 마음공부가 더욱 요청된다는 인식하에 재가 출가 모두가 합력하여 자신성업봉찬사업에 정진하자는 것이다.

앞으로의 시대는 과학의 발달로 인하여 더욱 혼탁해질 수 있다. 그것은 소태산이 우려한 바대로 물질문명의 지나친 편중 때문에 나타나는 현상이다. 이는 세상의 탁류에서 마음공부를 통한 영성의 깨우침이 필요한 이유가 된다. "여러분들이 늘 마음을 비우고 진리를 탐구하고 그러면 세상 사람들이 욕하는 속에서도 진리를 깨달을 수 있다."[71] 마음을 비우고, 또 비우다보면 세상의 오탁악세를 정화시킬 수 있다. 물질에 매몰되어 세상 사람들의 심신이 오염된다고 해도 이들의 정화수가 될 수 있도록 하는 것이 종교인의 품성으로서 연꽃처럼 청아하고 맑은 마음이다.

그러나 구도의 염원이 사라지고 방심하여 마음공부가 잘 되지 않으면

---

69) 신순철, 「몽각가와 소태산가사 수록 문헌 연구」, 『원불교사상과 종교문화』 29집, 원불교사상연구원, 2005, p.270.

70) ≪세상의 희망이 되다－원불교 100년≫, 원불교 100년 기념성업회, p.5.

71) 심익순, 『이 밖에서 구하지 말게』, 원불교출판사, 2003, p.33.

우리의 서원인 깨달음과 거리가 멀어지고 만다. 이에 진리에 어두워지고 욕심에 구속되는 삶을 살아간다면 진급이 아니라 윤회의 강급 뿐이다. 부단히 자제하며 살아가는 마음공부보다 그저 편하게 욕심과 습관에 끌리는 대로 살아간다면 그것은 원력과 정성이 부족한 까닭인 것이다.72) 재색명리와 삼독오욕에 구애되어 살다보면 그것이 중생의 삶이요, 무명의 윤회에 의해 고통받게 된다. 마음공부를 하지 않으면 고통으로 이어지며, 이는 진리의 깨달음과 멀어지는 무명의 세계일 따름이다. 깨달음만이 지혜광명의 길로 나갈 수 있으며, 그것은 마음공부에서 비롯된다고 본다.

원불교에서 깨달음의 날은 「대각개교절」이며, 신앙인들은 소태산의 경축일을 기념하며 나의 깨달음을 더욱 환기하고 있다. 「대각경축법어」로서 경산 종법사는 마음공부가 중요함을 강조하고 있다. "지금 이 순간에도 듣고 보는 한 물건이 있으니 이것이 무엇인가? 이것이 곧 자기의 본래마음이고 주인공이다. 우리가 보고 듣고 생각하고 말하고 행동하는 모든 것이 다 이 마음의 작용이다. 마음을 어떻게 사용하느냐에 따라 행복의 열매를 거두기도 하고 불행의 열매를 거두기도 한다."73) 세상을 움직이는 것은 우리 인간의 마음작용에 의거하며, 나의 분별하는 마음이 들어서 상상의 산을 쌓고 또 산 허물기를 반복한다. 깨달음의 세상을 위해 열린 안목을 가지려면 마음공부가 필요하며, 그것은 속세에서 세상의 인심을 깨우쳐주고 선연 작복을 할 수 있도록 마음공부의 주인공이 되어야 하는 이유이다.

---

72) 나상호, 『마음아 마음아 뭐하니?』, 도서출판 동남풍, 1998, p.12.
73) 경산종법사, 원기 96년 4월 28일 대각개교절 경축사.

3. 깨달음의 공유

1) 깨달음의 공유

세상은 나 혼자만 살 수는 없다. 인간은 사회적 동물이기 때문이다. 무인도에 의식주가 풍요롭게 갖추어져 있다고 해도 그곳에서 홀로 산다는 것은 여간 힘든 일이 아닐 것이다. 고운 최치원은 접화군생(接化群生)을 언급하였다. 접화군생이란 군생을 감화시켜 변화시킨다는 것으로 이 네 글자 안에 있는 것은 자신의 깨달음이 스스로 뿐만 아니라 대중적으로 함께 해야 한다는 것이다.[74] 함께 하는 무리 곧 군생(群生)과 더불어 깨달음을 공유함으로써 대중과 더불어 지혜를 밝히고 계몽하는 사회가 되어야 인류의 행복이 배가된다.

이처럼 우리에게 중요한 깨달음은 각 종교에서 이상적 인간상의 핵심요소가 되는 것이다. 깨달음은 힌두교와 불교에서 강조되고 있으며 깨달음을 가리키는 'Enlightenment'는 전 세계의 종교와 사상에서 추구하는 궁극적인 경지를 지칭하는 말로 쓰이고 있다.[75] 이를테면 요가의 samadhi 내지 moksha, 선종의 견성(見性), 남방불교의 nibbana, 수피즘의 fana, 카발라의 Devekut, 가톨릭에서 말하는 하나님과의 합일 등은 모두가 깨달음의 세계와 연결된다는 것이다. 깨달음은 고금을 통하여 제 종교의 성현들이 추구하는 이상적 인간상이라 볼 수 있다.

따라서 깨달음의 세계는 동양에서 특히 강조하고 있는 바, 유불도가

---

74) 오선명 정리, 「특별대담-좌산종법사·김지하 詩人」, ≪원광≫299호, 1999년 7월, 월간원광사, p.27.
75) 박석, 「명상과 사상과의 관계」, 『원불교사상과 종교문화』 30집, 한국원불교학회·원불교사상연구원, 2005.8, pp.15-16.

공유하고 있으며 그것은 표현만 다를 뿐이다. 공자, 노자, 석가모니가 추구하는 인간상은 마음이 열리고 영성이 맑은 성인과 군자이다. 모든 종교의 근원은 하나이며 학자의 근본 깨침의 세계도 하나로서 일원(一圓)은 각자가 다 가지고 있는 바, 유가에서 말하는 만물이 각유일태극(各有一太極)이라든지, 도교에서 무소부재(無所不在)라는 표현이 가능하다.76) 원불교에서 말하는 제반 깨달음의 세계는 일원상 진리에서 얼마든지 설명이 가능하다. 이에 소태산은 유불도의 진리를 통합 활용하여 회통의 측면에서 깨달음을 공유하도록 하고 있다.

깨달음은 이제 나의 일만이 아닌 이상, 우리 모두가 그러한 경지를 누리도록 하여야 한다. 이를 위해서 깨달음의 본질에 대한 이해가 필요하다. 깨달음의 세계에 대한 이해를 공유할 때 종교의 벽을 넘어설 수 있다.77) 깨달음의 공유에 의한 보편의식과 더불어 깨달음을 통하여 진리에 맞는 생활을 지향하자는 것이다. 진리를 실천하는 세상은 각 종교가 추구하는 교법정신과도 관련된다. 각 종교의 진리는 지고의 교법과 관련한 깨달음에 근거하고 있기 때문이다. 이를 보편적으로 도(道)라고도 할 수 있으며, 여기에서 종교간 장벽을 넘어서게 되며 깨달음의 도가 공유되는 것이다.

깨달음의 도는 어떤 종교에서도 거부할 수 없는 이법으로서 누구에게나 평등하게 접근될 수 있다. 원효는 깨달음의 도란 평등한 진리이며 평등하지 않은 진리가 아니다(菩提之道 是平等諦 非不等諦)라는 말을 주석하면서 말하기를 "부처님께서 증득하신 자성이 맑은 깨달음은 통하여 크지

---

76) 원불교사상연구원 編, 『崇山論集』, 圓光大學校 出版局, 1996, p.36.
77) 吳光爀, 「21세기의 불교의 전망과 과제」, 제17회 국제불교문화학술회의 『21세기 불교의 전망과 과제』, 원광대 원불교사상연구원, 2001.5, pp.25-26.

제2장 원불교와 깨달음

않음이 없기 때문에 도라고 하였고, 모든 유정이 다 이 성품을 같이 하여 하나라도 이 궁극의 도에 돌아가지 않음이 없기 때문에 평등한 것이며 평등하지 않은 것이 아니다"78)라고 하였다. 누구에게나 평등한 도이므로 깨달음은 누구나 가능하며, 다만 중생으로서의 갖기 쉬운 현애상을 극복하고 부단히 적공해야 한다.

부단한 적공을 통해 소태산은 26세에 깨달음을 성취함으로써 자신 구원은 물론 중생 구원을 교단의 과업으로 상정하였다. 일체 중생이 불성을 갖추고 있으므로 성자의 지도와 더불어 모든 인류가 이 깨달음을 공유하는 것이 당연한 일이다. 소태산은 혼자만의 깨달음에 만족하지 않고 그 깨달음을 인류와 공유하려고 하였으며 재가 출가, 남녀가 차별 있게 할 것이 아니라 국한을 벗어나 두루 교육시켜 세상문명을 촉진시키는 전반세계를 구현하고자 했던 것이다.79) 비교적 젊은 시절에 대각을 이룬 소태산은 깨달음의 경지를 일원상 진리로 설파하여 정법회상을 전개하고자 하였다. 일원주의에 바탕한 정법회상은 깨달음이 공유되는 세계이며, 여기에는 어떠한 차별 세계도 존재하지 않는다.

아무런 차별이 없이 공유되는 깨달음은 원불교가 추구하는 전반세계이자 전법중생(傳法衆生)의 길이기도 하다. 공부하고 사업하는 중에 좋은 느낌과 좋은 깨침과 좋은 경험을 얻은 때에는 그것을 동지나 일반 대중에게도 나눠 줄 길을 취하는 것이 아름다운 동지애의 발양이요 전법중생의 보살 정신의 실현이 될 것이다.80) 낙원세계로서 깨달음이 일체 중생과

---

78) 금강삼매경론, 한불전1, 673상단(안옥선, 「원효사상에 있어서 인권의 기초이념」, 『범한철학』제26집, 범한철학회, 2001년 가을, pp.122-123).

79) 박용덕, 「대종사의 공동체 정신2」, ≪원광≫제373호, 월간원광사, 2005.9, p.90.

80) 이공전 主幹 인사(원광 10호, 원기 40.6/이공전, 『凡凡錄』, 원불교출판사,

더불어 공유되는 것이 원불교 출현의 목적인 이상 일원의 진리를 널리 전파하여 불법이 실천되는 전반세계가 되도록 해야 한다. 그것이 원불교가 출현한 전법 중생의 길이기 때문이다.

전반세계의 건설을 위해서는 도가의 법풍에 바탕하여 공부하는 풍토가 지속되어야 한다. 1999년 조계종 10대 종정취임에서 혜암 종정은 종풍선양 전법도생(宗風宣揚 傳法渡生)이라는 법어를 설하여 깨달음의 공유를 위해 법풍을 굴리자고 하였다. 대산 종법사는 원기 50년(1965)에 법위사정에 대한 특별유시를 발표하였고 원기 51년과 원기 56년의 전 교단적 법위사정을 거쳐 원기 61년부터는 생전 항마위 사정을 양성화하여 법위향상 운동을 전개시켰다.[81] 출가위와 여래위가 등장하는 시점에서 법풍을 불리어야 재가 출가 모두가 깨달음에 나아갈 수 있는 길이 열리는 것이다.

도가의 법풍을 불릴 수 있도록 전국의 교당에서 각자의 역할을 충실히 해야 한다. 교당이란 진리의 집이며, 맑힘의 집이며, 깨달음의 집이다.[82] 인류의 정신을 맑히고 깨달음을 얻게 해주는 것이 교당이라는 것을 상기하자는 것이다. 인류의 등불을 밝혀줄 교회, 사찰, 교당이 나름대로의 역할을 충실히 해준다면 그것은 인류 상당수가 깨달음을 공유할 수 있으리라 본다. 전국의 교당에서 교화활동을 충실히 함으로써 소태산의 분신으로서 모든 교역자의 역할도 충실해진다.

깨달음의 공유는 교당에서 법풍을 불리어야 함은 물론 그것이 사회의 현장교육이라는 방법에 의해서 구체적으로 가능해져야 한다. 이를테면 불타가 깨달은 진리를 사람들이 깨닫게 할 수 있도록 고안한 학습방법을

    1987, pp.89-90).
81) 손정윤, 「개교반백년 기념사업」, 『원불교 70년정신사』, 성업봉찬회, 1989, p.332.
82) 좌산상사법문집 『교법의 현실구현』, 원불교출판사, 2007, p.97.

방편이라고 하는 바, 여기에는 학습자의 능력을 성숙시켜 마침내 구경의 정각(正覺)에 접근케 하는 불교의 교육 방법론을 총칭하는 것이다.[83] 종교교육을 통하여 인류가 깨달음에 이룰 수 있다면 이보다 좋은 방법은 없다. 종교의 사회참여는 이러한 건설적인 교육에서 비롯되는 것이 타당한 일이기 때문이다.

결과적으로 도가에서 깨달음이 공유되는 세상이란 천여래 만보살이 배출되는 세상으로 이는 공동체의 수행 내지 훈련법 등의 응용에 관련된다. 정산종사는 이에 말한다. "우리는 누구나 다 도를 깨달을 수 있다는 자신이 있으니 부지런히만 하라. 영산회상에서는 일여래 천보살이라 하였지만 미륵회상에서는 천여래 만보살이라 하였나니 우리는 자신 있게 공부만 힘쓸지어다."[84] 그의 언급처럼 천여래 만보살이란 숫자는 깨달음이 공유되는 세상을 말한다. 신과 인간의 이분법적 세상이 아니라 누구나 부처가 될 수 있는 세상이 천여래 만보살의 세상이라 본다.

깨달음이 공유된다면 궁극적으로 어떠한 세상이 될 것인가? 토머스 모어는 『유토피아』를 저술하였는데 이는 1516년에 세상에 알려진 것이다. 여기에서 그는 공동체적 이상세계를 모색하였다. 평화와 정의, 평등을 통한 소박한 생활방식이 추구되고 있으며, 모든 것은 구성원들과 더불어 공유되고 있다. 토지의 공유를 통하여 사적인 돈도 필요 없게 되었다. 자급자족하는 소박한 생활 공동체를 추구하였기 때문이다. 이러한 세상은 현실적으로 실현 가능한가의 문제를 안고 있지만, 공동체 수행을 통한 깨달음의 공유로 이어진다면 더없이 좋을 것이다. 깨달음의 공유란 이러

---

83) 김용표, 「붓다의 교육원리와 隨機의 교수법」, 『종교교육학연구』, 제25권, 한국종교교육학회, 2007.12, p.2.
84) 『정산종사법설』, 제2편 공도의 주인 50장.

한 토머스 모어가 추구한 이상적 유토피아의 세계인지도 모를 일이다.

2) 누구나 깨달을 수 있는가?

불교에서 고대 인도에 만연한 사성제 계급을 타파한 것이 부처의 위대한 점의 하나이다. 석가모니 생존 당시의 인도는 사성제의 계급으로 상호 차별화되어 있었다. 브라만, 크샤트리아, 바이샤, 수드라를 그대로 합리화한 브라만의 창조 신화를 벗어날 수 없었던 것이다. 이에 대하여 불교의 경우 "인간은 날 때부터 천한 사람이 되는 것이 아니며, 날 때부터 브라만이 되는 것이 아니라, 사람은 그 행위로 말미암아 천민도 되고 브라만도 되는 것이다"(賤民經)라고 하여 그 지위를 불성에까지 고양시킨 것이다.[85] 계급적 차별을 벗어나 불성의 평등을 주장함으로써 인류의 평등정신을 앙양하였고, 이것이 인도에서 불교가 더욱 발양하는 계기가 되었다.

인도뿐만 아니라 중국에도 인간의 평등성을 드러낸 것으로 누구나 태어날 때부터 선한 성품을 지니고 있다는 사상을 거론한 사람은 맹자이다. 그는 성선설을 주장함으로써 인간 자성의 성선(性善)을 기정사실화하였다. 맹자의 성선설은 모든 사람이 군자가 될 수 있다는 것이며, 이러한 주장은 보편적인 구원을 외치는 것이다.[86] 맹자는 「이루편」하에서 선정을 베푼 요임금과 순임금을 군자로 받들고, 소인의 행동을 벗어나 인의예지(仁義禮智)의 도를 실천함으로써 선왕의 도를 따르도록 하였다.

---

85) 불교신문사 편, 『불교에서 본 인생과 세계』, 도서출판 홍법원, 1988, pp.154-155.
86) 황필호, 「논어와 분석철학 — H. 핑가레트를 중심으로」, 『공자사상과 현대』, 사사연, 1986, p.306.

맹자가 말한 성품의 선함은 불교의 논리에서 보면 누구나 불성을 간직하고 있다는 점과 일면 상통하고 있다.

누구나 불성을 간직하고 있다는 의미는 본래 여래란 따로 있지 않다는 것으로, 불교에서 말하는 깨달음의 평등성을 인정한 것이다. 미망에서 벗어나 정진 적공을 한다면 중생에서 보살로, 보살에서 여래로 나아갈 수 있기 때문이다. "이 법을 듣고 수행한 보살은 모든 번뇌로부터 해방되어 여래가 되고, 여래의 능력을 세상에 베풀 것이다"라는 것은 오비구(五比丘)가 석가의 가르침을 받아서 깨달은 자가 되었다는 것과 관련된다.[87] 원래부터 여래와 중생이 나누어져 있는 것이 아니기 때문이다. 누구나 깨달아 부처가 될 수 있다는 부처의 가르침은 기성종교 가운데 참으로 위대한 것이다.

불교의 위대한 깨달음은 모든 존재가 본래 부처임을 아는 것이다. 중생과 부처가 따로 존재하는 것이 아니며, 이러한 사상은 『대승기신론』에서 입증한다. 『대승기신론』의 입장에서 보면 우주내의 일체 중생은 본래가 일심동체로서 그것을 체(體)의 면에서 말하면 본래가 각(覺) 자체, 즉 본각이라고 한다.[88] 하지만 중생은 이러한 사실을 알지 못하고 여전히 중생이라는 상념에 사로잡혀 육도 윤회의 굴레에서 고통을 받고 있다. 기신론에서 중생이 부처가 될 수 있다는 자각의식을 불러일으킨 점에서 그것은 성불을 서원한 불자들에게 큰 용기를 불어넣고 있는 셈이다.

이에 나를 비하하여 중생이라고 자학하는 현애상을 극복해야 한다.

---

87) 田中典彦, 「불교적 영성의 일고찰-불성의 자각과 전개」, 제19회 국제불교문화학술회의 ≪지식정보화사회에 있어서 불교-생명과 영성≫, 원광대·일본불교대, 2005.9.9-10, p.48.
88) 이기영, 「현대에 있어서의 종교의 진리성」, 『인류문명과 원불교사상』(下), 원불교출판사, 1991, pp.1400-1401.

『불조요경』에서 수행의 경전으로 애독되는『수심결』에서 말하기를, 이미 공부하는 길을 알지 못하는 고로 어렵고 아득한 생각을 짓는다[89]며 이러한 현애상을 극복하도록 하고 있다. 부족한 내가 어떻게 중생의 탈을 벗어나 부처가 될 수 있을 것인가 하는 미망을 갖지 말라는 것이다. 이미 나의 마음에 부처와 중생이라는 차별의식을 쌓아놓고 부처가 되려고 하는 일은 없는지 반조해볼 필요가 있다. 나도 부처가 될 수 있다는 불성에 대한 확신이야말로 중생의 현애상을 벗어나는 계기가 될 것이다.

중생과 보살의 차별성 여부를 떠나서 초발심이 곧 정각이라 하지 않았는가? 소태산은 이에 말한다. "큰 도는 서로 통하여 간격이 없건마는 사람이 그것을 알지 못하므로 스스로 간격을 짓게 되나니, 누구나 만법을 통하여 한 마음 밝히는 이치를 알아 행하면 가히 대원정각을 얻으리라."[90] 이처럼 큰 도는 본래 중생과 부처라는 간격이 없다. 중생이라 해도 중생이라는 상념을 벗어나면 부처가 될 수 있기 때문이다. 그리하여 일체유심조의 원리를 알아서 부처가 되도록 부단히 노력한다면 누구나 깨달음의 진경을 누릴 수 있는 것이다.

문제는 이러한 사실을 알고도 나태나 교만 등으로 인하여 깨달음을 향한 정진, 적공을 하지 않는다는 사실에 있다. 중생심리가 발하여 무명에 의해 어리석기 때문이다. 자기가 어리석다는 자각이 부족한 현실이며, 자기가 어리석은 줄을 알아야 큰 법력을 얻는 것이다.[91] 자기의 일상이 나태의 생활로 인해 무명의 미혹에서 고통받을 경우, 여기에서 벗어나려는 자각의식이 없다면 본래 맑은 성품을 회복할 수 없으며, 그것은 중생

---

89) 『修心訣』11章, 旣不知方便故 作懸崖之想.
90) 『대종경』 성리품 5장.
91) 한종만, 『원불교 대종경 해의』(下), 도서출판 동아시아, 2001, p.256.

의 윤회로 이어질 수밖에 없다. 도가에서 정진이 중요한 이유가 여기에 있다.

우리가 여래장을 가지고 있다는 것을 자각하고 도가의 법풍에 따라 정진하는 것은 중생의 어리석음을 벗어나는 계기가 된다. 『보성론』의 「여래장품」에 나오는 '일체중생유여래장(一切衆生有如來藏)'이라는 말이 있다. 일체 중생이 여래의 불성을 함장하고 있다는 뜻이다. 그럼에도 불구하고 우리에게 구비된 여래장을 찾지 못한다면 그것은 중생의 무명에 가린 탓이다. 여래장을 갖추고 있다는 말은 부처와 같이 깨달음에 이룰 수 있는 성품을 모든 인간이 갖추고 있으며, 이 성품으로 인하여 궁극적으로 깨달음을 성취한다[92]는 뜻이다. 일체 중생이 여래장을 지니고 있는 이상, 어느 누구라도 발심만 하면 깨달음에 이르지 못할 리가 없기 때문이다.

어느 누구든 적공을 지속하면 깨달음에 이른다는 것은 인간 개인 능력의 차별성을 무시하는 것으로 볼 수도 있지만 본 논리에는 근거가 또 있다. 육도중생은 모두 평등하다는 것으로 『열반경』에서 '일체중생실유불성(一切衆生悉有佛性)'이라고 하였다. 불교에서 일체 중생이 다 불성을 가지고 있으므로 이 불성이란 깨달음 자체를 뜻하기도 하고, 또 아직 깨달음을 이루지 못한 중생의 입장에서 볼 때에는 깨달을 수 있는 가능성 즉 불타가 될 수 있는 것을 뜻한다.[93] 성불제중의 서원을 가지고 출가를 한 경우, 만일 그들이 적공을 해도 성불제중을 할 수 없다면 적공의 간절함이 부족한 탓이다.

처처에 불상이 있는데 그 불상을 발견하지 못하고 불공에 소홀히 한다

---

92) 안옥선, 「원효사상에 있어서 인권의 기초이념」, 『범한철학』 제26집, 범한철학회, 2001년 가을, p.122.

93) 박선영, 「불교적 교육과 종교적 다원주의」, 『한국불교학』 제11집, 한국불교학회, 1986, p.140.

면 그것은 자신의 불성을 회복하지 못한다는 점에서 자신의 책임이기도 하다. 처처불상의 원리를 안다면 모든 것이 불성 발현의 장이 되기 때문이다. 심지어 동물이나 식물의 경우에도 처처불상과도 같은 생명성이 간직되어 있는 것이다. "곡식에서 믿음과 다시 남을, 소에게서 끈기와 겸손을, 말에서 날쌤과 민첩을, 개에게서 충성과 경계를, 고양이에게서 꾀와 조심을, 돼지에게서 깨끗함과 안분을, 닭에서 때와 깨달음을 배우자."94) 초기교단의 선진의 어록에서 깨달음의 간절한 기록이 개유불성의 소식을 확인시켜 준다. 그럼에도 불구하고 오늘의 후진들이 안일하게 살아간다면 누구의 책임으로 돌릴 것인가를 자문해야 할 것이다.

누구나 깨달을 수 있는가라는 우문(愚問)은 이제 더 이상 필요 없을 것이다. 일체중생이 다 여래의 원각묘심(圓覺妙心)을 생한다는 사실을 고려하면 그러한 의문이 매우 어리석은 줄 알 것이다. "세존이 이르되 '널리 일체 중생을 보니 모두 여래의 지혜와 덕상을 갖추어 있다' 하고, 또 이르되 '일체중생의 가지가지 환화가 다 여래의 원각묘심을 생한다' 하니, 이 알라 이 마음을 떠나서 부처를 가히 이루지 못한다."95) 원각묘심이란 원각성존이 성취한 불성을 누구나 회복할 수 있다는 자세로 수행을 할 때 향유된다. 대원정각의 또 다른 표현이 원각이요, 이의 경지를 체받아 깨달음을 얻는 마음이 묘심이기 때문이다.

궁극적으로 고통의 미망을 벗어나 일원상 진리를 깨닫는 일이 중요하다. 불생불멸과 인과보응의 이치를 현실의 삶에서 발견하도록 구도의 적공을 하는 것이 과제로 남아있다. 깨달음은 누구에게나 열려 있다는 확

---

94) 東山文集編纂委員會, 동산문집 II 『진리는 하나 세계도 하나』, 원불교출판사, 1994, p.523.
95) 『修心訣』2장, 故世尊云 普觀一切衆生 具有如來智慧德相 叉云一切衆生種種 幻化 皆生如來圓覺妙心 是知離此心外 無佛可成.

신이 이러한 과제의 해결과 관련된다. 정산종사는 소태산 대종사의 대각을 기념하면서 봉축하기를 "스스로 고행을 닦으시고 스스로 대각을 이루신 후 … 법신불 일원상을 크게 드러내시어 수양 연구 취사의 원만한 수행 길을 밝히시고 사은 사요의 광대한 도리로써 시방세계 일체중생의 윤리를 두루 통하여 주셨나이다"96)라고 하였다. 깨달음이라는 과제를 해결하기 위해 일원상과 교강을 요해하고, 이를 실천에 옮기는 삶을 살아갈 경우 깨달음은 나의 것이 된다. 돈독한 수행인에게 중생과 부처가 따로 있는 것이 아니기 때문이다. 깨달음의 화두는 중생과 부처라는 차별관념을 두지 않고 정진할 때 더욱 가능한 일이다.

3) 돈오점수와 깨달음

깨달음의 방법에 있어 끊임없이 논쟁의 대상이 된 것이 돈오와 점수이다. 돈오면 모든 일이 끝나는가, 아니면 점수를 통해 차근차근 수행해야 하느냐가 전통 불교에서는 오랜 화두로 여겨져 왔다. 이러한 논쟁 가운데 공감하는 바는, 인간이 오랫동안 익혀온 생활습관은 한 순간에 변화되기 어렵다는 사실이다. 점차 깨달음의 정신적 빛에 의해 인도되면서 장기간에 걸쳐 수정해 나가는 수행을 연속적으로 해나갈 것이 요청된다97)는 뜻이다. 그럼에도 불구하고 돈오의 측면만을 강조하여 돈오돈수를 주장해온 경우가 적지 않지만, 고려의 보조 지눌이 돈오점수를 주장한 것이 설득력을 더한다.

물론 돈오는 신속한 깨달음으로서 점수가 아니어도 성불할 수 있는 빠

---

96) 『정산종사법어』 기연편 16장.
97) 박선영, 「불교적 교육과 종교적 다원주의」, 『한국불교학』 제11집, 한국불교학회, 1986, pp. 144-145.

른 길이라는 주장에 일리가 있다. 돈오는 근본적으로 견성이요 견성은 성품의 상대가 끊어진 근원에 대한 깨달음이기 때문에 3아승지겁을 통해서 8만4천 세행(細行)을 닦지 않는다 할지라도 지름길로 성불할 수 있는 빠른 길98)이라는 것이다. 여기에는 돈오를 이룬 이상 다시 무슨 점수니 점오니 하는 방법은 바람직하지 않다. 돈오를 통해서 망념을 없애고 청정한 자성을 견지한다면 맑은 성품에 오염될 염려가 없어 점수가 필요 없을지도 모를 일이다.

그러나 점수가 필요 없다는 것은 보조 지눌로서 납득하기 쉽지 않을 것이다. 그가 『수심결』에서 밝힌 돈오란 무엇인가? 그는 다음과 같이 말한다. "네가 만일 신심을 얻으면 모든 의심이 문득 쉬리니, 장부(丈夫)의 뜻을 내며 진정한 견해를 발하여 친히 그 맛을 보아, 스스로 긍정하는 땅에 이른즉 이것이 마음을 닦는 사람의 깨친 곳이라, 다시 계급과 차제가 없을새 그런고로 돈오라 한 것이니…."99) 그에 의하면 돈오란 불법에 신심을 갖고 공부하다가 문득 깨친 것을 말한다. 중요한 것은 점차 깨치는 것이 아니라 문득 깨친다는 것에 돈오의 의미가 실려 있다는 점이다. 돈오(頓悟)의 돈(頓)은 갑자기 혹은 문득이라는 의미가 있기 때문이다. 돈오란 일거에 깨닫는 것으로 단계적으로 깨달음에 이르는 점오(漸悟)에 대해서 상대적이다. 축도생(竺道生)이 돈오를 주장했으며, 점오도 돈오로 받아들여지는 경우가 있는데 혜능의 남종선이 그것이다.

그렇다고 돈오는 불법에 대한 큰 식견이나 노력 없이 그저 문득 깨친

---

98) 節要, 법륜사, 1970, p.32(송천은, 「원불교의 성리인식」, 류병덕 박사 화갑기념『한국철학종교사상사』, 원광대 종교문제연구소, 1990, p.1136).

99) 『修心訣』21章, 汝若信得及하면 疑情이 頓息하리니 出丈夫之志하면 發眞正見解하야 親嘗其味하야 自到自肯之地則是爲修心人의 解悟處也라 更無階級次第일새 故로 云頓也니.

다는 뜻인가? 규봉 종밀에 의하면 돈오는 망념과 번뇌의 경계가 공적함을 알아서 무념 무상을 아는 것이라 했다. 중생심으로 미혹하여 집착됨으로 인해 탐진치 등의 망념을 일으킨다고 말하면서 그는 다음과 같이 말한다. "만약 선지식의 가르침을 받아 공적(空寂)의 지(知)를 돈오하게 되면 모든 것이 무념이나 무형의 것임을 알게 되니, 누가 무엇으로 아상과 인상을 삼을 수 있겠는가."100) 망념이 일어나면 일어난 줄을 알고 보면 곧 깨달음에 이른다는 것이다. 그것은 무념무상의 자비심으로 이어지기 때문이다. 종밀은 또 돈오돈수, 돈오점수, 점수돈오, 돈수점오라는 깨달음의 방법이 있음을 밝혔다.

결과적으로 돈오란 깨달음을 향한 정신적 비약 내지 상승이지만 완성된 것은 아니라는 점을 새겨야 한다. 이러한 정신적 비약을 돈오라 하는 바, 이 한 순간에 돌발적으로 이루어지는 내면적 비약으로서의 깨달음 즉 돈오는 교육학에서 말하는 일종의 깨달음인 셈이다.101) 돈오의 체험으로서 정신적 비약으로 인도되는 것은 최상근기의 경우 더욱 가능한 일이다. 그러나 세상에는 중근기와 하근기가 오히려 많은 경우를 상정해 본다면 상근기의 돈오로써 모든 것을 말한다는 것은 무리가 따를 수 있다는 점을 염두에 두지 않을 수 없다.

더욱이 돈오는 수행자가 몰록(頓) 깨친다고 하여 어떠한 깨달음의 단계성이 무시되는 것도 아니며 완벽한 것도 아니라는 것이다. 곧 돈오는 사용하는 사람의 입장에 따라 초기의 단계인 해오(解悟)로부터 최고 높은 단계의 증오(證悟)에 이르기까지 다양하게 말해지며, 돈오라는 것은 따라서

---

100) 宗密, 『禪源諸詮集都序』, 若得善友開示 頓悟空寂之知 知且無念無形 誰爲我相人相(TS48, 402b).
101) 박선영, 「불교적 교육과 종교적 다원주의」, 『한국불교학』 제11집, 한국불교학회, 1986, p.144.

완전한 깨달음을 의미하는 것은 아니다.102) 여기에서 돈오에 대한 절대의존성의 한계를 극복해야 한다는 주장이 있으며 이의 대응 논리로는 돈오에 대한 점수라는 방법이다. 돈오만으로 수행이 끝난 것이 아니라 점수가 뒷받침되어야 한다는 논리에 설득력이 있는 것도 사실이다.

돈오만으로 완벽하지 않다는 점은 그간 많은 공감을 불러일으키고 있다. 보조국사가 언급하듯이 점수의 문제를 깊이 생각해야 하는 것이다. 한꺼번에 돌연히 깨친다고 할 때 그것이 모든 깨침을 의미하는 것이라면 과연 그것이 현실적으로 가능한 일인가 하는 의문이 생기고 그것은 돈오돈수의 경우까지도 문제가 될 수 있다.103) 돈오란 불교의 본질적인 것에 대한 깨달음으로 무명을 벗어나서 밝은 지혜를 얻게 해준다는 점에서 본자원성한 불성(佛性)의 깨달음과 직결된다. 그러나 몰록 불성을 깨닫는 것에 그치면 구습(舊習)의 업력에 가리어 현상계에서 윤회에 고통을 받게 되므로 점수가 필요하다는 논리가 설득력을 가져다준다.

그렇다면 점수란 무엇인가를 알아둘 필요가 있다. 보조국사는 다음과 같이 말한다. "점수라 하는 것은 비록 본성이 부처님과 더불어 다름이 없음을 알았으나, 다생 겁래로 익혀온 습기를 졸연히 다 제거하기가 어려운 고로, 깨달음에 의지하여 닦아서 점점 훈습하여 공을 이루어, 성태(聖胎)를 장양하여 오래 오래 한 뒤에라야 성인을 이루며, 그런 고로 점수라 하나니…."104) 돈오만으로는 불성의 여여자연을 영원히 간직하여 수행할 수 없다는 뜻이다. 그것은 오랫동안 익혀온 습관이 업력으로 작용하

---

102) 송천은, 「원불교의 성리인식」, 류병덕 박사 화갑기념 『한국철학종교사상사』, 원광대 종교문제연구소, 1990, p.1135.
103) 위의 책, 1990, p.1136.
104) 『修心訣』 13장, 漸修者 雖悟本性 與佛無殊 無始習氣 卒難頓除故 依悟而修 漸薰功成 長養聖胎 久久成聖 故云漸修也.

여 윤회의 고통으로 이끄는 성향 때문이다. 성자의 반열에 오르는 것이 견성만으로 되는 것이 아니라 지속적인 수행 곧 솔성의 점수가 요구된다는 것이다.

설사 돈오의 경지에 진입하여 몰록 깨달음에 이르렀다고 해서 방심하여 그러한 경지를 지속할 수 없다고 하면 어찌할 것인가의 과제가 남아있다. 섬광과 같이 찾아오는 깨달음, 그리고 깨달은 뒤에 나타나는 파격적이고 돌발적인 행동은 바로 즉각적이고도 근본적인 인식의 전환을 중시하는 선종 사상의 배경 아래 나타나는 현상이다.[105] 돈오에 이르렀다고 해도 간헐적으로 야기되는 돌발적 행위를 극복하려면 또 다른 수행의 방법이 뒤따라야 한다는 논리가 성립된다. 돈오의 본질은 우리가 깨달은 즉시 무명이 제거되므로 또 다시 구습의 제거를 위한 점수가 필요 없다고 할 수도 있다. 그러나 중생들에게 구습이 잔존하여 불성을 가리는 현상을 고려하지 않을 수 없다. 돈오와 점수는 병행되어야 한다는 돈오점수의 견해가 타당한 이유가 여기에 있다.

돈오와 점수론에서 원불교의 수행법은 어떻게 접근될 수 있는가? 원불교의 마음 수행법은 남종의 '중생심이 곧 그대로 부처의 마음'이라고 보아 돈오견성을 추구하는 것인가? 혹 북종의 중생심은 오염된 무명의 상태이니 이를 점차로 닦아 나가서 부처가 되는 점수이오의 수행법인가에 대하여 문제를 제기한 경우가 있다.[106] 원불교는 돈오와 점수 어느 한 편에 치우쳐 있지 않다고 본다. 소태산은 대기설법(對機說法)을 통하여 어느

---

105) 박석, 「명상과 사상과의 관계」, 『원불교사상과 종교문화』 30집, 한국원불교학회·원불교사상연구원, 2005.8, p.20.

106) 김방룡, 「禪 사상의 관점에서 본 원불교의 마음과 수행법」, 마음인문학 학술대회 ≪불교의 마음과 실천≫, 원광대 원불교사상연구원 마음인문학연구소, 2011.12.15, pp.100-101.

때는 돈오를 강조한 면이 있고, 또 다른 상황에서는 점수를 강조하고 있기 때문이다. 이에 원불교는 보조국사의 『수심결』을 소의경전으로 삼고 있는 만큼 돈오점수라는 큰 틀에서 수행법을 병용하고 있다는 점을 새겨야 할 것이다.

사실 원불교를 창립한 소태산은 전통 종교의 수행법을 배격하지 않고 절장보단하여 활용하고 있다. 그는 경전공부, 의두, 일기들과 같은 점수적 방법들을 주된 성리탐구 방법으로 채용하고 있지만, 또한 돈오적 방법인 관조를 권유하여 깨달음이란 현실적인 노력에 의하여 작은 지식과 지혜들이 축적되는 가운데 관통하는 경지에 이르도록 한다.[107] 이처럼 소태산은 돈오와 점수라는 두 방면을 조화시키는 수행법을 견지하면서 깨달음과 수행 정진을 아우르도록 하고 있다.

더욱이 원불교는 견성과 성불이라는 목표의식을 가지고 깨달음과 수행을 겸하도록 하는 성향이다. 여기에서 견성이란 돈오의 측면이 부각되어 있다면, 성불이란 점수의 측면이 부각되어 있다. 법신불 자리, 진리 본체자리를 꿰뚫어 보는 것을 일반 불교에서는 견성이라고 하고 있는 바, 진리를 바로 깬 것을 돈오라 하며 돈수를 할 수도 있지만, 그런 근기는 드물고 점수(漸修)를 해서 나가는 것이 바람직하다[108]는 견해도 있다. 돈오점수의 측면을 원불교는 적극 수용하고 있으므로 깨달음과 수행이 따로 떨어져 있을 수 없으며, 견성과 솔성, 곧 견성과 성불이 병행되는 것이다.

---

107) 김영민, 「원불교 성리의 신유학적 연원 연구」, 『원불교학』 제4집, 한국원불교학회, 1999, p.646.
108) 박장식, 『평화의 염원』, 원불교출판사, 2005, pp.223-224.

4. 깨달음의 계기와 체험

1) 깨달음의 계기

현대인들은 많은 불안을 느끼며 살아가는 경향이 있다. 그것은 현실의 삶이 생존경쟁에 의해 고단하고 복잡하며, 그로 인해 고통을 받는 경우가 허다하기 때문이다. 이러한 일상의 삶에서 막연히 다가오는 불안함이 나의 자각과 연계되어 깨달음에 이르는 계기가 만들어질 수 있다. 불안이란 현 존재로서의 인간이 그의 존재론적인 자각이나 깨달음에 이르기 위하여 세상이 가르쳐 주는 것에서부터 자기 일탈적 고독의 행위에서 존재론적인 본래성이 회복된다는 것을 암시한다.[109] 불안에서 무력감을 벗어나기 위해 자기 존재의식을 더욱 자각하게 되며 그것이 깨달음을 유도한다는 것이다.

인간은 사회적 존재라는 점에서 자신에게 다가오는 불안을 사회적 사교 활동 등을 통해 극복하려 한다. 인류란 일정한 거리와 시간이 있어 이루어지는 것이 아니며, 여기에 사회적 만남의 계기가 있어 인연은 가까워지고 인정이 건네어진다.[110] 이러한 인정이 오고가는 사교행위로 인해 우리의 삶은 불안에서 벗어나는 계기가 되며, 불안을 극복할 때 사회적 존재로서 삶의 자각이 생겨난다. 그로 인해 과거보다 훨씬 안정된 생활 속에서 정신적 깨달음의 계기로 이어지는 경우가 있는 것이며, 그것이 살아있는 존재로서의 이성적인 삶이다.

---

109) 김순금, 「죽음의 원불교적 해석」, 『원불교사상과 종교문화』 36집, 한국원불교학회·원불교사상연구원, 2007.8, p.105.

110) 수행일기, 원기54-61년, 4월 24일(조명렬 편, 상타원 전종철정사 유고집 『법신불 사은이시여!』, 원불교출판사, 1996, p.64).

이성적 존재로서 일상의 삶에서 비록 사소한 일이라도 서원을 다짐하며 깨달음에 이를 수 있는 계기를 만들어 간다면 더없이 바람직할 것이다. 예컨대 "서예를 다 쓴 다음에는 바르게 써졌는지 2, 3차 확인한 후 '이 작품을 보는 이마다 깊이 깨우쳐서 부처님 세계가 이뤄지이다' 염원을 올린 후 받는 이의 부담을 덜기 위하여 주고 우편으로 발송한다."111) 비록 사소한 일이라 해도 하루의 수행일기 속에 나타난 감각감상처럼 자신의 일상적 삶을 자각하며 성찰한다면 깨달음에 한발 다가설 것이다. 곧 직업전선에서, 휴가를 보내면서, 혹은 취미활동에서 자신의 일에 몰입하면서 전개되는 상황을 사소하게 지나치지 않고 의미 있게 새겨본다면 정신적 열림으로서 깨달음에 진입하는 계기가 될 것이다.

자신의 지나온 일들을 그저 간과하지 않고 성찰의 대상으로 삼는다면 분명 깨달음의 계기가 형성된다. 지나온 일들을 간과하지 않는다는 것은 나의 감관작용에 영향을 준 모든 경계를 공부심으로 새기면서 가치 지향적으로 나아가는 것이다. 다음의 언급을 보자. "내가 한번은 부산 보화당 한의원에 갔는데 주차장에서 싸움이 났다. 싸우는 와중에 신발을 집어 던져서 보화당 여자 교무 얼굴에 맞아 다치고 그랬는데 막 상스런 욕을 해댔다. 그때, 욕이 오고가는 소리를 듣고 깨쳐 버렸다. 경봉 스님이 쓴 책 중 '야반삼경(夜半三更)에 대문 빗장을 만져 보거라'는 책이 있다. 그것이 무슨 뜻으로 그랬는지 몰랐는데, 그 욕하는 소리를 듣고 아, 그 소리다 하고 깨쳐 버렸다."112) 나에게 상관없는 일이라 하여 무심히 지나칠 일도 자신의 일처럼 새겨보는 습관이 다름 아닌 깨달음의 사유이다. 무관사에는 부동해야 하겠지만 주변에 전개되는 일상의 삶이 나의 공부심 속으로

---

111) 박정훈, 「서예교화」, 『마음은 어디서 쉬는가』, 출가교화단, 1997, p.281.
112) 심익순, 『이 밖에서 구하지 말게』, 원불교출판사, 2003, p.33.

이어져 적공의 활력으로 더해진다면 그것은 깨달음이라는 불보살의 혜안을 갖게 될 것이다.

혜안을 통한 삶의 윤택함이란 달리 말해서 우리 몸에 전류가 통하는 것처럼 어떤 계기가 되면 불이 밝혀지는 원리와 같다. 불이 밝혀지면 어둠이 물러가고 자신의 맑은 자성이 드러나기 때문이다. 깨달음이란 뇌의 한 가지 작용에 불과할지 모르지만 반도체에 전류를 흘려두면 도체가 되어 전류가 흐르듯, 어떤 종류의 뇌 호르몬 분비가 충실하면 깨달음을 각성하게 된다.[113] 전류가 흐른다면 그것은 자극이 되고 어둠을 벗어나서 자신의 뇌파를 통해 밝음을 감지할 수가 있다. 무명의 어둠이 지속된다면 깨달음과 거리가 멀어지지만, 전파의 흐름처럼 맑은 뇌파가 활성화되면 몸의 신진대사처럼 맑은 영성의 마음이 드러나게 된다.

중요한 것은 깨달음의 계기가 바로 이 순간 평범한 것에 있다는 것을 인지해야 한다는 점이다. 일례를 들어보자. 어느 야구선수는 어머니가 집을 비운 날, 동생과 밥을 먹은 뒤 내기에서 져 설거지를 하게 됐다는 것이다. 그는 지루하게 느끼며 접시를 하나씩 닦던 중 왜 접시를 말끔하게 닦아야 하는가를 생각했다. 자연스럽게 접시를 청결하게 닦는 것은 깔끔하고 맛있는 음식을 담기 위해서라는 결론을 얻었다며, 접시를 사람의 마음과 연결시켜 깨달음을 얻었다는 것이다. 사람의 마음도 접시와 마찬가지로 늘 건전하게 비어 있어야 건강하고 긍정적인 생각을 담을 수 있다며 늘 마음을 맑게 유지하려는 수련을 한다(박찬호 야구선수, ≪중앙일보≫, 2001.3.6)는 고백이 흥미롭다 이처럼 깨달음의 계기는 평상에서 진리를 찾는 평범한 행위에 있다.

---

113) 황근창,「물리학과 일원상의 진리」, 창립10주년기념 추계학술회의 ≪원불교 교의 해석과 그 적용≫, 한국원불교학회, 2005년 11월 25일, pp.58-59.

또한 깨달음은 자신의 한계를 감지하면서 역경을 극복하려는 이성작용에 의해 더욱 가능해질 수 있다. 고통스런 한계를 극복하려는 인간의 의지가 발동한다면 더욱 영성이 맑아지는 효과가 생기는 것이다. 인적이 없는 깊은 산 속, 오직 홀로 있으면서 참을 수 없는 통증이 머리 속을 파고든다고 가정해 보자. 몸은 움직일 힘조차 없고 몸과 마음은 한계에 도달하는 순간, 자신의 존재를 흔든다면 지금까지 자신이 살아왔던 세계와는 전혀 다른 세상이 열리게 된다.[114] 자기 존재의 무력감이라는 한계가 다가올 때 이를 극복하려는 본능적 작용이 발하는 것이다. 이러한 한계상황에 이를 때 우리는 이성적 존재라는 면에서 무한 도전과 그것을 통한 깨달음이라는 가능성을 발견하는 계기가 된다.

일반적으로 종교에서는 경전을 자주 접하면서 법어의 교훈으로 깨달음의 계기를 얻는다. 경전의 문구를 통해서 자신을 반조해 볼 수 있기 때문이다. 『금강반야바라밀경』에서는 "수보리야, 보살이 불토를 장엄하느냐? 아니옵니다. 세존이시여, 어찌한 연고인가 하오면 불토를 장엄한다는 것은 곧 장엄이 아닐새 이것을 장엄이라 이름하나이다. 이런고로 수보리야 모든 보살 마하살이 마땅히 이와 같이 청정한 마음을 낼지니, 마땅히 색에 주하여 마음을 내지도 말며, 마땅히 소리와 냄새와 맛과 부딪침과 법에 주하여 마음을 내지 말고, 응하여도 주한 바 없이 그 마음을 낼지니라."[115] 이처럼 불교 경전이나 고전의 문구를 자주 접하면 깨달음을 얻는 계기가 마련되며, 그로 인해 경구를 실천에 옮긴다면 수도인의 법력이 더욱 증진될 것이다. 고금의 경전을 접하여 실생활에 응용하는 노

---

114) 이승헌, 『힐링 소사이어티』, 한문화, 2001, pp.12-13.
115) 『金剛般若波羅蜜經』卷1, 須菩提 於意云何 菩薩莊嚴佛土不 不也 世尊 何以故 莊嚴佛土者 則非莊嚴 是名莊嚴 是故須菩提 諸菩薩摩訶薩應如是生清淨心 不應住色生心 應無所住而生其心 (TS8, 749c).

력이 지속되어야 성자를 닮아가는 삶이 된다.

경전이란 성인들의 각증(覺證)이 소중한 글로 기록된 것이므로 그것은 성자들의 중생 구원과 관련된 깨달음의 계기가 되는 것이다. 삶의 근원을 파헤치며, 깨달음의 세계로 인도하는 성현의 가르침이 경전 문구에 그대로 드러나 있다. 근원으로 돌아가 크게 깨달으면 쌓아올린 공(功)의 결과를 거둘 수가 있으므로 성인은 그 발자취 드리우기를 가까이 한다.116) 이처럼 경전을 가까이 하고, 성자정신을 새긴다면 그것은 중생의 삶을 벗어나 깨달음에 이르는 계기가 되는 것이다. 경전을 통해 성자의 가르침을 새기며 부단한 정진의 계기를 만들 수 있다면 그것은 무명에서 벗어나 깨달음에 이르는 길이다.

무명을 벗어나기 위해 일상을 의미 있게 돌이켜 보면 자아에 대한 성찰의 계기가 되어 깨달음에 이른다. 무명에 가린다면 그것은 지혜가 어두워지고 자아의 발견이 어렵다는 사실 때문이다. 자신에 대한 집착의 심리나 자기 소유물에 대한 탐욕의 심리, 두려움이나 죄책 등의 심리는 각각 그에 상응하는 과보를 초래하지만, 깨달으면 업보의 세계는 소멸한다.117) 무명이란 자신을 얽어매는 암흑의 세계라면 이러한 무명을 벗어나는 것은 깨달음에 이르게 하며, 이에 미오의 갈림길에서 어떻게 대처하느냐가 중요하다.

대체로 깨달음의 계기는 자신의 무명 업보를 벗어나려는 부단한 문제의식의 축적에서 비롯된다. 소태산은 7세 때부터 하늘은 왜 푸르고 높으며 구름은 왜 생겨나고 비가 오는가에 대한 문제의식을 갖기 시작하여 결

---

116) 이기영, 「현대에 있어서의 종교의 진리성」, 『인류문명과 원불교사상』(下), 원불교출판사, 1991, pp.1398-1399.
117) 정순일, 『인도불교사상사』, 운주사, 2005, p.285.

과적으로 26세에 깨달음에 이르지 않았는가? "저 하늘은 얼마나 높고 큰 것이며 어찌하여 저렇게 깨끗하게 보이는가"하는 것이 제일 먼저 의심이었고, "저와 같이 깨끗한 천지에서 우연히 바람이 통하고 구름이 일어나니 그 바람과 구름은 또한 어떻게 되는 것인가"는 두 번째 의심이었다.[118] 그는 성찰의 문제의식에서 깨달음의 지혜를 밝히어 대각에 이른 것이다. 석가모니가 생로병사를 의심하면서, 또 소태산이 우주 대자연을 의심하면서 오늘의 성자로서 불법의 광명이라는 대각의 경륜을 펼쳤다는 것을 새겨보면 깨달음의 문제의식은 소중하다고 하지 않을 수 없다.

2) 깨달음의 방법

깨달음을 얻는 방법이 보다 효율적이라면 어렵게 느껴지는 깨달음의 길도 쉽게 다가설 수 있을 것이다. 하지만 깨달음에 이르는 방법은 구도자의 성향에 따라 다양하다는 면에서 깨달음은 여전히 어렵게 느껴지고 있다. 오랜 세월을 통해서 유불선에는 깨달음으로 가는 나름의 방법이 설정되어 있으며, 이를 잘 활용하면 의식이 총총해지고 성성 적적의 경지에 들게 된다.[119] 종교에서 매우 중시되는 깨달음의 세계에는 설사 유사한 방법이 있다고 하더라도 깨달음에 보다 용이하게 근접할 수 있는 방법들은 연구될 필요가 있다.

깨달음의 용이한 방법은 연구될수록 다양하다고 본다. 의식이 살아있다면 일을 하면서, 대화를 하면서, 혹은 여행을 하면서 깨달음의 방법이

---

118) 정산종사, 『불법연구회창건사』 제1편 1회 12년, 제2장 대종사의 유시와 발원동기, 「일화2-보는 것마다 의심을 내신 일」(박정훈 편저, 『한울안 한이치에』, 원불교출판사, 1982, pp.184-185).

119) 황근창, 「물리학과 일원상의 진리」, 창립10주년기념 추계학술회의 ≪원불교 교의 해석과 그 적용≫, 한국원불교학회, 2005년 11월 25일, p.53.

제2장 원불교와 깨달음

모색될 수 있다는 것이다. 예컨대 여행이란 인생을 배우는 큰 스승이라고 회자되는 것도 이와 관련된다. 여행은 배움이고 자기 성숙이며, 새로운 곳에서 새로운 사람들을 만나면서 결국 자신을 깨우치는 일이기 때문이다.[120] 깨달음의 방법을 여행과 비유하는 것도 그것이 우리의 삶을 크게 깨우쳐주는데 효력이 있다는 사실 때문이다. 특히 여행은 미지의 세계에 대한 견문 확충이라는 점에서 다가오는 시공간에 부딪쳐 체험하는 일은 깨달음의 직·간접 방법이다.

　깨달음의 방법이 다양하다고 해도 그것을 수용하는 사람의 근기에 따라서 상대적일 수 있다. 물을 담는 그릇이 다양하고 물의 양이나 맛이 달라질 수 있기 때문이다. 비컨대 수많은 종교가 있는 관계로 인해 이를 믿는 사람에 따라서 깨달음의 방법이 상대적으로 인식될 수밖에 없다. 불교와 기독교, 나아가 유교와 도교 등의 교리가 다르기 때문에 깨달음의 상대성이 거론되는 것이다. 불교는 깨달음의 종교이므로 현대 불교에 이르기까지 깨달음을 성취하기 위한 수많은 실천 수행법이 제시되었다.[121] 각 종교가 서로 다른 특성을 지닌 탓에 방법론의 상대성을 인지하지 않을 수 없다고 본다.

　깨달음에 대하여 특히 강조하는 종교는 불교라는 점에서 불교의 참선이라는 방법을 주목하지 않을 수 없다. 석가가 보리수 밑에서 계속 좌선을 행하여 오도를 한 것이며, 구도과정 속에서 대종사가 이룬 대각이 대체로 좌선(참선)의 힘이다.[122] 현대의 복잡한 상황에서 마음이 흐트러지

---

120) 조안리, 추천의 글—비야는 정말 부러운 자유인(한비야, 『바람의 딸 걸어서 지구 세바퀴 반』1, 도서출판 金土, 1999, p.9).
121) 차광신, 「원시불교의 실천·수행론에 대한 고찰」, 제2회 실천교학 학술발표회 ≪학술발표요지≫, 원불교대학원대학교, 2002.3, pp.25-26.
122) 한정석, 『원불교 정전해의』, 도서출판 동아시아, 1999, p.452.

기 쉬운 점을 감안하면 오롯한 마음을 견지하는 방법 중에서도 좌선이 요긴하게 활용될 수 있다. 심신을 단정히 하고 고요히 홀로 앉아서 마음을 비워가는 공부는 좌선이 갖는 매력이기 때문이다. 성자들이 일생 좌선 수행을 통하여 혜안이 열리고 성불의 징검다리를 건너왔던 점을 참조하자는 것이다.

깨달음에 이르는 불교의 참선 방법에 있어 간화선과 묵조선이 그 주류를 형성하였다. 간화선(看話禪)이란 화두를 연마하여 깨달음을 얻는 방법이다. 이에 대하여 『묵조명(黙照銘)』에 나타나 있는 묵조선은 묵(黙)과 조(照)로 나누어 생각해 볼 수 있으며, 그 구조는 본증자각(本證自覺)을 설하고 있는 것으로서 주안점이 바로 깨침의 세계 곧 불타 세계에 맞추어져 있다.[123] 불가에서 크게 두 방법으로 깨달음의 경지를 추구해 온 점을 상기하면 원불교 좌선법에서도 교판적 방법에 의하여 상당한 영향을 받았다.

전통 불교의 참선에 한계가 있음을 인지한 소태산은 간화선과 묵조선의 조화를 도모하고자 하였던 것이다. 근래에 선종 각파에서 선의 방법을 가지고 서로 시비를 말하고 있으나, 그 가운데 단전주법을 취하여 수양하는 시간에는 온전히 수양만 하고 화두 연마는 적당한 기회에 가끔 한 번씩 하라[124]고 하였다. 의두와 성리는 명랑한 정신으로 기틀을 따라 연마하는 것이 그 힘이 도리어 더 우월한 까닭이라며 그 이유를 밝히고 있다. 이처럼 간화선과 묵조선을 보완하여 실행하도록 한 소태산의 종교 회통은 깨달음의 방법에까지 영향을 받았다.

불가에서 깨달음으로 인도하는 방법들은 참선 외에도 탑돌이, 불상숭

---

123) 김호귀, 「묵조선의 본질」, ≪禪사상의 전개와 현대사회≫, 영산선학대학교 소태산사상연구원, 2005.11.18, p.60.
124) 『대종경』 수행품 14장.

배와 같은 다양한 방법들이 거론될 수 있다. 사찰의 탑을 돌면서 기도를 올린다든가 등상불을 숭배하는 것은 세존의 공경심과 더불어 종교적 영성과 지혜를 얻고 깨달음을 얻기 위함이다. 특히 불교에서 불상숭배는 쉽게 깨칠 수 있는 방편으로서 불교문명을 이루는데 가장 필수적인 것이며, 불상뿐만 아니라 불교미술을 포함한 물질적인 일체의 형상도 포함될 수 있다.[125] 직·간접적으로 깨달음의 길을 열어 주는 불교 신행의 방법은 교화라는 방편으로 널리 활용되고 있다.

경전 연마의 방법도 깨달음에 이르는 길이다. 경전 연마를 통해 진리의 혜명을 얻어 무명에서 벗어나고 삼매에 들 수 있다면 깨달음에 도움이 되기 때문이다. 성자의 가르침이 경전에 간직되어 있으며, 그들이 일체 중생을 깨달음으로 인도하기 위해 설한 방법론이 또한 경전에 드러나 있다. 팔만사천 법문이 그 방편이며, 이와 유사하게 원불교의 진리는 『정전』과 『대종경』에 소태산의 법설로 방편화되어 있다는 것이다. 『금강경』 15장에서 석가모니는 수보리에게 몸으로 무량 백천만억겁으로 보시를 하더라도 "이 경전을 듣고 믿는 마음에 거슬리지 아니하면 그 복이 저 몸을 보시함보다 승하다"[126]라고 하였다. 깨달음의 길은 이처럼 경전 독송을 통해서 불타의 가르침을 전수받아서 무명을 벗어나는 것이다.

또한 종교에서 보편적으로 거론할 수 있는 깨달음의 방법으로는 명상이 거론될 수 있다. 오늘날 명상은 수행인뿐만 아니라 일반인들도 수련의 목적으로 널리 활용하고 있다. 명상이 현대인들에게 스트레스를 치유하고, 삶의 안정을 가져다주며 지혜의 눈을 뜨게 하기 때문이라 본다. 곧 명상 수행은 복잡한 산업사회 속에서, 또 경쟁과 갈등을 피할 수 없는 인

---

125) 불교신문사 편, 『불교에서 본 인생과 세계』, 도서출판 홍법원, 1988, p.47.
126) 如是無量百千萬億劫 以身布施 若復有人 聞此經典 信心不逆 其福勝彼.

간관계 속에서 살아가는 모든 사람들을 깨달음으로 인도한다.127) 명상이라는 방법이 깨달음으로 이어지는 보편적인 방법론이라는 점에서 명상의 활용을 통해 마음을 맑히고 지혜를 밝히는 주요 방법론이 되고 있다.

다음으로 원불교에서 깨달음에 이르는 구체적 방법은 정기훈련과목에서 모색될 수 있다. 이를테면 경전, 강연, 의두, 성리 등의 방법을 참조할 필요가 있다는 것이다. 원불교 훈련법의 정기훈련과목으로는 11과목을 설정하고 있으며, 이 정기훈련 11과목은 원불교 수행의 강령인 정신수양 사리연구 작업취사의 3과를 훈련시키는 구체적인 방법론의 성격을 띠고 있다.128) 이러한 훈련법은 넓게 보면 삼학 팔조와 사은 사요를 요해하고 실천하는 것이며, 협의의 방법론에 있어서 깨달음에 이르는 길로는 경전, 강연, 의두, 성리를 연마하는 것이다. 대소유무의 이치와 시비이해의 일을 깨달아 아는 길이 이러한 훈련법의 실천과 관련되기 때문이다.

새로운 시대를 맞이한 현실에서 각 종교마다 깨달음의 방법들을 다양하게 개발함으로써 새 시대의 인류를 선도할 수 있는 보편적인 방안들이 고안되어야 한다. 그 맥락에서 소태산은 큰 깨달음(大覺)을 통해서 새 시대의 도래에 따른 직관적 통찰로서 미래 문명이라는 후천개벽 시대를 선도할 시대인식을 제시한 것이다.129) 그것이 정신개벽이며, 이러한 정신개벽이 없다면 교조의 깨달음에 다가설 수 있는 길은 요원하다. 깨달음은 궁극적으로 심신의 밝은 지혜를 지향한다는 점에서 정신개벽과 관련

---

127) 윤종모, 「명상과 치유」, 『원불교사상과 종교문화』 30집, 한국원불교학회 · 원불교사상연구원, 2005.8, p.37.
128) 이화택, 「원불교 훈련과정에 관한 연구」, 『원불교사상』 3집, 원불교사상연구원, 1979, p.187.
129) 이성전, 「원불교 개교정신과 생명질서」, 『원불교사상과 종교문화』 39집, 한국원불교학회 · 원불교사상연구원, 2008.8, p.98.

한 많은 방편들이 제시되어야 하리라 본다.

3) 깨달음의 단계

우리가 높은 곳에 오르려면 대체로 계단을 밟아 오르는 것이 순리이다. 계단 없이 오른다는 것은 힘들고 엘리베이터의 수단을 사용한 것은 비교적 근래의 일이다. 높은 건물은 계단을 통해서 오르거나 엘리베이터를 통해서 오르는 두 방법이 존재한다. 지혜가 열리는 것도 갑자기 열리는 것이 아니라 차근차근 단계를 거쳐 지식의 섭렵을 하면서 열리는 것이다. 초등학교, 중학교, 고등학교, 대학교라는 단계적 교육을 받아서 지식인이 된다는 의미이다. 부분적으로 아는 것에서 전체적으로 아는 것으로 확대되어 갈 때에 훌륭한 깨달음과 훌륭한 종교가 성립한다는 것을 의미하는 것이다.130) 부분에서 점차 전체로 열리는 지혜의 창은 점진적 노력의 단계를 밟아서 이루어지는 것이 보통이다.

고대 철인들도 지혜의 창에 이르는 깨달음에는 네 단계가 있다고 주장했다. 예컨대 왕효어는 네 단계의 깨달음(四悟)을 말하고 있다.131) 첫 번째 깨달음은 '조철(朝徹)'로서 도에 진입할 때의 마음 상태를 가리키는 것이며, 만물과 자신을 모두 잊고 생사를 같은 차원에서 이해하기 때문에 마음은 아침 해가 처음 떠오를 때처럼 밝고 맑게 된다. 두 번째 깨달음은 '견독(見獨)'으로, 도는 절대적이며 독립적인 것이기 때문에 마음이 맑아 밑바닥까지 꿰뚫어 볼 수 있는 상태에 이르면 독립해 있는 도의 실체를 깨달을 수 있다. 세 번째 깨달음은 '무고금(無古今)'이며, 네 번째 깨달음은 '불사불생(不死不生)'으로서 고금을 초월하여 생사를 해탈할 경우 깨달음

---

130) 김용옥, 『금강경강해』, 통나무, 1999, p.15.
131) 陳鼓應 著, 최진석 譯, 『老莊新論』, 소나무, 1997, p.301.

의 경지로서 도를 체득하게 될 것이다.

　이와 같이 성철들이 깨달음의 단계를 설한 이유는 지혜의 환경에 길들여지고 수행의 수준이 향상되려는 마음 때문이다. 이를 잘 못 알고 단번에(頓) 깨달을 수 있다는 욕속심을 가지고 뛰어들면 오히려 깨달음은 멀어질 수밖에 없다. 깨달음은 서둘러서 되는 일이 아니다. 깨달음에는 천통만통이 있다고 하였는데, 일언지하에 확연대오하려고 화두만 들고 있거나, 또는 '변산구곡로에 석립청수성이라 무무역무무요 비비역비비라'는 화두만 하는 사람이 있는데 이를 조심해야 한다.132) 영성의 열림도 단계적 과정을 거치면서 점차 성숙되는 것이다.

　단계적 공부를 통해 인식의 확대로 이어지는데 이는 누구나 노력하면 지식을 섭렵할 수 있고, 그 결과 깨달음의 지평을 확대할 수 있다. 이러한 지평의 확대에는 우선 넓게 성찰하는 단계가 요구된다. 그것은 인지적으로 우리의 혼란스런 일상적 인식으로부터 마음 챙겨봄과 통찰을 거쳐서 마침내 깨달음에 이를 것이기 때문이다.133) 인지적 활동이라는 지식의 섭렵 및 활용에 의하여 지혜가 갖추어지는 것이다. 우리는 이를 인식론적 지평의 확대라고 할 수 있다.

　깨달음은 이러한 지평 확대와도 같이 육신의 감관(感官)은 하나하나 차근차근 단계적으로 열려가는 것이다. 『수심결』에는 다음의 언급이 있다. 성품이 어느 곳에 있느냐는 왕의 물음에 존자는 작용하는데 있다며 "왕이 만일 작용을 하면 불성 아님이 없지만, 왕이 만일 작용하지 않으면 체(體)도 또한 보기가 어렵다"고 했다. 왕이 가로되 "작용할 때에 당해서

---

132) 박장식, 『평화의 염원』, 원불교출판사, 2005, pp. 211-212.
133) 황용식, 「명상의 정의와 이해에 관한 한 고찰」, 『원불교사상과 종교문화』 40집, 원불교사상연구원·한국원불교학회, 2008.12, p. 180.

는 몇 군데로 출현하나이까?" 존자 가로되 "만일 출현할 때에는 마땅히 여덟 군데가 있나이다." 왕이 가로되 "그 여덟 군데로 나타나는 것을 마땅히 나를 위해 설하소서." 존자 답하였다. "태중에 있을 때에는 몸이요, 세상에 처할 때에는 사람이요, 눈에 있어서는 보는 것이요, 귀에 있어서는 듣는 것이요, 코에 있어서는 냄새 맡는 것이요, 혀에 있어서는 말하는 것이요, 손에 있어서는 잡는 것이요, 발에 있어서는 걸어 다니는 것으로서, 펴 놓으면 항하의 모래수와 같은 세계에 가득 차고, 거두어드리면 한 미진 속에 들어가나니, 아는 이는 이것을 불성이라 하고 모르는 이는 정혼(精魂)이라 하나이다."134) 왕이 이 말을 듣고 곧 마음이 열리었다는 것이다. 이처럼 깨달음은 심신의 감관작용이 온전함에 따라 점차 마음이 열리는 단계와 더불어 이루어진다.

심신의 감관작용을 불가에서는 육근 작용이라고 한다. 이에 깨달음이란 육근작용의 열림, 곧 감관의 지혜 활동이라고 볼 수 있다. 육근의 지혜 활동은 마음의 성찰과 수양으로 이어진다. 이 육근 작용에는 마음이 포함되는 바, 마음에서 일어나는 사심 잡념을 극복하는 수행을 해야 하는 것이다. 그것들은 집착을 일으키는 요인이기 때문이다. 석가는 인간의 내면에 있는 깨달음(性)을 믿고 가르침을 설했으며 적어도 이 단계에 있어서는 집착으로부터 벗어나고, 집착을 벗어나는 작용도 또한 마음 그 자체에 요구된다는 것이다.135) 사심 잡념이나 오욕에 의해서 집착되는

---

134) 『修心訣』5章, 王若不用 體亦難見 王曰若當用時 幾處出現 尊者曰若出現時 當有其八 王曰其八出現 當爲我說 尊者曰在胎曰身 處世曰人 在眼曰見 在耳曰聞 在鼻辨香 在舌談論 在手執捉 在足運奔 偏現 俱該沙沙界 收攝 在一微塵 識者 知是佛性 不識者 喚作精魂.

135) 田中典彦, 「불교적 영성의 일고찰—불성의 자각과 전개」, 제19회 국제불교문화학술회의 ≪지식정보화사회에 있어서 불교—생명과 영성≫, 원광대·일본불교대, 2005.9.9-10, p.41.

것들을 제거하는 것이 깨달음에 이르는 기본 단계이다.

이러한 맥락에서 본다면 불교에서는 깨달음의 지・관(止觀) 수행이 주목된다. 불교의 깨달음에 있어서 지와 관의 겸전을 강조하는 원효의 주장(元曉 卷一 張十一右葉)을 음미해 보면, 지(止)는 인식 주관에 표상되는 내용을 객관적 실재로 잘못 아는 작용이 정지됨을 말하며, 이는 인식 주관의 사념(思念)이 정지되는 일종의 판단 중지이다. 이에 비해 관(觀)은 끊임없이 변하고 있는 사물의 현상에 대해 그 존재의 참된 모습을 분명하게 관조하는 것으로 일종의 본질 직관인 것이다.136) 지(止)와 관(觀)의 겸전 수행은 또한 단계적 수행으로도 이해할 수 있다. 지를 먼저 수행해야 하는 사람과 관을 먼저 수행해야 하는 사람이 있을 수 있기 때문이다. 겸전 속에 단계적 세밀(細密) 수행을 고려하자는 것이다.

깨달음의 단계는 나아가 진・속(眞俗)을 거론할 수 있다. 용수에 의하면 속제를 떠나서는 진제를 깨달을 수 없다고 한다. 누구든지 진제를 깨닫기 이전까지는 속제의 방편을 필요로 하며, 뿐만 아니라 진제인 공(空)이라는 것 자체가 묘유를 의미하기 때문에 깨달은 자의 관점에서 볼 것 같으면 속제란 진제의 자유로운 활용에 지나지 않는다.137) 진속 이제를 아우르는 경우라 해도 속제의 세계를 인지하고 그 속에서 진제를 추구하는 단계가 있으며, 진제의 견지 속에서 다시 속제로 나오는 단계도 있다. 진속의 구별 자체가 대립을 의미하는 것은 아니라 해도 속제의 방편적 현실을 인지하고, 궁극으로 진제로 나아가는 깨달음의 단계를 설정할 수 있다는 것이다.

---

136) 박선영, 「불교적 교육과 종교적 다원주의」, 『한국불교학』 제11집, 한국불교학회, 1986, pp.145-146.
137) 길희성, 『인도철학사』, 민음사, 2007, p.146.

아무튼 『대승기신론』의 깨닫는 과정을 살펴보면 깨달음의 단계가 필요함을 알 수 있다. 중생이 잘못된 생각인 줄을 알면 이를 알아서 그런 생각을 내지 말라는 것이다. 다음 단계에서는 고통을 가져다주는 탐진치의 독성을 알고 이를 벗어나고자 정성을 다한다. 마지막 단계로는 마음을 작용하는 업력을 알고 주관과 객관 세계가 펼쳐진다는 원리를 깨닫게 될 때 본각(本覺)에 합일되는 것이다. 『목우십도송』에도 유사한 깨달음의 단계가 있다.138) 곧 10가지의 단계가 이것으로 길은 멀고 험하며, 차차 길들이는 단계에 진입하는 것이다. 그리하여 점점 길들이고, 머리를 돌이켜 길들임과 더불어 막히고 걸릴 것이 없는 단계로 나아간다. 자유로움을 만끽하면서 텅비고 텅 빈 마음으로 천상천하의 독존이 되며, 모두가 부처된 단계로 진입하는 것을 상기하여 보면 궁극에 가서 깨달음이 이루어지는 것임을 알 수 있다.

그런데 불교의 수행에 의하면 깨달음의 마지막 계단마저 넘어서는 깨달음이 있는 것이다. "부처 말하되 출가 사문(沙門)은 욕심과 애착을 끊어 버리고 불법의 깊은 이치를 깨쳐야 할 것이니, 안으로 얻을 바가 없고 밖으로 구할 바도 없으며 마음이 도에도 얽매이지 아니하고 또한 업에도 얽매이지 아니하여 생각할 것도 없고 지을 것도 없고 닦을 것도 없고 밝힐 것도 없어서 모든 계단을 밟지 않고도 홀로 높고 청정한 것을 이르되 도라 하나니라."139) 계단을 하나하나 뛰어넘는 경지에 이르고, 궁극에 가서 백척간두 진일보하는 경지를 깨달음이라 본다. 계단이라는 언어 방편마저 넘어서는 깨달음의 진경을 엿볼 수 있다.

---

138) 『牧牛十圖訟』은 원불교 전서 『불조요경』의 소의경전으로 활용되고 있다.
139) 『四十二章經』 2章, 佛言－出家沙門者는 斷欲去愛하고 識自心源하며 達佛深理하야 悟無爲法이니 內無所得하고 外無所求하며 心不繫道하고 亦不結業하야 無念無作하고 無修無證하야 不歷諸位하고 而自崇最를 名之爲道니라.

원불교에 있어 깨달음의 단계를 거론함에 있어 깨달음의 또 다른 의미로 견성이 거론될 수 있다. 이에 견성의 단계를 보면 깨닫는 단계의 파악이 용이해질 것이다. 견성에 다섯 계단이 있는데 첫째 만법귀일의 실체를 증거하고, 둘째 진공의 소식을 알며, 셋째 묘유의 진리를 보고, 넷째 보림공부를 하며, 다섯째 대기대용으로 활용하는 것이다.140) 위의 언급처럼 만법귀일, 진공, 묘유, 보림, 대기대용이라는 다섯 계단이 다름 아닌 깨달음의 단계라 볼 수 있다.

깨달음의 단계 설정이 거론된다면 그만큼 깨달음의 길은 가까워지는 것이다. 소태산은 단계적 수행이 필요한 이유와 깨달음의 방편이 요구되는 것은 수행인의 근기가 서로 다르기 때문이라고 하였다. "내가 회상을 연지 근 30년간에 너무 해석적으로 정법을 설하여 주었으므로 상근기는 염려 없으나 중하근기는 쉽게 알고 구미호가 되어 참 도를 얻기 어렵게 되니 이 실로 걱정되는 바이다"141)라고 하였다. 하근기는 하근기에 맞는 깨달음의 단계가 필요할 것이고, 중근기와 상근기의 경우 그에 맞는 깨달음의 단계가 필요할 것이다. 단계를 뛰어넘는 깨달음도 있을 것이나, 깨달음에 이르는 단계적 순서를 밟아 나가야 지평이 열리고 영성이 수월하게 열리는 사람이 있기 때문이다. 그로인해 돈오(頓悟)와 점오(點悟)라는 각기의 방법에 매력이 있는 것이며, 불법에 있어 깨달음의 단계가 그만큼 중요하다.

4) 깨달음의 체험

인생에 있어서 성숙해지는 것은 자신의 성찰과 관련한 체험을 통해서

---

140) 『정산종사법어』 원리편 9장.
141) 『대종경선외록』 원시반본 3장.

가능한 일이다. 체험이 삶의 전반에서 자기 성장이라는 교훈으로 다가오며, 깨달음의 길이란 진리를 깊이 이해하고 지혜가 밝아질 수 있는 체험의 세계가 있기 때문이다. 부처가 깨달은 반야라는 말만 들어도 이 자리에 앉아 있는 분 중에서 깨달은 분은 '아하, 그것을 얘기하나 보다' 하고 바로 알 수 있지만 깨닫지 못한 분은 '뭘 깨달았는가 보다' 이렇게 생각할 수밖에 없다.[142] 부처의 깨달음은 고금을 통해 숭경되어 오고 있으며, 여래 방편은 오늘날 수많은 구도자들에게 깨달음의 길잡이가 되고 있는 것이다.

석가모니의 깨달음은 고행과 명상이라는 체험을 통해 이루어진 구도의 값진 결과이다. 부처의 성도과정을 보면 두 선인들과 함께 명상 체험이 있었는데, 『라마경(羅摩經)』에 따르면 두 선인은 당시 인도에서 명망이 있는 명상 체험과 수행자들이었다. 부처는 이들에게서 한동안 무소유처정 비유상비무상처정(無所有處定 非有想非無想處定)을 배워 최고의 경지에 이르렀다고 한다. 부처라 할지라도 인간인 이상 깨달음에 이르는 체험을 하게 된 것이며, 그것은 오늘날 많은 수행자들이 체험에 이르게 하는 명상 수행법으로 정착되어 온 것이다.

명상은 마음의 청아함을 선물하며 깨달음으로 인도하는 수행법이다. 우리의 심성이 사심 잡념으로 인해 번뇌로 점철되면 이를 치유할 명상 수행법이 적극 권면된다. 온갖 번민으로 인해 그 본질을 드러내지 못할 때, 그 사람은 윤회에 사로잡히지만 알맞은 명상 수행을 통해서 청아한 빛을 온전히 경험하면 자유와 깨달음으로 나아갈 수 있다.[143] 불가에는 신행의 여러 방법이 있으며 고승석덕들은 참선이라는 명상의 체험을 통해 대

---

142) 장응철 역해, 『반야심경 강의-자유의 언덕』, 도서출판 동남풍, 2000, p.24.
143) 달라이 라마 著, 공경희 譯, 『마음을 비우면 세상이 보인다』, 문이당, 2000, p.57.

각의 경지에 이르렀던 것이다.

　설사 명상이 중요하다고 해도 명상 하나에 만족해서 욕속심을 말하면 진정한 깨달음은 이루기 어렵다. 이는 고행 하나에 만족해서 깨달음을 얻으려는 행위와 같다. 석존의 여러 제자들은 명상 체험 등 갖은 구도의 과정 속에서 오랜 고행을 하였다. 앙가국의 수도 참파에 사는 장자의 아들인 쉬로나 코티빈샤는 라자그리하에서 석존에게 귀의한 후, 한림에 살면서 선정에만 열중하였고 고행 끝에 발에서 피가 날 정도였으나 그래도 정각을 얻을 수 없었다.144) 이에 득도를 단념하고 환속을 결심한 그에게 석존은 거문고를 예로 들며 줄이 너무 세게 매어져 있거나 너무 느슨하게 매어져 있으면 좋은 소리를 결코 얻을 수 없다며 구도에 있어서 중도의 수행을 강조하였다.

　원불교를 창립한 소태산 역시 깨달음이 수월하지 않았다. 7세부터 26세에 이르기까지 온갖 고행을 하였으며, 더욱이 스승의 정법 지도가 없었다. 결국 폐인이 될 위기에 처했지만 능히 이를 극복하고 마침내 깨달음의 입정을 체험하여 자수자각을 하게 된 것이다. 각(覺)의 체험을 통해 얻어지는 세계는 구도의 수행과정145)과도 같다고 본다. 소태산이 체험한 수행처럼 어떠한 경계이든 그것이 구도 과정에서 나타난 값진 체험이라면 소중한 깨달음으로 이어질 것이다.

　수행의 체험을 통한 성자들의 깨달음에는 일반인들의 단순한 깨달음과 차이가 있다. 성자의 깨달음에는 중생 구원이라는 포부와 경륜, 나아가 심오한 사상이 뒷받침되어 있다는 것이다. 사실 깨달음의 체험 속에

---

144) 정순일, 『인도불교사상사』, 운주사, 2005, p.106.
145) 정우열, 「일원상의 삼속성과 한의학 원리」, 원사연 131차 월례발표회, 원불교사상연구원, 2002.10.10. p.5.

는 그 체험의 방향과 성향을 결정해주는 깊은 사상이 숨겨져 있는 것이다.146) 성자의 깨달음이 위대성을 지니는 것은 평화사상과 인류 구원론이 스며있기 때문이며, 이에 성자의 포부에 경륜에 존경심을 갖는 것이다. 곧 석가모니는 물론 소태산의 깨달음은 불법을 주체로 한 진리의 깨달음이라는 공감대를 형성하였다. 이들은 불법을 전파함으로써 깨달음의 가치를 전한 구세성자들이다.

불법의 전파라는 인류 구원의 공감대 형성을 위해서는 깨달음이 단순한 알아차림을 초월하여 무아의 체험과 자아의 체험이 요구된다. 그것은 인류 구원자적 지존(至尊)의 인격성과 관련되는 것이다. 각(覺)의 세계란 일상적 사유와 당위성을 초월한 체험의 세계, 무(無)의 체험을 통해 도달하는 세계, 너와 내가 따로 없는 자아의 본질이 우주의 본질과 일치되는 통자아(trans-ego)의 세계이다.147) 우주와 합일된 자아로서 맑은 성품의 회복을 통한 불성 발휘의 성자적 인품이 깨달음의 체험에서 발현되는 것이다.

진정한 체험이란 곧 깨달음의 체험이 영성으로 확대됨을 뜻한다. 영성은 부단한 종교체험 등과 더불어 열린다는 사실 때문이다. 선(禪)에서 본 진정한 영성의 문제란 결국 깨달음에 이르기 위한 과제로 볼 수 있으며, 그것은 어떠한 영성의 문제든 결국 깨달음을 통하여 궁극적이고 바른 해답을 얻을 수가 있다.148) 불교에 있어서 이러한 영성의 체험은 불성의 체

---

146) 박석,「명상과 사상과의 관계」,『원불교사상과 종교문화』30집, 한국원불교학회・원불교사상연구원, 2005.8, p.24.
147) 정우열,「일원상의 삼속성과 한의학 원리」, 원사연 131차 월례발표회, 원불교사상연구원, 2002.10.10. p.4.
148) 김영두,「禪에서 본 생명과 영성」, 제19회 국제불교문화학술회의 ≪지식정보화사회에 있어서 불교-생명과 영성≫, 원광대・일본불교대, 2005.9.9-10, p.57.

험이며, 그로 인해 법성과 진여 등이 현시되는 것이다. 내 마음 속에 간직된 불성을 발견하고 그 불성이 일상의 삶에서 체험으로 나타날 때 그것은 깨달음의 발현이며, 영성의 확충이라 볼 수 있다.

이러한 맥락에서 소태산의 깨달음은 심성의 맑은 영성 체험과 다를 것이 없다. 영성의 경지를 문자로 표현하면 청풍이 불고 만상이 밝아지는 세계일 것이다. 『대종경』에서 소태산은 대각을 이루고 그 심경을 시로써 읊기를 "청풍월상시(淸風月上時)에 만상자연명(萬像自然明)이라"(성리품 1장)고 하였다. 자수자각 끝에 맛보는 깨달음의 경지는 새벽에 날이 차차 밝아지는 것과 같은 것으로 이를 소태산은 '만상자연명'이라 하였으니, 어둠 속에서 우주 만유가 저절로 밝아져 제자리를 찾는 경지를 표현한 것이다.149) 이처럼 깨달음과 더불어 표출된 소태산의 영성은 어둠에서 만상이 환히 밝아지게 된다.

이른바 만상자연명이란 우주의 어두움과 같은 무명의 세계를 벗어나는 체험 소식으로서 조촐한 반야지의 획득과도 같다. 반야지는 본래 맑거나 어두운 마음의 차별상을 벗어나 있기 때문이다. 오온(五蘊: 색수상행식)의 다섯 가지 감관적 차원을 넘어서고 그것들을 무루한 것으로 만들 수 있는 지혜(반야)150)는 깨달음의 체험으로 이어진다. 인간의 육신은 무명에 가리기 쉽다. 그것은 오온이라는 것에 가리는 현상계의 집착이며, 그 집착을 벗어나는 체험이 반야의 경지이다. 이 반야지를 체험하는 것은 온갖 경계에 담박해지고 어떠한 유혹도 벗어나 본래 맑은 자성을 발견하는 것으로, 해탈의 경지에 나아갈 수 있는 길이기도 하다.

---

149) 한종만, 『원불교 대종경 해의』(下), 도서출판 동아시아, 2001, p.31.
150) 이기영, 「현대에 있어서의 종교의 진리성」, 『인류문명과 원불교사상』(下), 원불교출판사, 1991, pp.1387-1388.

해탈의 체험을 통한 깨달음의 성취는 종교인의 지상 목표이다. 깨달음에 대한 체험의 영역에 있어서 많은 사람들은 그것이 모든 사상의 영역을 넘어서는 궁극적인 체험[151]이라고 하여 해탈을 지고의 목적으로 삼고 있다. 해탈이 없는 체험은 아무리 소중한 체험이라 해도 깨달음의 경지에 이르는 데에 한계가 있을 것이다. 열반과 해탈의 체험이야말로 불교나 원불교가 도달해야 할 궁극의 체험으로 간주된다.

깨달음의 체험이 해탈에 있다고 해도 그것이 우리의 사유작용에서 분별심으로 나타날 경우 바람직하지 않다고 본다. 해탈과 열반의 체험은 분별적 사유작용을 넘어서 있기 때문이다. 현실의 삶에서 분별 망상이나 사상의 간택을 벗어나는 깨달음에 기반해야 한다. 궁극적인 깨달음의 세계는 일체의 사념을 넘어서는 것이라고 하는 이유가 그것이며, 사량 분별을 야기하는 사상은 언어와 개념으로 형성된 것이다.[152] 깨달음의 체험은 우리가 상상하는 사유 속에서 수시로 반복되지만, 사유가 정화되고 그것마저 넘어서는 깨달음이라야 진정한 깨달음을 체험하는 장이 된다.

5) 깨달음의 결과

깨달음에 이른다면 우리는 실제 어떠한 경지를 경험할 수 있을 것인가? 몇 가지 사항을 가정해봄으로써 깨달음을 향한 동기부여를 하고자 한다. 우선 깨달음의 기쁨은 인간으로서 가장 큰 기쁨 중의 하나이다. 깨달음의 심력은 인간이 고통의 나락으로 떨어지는 것을 막아주기 때문이다. 대화편 「파이돈」(Phaedon)에서 플라톤은 말하기를 "무엇보다도 우리

---

151) 박석, 「명상과 사상과의 관계」, 『원불교사상과 종교문화』 30집, 한국원불교학회·원불교사상연구원, 2005.8, pp.8-9.
152) 위의 책, pp.16-17.

에게 떨어질 수도 있는 한 불행을 경계하자"라고 했다.153) 불행을 미연에 방지하자는 것으로, 깨달음으로부터 오는 기쁨은 근본적으로 고통이라는 윤회의 상황으로 떨어지지 않도록 도움을 준다.

종교의 세계에서 고통스러운 원인이란 우리의 맑은 마음이 상실되어 본래의 자성을 발현하지 못하기 때문이다. 이에 고통을 유발하는 우리의 불안한 마음이 안정을 회복할 수 있도록 하는 것은 본래 마음을 발견하는 일이며, 이것이 진정한 깨달음의 목적이라 본다. 마음이 왜 흩어지고 고통에 쉽게 노출되는가를 알 수 있도록 미연에 방지하는 것이 깨달음의 필요성이다. 불교인들이 마음에 이르고자 할 때 그때의 마음은 바로 불타의 마음(佛心), 즉 불타가 깨친 마음을 의미하는 것이다.154) 어떠한 고통이라 해도 깨달은 마음에 이르면 극락을 수용할 수 있기 때문이다.

깨달음에서 얻는 우리의 심신은 환골탈퇴에 이른다고 본다. 소태산은 좌선을 오래 하여 그 힘을 얻고 보면 경거망동하는 일이 차차 없어지고, 육근동작에 순서를 얻는 것이며, 병고가 감소되고 얼굴이 윤활해지고, 기억력이 좋아진다155)고 하였다. 육신의 병고가 감소되고 건강을 회복한다는 것은 좌선의 선정을 맛봄으로써 얻어지는 것이므로 이는 육신의 활력에 도움을 가져다준다. 깨달음이란 선정과도 같은 것으로 영육의 지혜와 건강을 가져다준다는 면에서 수도인에게 심신의 활력을 얻게 해주는 것이다.

또 깨달음에 이르면 심신간 고통을 야기하는 수많은 번뇌가 사라지는 계기에 이른다. 보조국사는 『수심결』에서 다음과 같이 말한다. "깨친 사

---

153) 라드크리슈난 저, 이거룡 옮김, 『인도철학사』I, 한길사, 1996, p.44.
154) 아베 마사오, 『선과 서양사상』(존 스태프니 外/김종욱 편역, 『서양철학과 禪』, 민족사, 1993, p.47).
155) 『정전』, 제3 수행편, 제4장 좌선법, 3. 좌선의 공덕.

제2장 원불교와 깨달음

람의 분상에는 비록 객진 번뇌가 있으나 한 가지로 제호(醍醐)를 이루나니, 다만 미혹된 마음이 근본 없는 자리를 비추어 보면 허공 꽃과 같은 삼계가 바람에 연기같이 걷어지고 육진 번뇌가 끓는 물에 얼음 녹듯 하리라."156) 심신에 불같이 일어나는 사심 잡념이 사라지고 그로 인해 온갖 번뇌가 녹아 없어진다면 이보다 기쁜 일은 없을 것이다. 마음 고통과 육신 병의 원인이 번뇌인 점을 상기하면 심신을 괴롭히는 객진 번뇌가 소멸되어야 한다.

정각에 의해 객진 번뇌가 소멸하면 업력이 녹고 적멸의 경지에 이르며 일체제불의 공덕을 얻게 된다. 업력이 녹는다는 것은 윤회의 속박으로부터 벗어나는 것이며, 이는 무명으로 쌓인 업장이 사라지는 것을 의미한다. 『화엄경』의 「범행품」(梵行品)에서는 적멸도 버리지 않고, 무상(無上)의 업(業)을 행하여 과보를 구하지 않는다며 이에 말한다. "일체의 법은 허깨비와 같고 꿈과 같고 번개와 같고 산울림과 같고 화(化)와 같다고 본다. 보살 마하살이 이와 같이 관하면 적은 방편으로 빨리 일체제불의 공덕을 얻으리라. 항상 즐겨 둘 아닌 법상(法相)을 관찰하면 바로 이러한 이치가 있는 것이다. 초발심 때가 곧 정각을 이룬다."157) 정각을 이룬다는 것은 무명 업보를 벗어나서 진정한 법상을 관할 때 가능한 것이다. 객진 번뇌가 소멸하였으니 적멸의 세계가 펼쳐지며 여기에는 윤회의 속박마저 넘어서는 이치가 있다.

윤회를 넘어선 경지에서는 현생의 나에 구속되는 것이 아니며, 무한한 심법의 국량이 길러진다. 시방오가 사생일신의 경지가 또한 깨달음의 결

---

156) 『修心訣』 24章, 故로 悟人分上에는 雖有客塵煩惱가 俱成醍醐니 但照惑無本하면 空華三界가 如風券煙하고 幻化六塵이 如湯消氷하리라.

157) 觀一切法 如幻如夢如電如響如化 菩薩 摩訶薩如是觀者 以小方便 疾得 一切諸佛功德 常樂觀察無二法相 歎有是處 初發心是便正覺.

과로 다가서기 때문이다. 깨달음에 이르기 위해 참선을 하는 목적은 물아일체 시방일가를 이루고자 하는 것이다. 나와 타인의 경계가 없어지기 때문이며, 이것이 참선을 통한 깨달음의 진입이다. 자타의 국한이 트인다는 것은 깨달음의 진리를 얻는 길이며, 그것은 일원의 진리를 신앙하기만 할지라도 어느 정도 시방삼계가 오가의 소유인 줄 알 수 있다.158) 시방일가 사생일신의 경지는 성자가 오득한 결과로서 일원상 진리의 진정한 묘미이다.

불교에서도 깨달음의 결과는 나와 대타의 미분인 관계로서 분별 사량을 넘어선 해탈로 이어진다. 불교에서의 해탈은 궁극적으로 구속으로부터 자유로울 것을 요구하며, 깨달음을 통해 지혜와 자비를 주체적으로 실현하는 불타가 되려고 한다.159) 해탈이란 어디에도 구속됨이 없는 자유자재의 경지이기 때문이다. 불타가 깨닫게 된 궁극의 결과는 생로병사의 해탈에 있었던 것도 이와 관련된다. 우리가 해탈하지 못하는 것은 생로병사의 구속이라는 점에서 본다면 해탈의 경지는 구경 열반의 경지와 다를 것이 없다.

구경 열반의 경지로서 깨달음은 보살도에 이르는 것과 같다. 불교에서 부처가 되고 보살이 되려는 것은 성불 제중이라는 서원에 의함이며, 성불이란 깨달음이요 제중 역시 깨달음과 관련된다. 불교의 실천윤리는 '보살행'이라는 말로 압축되는데, 이것을 깨달음으로서 참 지혜(파라주나)를 얻으며, 그리하여 깨달음과 보살행은 동전의 앞뒤 관계요 손등과 손바닥의 관계이다.160) 깨달음으로 성취되는 지고의 인품이 불보살이라는

---

158) 서경전, 『교전개론』, 원광대학교 출판국, 1991, p.195.
159) 박선영, 「불교적 교육과 종교적 다원주의」, 『한국불교학』 제11집, 한국불교학회, 1986, pp.136-137.
160) 김경재, 「기조발표-동서종교사상의 화합과 회통」, ≪춘계학술대회 요지-

점을 새겨본다면 그것은 성불 제중의 결정체이다. 불보살이 되는 것이 이처럼 깨달음의 원융한 모습이기 때문이다.

불보살이 살아가는 세상은 불국토요 이는 깨달음의 현장이다. 불국토의 세상은 불법이 세상에 편만하여 어떠한 고통이나 윤회의 굴레를 벗어날 수 있는 곳이다. 물론 불국토가 이 세상 또는 다른 하늘 세계 이외에 특별한 별천지의 우주계가 따로 있는 것이 아니며, 이 지구계 자체가 깨달은 이로 충만하면 불국토인 것으로 이는 바로 불교의 문명세계라 할 수 있다.[161] 불법이 충만한 문명세계는 인류가 고통 없이 구원을 받는 것이며 어쩌면 불교의 이상향에 가까운 것일지도 모른다.

결과적으로 정토의 세계가 곧 이상세계라고 할 수 있는 것은 현실에서 쉽게 이룰 수 없는 피안세계이기 때문이다. 정토라는 것은 이상세계이자 깨달음의 세계를 의미한다[162]는 점에서 더욱 그렇다. 정토세계의 건설, 혹은 광대무량한 낙원세계의 건설은 불법을 신앙하는 교단의 지상 과제로서 깨달은 자가 부처인 미륵불의 세상을 건설하려는 노력이 요구된다. 깨달음의 노력도 이러한 맥락에서 새겨본다면 온 인류가 불법에 귀의하여 낙원세계 건설에 동참할 수 있다는 점에서 중요하다.

낙원세계는 무어라 형언할 수 없는 전반세계로서 법열이 충만한 세계이다. 그것은 아무리 언어 명상으로 표현한다고 하더라도 표현하는데 언어의 한계가 있을 것이기 때문이다. 깨달은 경지에서 말하면 이것도 없고 저것도 없으며 예토와 정국(淨國)이 본래 일심이요 생사와 열반이 결국 두 가지 다른 것이 아니다.[163] 언어는 간택의 수단이요, 진정한 깨달음의

　　동서종교사상의 화합과 회통》, 한국동서철학회, 2010.6.4, p.18.
161) 불교신문사 편, 『불교에서 본 인생과 세계』, 도서출판 홍법원, 1988, p.44.
162) 박혜훈, 「정산종사의 정토관」, 제19회 원불교사상연구 학술대회 《鼎山宗師의 信仰과 修行》, 원광대 원불교사상연구원, 2000년 1월 28일, p.150.

체험은 언어 이전의 소식일 따름이다. 일원은 언어도단의 입정처란 일원상 진리의 진공과 공적의 경지에서 새겨볼 필요가 있다. 깨달음의 결과를 아무리 언어명상으로 표현한다고 해도 일원상의 진공과 공적을 설명할 수 없다고 본다.

5. 21세기와 깨달음

1) 깨달음과 성직자

우리는 각자 나름대로 이상적 직업을 선택하여 의식주의 풍요를 도모하고 사회에 기여하는 직업인으로 살아가고 있다. 직업에는 귀천이 없다고 하며, 누구나 자기가 맡은 바의 직장에서 성실히 살아가면서 보람을 찾는다면 이보다 큰 행복은 없을 것이다. 여기에서 행복을 추구하는 이상적 인간상을 거론할 수 있는 근거가 생긴다. 누구나 내면에서 깨달음을 추구하는 목표 설정이 이상적 인간상과 관련된다는 점에서 각자 자유를 향유하는 것은 바람직한 일이다. 본질적으로 인간은 스스로 깨달음의 체험을 통해 지혜롭고 자비로운 사람이 되어 주체적이고 자유로운 삶을 사는 인간을 형성하고자 하는 것이다.[164] 보람과 긍지를 지니는 인격체로서 열린 사유와 이성적 삶을 통해 자유를 누리는 사람이란 곧 깨달음의 세계에 다가설 것이라 본다.

---

163) 이기영, 「현대에 있어서의 종교의 진리성」, 『인류문명과 원불교사상』(下), 원불교출판사, 1991, pp.1398-1399.
164) 김용표, 「붓다의 교육원리와 隨機 교수법」, 『종교교육학연구』, 제25권, 한국종교교육학회, 2007.12, p.3.

이러한 깨달음이 유난히 강조되는 것은 종교이며, 종교의 테두리 내에서 수행하는 종교인이 깨달음을 추구하며 살아가는 것이다. 깨달음을 망각한 사람이란 삶의 질이 낮을 것이기 때문이다. 오늘날 우리 시대의 종교인들이 진리를 잘못 알고 잘못 실천하고 고집하는 풍토가 있다면 자리와 이타의 수행을 통한 한 계단 더 발전된 깨달음과 실천에로 나아가야 할 것이다.165) 도덕적이고 윤리적인 실천이 요구되는 세상은 분명 오탁악세를 정화하기 위함이다. 이러한 오탁악세를 정화시킬 주요 직업은 종교인의 직업이라 볼 수 있으며, 여기에 깨달음과 성직자의 관계가 중요함을 알게 된다. 법률을 단속하는 직종은 법률가이자 경찰이라면, 세속의 혼탁함을 맑은 정신으로 깨우쳐줄 직장인은 출가한 성직자라는 뜻이다.

그러므로 세속인과 달리 성직자는 주위의 인식 평가에 있어서 신뢰가 생명이다. 경찰이 법률적 낙제점을 받으면 질서가 문란해지듯이 성직자로서 도덕의 낙제점을 받으면 교화가 어렵다는 것은 부인할 수 없다. 일례로 원불교의 경우 재가교도의 교무에 대한 인식 및 평가에 있어서 교화자로서 역할 수행에 대한 지적이 29.8%로 가장 많았고, 깨달은 스승 부족이나 장기적 안목 부족과 같은 수행자로서의 역량에 대한 지적이 26.5%로 뒤를 이었다.166) 이것은 종교 성직자로서 교화자의 인품과 안목 및 수행자적 자질을 매우 중시하고 있음을 말하며 사회의 지도자로서 깨달음의 안목을 견지하라는 주문이기도 하다.

깨달은 자의 안목을 견지하려면 교무로서 어떠한 자세가 필요한가? 무엇보다 진리를 각득함과 더불어 실생활에서 이를 활용하는 실천의지를

---

165) 이기영, 「현대에 있어서의 종교의 진리성」, 『인류문명과 원불교사상』(下), 원불교출판사, 1991, p.1394.
166) 『세미르통신』 9호, 원불교정책연구소, 2010년 3월, p.7.

지녀야 한다. 「교무의 전문능력」을 언급한다면 진리와 교법을 각득하여 활용할 수 있는 교무, 창조적 지성으로 사회 국가 세계적 과제의 해결에 기여하는 교무167) 등이 거론될 수 있다. 진리를 각득해야 하는 것이 우선 순위이며, 그것은 진리를 요해하고 깨달아 실천할 수 있는 것이 중요하다는 뜻이다. 이에 바탕하여 창조적 지성으로서 사회에 기여하는 교역자상을 거론할 수 있다.

바람직한 성직자상으로서 깨달음을 향한 노력은 교리 연마, 좁혀 말하면 성리 연마를 통해서 진리에 대한 혜안을 가져야 한다. 부단한 성리 연마는 소태산이 강조한 바이며, 『대종경』의 성리품과 『정전』의 의두항목이 그것이다. 성직자들이 성리 연마에 의해 깨달음을 향해 정진하는 것은 교사들이 수업을 열심히 준비하여 학생들을 가르치는 것과 같다. 선생이 학생들을 잘 지도하기 위해 부단히 공부해야 하듯이 성직자들도 깨달음을 성취하여 사회 정화에 도움을 주려는 교화 의지가 요구된다. 소태산이 제자들에게 밤낮으로 경전, 강연, 의두, 성리 연마를 하도록 한 사실168)을 상기한 것은 이러한 깨달음과 사회 구원 때문이다.

성직자로서 성리 연마를 부단히 하는 것은 자신의 깨달음은 물론 일원상 진리에 대하여 충만된 영성을 간직하기 위함이다. 다시 말해서 맑은 영혼을 충족시키는 지도자로서의 역할을 하자는 것이다. 깨닫는 것만이 영혼의 욕구를 만족시키는 길인 바, 영혼의 욕구가 충족되지 않았기 때문에 우리는 그 동안 외로움과 두려움, 공허감을 가졌으므로 깨닫기를 추구한다.169) 깨달음에 이른다는 것은 영성의 충만이자 그 발현이다. 깨

---

167) 최영돈, 「결복기 교운을 열어갈 교무상」, ≪원불교교무상의 다각적인 모색≫, 원광대 원불교사상연구원, 2003.2.7, pp.9-10.
168) 『대종경』 교의품 20장.
169) 이승헌, 『힐링 소사이어티』, 한문화, 2001, p.107.

달음이란 쉽게 말해서 영혼이 열리는 상태요, 영성이 확충되는 상태인 것이다.

이처럼 영혼의 개방과 영성의 충만은 성직자로서 마음공부 등 적공을 부단히 할 경우 더욱 가능한 일이다. 좌산 종사는 다음과 같이 말한다. "원불교에 입문하여 교역에 종사하면서 40년이란 세월이 흘렀다. 그동안 숱한 경계를 겪으면서 깨달음을 향해 끊임없는 적공을 닦아오고 있으나, 세월이 흐르면 흐를수록 또는 연륜이 깊어갈수록 성자들의 거룩한 웅자 앞에 숙인 고개는 더욱 깊어만 갈 뿐이다."[170] 깨달음을 향해 적공을 부단히 하라는 것은 성직자로서 당연히 새겨야 할 법어인 것이다. 성직자로서의 자격이 무엇인가를 가늠하는 일은 깨달음이라는 데서 단서가 발견되기 때문이다.

용화회상의 주인공이 깨달은 사람이라는 사실은 성직자로서 깨달음의 주인공이 되라는 의미이기도 하다. 소태산은 용화회상이라 함은 크게 밝은 세상에 되는 것이니, 곧 처처불상 사사불공의 대의가 널리 행하여지는 것이며, 이에 하나하나 먼저 깨치는 사람이 주인이 된다(대종경, 전망품 16장)고 하였다. 원불교의 경우 누구나 진리를 깨치면 미륵불이라고 함으로써 소태산은 혼자 유일한 미륵불이라는 제자들의 허구를 깨뜨렸다.[171] 소태산은 그의 분신인 제자들에게 누구나 미륵불의 주인이 될 수 있다고 하였으며, 그것은 중생의 현애상을 극복하고, 정진 적공에 의해 깨달음을 이루라는 가르침이다.

성직자로서 깨달음을 이루어 이 세상의 주인이 된다는 것은 쉽지 않은

---

170) 이광정, 『주세불의 자비경륜』, 원불교출판사, 1994, p.32.
171) 김복인, 「미래의 종교-소태산의 전망에 근거한 고찰」, 『원불교와 21세기』, 원불교사상연구원, 2002, pp.466-467.

일이다. 세파의 유혹에 의한 방심과 욕심의 극복이 관건이다. 욕망을 제거한 상태로서 긍정적이고 충만된 삶을 영위하도록 하는 해탈에 이르는 길을 찾아야 하며, 그 길을 발견하는 것이 진정한 깨달음이다.172) 재가 출가 모두가 이러한 욕망을 극복하는 것이 필요하며 해탈이 지상목표라는 점에서 방심해서는 안 된다. 성직자로서 해탈의 세계에 다가서려는 발분의 노력을 함으로써 온 인류의 모범이 되어야 한다.

성직자로서 모범된 사명을 환기하는 시가 있어 소개하여 본다. 「열반하신 여자 전무출신을 위한 추모의 비문」이라는 글이 이것이다. "구름 한 점 없는 저 푸른 하늘처럼, 그곳을 소리 없이 헤쳐가는 파랑새처럼, 일원상 하나됨 위해, 우리는 부끄럼 없이 살았다. … 깨달음이란 영원히 산 자 스스로의 것, 그 밭을 일구기 위해 우리는 땀을 흘렸다."173) 도올의 외침은 이미 열반한 정녀들만을 위한 언급은 아닐 것이다. 그는 깨달음이란 우리 모두의 과업이요, 특히 성직자로서 부단한 고행의 결실이라는 것을 만방에 천명함으로써 깨달음의 중요성을 밝히고 있다. 평생을 수도인으로 산 성직자의 영혼에 깨우침의 일갈을 던지고 있는 모습은 산자의 절규처럼 들린다.

나옹화상의 오도송도 성직자의 깨달음에 대한 보감이 되고 있어 이를 소개해 보고자 한다. "청산은 나를 보고 말없이 살라 하고(靑山要我以無語), 창공은 나를 보고 티없이 살라 하네(蒼空要我以無垢), 사랑도 벗어 놓고 미움도 벗어 놓고(聊無愛而無惜兮), 물같이 바람 같이 살다가 가라 하네(如水如

---

172) 박상권, 「소태산 성리해석의 지향성 연구」, 『원불교사상과 종교문화』 32집, 원불교사상연구원, 2006.2, p.90.
173) 김용옥, 「열반하신 여자 전무출신을 위한 추모의 비문」, 원불교백주년성업회, 2009년 2월 12일.
김용옥, 『계림수필』, 통나무, 2009, pp.156-159.

風而終我)." 말없이 흔적 없이 살라는 나옹화상의 언급은 맺힌 증애를 다 벗어버리고 살다가 흔연한 모습으로 돌아가라는 것이다. 그의 오도송은 성직자로서 어떻게 살아야 하는가의 숙연함을 던져주기에 충분하다. 진안 마이산 언덕 위에 고금당(古金堂)이 세워져 있으며, 그 아래에는 석굴이 있고, 이 석굴 속에서 나옹화상(懶翁和尙 1320~1376)이 수행하다가 도를 깨달았다고 한다.

과거로부터 성자들은 제자들에게 부촉의 말을 전하였다. 석존은 열반 전에 제자들 모아놓고 설법을 한 후에 의심나는 바를 묻게 한 후 마지막 법어를 설하였다. "너희는 각자가 자기 자신을 등불로 삼고 스스로를 의지처로 하여라. 진리를 등불 삼고 진리를 의지하여라. 이밖에 다른 것에 의지해서는 안 된다. … 여래의 육신은 여기에서 죽더라도 깨달음의 지혜는 영원히 진리와 깨달음의 길에 살아있을 것이다. 게으르지 말고 부지런히 정진하라."[174] 소태산 역시 『대종경』 부촉품 19장에서 제자들에게 말하기를, 스승이 법을 내는 일이나 제자들이 그 법을 받아 전하고 실행하는 공덕이 같다고 하였다. 고금의 여래들은 한결같이 제자들에게 깨달음을 주문하였고, 그 깨달음을 통하여 불토 낙원을 건설하도록 하였다. 성직자의 깨달음과 그 사명을 아무리 강조해도 지나치지 않을 것이다.

2) 깨달음의 사회적 기여

내가 소속한 집단에서 사회적 기여의 행사가 자주 전개된다면 그 집단은 매우 건전하고 사회 공익에 봉사하는 집단이 될 것이다. 이러한 집단은 또한 지성집단으로서 세인의 존모를 받는다. 인간은 사회적 동물이라는 점에서 우리 각자가 사회를 의식하지 않고서 살아갈 수는 없는 것이

---

174) 정순일, 『인도불교사상사』, 운주사, 2005, p.114.

다. 곧 사회 발전이 나의 발전이기 때문에 나의 지식이나 지혜가 사회에 활용된다면 나 자신이 지성 집단임을 확인하게 된다. 이에 자신의 안목으로 실천을 통하여 깨침을 사회에 환원하는 것은 대단히 중요하다.[175] 개인주의로 살아가는 것은 사회를 의식하지 않고 자신의 욕구만 충족하는 성향으로 고립된 삶을 꾸려갈 수밖에 없는 이유를 알자는 것이다.

소태산은 비록 스승의 지도 없이 자수자각에 의해 큰 깨달음을 얻었으나, 그것을 자신의 울타리 속에 가두어 두지 않았다. 그는 깨달음을 통해 불교라는 종교의 문을 열었지만 그의 행적을 보면 고난 속의 대중에게 희망을 심어주면서 희망으로 나아갈 의식을 일깨우는데 진력했던 계몽가였다.[176] 사회구원을 향한 계몽가적 의식을 통해 자신의 대각을 민중과 더불어 공유하고자 하였다. 민중의 구원 없이 자신의 행복이 있을 수 없다는 것을 인지한 소태산은 인류 구원이라는 지상 과제를 간과하지 않고 깨달음의 성자로서 원불교의 사회 구원이라는 과제를 던진 것이다.

원불교 『정전』에 나타난 「개교의 동기」는 소태산이 깨달음의 성자로서 물질에 휘둘리는 중생들을 구원하고자 만방에 천명한 법어이다. 곧 소태산의 깨달음이 당시 사회의 조건 속에서 해석되고 설명됨으로써 원불교가 개교의 근본정신에 충실하게 되고 원불교가 처한 현실 속에서 진정한 인류 구원을 실천하는 종교로 기능하게 될 것이다.[177] 그가 깨달은 동기는 곧 원불교의 개교와 직결되어 있으며, 깨달은 성자의 안목이 인류

---

175) 김영민, 「원불교 性理의 활용방안」, 『원불교사상』 23집, 원불교사상연구원, 1999, p.87.
176) 박상권, 「소태산의 종교적 도덕론 연구-『대종경』 인도품을 중심으로-」, 『원불교사상과 종교문화』 29집, 원불교사상연구원, 2005, p.81.
177) 신순철, 「원불교 개교의 역사적 성격」, 『원불교사상』 14집, 원불교사상연구원, 1991, p.6.

구원이라는 것으로 스미어 있다. 광대무량한 낙원 건설이 개교의 목적이므로 소태산의 깨달음은 사회와 국가, 세계에 기여하는 깨달음인 것이다.

성자의 깨달음은 사회와 국가 건설의 바람직한 처방으로 이어진다. 국가가 있고 종교의 자유가 있는 것이므로 종교는 국가의 발전을 위해 기여해야 한다. 이것이 종교의 구국활동 참여라는 건설적인 방향과 관련된다. 예컨대 정산종사가 해방 직후 불과 2개월만에 국가 재건이라는 거창한 글을 공표하여, 국가 건설을 위한 빠른 처방을 내놓은 건국론은 그가 당시 사회상에 대한 깨달음의 경지에 도달한 내용이다.[178] 1945년 해방정국을 맞이하여 종교 지도자로서 현실을 그대로 방치하였다면 종교의 사회 참여는 물론하고 무기력함을 가져다주는 것이다. 소태산의 열반 후 종법사의 대임을 맡은 정산은 국가 건설의 동참이라는 중대한 역할을 수행하고자 하였으니, 교조 소태산의 경륜 실천이라는 점에서 상기할 필요가 있다.

소태산의 지혜 경륜으로서의 깨달음은 『정전』에서 밝힌 「최초법어」에서도 시사하는 바가 크다. 성자가 되기까지 구도 고행을 하였고 깨달음을 얻은 후에 그가 깨친 혜안으로 제중의 경륜과 포부를 집약해서 실시한 것을 최초법어라 한다.[179] 문자 그대로 깨달음을 얻은 후 설한 법어가 최초법어라는 점을 상기할 때 수신, 제가, 치국(강약진화요법), 평천하(지도인으로서 준비할 요법)는 깨달음이 사회에 실현되는 단계적 접근의 구원론임을 알 수 있다.

이처럼 개교의 동기와 최초법어가 소태산의 깨달음과 직결된다는 것은 『정전』에 나타난 바와 같이 병든 사회의 치료를 위함이다. 소태산이

---

178) 류성태, 『정산종사의 교리해설』, 원불교출판사, 2001, pp.26-27.
179) 이은석, 『정전해의』, 원불교출판사, 1985, p.226.

깨달은 경륜이 병든 사회를 치유할 수 있는 약의 처방이 되기 때문이다. 그는 당시 사회의 병폐와 불합리성을 지적하고 있는데, 각자(覺者)에게서 발견되는 사회성임과 동시에 시대적 안목이자 경륜을 드러내었으니 그가 처한 시대상황을 병든 사회로 규정하고, 이를 치료하는 일이 자신의 사명이었던 것이다.180) 각자의 안목이란 병든 사회를 구제하려는 교조의 경륜이요, 이러한 경륜이 현하(現下)라는 시대상에서 구현되어야 한다고 본다.

이제 소태산의 대각 경륜을 교조 한 사람의 역할에 한정시키는 것보다는 그를 따르는 수많은 제자들이 분신이 되어 교조의 깨달음을 사회에 실현하도록 해야 한다. 소태산은 제자들에게 일원상 진리에 눈을 뜨고 교법 및 성리연마 등을 통해 깨달음을 얻도록 하였으며, 이는 사회 구원과도 관련이 된다. 소태산이 강조한 것은 성리의 연마 목적에서 볼 수 있듯이 제자들의 깨침을 통해 개인이 사회적으로 환원하여 현실에서 삶의 목표를 구현해내려는 깨침의 운동이다.181) 오늘날 대산종사에 이어 좌산종사, 경산 종법사에 의해 강조되는 자신성업봉찬이란 법어도 어쩌면 성리 연마를 통해 자신의 깨달음을 강조하는 것이라 보며, 이것은 교화대불공으로서 사회에 환원하는 길이기도 하다.

근래 교단의 양대 축으로 거론되는 교화대불공과 자신성업봉찬은 깨달음이 자신에 한정되는 것을 극복하도록 하여 마침내 중생 구원(불공)으로 이어져야 한다는 것이다. 불교는 원래 믿음만을 요구하는 종교가 아니라 각·행·증(覺行證)으로 이어져서 제도 사업에 헌신하는 것을 요구

---

180) 이현택, 「소태산의 유교수용과 유교사상」, 『원불교사상』 12집, 원불교사상연구원, 1988, p.127.
181) 김영민, 「원불교 性理의 활용방안」, 『원불교사상』 23집, 원불교사상연구원, 1999, p.78.

하는 바, 이것은 위로 보리를 구하고 아래로 중생을 교화한다는 말이다.[182] 상구보리만이 목적이 아니며 그것은 하화중생의 책무에 있기 때문이다. 화화중생을 위해 상구보리가 필요하며, 상구보리를 위해 하화중생의 사명의식도 필요하다. 깨달음이 각증에 의해 사회에 환원되지 못한다면 그것은 독각의 벽지불이요 편벽 수행에 끝나버릴 수 있다.

오늘날 많은 종교가 깨달음의 사회 환원이란 것을 화두로 삼고 있음을 고려하지 않을 수 없다. 특히 불가에서 사회 환원의 문제를 중시하고 있는 바, 너무 내적으로 삶이 치우친다면 그것은 출세간 불교로 머물고 만다. 조계종 총무원장이 되어서 '깨달음의 사회화 운동'이란 주제를 내걸고 첫 번째로 중시한 일은 바로 전법(傳法)이요 포교이며 더불어 사는 사람들에게 즐거움을 주고 고통을 나누자는 운동을 전개하였다[183]는 송월주 전 총무원장의 언급은 설득력을 더한다. 소태산이 불교혁신을 통해 생활불교를 표방한 것은 자신의 깨달음이 사회에 환원되지 않고서는 새 불교의 존재 의의가 없음을 알았기 때문인 것으로 보인다.

따라서 소태산의 깨달음은 자신 뿐만 아니라 사회적으로 가난한 자 및 고통 받는 자의 편에 서서 그들의 삶을 바르게 인도하는 것으로 활용되어야 한다. 그것은 종교가 소외받는 사람이라든가, 질병이나 가난의 고통을 겪는 사람을 외면하고서 그 종교 존립의 명분이 사라질 뿐만 아니라 종교 교화의 본연 목적도 퇴색되기 때문이다. 종교인들은 낮은 곳을 향하여 봉사하는 종교로 다가서야 하며, 이러한 종교의 구세 제중이라는 사명의식은 교조의 깨달음이 사회 전반에 치유제가 될 수 있는 정신개벽

---

182) 이광정, 『주세불의 자비경륜』, 원불교출판사, 1994, p.38.
183) 송월주 조계종총무원장(박혜명 대담, 「불교와 원불교의 만남」, ≪원광≫ 284호, 월간원광사, 1998년 4월, p.35).

의 장인 것이다. 소태산의 깨달음에서 나온 것이 정신개벽이며, 이 정신개벽은 인간 소외의 현상을 극복하려는 도덕적 각성[184]이라는 점을 새겨 보아야 한다.

도덕적 각성을 새겨볼 때 인류 구원을 향한 전법 성자의 깨달음은 궁극적으로 자비심으로 화현되는 것이다. 원효가 언급한 『금강삼매경』에서 지극한 자비(極悲)는 자신과 타인을 모두 이롭게 하여(己他俱利) 부처의 깨달음을 이룬다고 하였다[185]고 하였다. 석가모니의 깨달음이 대자대비로 다가서지 못한다면 그것은 편벽된 독각(獨覺)에 불과할 것이며, 소태산의 깨달음이 교화 대불공으로서 사회에 구현되지 못한다면 이 역시 편벽 수행의 독각에 머물고 말 것이다. 석가의 대자대비와 소태산의 은혜가 충만된 세상은 그들의 깨달음이 전법(傳法)의 법륜(法輪) 곧 사회 불공으로 다가선 이유가 되기에 충분하다고 본다.

3) 깨달음의 해석학

우리의 깨달음이 다양한 시각에서 접근될 수 있다는 것은 사고방식의 유연한 확대와 그로 인해 자신의 근기에 따라 접근되는 깨달음의 성향 때문이라 본다. 우리가 성자의 깨달음을 나름대로 음미하고 어떻게 하면 성자의 경륜이 폭넓게 전개될 것인가를 고려한다면 깨달음의 해석학이 요청되는 것이다. 이러한 깨달음의 중요성을 인지하는 종교, 철학, 도덕, 과학의 영역에 있어 학제간의 연구가 중시되고 있는 점을 고려하면 다양한 분야에서 해석학적 접근이 요구된다. 이를 감안할 때 새로운 해석학

---

184) 신순철, 「원불교 개교의 역사적 성격」, 『원불교사상』 14집, 원불교사상연구원, 1991, pp.18-19.
185) 『금강삼매경론』 『한불전』1, 672쪽 하단.

은 시대가 안고 있는 현안에 대한 교리적 대안을 제시해야 하는 점[186)]을 주목하여 깨달음의 시대적 구현이라는 현안을 화두로 삼음직한 일이다.

해석학은 시대적 구현의 구체적 처방을 내리는데 반드시 필요한 학문이다. 그것은 방법론이 중시되는 오늘의 지식사회에 있어서 더욱 각광을 받고 있으며 지식 정보를 통한 해석학의 구체성과 용이성을 제공해주고 있다. 이를테면 석존의 가르침을 현대적으로 해석하고 미래를 준비하는 가르침으로 삼으면서 깨달음의 세계를 지향해 나가는 것이 중요한 것[187)]과 같은 맥락이다. 깨달음의 세계란 과거 지향의 계시나 선언적 메시지 형식의 소극적 측면으로 새긴다면 현대인들이 깨달음을 구현하는데 한계가 생긴다. 깨달음의 의의가 여러 측면에서 재음미될 때 그 구현의 방법론도 다양한 시각에서 모색될 수 있다는 점을 인지하자는 것이다.

이에 성자들이 구현해온 깨달음에 대하여 다양한 종교의 시각에서 해석학적 접근이 요구된다. 소태산이 깨달은 일원상의 진리를 음미함에 있어서 해석학적 성향으로서 교리의 원융성 내지 종교회통이라는 가치를 부각시키고 있다. 소태산은 과거의 모든 교주가 때를 따라 세상에 출현하여 깨달음을 전파하였다고 하며 불가에서는 전미개오, 유가에서는 수제치평, 선가에서는 청정무위의 길을 밝혔다고 한다. 이에 그 주체는 비록 다를지라도 세상을 바르게 하고 생령을 이롭게 하는 것은 다 같은 것이라며 "앞으로는 그 일부만 가지고는 널리 세상을 구원하지 못할 것이므로 우리는 이 모든 교리를 통합하여 수양 연구 취사의 일원화(一圓化)와 또는 영육쌍전 이사병행 등 방법으로 모든 과정을 정하였나니"라며 사통

---

186) 양은용, 「원불교 학술활동의 현황과 과제-원불교사상연구원의 학술·연구활동을 중심으로」, 『원불교사상과 종교문화』 47집, 원광대·원불교사상연구원, 2011.2, p.154.
187) 정순일, 『인도불교사상사』, 운주사, 2005, p.6.

오달의 도를 얻으라188)고 하였다. 원불교 교법의 정체성을 해석학적 견지에서 본다면 유불도의 교판적 시각에 의한 종교회통이라는 것이다.

전통종교라는 삼교회통 속에서 소태산은 불교혁신의 슬로건을 내걸고 조선불교의 혁신을 세상에 천명하였다. 그가 기존 불교의 어느 종파에서 공부했다거나 현실적으로 불교와 연원된 사실이 없음에도 불교가 아닌 불법이라고 표현한 점은 바로 소태산 자신의 깨달음의 경지와 불타의 정각(正覺)에의 경지에서 일치함을 잘 드러낸다.189) 그가 깨달은 내역이 석가모니와 유사함을 인지하면서, 세월이 흐르면서 불법 전파에 한계가 있음을 직시한 것은 해석학적 입장에서 볼 때 원불교의 존재 의의를 더욱 부각시키는 것이다. 이에 소태산이 깨달은 불법을 보다 새롭게 전개하는 일은 그의 시대인식을 다양한 시각에서 해석해내는 교학 연구자의 해석학적 과제가 된다.

대체로 종교의 중심 기능은 깨달음이며 이러한 깨달음을 위해 학문적 방법으로 의미를 부여하고 접근할 수 있는 방법론을 개발하는 것은 해석학의 과제이다. 이를테면 종교의 중심 기능은 깨달음이라는 관점에서 성불제중의 서원을 향한 정진 수행, 견성 성불의 깨달음을 증득할 수 있는 프로그램이 보완되어야 하며190) 이는 해석학의 과제라는 것이다. 원불교 해석학은 교학의 재정립과 성불제중에 관련된 의미부여 및 방법론적 모색에 초점을 두어야 한다. 깨달음에 보다 가까이 다가설 수 있는 효용

---

188) 『대종경』, 교의품 1장.
189) 류병덕, 「21C의 원불교를 진단한다」, 제21회 원불교사상연구 학술대회 ≪21세기와 원불교≫, 원불교사상연구원, 2002.1, p.8.
190) 김성장, 「대학의 불교교육에 있어서 신앙 수행 깨달음의 문제」, 제18회 국제불교문화학술회의『불교와 대학-21세기에 있어서 전망과 과제』, 일본 불교대학, 2003.10.28-29, pp.203-204.

적 방법론이란 구체적으로 자신과 사회에 실현할 수 있는 것으로 이것은 해석학에서 관심을 두지 않을 수 없다.

더욱이 지식이나 정보의 가치가 중시되는 현대의 상황에서 교조의 깨달음이 실용화되기 위한 종교 해석학이 동원된다면 이보다 바람직한 일은 없을 것이다. 원불교는 불법의 가르침에 따라 지식을 넘어서는 깨달음을 목표로 삼지만, 동시에 지식과 학문의 중요성을 인정하고 정당한 알음알이를 강조하는 점에서 전통불교와 상당한 차이를 보인다.[191] 깨달음의 구현에 학문적 지식이 필요 없다는 논리는 과거 지향의 사고방식에 불과하다. 소태산은 지식의 중요성을 강조하여 시대를 따라 학업에 종사하여 모든 학문을 준비하도록 하였으며 지도인 역시 지도 받는 사람 이상의 지식을 갖추도록 하였다. 이것은 종교의 구원 방편을 보편적으로 인지한 교조의 경륜으로서, 이를 실현하기 위해서는 해석학적 방법론이 요구된다.

물론 깨달음의 방편이 논리를 초월한 상징적 언어의 동원도 필요한 일이다. 그것은 종교가 갖는 신비성과 상징성을 염두에 두자는 것이며, 이 법적 해석에만 치우칠 경우 발생할 수 있는 종교의 한계성 때문이기도 하다. 이를테면 소태산의 시어적(詩語的) 성리 소식도 어느 독자가 심혈을 기울여 풀이한다 하여도 완전한 해석으로 인정할 수 없으며 오직 깨달음만이 완전한 해석의 길[192]이라는 것이다. 경전에 등장하는 시어가 갖는 신앙의 무한한 상징성을 무미건조하게 해석 만능으로 다가설 수 있다는 안

---

191) 백낙청, 「통일시대 한국사회와 정신개벽」, 원광대 개교60주년국제학술회의 『개벽시대 생명・평화의 길』, 원불교사상연구원・한국원불교학회 外, 2006.10.27, p.1.
192) 박상권, 「소태산 성리해석의 지향성 연구」, 『원불교사상과 종교문화』 32집, 원불교사상연구원, 2006.2, p.97.

이함을 극복하는 일이 필요하다. 여기에서 원불교 해석학은 언어도단의 한계성을 인지하면서도 언어명상이 가능한 세계에 접근할 수 있는 교법적 융통성이 있다는 점에서 원불교 해석학 전개의 다양성을 열어놓은 셈이다.

언어명상이 가능한 관계로 불교에서 거론되고 있는 '염화시중(拈華示衆)'이라는 시어적이고 상징적인 용어에도 불타의 깨달음을 전달하는 해석학의 방편이 요구된다. 후세의 가탁이라고도 말해지는 염화시중의 전설은 불타의 무(無)의 절대적인 실상을 표현하기 위한 선방편 또는 해석학으로 본다.193) 과거의 선사들이 전한 언어도단의 격외 논리를 해석해 낼 수 없다면 그것은 깨달음을 음미하는데 장애가 뒤따를 수 있다. 염화시중은 꽃을 따서 청법 대중들에게 보인다는 뜻으로, 말이나 글에 의존하지 않고 이심전심(以心傳心)으로 전한다는 뜻이다. 그러나 이심전심만이 능사는 아니며 언어에 의존하여 가르치고 배워야 하는 점에서 성리 해석학은 필요하다.

환기컨대 종교 해석학에 있어서 중요한 것은 시간이 지나면서 상황이 변하므로 교조의 법어를 새롭게 해석할 수 있다는 점을 고려해야 한다. 그가 깨달은 법어의 이해와 전달에 있어서 상황성을 고려한 설득력 있는 해석학적 조망이 필요하기 때문이다. 교조가 깨달은 불법이 우주의 법칙성이며 진리의 본질 그 자체이겠지만 교조에 설해질 때는 시간과 장소, 그리고 대상에 따라 달리 표현되었을 것이다.194) 오늘의 시점에서 교조의 깨달음을 재해석해내고 용이하게 실천해야 한다는 점에서 해석학적

---

193) 송천은, 「숭산종사의 종교관-일원상을 중심으로」, 숭산종사추모기념대회 『아, 숭산종사』, 원불교사상연구원, 2004.12.3, pp.81-82.
194) 정순일, 『인도불교사상사』, 운주사, 2005, p.118.

방법론이 구체적으로 동원되어야 한다.

이러한 해석학적 책무는 학자들에게만 남겨진 일이 아니다. 소태산 스스로 해석학적 시각에서 그의 깨달음을 전개하였기 때문이다. 예컨대 학명선사의 한시에 소태산의 답시가 이와 관련된다. 하루는 학명선사가 글 한 수를 지어 보내기를 "투천산절정(透天山絶頂)이여 귀해수성파(歸海水成波)로다 불각회신로(不覺回身路)하여 석두의작가(石頭倚作家)로다"고 하자, 소태산은 화답하여 보내기를 "절정천진수(截頂天眞秀)요 대해천진파(大海天眞波)로다 부각회신로(復覺回身路)하니 고로석두가(高露石荳家)로다"라고 하였다.195) 선사의 시어를 그대로 새기지 않고 소태산의 경륜에서 재음미하고 새로운 방향에서 자신의 견지를 밝혔다는 점은 해석학적으로도 큰 의미가 있다. 진공의 경지에 묘유의 소식을 한층 더하고 있기 때문이다.

교학의 새로운 정립의 측면에서 교리에 대한 전반적 해석학이 요구되는 것은 어쩌면 시대를 선도할 원불교의 차원에서 바람직한 일이다. 필자는 이러한 시각에서 2007년 이미 『원불교 해석학』(원불교출판사)을 저술하였다. 덧붙여 2012년 5월에는 서울 은덕문화원(이선종 원장)에서 「원불교 해석학의 과제」라는 주제로 발표하고, 교학연구사를 돌이켜 보며 해석학의 과제와 전망 등을 조명하였다.196) 이 모두가 교학의 정립을 위한 과정의 하나이며, 그 바탕에는 교조 소태산의 깨달음을 전파해야 하는 교학 연구자로서의 책임감이라 본다.

앞으로 소태산이 깨달은 일원상 진리의 요해에 있어서 해석학적 방법론이 더욱 요구될 것이다. 예컨대 원불교 100년대의 결복기를 여는 교단

---

195) 『대종경』 성리품 19장.
196) 은덕문화원은 원불교의 발전과 교학의 정립을 위해 원불교학 관련 전문가를 초빙하여 발표의 장을 마련하고 있으며, 여기에는 출가 재가가 동참하는 것으로 알고 있다. 필자는 2012년(원기 97) 5월 8일에 발표하였다.

의 중대한 과업의 하나가 교서의 정역(正譯) 사업이라는 점에서 보면 교서가 외국어로 번역되는 가운데 오류가 발견된다면 심각한 문제가 아닐 수 없다.197) 필자의 저술로 널리 보급된 『정전풀이』(2009년), 『대종경풀이』(2005년), 『정산종사법어풀이』(2008년)는 교서의 바른 해석이라는 점에서 해석학적 방법론에 일익이 되리라 본다. 그것은 소태산이 깨달은 교법이 정확히 인지되고 바르게 전달되어야 하는 교학의 재정립과 관련한 참고도서이기 때문이다. 경전을 중심으로 하여 교리 해석학적 정립이 필요한 시점에서 원불교의 『정전』, 『대종경』, 『정산종사법어』의 설득력 있는 접근은 아무리 강조해도 지나치지 않을 것이다.

4) 깨달음과 21세기

우리 인류의 비전은 마음의 확충과 관련된 깨달음으로부터 시작되며, 이는 21세기 문명의 방향과 맞물려 있다. 영성의 열림과 깨달음이 없다면 이러한 미래 문명도 밝지 못할 것이다. 지난 20세기를 통하여 겪어왔던 고통이 21세기에 이르러서도 걷히지 않고 있으며, 그것은 새뮤얼 헌팅턴이 『문명의 충돌』(1977)에서 말하는 바와 같이 세계정세의 발전 과정에 있어서 필연적인 문명권의 충돌로 볼 수도 있을 것이다.198) 선천시대의 문명을 진단한 소태산은 19세기의 봉건사회를 직시하고 새 시대를 선도할 종교를 창립하기에 이른다. 그것이 물질과 정신의 위치를 정상화할 새 시대의 불법이며, 후천개벽을 열어갈 정신개벽의 청신호였다. 구시대

---

197) 오광익, 「정전 대종경 한문 인용구의 원전검토」, 제30회 원불교사상연구 학술대회 《인류정신문명의 새로운 희망》, 원광대 원불교사상연구원·한국원불교학회, 2011.1.25, pp.136-137.
198) 양은용, 「생명·영성의 문제와 불교」, 『원불교사상과 종교문화』 39집, 한국원불교학회·원불교사상연구원, 2008.8, p.15.

제2장 원불교와 깨달음

의 고통에서 벗어나기 위해 소태산은 미래 시대를 선도할 새 문명을 깨달음의 세계로서 정신개벽이라는 비전을 제시한 것이다.

　21세기에 진입하여 종교로부터 기대할 수 있는 것은 현대인들의 정신을 문명화시키는 일이며 그것은 정신개벽과도 관련된다. 정신개벽이란 영성에 깊은 관심을 가짐으로써 얻게 되는 정신의 열림이다. 미래 종교의 중심기능 역시 영성기능이며 깨달음의 서원을 향한 기능[199]이라는 점에서 새겨볼 일이다. 현대인들은 충만된 정신세계로부터 점점 고갈되는 상황에 처해 있다. 물질문명의 범람으로 인하여 휘황찬란한 현상에 정신이 매몰되는 상황이 벌어지고 있다는 뜻이다. 물질문명의 폐단을 극복할 수 있는 길이 21세기 종교가 담당해야 하는 것이며, 그것은 영성에 세계에 관심을 갖고 깨달음과 관련된 정신문명을 향도하는 길이라 본다.

　앞으로 현대불교가 나아가야 할 방향도 깨달음의 정신문명과 멀리 떨어져 있지 않다. 이에 한국불교가 나아가야 할 방향에 대하여 살펴보도록 한다. 우선 불교 본질의 회복으로 깨달음과 열반의 경지에 대한 추구가 불교의 중심축이 되어야 한다.[200] 불교에서 추구하는 근본 목적이 일체유심조의 원리임을 알아서 깨달음으로 인도하자는 것이며, 그것의 정점은 극락이라 해도 좋고 열반이라 해도 좋다. 21세기에 진입한 현대인들이 삶의 고통 속에 있으면서도 고요한 정신세계라는 열반의 경지를 누린다면 그것은 불교가 바라는 것이며 사회와 국가가 건전하게 발전하는

---

199) 김성장, 「대학의 불교교육에 있어서 신앙 수행 깨달음의 문제」, 제18회 국제불교문화학술회의 『불교와 대학-21세기에 있어서 전망과 과제』, 일본 불교대학, 2003.10.28-29, pp.203-204.

200) 노권용, 「21세기 불교계 대학의 전망과 과제-현대 한국불교 두 가지 흐름과 관련하여-」, 제18회 국제불교문화학술회의 『불교와 대학-21세기에 있어서 전망과 과제』, 일본 불교대학, 2003.10.28-29, pp.132-133.

데 도움이 된다고 본다.

　고요하고 맑은 정신세계는 21세기에도 더욱 요청되는 불교의 화두이며, 이는 정토를 지향하는 깨달음과 관련된다. 불교가 지향하는 목적이 깨달음의 정토라는 점에서 설득력이 있는 화두이다. 깨달음으로써 용이하게 나아갈 수 있는 곳이 정토이고 그 길로 가는 것이 정토 세상이라는 말이며, 21세기 담론의 방향도 그러한 세계를 이루어 가는, 그리고 장차 그렇게 나아가야 한다.[201] 정토를 말하는 한국 불교만이 아니라 현대 모든 종교가 영성의 열림 곧 깨달음의 세계를 지향한다면 기독교에서는 그것을 천국이라 할 것이며, 원불교에서는 그것을 낙원이라 할 것이다.

　원불교가 앞으로 지향해야 할 바는 이러한 깨달음의 세계, 영혼의 열림에 귀를 기울여야 하며, 그것은 21세기 초에 원불교 100년을 맞이한 교단으로서 관심을 가져야 할 분야이다. 원기 100년 이래에 중흥조가 나타나 교단의 대운이 일어날 것이니 소태산은 귀하의 조물주는 귀하라고 하였으며, 그 시대의 주인은 한 사람 한 사람 먼저 깨친 사람[202]이라 했다. 소태산의 교단 창립은 이러한 영혼의 열림에 관심을 기울인 결과이며 이를 개교동기에서 정신개벽이라고 했다. 아직도 교단 초반기에 해당하는 원기 100년의 교단 비전은 영성함양에 관심을 갖고 깨달음의 종교로서 인류의 정신개벽에 앞장서야 한다.

　따라서 원불교는 개교 100년대에 즈음하여 깨달음의 체험자가 많이 나올수록 교단의 미래는 밝으리라 본다. 생활에 바쁘다는 핑계로 일상에 매몰되어 정작 백년대계를 생각하지 못하여 교학 연구에 소홀해서는 안 되며, 개인적으로 깨달음을 구하는 것과 마찬가지로 교단적으로 수준 높

---

201) 吳光爀, 「21세기의 불교의 전망과 과제」, 제17회 국제불교문화학술회의 『21세기 불교의 전망과 과제』, 원광대 원불교사상연구원, 2001.5, p.27.
202) 박용덕, 『금강산의 주인되라』, 원불교출판사, 2003, p.162.

은 연구가 상시적으로 진행되어야 한다.203) 원기 100년도의 과제는 산적해 있으며 그 방향성을 비판적 시각에서 바라보는 안목이 필요한 이유이다. 미래 비전은 깨달음과 함께 하는 종교, 곧 깨달음을 실천하는 교단이 될 때 더욱 발휘될 것이라 본다.

더욱이 21세기는 또 다른 개벽의 시대로 진입할 것이며, 인류를 깨달음으로 인도하는 종교가 발전할 것이다. 다시 말해서 21세기는 지금까지 인류가 경험하지 못한 새로운 시대가 오고 있는 바, 인간의 정신 영역도 한층 성숙한 단계로 확장되고 승화될 것이며 종교도 수행 중심적 깨달음의 도를 지향하는 종교가 득세하리라 본다.204) 그것은 현대인들이 새 시대에 맞는 깨달음의 종교를 선호할 것이기 때문이다. 단순히 타력적 신앙을 통해서 교세확장이나 기복신앙을 강조하는 종교는 퇴색할 것이며, 인류의 영성을 살찌우고 깨달음을 유도하는 정신세계 향도의 종교가 설득력을 더할 것이다.

개벽기의 정신세계를 향도할 수 있는 종교에 속하려면 진리를 터득하여 열린 안목을 통해서 교법을 활용하는 신앙인이 많아야 한다. 21세기의 비전을 제시할 수 있는 종교로 탄생하자는 것이며, 이것은 모든 종교인의 과제이기도 하다. 진리와 교법을 활용할 수 있도록 진리와 교법을 확실히 각득하는 교무는 결복기 교운을 열어가는 교무상이 될 것이다.205) 교법을 활용하는 시대는 진리를 터득하고 교법을 활용할 수 있는

---

203) 최정풍,「새 생활을 개척하는 초보」,≪교화를 위한 열린 토론회≫, 원불교 교정원, 2004년 11월 5-6일, p.16.
204) 김성장,「대학의 불교교육에 있어서 신앙 수행 깨달음의 문제」, 제18회 국제불교문화학술회의『불교와 대학－21세기에 있어서 전망과 과제』, 일본 불교대학, 2003.10.28-29, p.212.
205) 최영돈,「결복기 교운을 열어갈 교무상」,≪원불교교무상의 다각적인 모색≫, 원광대 원불교사상연구원, 2003.2.7, p.9.

안목이 열린 자들이 많이 등장하는 시대이기 때문이다. 결복기 교운의 주인공이 되려면 교법의 깨달음을 얻고 이에 바탕하여 21세기의 비전을 실현할 수 있는 역량의 구비가 필요하다.

소태산에 의하면 미래는 먼저 깨치는 사람이 주인이 될 수 있다고 하였다. 금강산의 주인이 될 것을 촉구한 법문 가운데 부처님의 무상대도를 연마하여 금강산 같은 인격을 갖춰야 한다며, 하나하나 먼저 깨치는 사람이 주인이 될 것(대종경, 전망품 16)이라 한 것이다.[206] 일원상 진리를 깨닫지 못하고 교단과 사회에 도움을 줄 수 있는 길은 쉽지 않기 때문이다. 시대를 향도할 주인공은 먼저 깨달아서 스스로 교법을 실행하고, 또한 교법을 전파하여 중생들로 하여금 깨달음으로 인도하는 주역이 되어야 한다.

깨달음을 선사하는 시대란 곧 원불교에 입문한 사람들이 교법을 생활종교 및 대중종교로 발전시킬 수 있는 새 시대이다. 소태산이 교법을 새롭게 혁신한 이유가 이것이며, 진리적 종교의 신앙과 사실적 도덕의 수행이 다가오는 시대에 맞는 교화 방향이기도 하다. 21세기의 교화는 소태산의 교법을 깨달아서 자신의 깨달음을 교육과 훈련을 통해 교화로 승화시켜 행동으로 나서도록 하는 것이며, 그것은 불법의 시대화, 생활화, 대중화와 관련된다.[207] 새 종교로서의 비전을 제시하고 교법을 요해, 실천에 옮기는 자세가 요구된다는 것이다. 교법 정신은 시대화 생활화 대중화라는 점에서 깨달음이 실제에 연결되지 않으면 미래사회의 바람직한 종교로 남을 수 없다고 본다.

---

206) 한정석, 「원불교 불교관」, 『원불교사상시론』 1집, 수위단회사무처, 1982, p.83.
207) 김일상, 「현장교화총론」, ≪현장교화론의 정립과 과제≫, 원불교대학원대 실천교학연구원, 2005.11.4, p.1.

우리에게 깨달음의 소명의식이 앞으로 더욱 필요한 이유는 바람직한 종교로서 발전해야 할 원불교의 여망 때문이다. 깨침의 사회적 실천에 대한 소태산의 의지는 당시의 사회를 진단하는 것으로부터 시작되었으며, 당시 세상은 밖으로 문명의 도수가 한층 나아갈수록 안으로 병맥의 근원이 깊어져 위경에 빠지게 되었다고 파악하였다.208) 소태산의 대각에 의한 사회구원의 소명의식이 간절하게 드러난 것이다. 결국 성자의 깨달음이 사회구원으로 연결되지 못한다면 그것은 대중으로부터 설득력을 얻지 못하는 종교로 남을 뿐이다. 구세제중의 경륜은 성불이라는 깨달음과 직결되며, 또한 성불도 제중이라는 소명의식과 직결된다는 사실을 인지해야 한다.

　　사회구원의 소명의식을 갖고 원불교가 출현한 목적이 무엇인가를 다시 새겨보아야 할 것이다. 그것이 깨달음과 관련된다는 사실을 인지한다면 우리 스스로 적공하지 않으면 안 된다. 자신성업봉찬사업이라는 원불교 100년의 화두가 교화대불공과 더불어 강조되는 것도 우리의 깨달음이 사회구원으로 이어져야 하기 때문이다. 영성의 시대인 원기 100년을 전후하여 마음공부에 깊이 몰입함과 더불어 사회진단에 소홀히 할 수 없는 일이다. "각자의 조물주인 이 마음을 작용할 때마다 교화대불공으로 일원세계가 건설되고, 자신성업봉찬으로 무수한 대도인이 배출되기를 염원한다."209) 이는 21세기의 교단 방향과 원불교의 화두가 무엇인지를 가늠할 수 있는 상징적 법어인 셈이다.

---

208) 김영민, 「원불교 性理의 활용방안」, 『원불교사상』 23집, 원불교사상연구원, 1999, p.87.
209) 원기 96년 4월 28일 경산종법사의 대각개교절 경축사 일부이다.

제3장
궁극적 실재와 법신불

1. 종교의 본질과 성리

1) 종교의 본질과 궁극적 실재

　우리가 현실을 바라보는 관점에 따라서 종교를 여러 가지로 정의할 수 있을 것이다. 물론 종교의 개념 정의에 있어서 본질적 정의가 현상적 정의보다 선행해야 한다. 본질적 접근에 근간하여 현상적 정의가 다양하게 거론될 수 있기 때문이다. 여기에서 종교는 무엇인가라는 본질론의 모색이 필요하다고 본다. 그것은 종교의 궁극적 실재를 보다 깊이 있게 이해하도록 하는 길이기도 하다.

　종교에 있어서 가장 근본적인 질문은 궁극적인 실재란 무엇인가에 대한 것이다. 우리에게 지속적으로 다가서야 할 대상이자 종교가 추구해야 하는 것이 궁극의 실재이기 때문이다. 새뮤얼 헌팅턴에 의하면, 우리가 누구인가 하는, 인간이 직면할 수 있는 가장 근본적인 물음에 답하기 위해 부심하고 있다며, 그것은 자기들에게 가장 의미 있는 대상에 관심을 기울이는 것[1]이라 했다. 이처럼 인간의 심연에 잠재되어 있는 의미 심대한 대상 추구에 대하여 답변을 해주는 것이 종교의 책무라 할 수 있을 것이다.

---
1) 새뮤얼 헌팅턴(이희재 譯),『문명의 충돌』, 김영사, 1997, p.20.

종교의 본질론에서 주목되는 것은 이러한 궁극적 실재와 인간의 관계이다. 토인비는 종교의 본질에 대하여 우주 현상의 배후에서 그것을 초월한 궁극적 실재에 대한 인간의 관계로 규정한다.[2] 만일 우리 인간과 궁극적 실재의 상관성을 밝히지 못한다면 종교의 존재 의의라든가 종교의 본질 규명에 대한 회의론으로 이어진다. 그것은 인간과 종교의 밀접한 관계를 밝히지 못하기 때문이다.

종교와 인간의 관계 파악에 있어서, 이성적 인간으로서 나는 누구인가를 이해하는데 합리적 이성에 의존할 수도 있을 것이다. 그러나 나의 합리적 존재적 의의에 더하여 나의 이성을 초월하여 있는 궁극적 실재의 이해 욕구는 인간으로서 무한한 실재에 의존하려는 종교 의존의 본능이 존재하고 있기 때문이다. 절대자를 매개로 한 종교의 필요성이 강조되는 것도 이와 관련되기 때문이다.

인간의 삶에 종교가 필요하여 종교에 귀의한 자는 인간과 궁극적 실재와의 관계를 맺음으로써 깊은 체험적 세계로 진입하려고 한다. 참다운 종교인의 모습은 신앙체험에 있어서 궁극적 실재와의 관계를 부단히 모색하려 할 것이기 때문이다. 종교는 궁극적 실재와의 관계없이 진리적인 종교가 될 수 없는 바, 궁극적 실재에 대한 진리적 이해와 궁극적 실재와 인간과의 더욱 이상적인 관계 정립이 요구된다.[3] 이러한 상호관계를 밀접하게 해주는 것이 종교의 역할이요, 그것이 진리적 종교로서의 소명이라는 것이다.

종교뿐만 아니라 현대적 지성들이 초점을 맞출 사항으로 두 가지가 거론된다. 돈 멜로의 언급 곧 "초점, 초점, 초점을 맞춰라"는 것을 새겨보

---

2) 토인비, 『Experiences』(최혁순 역, 『회상록』, 홍은출판사, p.151).
3) 송천은, 『열린시대의 종교사상』, 원광대출판국, 1992, p.302.

면4) 첫째는 눈앞의 일에 최선을 다하는 것이고, 둘째는 궁극적인 목표를 추구하는 것이다. 궁극적인 목표란 종교인에 있어서 어쩌면 궁극적 실재에 대한 체험과 연결되리라 본다. 인간이 왜 존재하는가, 또 궁극적 실재와의 합일은 가능한 것인가 등에 대한 의심을 고려하면 종교 지도자 및 현대 지성들이 궁극의 실재에 대하여 자세히 규명해야 한다.

종교사를 돌이켜 보면 종교의 본질 문제에 있어 궁극적 실재에 대한 접근은 고금을 통하여 시도되어 왔다. 석가모니는 부귀영화에 만족하지 않고 인간의 본질에 대한 의심을 품은 이래 궁극의 세계에 자신을 내던졌다. 그러한 고뇌 속에서 6년 동안 설산 고행을 하였고, 마침내 큰 깨달음을 얻었다. 고금의 성자들은 "인간은 누구인가? 우주는 무엇인가?"5) 등에 수많은 고뇌를 하면서 결국 깨달음의 경지로 나아가 성자의 대열에 합류하여왔다. 그것은 성자들이 깨달음을 통해 궁극적 실재를 체험한 것이며, 이러한 체험들이 그들의 포부와 경륜으로 나타나게 된다.

그럼에도 불구하고 우리가 궁극적 실재의 본질 규명에 소홀히 한다면 종교의 필요성에 대한 회의론을 부추길 것이다. 인도철학의 일파인 차르바카 학파는 직접적 지각의 대상이 되지 않는 존재의 실재를 부정하는데 신의 존재, 영혼의 존재, 생전이나 사후의 존재 등을 인정하지 않았다. 차르바카는 주장하기를, 이런 것들은 사제계급이 무지한 사람들을 속여 자기들의 이익을 추구하려는 의도에서 만들어낸 이론들이라고 하였다.6)

---

4) 수잔 에이브럼스 지음(김영신 옮김), 『여성 CEO들의 새로운 성공법칙 10가지』, 여성신문사, 2001, p.35.
5) 소태산은 7세에 문득 "저 하늘은 얼마나 높고 큰 것이며, 어찌하여 저렇게 깨끗하게 보이는고?"하는 의심에 걸려 수많은 고뇌와 고행을 통하여 대각에 이른다(김방룡, 「보조 지눌과 소태산 박중빈의 선사상 비교」, 『한국선학』 제23호, 한국선학회, 2009.8, p.135).
6) 길희성, 『인도철학사』, 민음사, 2007, p.48.

인도의 일부 철학파에서 거론되는 존재의 부정은 궁극적 실재의 부정으로 인도하는 회의론이 등장할법한 일이다.

궁극적 실재가 부정된다면 그것은 지고의 영혼이 고갈되는 것이요, 신앙인으로서 닮아가고자 하는 실체가 사라질 수도 있다. 물질 중시의 풍조로서 현상만을 중시하는 사도(邪道)와 외도(外道)의 현실 세계에서 얼마든지 궁극적 실재가 거부되는 상황이 벌어질 수 있기 때문이다. 여기에서 절대자를 향한 영성체험 내지 깨달음의 길마저 막힐 수 있다면 큰 문제가 되는 것이다. 현대인들이 궁극적 실재의 체험을 향한 성리의 세계로 인도되지 않으면 안 되는 위기의 시대가 도래할 것이기 때문이다.

2) 성리와 궁극적 실재

우리가 영성을 체험한다는 것은 무엇을 체험한다는 것이며, 이와 관련된 깨달음이란 과연 무엇인가? 이 모두가 철학과 종교의 영역에 자주 등장하는 문제이며, 특히 종교에서 이를 규명하는데 노력해야 한다. 인간 심성의 내면에서 궁극적 실재를 체험하는 일이 영성에 관련되는 일이며, 영성의 세계에서 삶을 풍요롭게 하고 진리의 깨달음으로 유도하는 것이 종교가 담당하는 주요 과제이다.

진리를 깨닫는다는 것은 달리 말해서 실재의 근원을 알게 됨과 동시에 지혜의 광명을 얻는 것이다. 진리를 깨닫고자 하는 태도를 궁극적 관심이라 하고[7] 이 궁극적 관심은 우리의 암연(黯然)의 세계에서 지혜 광명으로 유도한다. 곧 종교에 입문하여 진리를 깨닫는 것이 궁극적인 세계에 다가서는 길이라는 것은 지고의 일원상 진리를 통해 우주의 변·불변과 인간의 심성을 밝히는 근원이기도 하다. 우주의 원리라든가 인간의 자성

---

7) 폴 틸리히, 『궁극적 관심』, 대한기독교서회, 1975, p.16.

에 대한 본질적 질문을 통해서 우리는 삶의 지혜를 밝히게 되고, 이는 종교의 심오한 체험의 세계에 진입하는 계기가 된다.

사실 도나 진리를 깨닫는다는 것은 궁극적 실재에 대한 깨달음이기도 하다. 궁극적 실재가 진리의 주재자임과 동시에 절대자와 관련되는 세계이며, 그 절대자의 영역이 우주와 인간의 본연을 벗어나 있지 않기 때문이다. 우주의 부단한 변화와 영속성에서, 그리고 인간의 생활상에서 궁극적 실재를 모색하고 체험하는 공부인의 노력이 철학의 과제이요 종교의 화두이기도 하다.

화두라는 것이 다름 아닌 깨달음을 향한 방편이라면, 또 화두가 궁극적 실재를 파악하는 길이라면 그것은 종교인으로서 화두를 연마해야 하는 가장 큰 매력일 것이다. 종교 선각들의 화두와 성리의 소식에 귀를 기울이는 이유가 이와 관련된다. 우주의 궁극적 실재에 대한 깨달음이 중시되는 것이 성리를 역설하는 종교 속에 있기는 하지만, 대체로 우주의 궁극적 실재와 성리의 세계는 상통하는 것이 사실이다.[8] 성리란 우주의 본래 이치와 인간의 자성을 아는 방법이라면, 이를 통해 궁극적 실재를 체험하는 길이라는 뜻이다. 종교가 궁극적 실재 체험에 소홀히 하고 성리에 관심을 두지 않는다면 그것은 기복신앙에 떨어질 수 있고, 사이비 종교로 전락할 수 있다. 우주와 인간의 본질에 대한 성리 연마가 없다면 종교인으로서 맹신에 의한 우상으로 전락할 수 있기 때문이다.

고금을 통하여 정법 불교의 선사들은 도와 원(圓)과 같은 궁극적 실재를 모색하면서 이를 화두와 연결시켜 왔다. 유불선 삼교에서는 궁극적 실재에 관한 직관적 표상을 통해 도의 세계를 상징하는 길을 모색하기에

---

8) 송천은, 「원불교의 성리인식」, 류병덕 박사 화갑기념 『한국철학종교사상사』, 원광대 종교문제연구소, 1990, p.1128.

이르렀으며, 원 상징이 당대 무렵부터 특히 선불교의 선사들에 의해 즐겨 사용되었던 것이다.9) 원이란 본질적으로 절대 유일성, 순환 무궁성, 태허 주편성, 원만 함축성 등을 상징하는 도형으로 이해되기 때문에 화두 연마의 대상이 되기에 충분하다.

궁극적 실재가 화두 연마로 등장하는 것은 그것이 상징성을 지닌 지고의 경지(깨달음)에 다가설 수 있는 대상이라는 뜻이다. 각 종교의 깨달음에 있어서 궁극의 경지는 여러 표현으로 거론되고 있다. 일반적으로 깨달음을 가리키는 'Enlightenment'는 세계 종교와 사상에서 추구하는 궁극적인 경지를 체험하는 용어로 쓰이고 있다. 나아가 요가의 'samadhi' 내지 'moksha' 선종의 '견성' 남방불교의 'nibbana' 등은 가톨릭에서 말하는 하나님 용어로 쓰이고 있다.10) 종교가 갖는 이러한 용어들이 화두 내지 성리의 깨달음과 관련되어 각 종교의 다양한 표현으로 정착되었던 것이다.

더구나 성리의 세계에서 깨달음의 소식을 전하는 선각자들의 간절한 결실이 있었다는 점에서 그들이 깨달음을 표출하는 방식이 다양할 것이다. 곧 서구종교 및 동양종교의 구도자들의 사용 언어가 다른 이상 깨달음이라는 공통의 신비의 체험에 이르렀다 해도 각증(覺證)의 소식은 다르다. 소태산이 구한말 창시한 원불교의 성리 속에는 이름이나 형식이 다르지만, 이를 넘어선 여여불변의 근본 진리의 세계가 있으며, 궁극 진리의 신비로움을 말하지 않는 종교는 그 의미를 상실한 것이다.11) 궁극의

---

9) 김낙필,「원불교학의 동양해석학적 접근」,『원불교사상』12집, 원불교사상연구원, 1988, p.92.
10) 박석,「명상과 사상과의 관계」,『원불교사상과 종교문화』30집, 한국원불교학회 · 원불교사상연구원, 2005.8, pp.15-16.
11) 송천은,「원불교의 성리인식」, 류병덕 박사 화갑기념『한국철학종교사상사』,

제3장 궁극적 실재와 법신불

진리가 신비롭다는 것은 깨달음의 경지가 황홀하기 때문이요, 황홀함의 표현은 불교라는 범주에서 본다면 각중의 수단이요 방편일 것이다.

그러나 근본진리에 대한 의심과 궁극적 실재에 대한 화두는 세속적 사교집단에서는 별 관심이 없다. 물질주의, 애니미즘과 토테미즘적 신앙, 나아가 맹신과 우상숭배의 사유에서는 궁극적 실재에 대한 화두의 체험을 거의 드러내지 못하기 때문이다. 이에 화두나 성리에 근거하지 않는 종교는 사교로서 그들이 설정한 궁극적 실재가 존재한다고 해도 깨달음은 비진리적일 수밖에 없다. 소태산에 의하면 성리에 근원하지 않은 종교는 원만하지 못한 종교 또는 사교라 보며, 그러한 종교는 진리적인 종교가 될 수 없다[12])는 사실을 염두에 두자는 것이다.

진리적 종교의 조건과 결부된 성리의 세계에서는 우주 만유의 본원과 인간 자성의 원리를 궁구한다는 점에서 궁극적 실재와의 직접 교류하고 그 체험이 빈번해진다. 과거 선사들의 정신세계에서는 우주와 인간의 일체적 사유 및 유정과 무정의 상관성 등을 거론하며, 세상에 존재하는 모든 것의 근본을 파헤쳐 들어갔으며, 그것이 석가모니의 사제 팔정도 십이인연의 불법과 일치하고 있다. 불교의 진리를 음미하면 할수록 본연의 세계, 곧 궁극의 해탈의 길로 인도된다. 견성성불의 세계란 이러한 궁극적 실재와 빈번한 교류를 갖는 세계이다.

궁극적 실재와의 빈번한 교류에는 방편상 성리나 격외의 화두가 용이하리라 본다. 궁극적 절대의 진리인 우주의 본래 이치와 인간의 성품자리를 때때로 격외의 화두로 표현한 선문답[13])은 얼마든지 발견되고 있다.

원광대 종교문제연구소, 1990, p.1130.
12) 위의 책, p.1127-1128.
13) 박상권, 「소태산 성리해석의 지향성 연구」, 『원불교사상과 종교문화』 32집, 원불교사상연구원, 2006.2, p.96.

지식에 의한 논리와 합리로 설명하는 이성의 세계에서 한걸음 나아가 초논리와 격외의 형식으로 도달하는 세계는 의두나 성리로써 해명하는 것과 다를 것이 없기 때문이다.

궁극의 깨달음을 향한 원불교의 화두 곧 성리 대상은 곧 일원상이라는 점을 새겨본다면 일원상의 깨달음이 궁극적 실재에 다가서는 길이기도 하다. 소태산은 상징을 넘어서는 실상의 세계를 깨닫기 위해 일원상을 화두로 삼고 끊임없이 의미를 추구하라[14]고 한다. 이처럼 화두나 성리의 소재로 드러나는 궁극적 진리가 일원상 진리인 것이다. 궁극적 실재를 일원상과 관련 없는 것으로 이해한다면 그 깨달음은 허구일 수밖에 없다. 일원상은 어떠한 허상도 불허하는, 진리적이고 사실적으로 표징(表徵)되는 궁극의 실재로서 성리 연마의 대상이기 때문이다.

2. 궁극적 실재와 법신불

1) 궁극적 실재의 의미와 절대자

궁극적 실재의 의미를 파악하려면 종교와 관련된 궁극(窮極)의 의미를 이해해야 한다. 폴 틸리히에 의하면 종교란 궁극적 관심이라고 하였으며, 스트렝(Fredrick J. Streng)에 의하면 종교란 궁극적 변화의 방법이라 했는데, 두 가지 관점을 결합한다면 결국 '궁극적 관심과 변화의 방법'이라고 할 수 있다. 여기에서 궁극적이란 개념은 결국 영원한, 절대적이란 의미를 내포하고 있다.[15] 영원하고 절대적 이념을 창출하는 것이 종교라는

---

14) 『대종경』 교의품 8장.
15) 박선영, 「불교적 교육과 종교적 다원주의」, 『한국불교학』 제11집, 한국불교

점을 음미해 본다면 궁극적 실재란 각 종교에서 신봉하는 지고의 상징 내지 절대자와 크게 다를 것이 없다.

궁극적 실재는 각 종교가 상징화한 절대자라는 면에서 이를 무엇이라고 호칭하든지 간에 의미론적으로 회통이 가능하다고 본다. 종교가 추구하는 이상세계는 표현만 다를 뿐 궁극의 경지에서는 회통하는 바가 적지 않기 때문이다. 이를테면 궁극적 실재의 여러 표현으로서 진리, 도, 법성, 하느님, 무극, 태극, 공(空), 무(無)라 하는 실재는 개인이나 특정 공동체가 완전히 독점할 수 없는 무제약자이며 텅 빈 충만이다.16) 궁극적 실재라는 호칭의 다양성은 그 종교의 정체성과 관련된다는 면에서 표현의 여러 측면에서 거론되는 것일 뿐 지고의 경지에서 차이가 크지 않다고 본다.

구체적으로 궁극적 실재의 상징을 통해 각 종교의 정체성을 살펴본다. 유교에서는 태극 혹은 리(理), 기독교에서는 신(神), 도교에서는 도(道)라 했다. 하지만 실제로는 법, 태극, 리, 도, 신, 생명 등으로 표현한 성격을 전부 합한 것이 우주의 진리인 바, 우주의 근본 진리는 하나이듯이 궁극 원리를 숭배하는 종교도 결국 하나로 회통할 수 있어야 한다.17) 궁극적 실재의 호칭은 각 종교의 정체성에 한정될 뿐 회통적 입장에서 본다면 이상적 지고의 원리라는 것이다.

우파니샤에서 브라흐만과 신은 지고의 원리이자 궁극적 실재로 이해될 수 있다. 샤타파타 브라흐마나는 말하기를 "참으로 최초에 이 세계는 브라흐만이었다. 그것이 신들을 창조했고, 그 후에 그 신들로 하여금 이

학회, 1986, pp.147-148.
16) 김경재, 「기조발표─동서종교사상의 화합과 회통」, ≪춘계학술대회 요지─동서종교사상의 화합과 회통≫, 한국동서철학회, 2010.6.4, p.15.
17) 송천은, 「숭산종사의 종교관─일원상을 중심으로」, 숭산종사추모기념대회 『아, 숭산종사』, 원불교사상연구원, 2004.12.3, pp.95-96.

세계들에 오르게 했다. 즉 아그니는 땅 위에, 바유는 공중에, 수리야는 하늘에"라 했으니, 브라흐만은 신들과 구별되며 그들의 힘의 근원이 되는 더 궁극적인 힘 내지 실재인 것이다.[18] 우파니샤드에 있어 궁극적 실재로서 브라흐만이라는 호칭은 신비적인 원리로 다가서고 있다. 궁극적 실재가 지니는 의의는 신비성을 지닌 신과도 같은 위상이라 볼 수 있다.

인도 힌두교에서 신비체험으로 접근될 수 있는 궁극적 실재의 의미는 표현만 다를 뿐 유사한 원리에서 접근된다. 힌두사상에서는 궁극적 실재의 본질로서 치트(순수인식)와 아난다(지복, 환희)를 강조하고 있다.[19] 인간이 수퍼 마인드에 도달하면 우주 내에 처음부터 잠재해 있던 영적인 힘인 아난다가 드러나게 되는데, 이는 인간의 신비체험으로서 자기실현이요, 우주의 자기실현이라고 보는 것이다.

불교의 경우 궁극적 실재가 어떻게 의미 규정되고 있는가도 궁금하다. 불교의 궁극적 실재는 불타의 다양한 형태로 거론될 수 있다. 다시 말해서 그것은 불성으로 볼 수 있으며 나아가 삼신불의 형태로 접근될 수 있다. 대승불교에서 보는 불성 또는 법신사상은 초기불교부터 잠재적으로 불타의 기본정신에 내재되었던 것으로 인식하고 있다.[20] 법신불, 보신불, 화신불이라는 삼신불에서 보면 법신의 사상이 불신(佛身) 사상에 있어 보다 근원적인 궁극의 실재로 접근할 수 있다는 것이다. 물론 삼신불 이전의 불타를 궁극적 실재로 보기도 하는 바, 부처님은 불교의 신앙의 대상으로 숭배되고 있기 때문이다.

---

18) 길희성,『인도철학사』, 민음사, 2007, pp.27-28.
19) 노권용, 「교리도의 교상판석적 고찰」, 『원불교사상과 종교문화』 45집, 원광대 원불교사상연구원, 2010.8, p.270.
20) 송천은, 「숭산종사의 종교관-일원상을 중심으로」, 숭산종사추모기념대회『아, 숭산종사』, 원불교사상연구원, 2004.12.3, p.81.

제3장 궁극적 실재와 법신불

　기독교에서 궁극적 실재는 하나님이라 볼 수 있다. 하나님은 절대자로서 만물을 창조하고 인간을 피조물로 하여 생명을 선사하였다고 믿는다. 존 힉크는 기독교가 예수 중심적인 사고에서 벗어나 하나님 중심, 궁극적 존재 중심의 신앙심으로 가야 한다[21]고 주장하는데, 그것은 유일 절대자이기 때문이다. 그들에 있어서 하나님을 떠나서 궁극적 실재도 발견할 수 없는 것이다.

　힌두교의 치트와 아난다, 불교의 부처님과 기독교의 하나님은 궁극적 실재 그 자체임을 알 수 있다. 이는 광대무량하고 부사의한 절대적 신비차원으로까지 확대될 수 있는 의미해석이 요청되는 것으로, 힌두사상에서 치트와 아난다를 강조하고 있으며, 기독교와 불교 또한 빛과 사랑(자비)을 역설하여 하나님 또는 법신불의 묘유적 측면을 극대화하고 있다.[22] 대체로 모든 기성종교가 절대자를 궁극적 실재로 간주, 신앙의 대상으로 숭배하고 있다.

　한국의 신종교를 보면 천도교에서는 한울님, 증산교에서는 옥황상제를 궁극적 실재로 받들고 있다. 곧 최수운은 한울님을 천주(天主)라 부르고 있다. 그는 하늘을 최고의 존재로 간주하면서 이를 한울님이라 하여 궁극적 실재로 받들었던 것이다. 증산사상에서는 도교적 신관(神觀)을 수용하였으니 우주의 궁극적 존재를 옥황상제라 칭하고 증산을 인간으로 화현한 상제로 본다.[23] 돌이켜 보면 증산교에서 궁극의 실재로 받드는 옥황상제는 중국 고대의 상제(上帝)에서 유래된 명칭이다.

---

21) 송천은, 『일원문화산고』, 원불교출판사, 1994, p.167.
22) 노권용, 「교리도의 교상판석적 고찰」, 『원불교사상과 종교문화』 45집, 원광대 원불교사상연구원, 2010.8, p.270.
23) 김낙필, 「한국 근대종교의 삼교융합과 생명·영성」, 『원불교사상과 종교문화』 39집, 한국원불교학회·원불교사상연구원, 2008.8, p.40.

같은 맥락에서 보면 천도교의 최수운, 증산교의 강증산에 이어 원불교의 소태산은 신종교의 교조 반열에 있으며, 새 불교의 주세불로 받들어진다. 특히 원불교는 구한말 탄생한 종교로서 지고의 진리를 법신불 일원상이라 하여 궁극적 실재로 받들고 있다. 즉 수운은 한울님의 뜻을 전하는 메시아로 여겨졌고, 증산은 스스로 상제며 미륵불이라고 하여 상제신앙이 급속도로 파급하였으며, 이러한 상황에서 소태산은 기존의 종교사상가들과 달리 올바른 보편적 진리와 도덕이 세상에 편만한 시대에 비중을 둔 것이다.24) 그것이 법신불 일원상으로서 진리적 종교의 신앙과 사실적 도덕의 훈련의 근거가 되고 있는 것이다.

　궁극적 실재가 각 종교의 신행(信行)에 따라 다르게 표현된다고 해도 종교마다 추구하는 진리의 궁극적 경지는 통하는 면이 있다. 중세 종교 간 교류가 부족했던 시대는 논외로 하더라도 오늘의 상황에선 종교다원화에 걸맞게 궁극적 실재를 서로 인지하지 않을 수 없다. 종교에서 추구하는 궁극적인 경지가 서로 동일선상에서 논의되기 시작한 것은 역사가 길지 않다. 20세기 중엽에 올더스 헉슬리가 '영원한 철학'이라는 이름 아래 아시아와 유럽에서 주요 종교의 핵심적 가르침이 비록 언어와 표현방식은 다르지만 결국 동일한 지향점을 지니고 있음을 강조한 이래, 이들 깨달음이 표면적으로는 다르지만 궁극적으로는 하나의 그 무엇을 체험하는 것이라는 주장이 나오기 시작하였다.25) 『리그베다』에서도 말하기를 "하나의 실재를 시인들은 여러 가지로 부른다"(1. 164. 46)고 하여 궁극

---

24) 박광수, 「원불교 후천개벽 세계관」, 『원불교사상과 종교문화』 44집, 한국원불교학회·원불교사상연구원, 2010.2, p.102.

25) 존 화이트, 김정우 옮김, 『깨달음이란 무엇인가』, 정신세계사, pp55-76참조 (박석, 「명상과 사상과의 관계」, 『원불교사상과 종교문화』 30집, 한국원불교학회·원불교사상연구원, 2005.8, p.16).

적인 실재의 범재신론적인 면을 드러내고 있다.

그렇다면 종교를 믿지 않는 무신론자들의 궁극적 실재는 무엇일까? 신이나 부처, 혹은 그런 이름을 쓰지 않고 어떤 궁극적인 Reality를 믿는 사람들에 있어 궁극적 실재라는 것은 무엇을 의미하며, 우리는 믿음의 대상, 믿음의 내용, 믿음의 방식, 믿음의 위치 등에 대해 어떻게 이해해야 할 것인가 하는 선결문제를 갖고 있다.[26] 무신론자들은 종교인들이 부르는 절대자의 호칭에 세련되어 있지 않더라도 그들 나름대로의 세계에 궁극적 실재가 있을 것이다. 그들이 우상화하는 대상은 산재해있으며, 이러한 우상론은 종교적으로 보면 궁극적 실재와 같은 위상으로 받아들여질 수도 있을 것이다.

설사 종교인, 무종교인, 철학자들이 궁극적 실재를 표현하는 방식이 다르다고 해도 그 실재를 대상으로 하여 신비의 체험을 할 수도 있다는 인식과 포괄적 안목이 필요하다. 물론 체험하는 이상은 종교마다 다르고 또한 그 목적지에 도달하는 방법도 다르다는 점은 사실이다. 각 종교가 서로 다른 교리를 갖게 되는 것은 그 교조가 인간의 본질, 현상계와 그 실재의 관계, 그리고 우주의 궁극적 원리가 어떤 것인가에 대해 각각 다른 관점을 갖고 있기 때문이다.[27] 여기에서 종교마다 절대자의 표현 방식과 이에 도달하는 방법이 다르다 해도 깨달음의 경지에서는 하나로 만난다는 것이다. 저마다 인간의 무기력함과 이를 극복하려는 절대 의존적 자세가 존재하는 한, 궁극적 실재의 존재론적 의의는 간과될 수 없다.

궁극적 실재의 존재론적 위상을 파악하고 그것의 위력을 인지한다면,

---

26) 이기영,「현대에 있어서의 종교의 진리성」,『인류문명과 원불교사상』(下), 원불교출판사, 1991, p.1390.

27) 정유성,「원불교 과학관」,『원불교사상시론』1집, 수위단회사무처, 1982, pp.191-192.

우리가 추구하고자 하는 목표는 분명하다. 당위명제로서 궁극적 실재를 체험하고 깨달아 실천에 옮기는 것이 요구된다. 성리를 연마하고 화두를 연마하는 것은 이러한 궁극적 실재의 의의를 알아가는 것이며, 실재와의 합일을 도모하는 것이다. 궁극적 진리의 세계에 다가서고 이 진리를 만방에 전하는 메시아적 역할은 신앙인이자 수도인의 몫이라 본다.

2) 궁극적 실재와 법신불 일원상

불가에서 원상(圓相)은 깨달음이나 궁극의 진리를 표현하는 상징체의 하나로 인지되어 왔다. 중국선종 위앙종의 「원상(圓相) 유래와 법문」 조에 명주오봉(明州五峰) 양화상(良和尙)이 이 원상을 암기(暗機), 의해(義解), 자해(字解), 의어(意語), 묵론(默論) 등으로 표현한 것이다. 그에 의하면 암기는 궁극의 진리를 푸는 어려운 암호와 같고, 의해는 역시 궁극 진리를 설명하는 하나의 설명이며, 자해는 궁극 진리를 나타내는 문자이고, 의어는 많은 뜻과 의미를 함축하고 있는 말이며, 묵론은 궁극적 의미를 침묵의 언어라고 본 것이다.[28] 이처럼 선종에서 원상론은 불교의 궁극적 실재 혹은 깨달음에 대한 표현의 상징물로 간주되어 왔다.

일원상을 중심으로 궁극적 진리에 대한 상징적 접근은 선종의 특성으로도 이해된다. 선종에서는 불립문자를 통한 깨달음의 길로 나아가려는 경향이 있기 때문이다. 불립문자의 깨달음은 상징을 통해 궁극적 실재와의 교류로 이어진다. 이에 일원상을 중심으로 한 궁극 진리에 대한 접근은 중국에서 선종이 역사적으로 가장 발전적으로 왕성하게 전개하였음을 보여준다.[29] 한국의 선종에서도 원상 상징이 고려 또는 조선에 걸쳐

---

28) 송천은,「일원상 진리」, 창립10주년기념 추계학술회의 ≪원불교 교의 해석과 그 적용≫, 한국원불교학회, 2005년 11월 25일, p.B.

제3장 궁극적 실재와 법신불

맥을 이어왔다. 예컨대 「목우도」는 궁극적 실재인 일원상에 도달하는 과정과 연결되어 있다. 보명선사가 지은 이 「목우도」는 불가뿐 아니라 원불교에서도 소의경전 『불조요경』에 잘 드러나 있다.

이처럼 선종의 원상을 통한 도 혹은 깨달음에의 접근은 유교나 도교의 경우에도 관련된다. 유교에서는 태극을 통하여 궁극의 경지에 도달하려는 것이 송대의 주렴계 사상에서 발견되며, 노자의 무극 역시 원상의 형상에서 접근된다. 물론 일원상의 본질 이해에 있어서 유불도의 사상이 모두 일치하는 것은 아니라 본다. 다만 진리의 심오함을 상징하는 궁극적 실재의 특성을 지니고 있다는 점에서 상통하는 면이 적지 않다. 동양의 유불도 사상이 지니는 회통정신에서 본다면 이러한 원상은 궁극의 실재(도)를 표현하는 상징체로서 그 위상을 점해 왔음을 알 수 있다.

여기에 대하여 소태산은 깨달음을 얻고서 일원상을 궁극적 진리의 핵심으로 등장시켰다. 그는 이에 말한다. "유가에서는 이를 일러 태극 혹은 무극이라 하고, 선가에서는 이를 일러 자연 혹은 도라 하고, 불가에서는 이를 일러 청정법신불이라 하였으나, 원리에 있어서는 모두 같은 바로서 비록 어떠한 방면 어떠한 길을 통한다 할지라도 최후 구경에 들어가서는 다 이 일원의 진리에 돌아가나니…."30) 그리하여 각 종교들이 궁극적 진리에 근원을 세운 바가 없다면 그것은 사도라고 하였다. 원불교에서는 단순한 깨달음의 상징을 넘어서서 일원상을 신앙의 대상이자 궁극적 실재로 등장시켰던 것이다.

원불교의 궁극자는 일원상이라는 면에서 소태산은 다음과 같이 말한

---

29) 송천은, 「숭산종사의 종교관 - 일원상을 중심으로」, 숭산종사추모기념대회 『아, 숭산종사』, 원불교사상연구원, 2004.12.3, p.87.
30) 『대종경』 교의품 3장.

다. "우리 회상에서는 이 일원상의 진리로써 우리의 현실 생활과 연락시키는 표준을 삼았으며, 또는 신앙과 수행의 두 문을 밝히었나니라."31) 원불교에서 궁극적 실재로서의 일원상은 신앙과 수행의 대상과 표본으로 받드는 점에서 그것은 종교인의 적공 표상으로 연결되고 있다. 궁극적 실재로서 일원상이 신앙과 수행의 양 대문으로서 그 위상을 지니고 있다는 뜻이다.

일원상이 궁극적 실재이면서 신앙과 수행의 근거가 되는 것은 진리의 본원성에 기인한다. 이를테면 일원상의 진리는 우주 만유의 본원이요 제불제성의 심인이며 일체중생의 본성이라는 것이다. 원불교는 일원상을 인성론의 기반으로 두어 우주만유의 본원이요, 제불제성의 심인이요, 일체중생의 본성이라 하고 있으며, 이는 인간이 마땅히 행해야 할 근원적 도덕이라는 의미이다.32) 이는 인성론뿐만 아니라 존재론, 가치론 등의 측면에서 일원상의 진리가 궁극적 실재로 마땅히 신봉되어야 할 근거가 된다는 것이다.

여기에서 우주 만유의 본원으로서 일원상은 우주론적 입장에서 궁극적인 실재를 이해하는데 도움을 준다. 곧 일원상의 진리가 우주 만유의 본원임을 알게 됨으로써 우주적 실재와도 같은 궁극적 실재로서의 위력을 감지하게 해준다는 것이다. 원불교의 우주론은 그저 자연과학적 탐구에 그치려는 것이 아니라 인류가 공생 공영할 수 있는 길이 무엇인가 하는 궁극적 문제에까지 해답을 유도해 주기 때문이다.33) 이처럼 우주 만

---

31) 『대종경』 교의품 3장.
32) 김경진, 「소태산 대종사 인성론 종합고찰」, 『원불교사상』 17·18 합집, 원불교사상연구원, 1994, p.190.
33) 朴聖基, 「정산종사의 우주관」, 제17회 원불교사상연구 학술대회보 ≪鼎山思想의 현대적 조명≫, 원불교사상연구원, 1998년 2월 5일, p.81.

유의 본원으로서의 일원상은 우주와 인간의 합일 속에서 인간의 삶을 가능하게 해주는 절대적 힘인 것이다.

나아가 법신불 일원상이 제불제성의 심인이라는 것은 모든 성자의 깨달은 심법이 궁극적 실재의 경지에서 회통한다는 뜻이다. 깨달음의 내역을 보면 모두 한 근원, 한 이치며, 한 궁극자, 한 궁극 불(佛)이요, 한 이름도 없고 한 형상도 없는 궁극 근원34)인 바, 여기에서 모든 성자들이 깨달은 마음의 세계가 하나로 통하는 것이다. 불가에서 말하는 법신불의 소식은 소태산이 값진 고행 끝에 깨달은 일원상의 진리와 크게 다를 것이 없기 때문이다.

또한 일체중생의 본성이란 법신불의 진리가 일체중생이 본래 간직한 불성과도 같다는 것이다. 법신불이 구유한 본연의 세계는 일체중생 실유불성(悉有佛性)의 불성이라고 말을 바꾸어도 괜찮다.35) 모든 중생들이 지닌 성품을 현상의 차별세계에서 바라보는 것이 아니라 진여묘체의 세계에서 접근해보자는 것이다. 일체 중생의 성품을 법신불이라는 궁극적 실재에 조망해 볼 경우 본자원성한 성품에는 미오 선악의 차별상이 나타나지 않기 때문이다.

통틀어서 우주의 본원, 부처의 마음, 중생의 본성은 궁극적 진리와 관련된 소이연의 원리가 작용한다. 우주와 인간을 포함한 천하 만물에는 반드시 소이연과 소당연이 있는데, 소이연이 천지만물의 궁극 원리라면 소당연은 인간이 마땅히 행해야 할 실천적 도덕원리로 파악된다.36) 법신

---

34) 송천은, 「법신여래 일원상」, 제30회 원불교사상연구 학술대회 ≪인류정신문명의 새로운 희망≫, 원광대 원불교사상연구원·한국원불교학회, 2011.1.25, p.19.

35) 水谷 幸正, 『불교와 평화-생명과 공생을 바탕으로』, 제21회 국제불교문화학술회의 『불교와 평화』, 원광대학교 원불교사상연구원, 2009.10.16, p.24.

불 일원상이 궁극적 실재로 다가오는 것은 이러한 소이연의 원리로 다가서며, 우리는 이를 깨달음의 귀결처로 삼아 공을 들이는 일이 소당연으로 새겨지는 것이다.

소이연(所以然)의 원리는 원불교에서 보면 법신불 일원상의 진리가 삼라만상이 있게 하는 궁극적 원리라는 뜻이다. 사은과 삼라만상이 법신불의 응화신이라는 말은 여러 인과적 이유로 그 특성이 다르게 나타나지만 본래 평등하고 동일성인 한 근원에 의해서 나왔으니 궁극자의 분신으로 보아야 한다는 것이다.[37] 법신불이 우주 창조자적 원리이기 때문이며, 삼라만상의 전개 원리는 이것이 궁극자적 소이연의 법칙이기도 하다.

더구나 법신의 어의(語義)는 소이연으로서 궁극의 원리로 이해되고 있다. 법신은 본래 인도의 말 'Dharma'를 번역한 데서 나왔으며, 중국어로서는 도(道)와 통할 수 있는 말인 바, 대체로 최고원리, 궁극원리, 근본진리, 법칙, 일반질서의 뜻을 가진 말이다.[38] 법신불은 일체에 무소부재하게 확산되어 있는 존재의 법칙성 내지 궁극성이라 하기에 충분하다. 그것이 뜻하는 바가 모든 존재의 근본 원리로서 궁극 실재자의 위상을 지니고 있기 때문이다.

『원불교 교헌』에서도 법신불 일원상을 만유 존재의 원리로 삼아 본존으로 모신다고 하였다. 곧 "본교는 법신불 일원상을 본존으로 한다"고 명시하여, 법신불 일원상이야말로 원불교의 최고 종지요 본존불로서 신앙

---

36) 김영민, 「원불교 성리의 신유학적 연원 연구」, 『원불교학』 제4집, 한국원불교학회, 1999, p.631.
37) 송천은, 「법신여래 일원상」, 제30회 원불교사상연구 학술대회 ≪인류정신문명의 새로운 희망≫, 원광대 원불교사상연구원·한국원불교학회, 2011.1.25, p.24.
38) 위의 책, p.17.

의 대상과 수행의 표본임을 선언하고 있다. 여기서 말하는 법신불이란 우주의 궁극적 진리 그 자체를 부처로 본 것으로서, 진리의 체성은 물론 작용까지도 동시에 포함한 포월자로서 진여실상을 지칭한 것이다.[39] 우주의 궁극적 진리를 포함하고 있는 법신불 일원상이야말로 우주만유 삼라만상이 존재하는 근거가 되며, 이것이 존재론적으로 거론됨직한 이유가 되기에 충분하다.

3. 궁극적 실재의 존재와 인식

1) 궁극적 실재의 존재론적 접근

태초의 생명체는 어떻게 탄생하였는가? 계란과 닭은 누가 먼저 태어났는가? 이러한 질문들은 어리석은 듯이 보이지만 이보다 본질적이고 궁극적인 질문은 없으리라 본다. 생명을 지닌 인간으로서 나의 존재를 둘러싼 신비의 화두는 일생을 의미 있게 살아가는데 중대한 이슈로 등장하고 있다. 이러한 나의 존재감은 곧 자연의 생명성과 밀접하게 관련되며, 그로 인해 우주 대자연의 존재론에 눈을 뜬 것은 종교 지도자와 철학자 등이었다.

신이 만물을 창조했다는 창조론에 의해 궁극적 실재를 신의 위상과 일치시킨 것이라든가, 존재에 대한 본질적이고 궁극적인 회의론을 야기한 것은 인간이 철학적 시각에서 생명체의 존재론에 눈을 떴다는 증거이다. 철학 최초의 물음이었던 "아르케란 무엇인가"에 이어서 등장한 것은 "존

---

[39] 노권용, 「교리도의 교상판석적 고찰」, 『원불교사상과 종교문화』 45집, 원광대 원불교사상연구원, 2010.8, pp. 261-262.

재란 무엇인가"라는 물음이었다.40) 그것이 존재철학 또는 존재논리의 전통으로 이어졌으며, 이는 서양의 파르메니데스로부터 시작되었다. 당연히 고대 그리스에서는 자연의 신비에 대한 사유로부터 자연의 본질론 등 궁극적인 요소를 탐구하는 것이었다. 여기에서 흙, 물, 불, 바람 등 네 가지 물질적 기본원소들을 가지고 자연의 세계를 설명하였다. 자연의 생명 존재를 가능하게 하는 가장 기본적인 요소로 등장한 것이 이것들이다.

지상에 존재하는 여러 종교들 사이의 생명체 존재양태에 대한 시각에 있어 서로 통하는 바가 적지 않다. 그것은 공통적 삶의 지향과 종교인으로서의 다양한 존재론에 있어서 공감하는 바가 많기 때문이다. 다시 말해서 종교인들이 찾고 귀의하는 궁극적 실재의 체험이나 인식, 나아가 관계를 맺는 인간존재 그 자체적 삶의 체험과 실존 물음의 다양성이 있다는 것이다.41) 궁극적 실재가 지니는 함의라든가, 이를 체험하는 경지에 있어서 실재의 무궁성과 다양한 생명체의 존재 근거가 종교의 심오한 진리에 있어 상이하면서도 일치되는 바가 많다고 본다.

서구종교에서 각양각색의 생명체는 하나님이라는 궁극적 실재의 피조물이라 보고 있다. 동양종교에서 생명체는 천(天)의 이법으로, 동아시아에 있어서 최고의 궁극적 실재를 상징하는 천(天) 개념에는 자연천과 종교적 이법천의 두 가지 의미가 있다.42) 동양종교의 이법천이 한국의 기독교에서 하나님으로 불리고 있는 것은 천(天)과 관련된 궁극적 실재의 묘한 조화이다. 지상의 모든 생명체는 천(天)과 하나님이라는 궁극적

---

40) 박재주, 『주역의 생성논리와 과정철학』, 청계, 1999, p.34.
41) 김경재, 「기조발표-동서종교사상의 화합과 회통」, ≪춘계학술대회 요지-동서종교사상의 화합과 회통≫, 한국동서철학회, 2010.6.4, p.15.
42) 노권용, 「교리도의 교상판석적 고찰」, 『원불교사상과 종교문화』 45집, 원광대 원불교사상연구원, 2010.8, p.280(주51).

실재의 주재자적 권능으로서 태어났으므로 생명 존재의 이법적 근원이라는 면에서 거론되고 있는 것이다.

특히 종교는 만유의 존재 근거에 대한 이법적 혹은 실존적 물음에 답하는 것으로, 각 종교의 존재론이 중요한 이슈로 등장하고 있다. 인간은 생물학적으로는 호모사피엔스로서 동일한 존재이지만, 구체적인 삶의 체험과 실존적 문제에 있어 차이가 나며, 종교란 실존적 물음에 대한 해결을 궁극적 실재에서 얻어 구원(해탈, 영생)을 얻는 사건적 과정이다.[43] 존재의 궁극적 실존에 대하여 의심을 풀어야 하는데 종교의 교의적 해법이 중요한 이슈로 등장한다.

궁극적인 실재의 성찰은 종교적 시각은 물론 사상·철학이나 자연과학 등에서 접근하는 여러 방법이 있다. 철학에 있어서 인도철학의 거장인 라다크리슈난은 삶과 존재의 궁극적인 문제들에 대한 성찰을 통하여 인도철학이 사상의 체계일 뿐 아니라 본질적으로 삶의 한 방식이라는 것을 누구보다도 여실하게 보여주고 있다.[44] 그의 철학은 인간 존재에 대한 실존적 물음을 통해서 사유와 삶의 전환을 유도하고 있다. 궁극적 실재에 대한 존재론적 접근은 종교적 시각에 더하여 인간의 도저한 사유와 삶의 패러다임에서 시도하려는 것이다.

따라서 궁극적 실재에의 관심은 종교와 철학 나아가 우리의 일상적 삶 속에서 다양하게 연계되어 존재의 시각을 심화시키는 계기가 된다. 일례로 그리스의 사유는 자연철학적으로 표현된 형이상학적 물음, 곧 자연의 궁극적 존재 근거와 모든 사물의 본질을 탐구하는 것으로 이는 존재론적

---

43) 김경재, 「기조발표-동서종교사상의 화합과 회통」, ≪춘계학술대회 요지-동서종교사상의 화합과 회통≫, 한국동서철학회, 2010.6.4, p.15.
44) 라드크리슈난 저, 이거룡 옮김, 『인도철학사』 I , 한길사, 1996, pp.30-31(옮긴이 서문).

문제의 단면이다.45) 종교 역시 자연철학의 사유방식과 일부 공유하면서도 신앙적 측면에서 궁극적 존재가 모든 생명체의 성립 근거가 된다는 것을 일관되게 주장하고 있으며, 우리의 삶은 종교의 궁극적 실재로 인해 생명성이 영속적이라는 것을 믿는다.

이러한 믿음은 우리의 사유방식이 최고 존재로서 신·부처(혹은 신·부처와 같은 위상의 어떠한 호칭도 무방)라는 궁극적 실재와 합일할 때 돈독해진다. 인도의 정리철학은 언어의 힘, 곧 다양한 호칭의 힘은 세계 질서의 궁극적 원인이며 최고의 존재인 신에 의한 것이라고 주장한다.46) 각 분야에서 다양한 용어로 호칭되는 어떠한 신이라 해도 그것은 궁극적 실재로서의 위상을 견지하고 있으며, 교의적 해석에 의하면 만유 존재의 근거가 되고 있는 것이다.

다양하게 거론되는 호칭으로서 신, 도, 태극, 무극, 원이라는 궁극적 실재가 만유 존재자적 근거가 되는 것은 신앙적으로 무한한 생명력을 지니고 있어서 삼라만상이 생명활동을 하게 하는 덕상(德相)을 베풀어 주기 때문이다.『주역』의「계사전」하 5장에서는 "궁신지화, 덕지성야(窮神知化, 德之盛也)"라고 하였다. 신을 궁구하여 변화를 앎은 덕의 성대함이라는 것으로, 궁신(窮神)이란 신이 궁극적 실재라는 것을 궁구하여 아는 것이라고 볼 수 있다. 우리의 지극한 신뢰와 더불어 궁극적 실재임을 확인할 때 변화만상의 세계가 더욱 조화를 이루면서 그 개체의 영속성을 유지케 되는 것이다. 이러한 상황에서 신은 하나님, 부처님, 도, 자연, 일원상이라 할 수 있는 바, 종교마다 품부하고 있는 궁극적 실재의 존재론적 에너지는 무궁무진하다.

---

45) 쿠르트 프리틀라인 저, 강영계 역,『서양철학사』, 서광사, 1985, p.33.
46) 길희성,『인도철학사』, 민음사, 2007, p.126참조.

물론 종교마다 궁극적 실재를 이해하는 시각이 다를 수 있다. 그것은 종교가 지니는 고유한 특성 때문이다. 존재론의 비판에 있어서 주자에 의하면, 불교는 마음은 알아도 천명을 모른다고 했는데 그것은 불교가 주관적인 마음을 강조하여 이 세계가 마음에 의해 건설되었다고 주장하기 때문이다.[47] 여기에 대해 유가는 객관적으로 존재하는 천(天)으로서 음양오행의 근본인 태극을 말하는데, 태극은 존재 세계가 있게 되는 근본원리로서 실재하는 것이라 주장한다. 불교에서 말하는 주관적 심(心) 곧 심즉리(心卽理)에 대하여 객관적 리(理)를 대비함으로서 유교는 성즉리(性卽理) 사상을 구축하기에 이른다.

종교마다 다양한 시각에 의한 존재론적 관심은 궁극적 실재에 대한 최상의 답변을 제공하는 계기가 된다. 생명체가 존재하는 근본 원인을 파악하는 것이 각 종교에 있어 모든 문답의 우선순위에 해당한다는 사실은 과언이 아닐 것이다. 존재론적 관심에 대한 물음은 더 이상 다른 물음을 제기할 수 없다고 경험되는 마지막 계기에서 발해지는 것이고, 그러한 관심에서 나온 해답은 더 이상 다른 것을 예상할 수 없는 종국적인 것이라는 경험을 통해 그 궁극성을 드러낸다.[48] 종교나 철학의 시각에 의해 궁극적 실재에 대한 존재론적 접근이 갖는 의의가 여기에 있다.

이에 종교는 화두의 정점에 서서 존재론적 차원에 대한 해답체계를 제시해야 할 것이다. 생명 존재의 중요성과 그 근거에 대한 관점을 가장 많이 드러내어야 것이 종교이기 때문이다. 따라서 종교는 모든 다른 문화 형태에서는 찾아볼 수 없는 특이성을 지니고 있는데, 그것은 존재론적

---

47) 김영민, 「원불교 성리의 신유학적 연원 연구」, 『원불교학』 제4집, 한국원불교학회, 1999, p.636.
48) 정진홍, 『종교문화의 이해』, 書堂, 1992, pp.53-54.

차원에 이르는 모든 물음들에 대한 해답체계를 제시하고 있다.[49] 종교는 신앙과 수행의 채널을 통하여 인간이 소홀하기 쉬운 궁극적 실재에 관심을 갖도록 지속적인 과제를 제시하고 있으며, 그것이 참 생명체의 존재 확인 곧 자아 발견의 계기로 이어진다.

2) 궁극적 실재의 인식방법론

세상을 살아가면서 "나는 왜 존재하는가?" "나는 무엇을 알 수 있는가?" "나는 어떻게 살아야 하는가?"라는 세 가지 질문에 응답해야 할 경우가 많다. 이것은 동서 철학에서 특히 본질적이고 궁극적인 질문의 전형으로, 여기에 종교와 철학의 존재론과 인식론, 가치론이 등장하는 것이다. 질문의 두 번째 항목은 우리의 지적 영역을 언급한 것으로, 우리가 알고자 하는 것을 인식하기 위해서는 지식의 이해와 활용이 필요하다. 라다크리슈난도 일반적으로 궁극적 존재를 인식하기 위해 지적인 접근이 요구된다[50]고 하였다.

우리가 지식이라는 도구를 통하여 관심대상을 깊이 인식하는 데에는 인간의 편의성과 지적 호기심에 의한 것이다. 이러한 지적 호기심의 대상을 인식하는데 보통 주객 이원론이 동원된다. 우리에게 인식의 주관과 객관의 시각이 발동하는 것이다. 이는 인간 이성의 기본적 구조에 의한 것으로 그 범위는 유한적이요, 감각의 대상에 한하기 때문에 이 유한적·감각적 세계를 초월하는 궁극적 초월자에 대해서는 인식이 불가능하

---

[49] 김순금, 「21세기 원불교의 과제와 방향」, 『원불교학』 6집, 한국원불교학회, 2001.6, pp.103-104.
[50] 라다크리슈난 著, 柳聖泰 外 3인 譯, 『轉換期의 宗敎』, 圓光大學校出版局, 1986, p.88.

다.51) 궁극적 실재에 대한 인간의 이성적 인식방법론이 주객 이원론에 구애될 경우 인식의 한계에 부닥친다는 의미이다.

　궁극적 실재라는 존재 파악에 있어 인식의 방법론이 통속적인 방식과는 달리 주객 미분, 그리고 본체와 현상의 미분이라는 것으로 종교와 철학에서는 주로 일원론적 세계관이 뒷받침된다. 인도의 베단타 철학자들은 세계를 근본적으로 서로 다른 실체들의 관계 속에서 파악하려는 이원론이나 다원론적인 견해를 배척하고 다양한 현상세계의 배후에 단 하나의 궁극적이고 통일적인 실재가 있다는 일원론적인 세계관을 따른다.52) 그들에 있어 궁극적인 실재는 브라흐만으로서 현상계의 상이한 실체들의 존재 세계를 설명하되 브라흐만은 그들을 초월하여 있고 그들을 통섭 주관한다고 믿는다. 다시 말해서 세계의 모든 존재는 유일자인 브라흐만의 현현(顯現)이라는 뜻이다.

　서구에서의 인식방법론은 지적 이성에 의한 주객 구분의 방법이 그 주류를 형성하지만 동양에서는 나와 궁극적 실재의 미분(未分)이라는 방법론에 의한 직관이 강조된다. 특히 동양의 종교와 철학에서 이러한 궁극적 실재의 인식방법론이 큰 흐름을 형성하여 왔다. 곧 궁극적 실재는 오직 직관을 통해서 알 수 있다고 말할 때, 이것은 직관과 이성의 인식론적인 가치를 구분함으로써 가능해지며 인간의 이성은 단지 직관적인 통찰에 기여하는 종속적인 것에 불과하다는 것이다.53) 여기에는 분석의 틀에

---

51) 송인창,「周易의 感通論」, 추계학술회의 발표요지 ≪유불도 三敎의 기공학≫, 한국기공학회, 2001.12, p.6(김하태,『자아와 무아』, 연세대출판부, 1980, p.68참조).
52) 길희성,『인도철학사』, 민음사, 2007, p.201.
53) 라드크리슈난 저, 이거룡 옮김,『인도철학사』Ⅰ, 한길사, 1996, p.28(옮긴이 서문).

구속되는 이원론적 사유를 극복하고 직관이라는 일원론적 방법론이 요구된다. 우리가 신이나 궁극적 실재에 합일하려 한다면, 분별을 초월하고 이원의 대립을 넘어서는 직관적 인식론이 필요하기 때문이다.

이와 같은 직관의 인식 방법론의 핵심은 궁극적 실재를 공(空)의 원리에 근거하여, 초월적으로 직시하는 것이다. 석존의 전법게(傳法偈)라고 전해지는 "법은 본래 무법에 법하였고 무법이란 법도 또한 법이로다"라고 하였는데 이는 궁극적이고 초월성의 법을 말한 것으로 그것은 공이라고도 표현된다.54) 이 공은 불공(不空)이 수반되며, 불공은 공 가운데 들어있는 신령성, 곧 묘유를 드러낸다고 볼 수 있다. 중요한 것은 궁극적 실재에 대한 인식이 직관이라는 방법론에 더하여 초월적 공의 원리가 수반된다는 것이다.

따라서 궁극적 실재에 대한 인식론은 언어가 초탈된 침묵의 세계가 우선적으로 요구된다. 현상학적 인식 방법론에서는 이러한 지적 언어가 동원되지만 동양종교의 인식론, 곧 불교에서는 언어명상의 초탈적 인식론이 주류를 형성해 왔다. 『아함경』 등 불교의 초기경전에 보이듯이 석가모니는 자신이 깨친 진리의 세계를 사제 팔정도의 기본 틀로 설명하면서도 "우주는 무한한가" "영육은 동일한가" 등의 현상학적 주제에 관한 질문에는 침묵으로 일관하였다.55) 언어도단, 불립문자, 직지인심이라는 화두를 통해서 깨달음의 간절함과 궁극적 실재의 체험을 중시하는 불교의

---

54) 송천은, 「법신여래 일원상」, 제30회 원불교사상연구 학술대회 ≪인류정신문명의 새로운 희망≫, 원광대 원불교사상연구원・한국원불교학회, 2011.1.25, p.17.

55) 朴道廣, 「정산종사의 공적영지에 대한 견해」, 제17회 원불교사상연구 학술대회보 ≪鼎山思想의 현대적 조명≫, 원불교사상연구원, 1998년 2월 5일, p.40.

특색이 이와 관련된다.

　소태산 역시 언어초탈의 인식 방법론을 강조하는 입장이다. 일원은 언어도단의 입정처이며 언어명상이 돈공한 자리라고 한 것이 그 대표이며, 궁극적 실재의 체험에는 언어초월의 입정 상태를 요구하고 있다. 그는 대각 후 첫 교과서인 『수양연구요론』에서 후일의 법위등급에 해당하는 「공부의 진행순서」 8계단을 제시하고 있는데, 그 중에서 마지막 단계에 입정(入靜)을 설한다.[56] 그는 입정의 상태를 마음이 자성을 떠나지 않고 응용하여도 생각이 없는 무분별의 고요함이라고 하였음을 상기할 일이다.

　물론 궁극적 실재의 인식론에는 언어도단만이 능사는 아니다. 일원상 서원문에서 언어도단의 입정처와 유무초월의 생사문을 밝히면서 진여문과 생멸문이라는 양 대문을 설정하였기 때문이다. 두 가지의 표현 수단으로서 언어도단의 입정처와 유무초월의 생사문이라는 말은 일원상에도 해당되는 것으로 말은 하되, 말의 집착을 넘어선 곳에 일원상의 진리는 존재한다[57]는 것이다. 이성으로 변별할 수 있는 경우라 해도 일원상의 진리가 본체적으로 언어를 초월하여 있음을 알아야 하기 때문이다. 보이는 일원상을 통해서 보이지 않는 일원상의 실상을 깨치는 진리의 인식방법론을 간과할 수 없는 일이다.

　사실 분별없는 실상을 강조한다고 해도 지적 인식을 간과해버리면 자칫 맹종으로 치달을 수도 있다는 점은 그냥 넘길 수 없는 일이다. 진리의 인식이란 용이성을 감안하면 지식을 단서로 하기 때문이다. 인식이란 철저하게 인간의 앎을 말하므로 인간이 이해할 수 있는 한계를 넘어설 수

---

56) 정순일, 「성리개념의 변화와 그 본질」, 『원불교사상과 종교문화』 35집, 원불교사상연구원, 2007.2, pp.141-142.
57) 송천은, 「일원상 진리」, 창립10주년기념 추계학술회의 ≪원불교 교의 해석과 그 적용≫, 한국원불교학회, 2005년 11월 25일, pp.B-C.

없으니 이성의 한계 안에서 이루어지는 앎이며, 문제는 믿음이 이성적 이해를 철저히 배제함으로써 맹신·미신으로 치닫게 한다는 것이다.[58] 기본적으로 지식의 확충에 의해서 인식의 방법론이 출발한다는 전제가 필요하며, 이러한 지식 확충에 의존하되 궁극적으로 앎마저 극복하는 경지가 요구된다.

이에 소태산은 언어명상이 완연한 세계를 설하면서도 언어명상이 돈공한 세계를 중시하여 궁극적 실재인 일원상의 진리를 설파하였다. 『정전』 일원상 장의 「일원상의 진리」에서 그러한 양면성을 언급하였고, 「일원상 서원문」에서 일원은 언어도단의 입정처이요 유무초월의 생사문이라 하였다. 이는 궁극적 실재인 일원상의 인식 방법론이 두 가지 측면에서 가능하다는 것을 밝히는 법어이다.

궁극적 실재로서의 일원상은 우리가 인식하고 체득해야 하는 원불교 신앙의 대상이자 수행의 표본이다. 이성적 지식으로 일원상 진리를 연마하고, 궁극에 가서 이러한 지식의 세계마저 넘어서는 경지에서 일원상 진리를 인식하는 방법론이 초이성과 직관이라는 측면으로 유도된다는 것이다. 일원상을 그려 보이고 첫 허두에 '이 일원상을 각하면'이라 하였다. 이는 일언일구도 감히 허용하지 않는 것으로, 우주와 인생을 생성하는 존재론적 사실임을 입증한 것으로서 각중 위에 영롱하게 드러나는 진리 터득의 방법론적 제시라고 할 것이다.[59] 궁극적 실재로서 일원상이라는 인식방법론의 정점은 언어 명상에 의존하면서도 결국 그것마저 넘어서는 것을 단서로 한다.

---

58) 박상권, 「진리 인식에 있어서 합리론과 경험론」, 『원불교학』 제8집, 한국원불교학회, 2002.6, p.164.
59) 이은석, 『정전해의』, 원불교출판사, 1985, p.95.

4. 자아체험과 궁극적 실재

1) 궁극적 실재와 자아발견

천상천하유아독존이라는 말은 매우 함축적인 의미를 담고 있다. 이를 한 마디로 말하면 나의 존재 이유로서 자존감에 관한 것이다. 나의 현 존재를 긍정하고, 이를 통해서 무한한 동력을 얻게 된다. 무한한 동력은 결과적으로 나의 한계를 극복하는데 힘을 주고, 불성의 발현과도 같은 자아의 회복에 도움을 주는 것이다. 자아를 깨달은 자는 비로소 세간에 모든 존재가 다 나를 위하여 있음을 느낄 것[60]이라는 선각자의 언급이 의미심장하게 다가온다.

유아독존이라는 말은 불교의 교조인 석가모니가 태어나면서 언급한 것이다. 독존(獨尊)이 상징하는 바는 종교의 핵심이 자아의 절대긍정에 더하여 궁극적 실재가 나를 벗어나 있지 않음을 알게 해준다. 물론 여기에는 불타 개인만을 의미하는 것은 아닐 것이다. 인간으로 태어났다면 모두에게 해당되는 용어로서 천상천하유아독존이라고 보면 천하에 제일인 것 같지만, 나만이 그러한 것이 아니라 누구나 마찬가지이다.[61] 따라서 자아의 발견과 긍정이라는 화두는 나에 한정되지 않고 우리 모두에게 관련된다는 것이다.

그리하여 종교의 역할은 우리 모두에게 자아 발견의 길을 열어주며, 그것은 종교가 주로 궁극적 실재에 접근하는 것과 관련된다. 다시 말해서 종교의 핵심은 자아와 우주의 궁극적인 실상에 대한 탐구[62]라는 것이

---

60) ≪월말통신≫제2호, 시창 13년 6월 末(『원불교 교고총간』제1권, pp.16-17).
61) 朴吉眞, 『大宗經講義』, 圓光大學校 出版局, 1980, pp.206-207.
62) 박석, 「명상과 사상과의 관계」, 『원불교사상과 종교문화』 30집, 한국원불교

다. 일방적으로 궁극적 실재만을 추구하거나 아니면 자아만을 강조하는 것은 주관적 철학이거나 교조주의의 맹신 때문이다. 이 양자의 관계를 조화롭게 유도하며 궁극적 실재를 체인함으로써 자아의 발견을 시도하는 것이 종교인의 중심 과제라는 뜻이다.

물론 궁극적 실재의 인식과 자아의 발견은 종교의 전유물이라고 할 수 없다. 이성에 눈을 뜨고 심리학, 철학, 인류학, 종교학 등 제반 분야에서 연구할 수 있는 것이기 때문이다. 이를테면 대학에 들어가면 대학생들은 자아를 발견하게 되는 바, 이때가 자기 인생의 철학적 이슈를 정리하는 시기(Erikson, 1963, Levinson et al, 1978)이며, 그들은 대학생이 되면서 스스로 철학적인 질문하기를 "나는 누구인가, 인생이란 무엇인가, 왜 살아야 하는가, 무엇을 위하여 살아야 하는가, 어떠한 삶이 가치 있는가"[63]를 묻곤 한다. 성숙의 과정에 있는 개체를 향해 자아 발견과 관련한 제반 분야의 본질적 질문을 던지는 것이 이것이다.

궁극적 실재에 대한 궁금증 속에서도 자아에 대한 관심이 높아진 것은 인간 개아의 실재와의 밀접한 관계 때문이다. 우파니샤드와 힌두교에서 말하는 아트만이라는 용어를 살펴보도록 한다. 아트만은 어떤 차별성이나 개별성을 용납하지 않는다. 그것은 모든 인간에게 공통된 자아인 바, 인간을 포함한 모든 세계는 하나의 궁극적 실재에 참여하고 있으며 브라만은 우주의 아트만이요, 아트만은 인간의 브라만이라는 것이다.[64] 브라만이 우주 만유의 본질이라면 아트만은 개인 존재의 본질이라 할 수 있다. 양자는 서로 다르다는 면보다 하나라는 면에서 접근되는데 이는 힌

학회·원불교사상연구원, 2005.8, p.3.
63) 현용수, 『IQ는 아버지 EQ는 어머니 몫이다』, 國民日報社, 1997, p.152.
64) 정순일, 『인도불교사상사』, 운주사, 2005, p.64.

두교의 범아일여의 경지이다.

  구체적으로 말해서 우파니샤드 철학에서 범아일여(梵我一如)의 범(Brahma)은 우주의 중심 생명으로 본다. 여기에 대하여 개체적 생명이 아(self)로서 범과 관련지을 경우 본질적으로 동일한 생명이다. 인간을 포함한 모든 세계는 하나의 궁극적 실재에 참여하고 있으며 브라흐만은 우주의 아트만이요, 아트만은 인간에게 내재하는 브라흐만이라는 것이다.[65] 범아일여는 우파니샤드 철학의 핵심사상이다. 우파니샤드의 유명한 언급으로서 "네가 그것이다" 혹은 "내가 브라만이다"라는 언급을 새겨봄직한 일이다. 궁극적 실재가 자아요 자아가 궁극적 실재로 일치되는 주객미분의 경지를 알 수 있다.

  물론 고금을 통하여 아트만을 부정하기도 했다. 육사외도의 이론에서 우리가 특히 유의해야 할 점은 이 육사외도들이 대체로 물질주의적인 인간관을 지녔고, 우파니샤드에서 말하는 인간의 깊은 영적인 자아 즉 아트만이나 우주의 궁극적 실재인 브라흐만 등의 개념을 인정하지 않았다는 것이다.[66] 육사외도에 의하면 사후의 세계에 대해서 회의적인 것은 물론 도덕적 가치마저 부인하는 성향이다. 이러한 사상이 출현한 연유는 그간 있어온 바라문의 사회윤리라든가 질서 나아가 우파니샤드의 사상에 반발하였기 때문이다. 여기에서 우파니샤드가 말하는 궁극적 실재와 자아의 개념 내지 상관성은 무시되었다고 볼 수 있다.

  그럼에도 불구하고 자아의 발견과 절대적 자아를 내재화하는 것은 긍정적으로 인지되었으며, 그것은 인도철학의 심오함과 우파니샤드 철학의 굳건한 위상 때문이다. 인도철학이나 인도불교에 있어서 궁극적 실재

---

65) 길희성, 『인도철학사』, 민음사, 2007, pp.37-38.
66) 위의 책, p.46.

를 신(神)이나 불(佛) 등 절대자로 대상화하여 그 절대자의 감응과 은총 속에서 살아가려는 종교적 태도가 있었고, 다른 하나는 역으로 궁극적 실재를 절대적 자아로 내재화하여 그 참된 자아와 계합된 주체적 삶을 추구하는 종교적 태도가 있었다.[67] 철학과 종교에 있어서 인도의 사상이 갖는 의미심장함을 새겨보면 궁극적 실재와 자아의 만남은 세계종교에 영향을 주며 사유의 큰 흐름을 형성하였다.

하지만 기독교에서는 이러한 사유방식의 자아를 부정하였다. 기독교 신앙인에게 자아 부정에 대한 교설은 절대자와의 관계를 위하여 지켜야 할 요건이었기 때문이다. 즉 그들에 있어서 자아 부정은 제1의 계율로 인지되었던 것이다. 기독교 교리에 의하면 인간은 창조 후 창조주가 전한 계명을 지키지 않아 비존재로 전락하였으므로 궁극적 존재를 기반으로 한 인간이 될 때만이 존재가 가능하다.[68] 만일 그들이 신을 버리고 자기 중심적 존재 즉 자아를 강조한다면 교리의 일탈로 이어져 신앙 불신 내지 자기 교만이 되고 만다. 따라서 자아를 부정하여 비존재로 전락한 자기 중심적 인간은 다시 자아를 부정할 때만이 신에 대한 새로운 존재가 된다는 논리에 귀결된다.

기독교 외에 무슬림 역시 자아부정은 기정사실로 받아들여진다. 무슬림이 하루 다섯 번의 기도, 라마단 때 행하는 단식, 메카의 순례를 통해 경건성과 공동체의 일원으로서 금식, 금욕, 고행 등을 강조하는 것은 자아부정과 승화된 삶을 위한 하나의 수행 과정 때문이다.[69] 무슬림의 경

---

67) 노권용, 「원불교 신앙론의 과제」, 『원불교학』 창간호, 한국원불교학회, 1996, p.26.
68) 이재영, 「수행과정 공유를 통한 종교간의 대화에 관한 연구」, 『종교교육학연구』 제20권, 한국종교교육학회, 2005.5, pp.171-172.
69) 위의 책, 2005.5, p.173.

우, 유사한 맥락의 기독교적 시각에서 본다면 궁극적 존재인 신을 기반으로 하지 않은 인간은 비존재일 수밖에 없다. 그들에 있어 개아의 의지와 욕망으로 산다는 것은 자신과 사회를 파괴하는 삶이 되며, 비존재에서 존재로 돌아가기 위해서 비존재인 나를 부정해야 한다. 이들에게서 자아를 강조할수록 궁극적 실재와는 단절될 수밖에 없는 것이다. 신에 의해 창조된 내가 영속적인 개아만으로 살아갈 수 없는 일이 아닌가?

그럼에도 불구하고 자아의 발견은 자신의 재확인이며, 인간이 지속적으로 궁극적 실재와의 합일 속에서 살아가는 의의가 되기에 충분하다. 그것은 우리가 지고의 경지로서 진리의 체험 곧 종교의 체험으로 유도된다는 면에서 간과할 수 없는 일이다. 이것이 지니는 의미는 궁극적 실재가 곧 자아를 벗어나 있지 않는 것을 전제로 한다. 자신이 세상에서 존재하는 본질적 이유는 궁극적 실재와의 지속적인 만남 속에서 나타나는 자아 때문이며, 이는 돈독한 종교체험의 결실을 가져다주는 것이다. 원불교에서도 궁극적 실재와 자아의 발견은 일원상 진리의 체험과 성리 연마 등을 통해서 가능한 일이며, 이것이 견성 곧 깨달음으로 나아가는 종교체험이다.

2) 궁극적 실재와 종교체험

체험이란 무엇이며, 여기에서 거론되는 종교체험의 문제는 어떻게 접근되는가? 단순한 경험과 달리 바람직한 삶에 도움이 되는 가치지향적 체험은 우리에게 바람직한 가치관을 형성해주고, 삶의 의의를 부여해주는 역할을 한다. 특히 인간의 삶과 종교체험은 인격 성숙은 물론 무한한 구원적 가치로 승화되는 성향을 지닌다. 무한 절대적인 가치에 대한 체험과 이를 통한 새로운 삶의 각성 및 실천의 문제는 결코 제도적 교육으로 채워질 수 없는 삶의 중요한 측면이다.70) 일상적인 교육이 아니라 강한 동기유발을 가져다주는 철학적 사유나 종교적 체험이 궁극적 실재와의 관계성 속에서 삶의 의의를 한층 부각시켜 주기 때문이다.

여기에서 종교와 실재자 체험의 문제가 직결된다. 종교의 진리 및 궁극적 실재의 이해는 주로 종교체험의 영역임을 알 수 있다. 모든 종교의 원천이라 할 수 있는 궁극자와 그 진리는 인간의 언어와 사유 등 일체의 상대적 차원을 넘어선 것이나, 그에 대한 인간의 종교적 상징 작업의 태도 여하에 따라 여러 유형의 종교체험이 나타날 수 있다.71) 여러 종교가 우리 주변에서 각기 다른 신앙체험으로서 다가서는 것이 이와 관련되며, 각 종교의 교리에 의하면 종교의 체험 역시 다양하게 표출된다는 것이다.

비록 종교의 유형에 따른 신앙의 상징체가 다르다 해도 궁극적 실재의 체험은 종교인의 신비체험이라는 면에서 공통적이다. 종교의 체험에서 돈독한 신앙심에 더하여 신비주의가 상당부분을 차지하고 있기 때문이다. 특히 종교적 신비주의자들은 신이나 궁극적 존재를 직접 경험하였고, 그 결과 신앙과 유한성에 대해 좀 더 철저히 이해하게 되었다.72) 종교체험은 이처럼 궁극적 실재와 교류 형식의 영성적 계시나 진리에 대한 깨달음의 체험에 이르게 되는 것이다. 종교인으로서 부단한 종교체험이 강조되는 이유가 이와 관련된다.

종교인에게 강조되는 신비체험은 궁극적 실재와의 교류라는 점에서 황홀함의 체험 바로 그것이다. 여기에서 말하는 황홀함이란 말은 있다고

---

70) 김혜광, 「교육사」, 『원불교 70년정신사』, 성업봉찬회, 1989, pp.575-576.
71) 노권용, 「원불교 신앙론의 과제」, 『원불교학』 창간호, 한국원불교학회, 1996, p.26.
72) 메리 조 메도우 · 리차드 D. 카호 共著, 최준식 譯, 『宗敎心理學』 上, 民族社, 1992, p.50.

도 말할 수도 없지만 그렇다고 없다고 할 수도 없는 궁극적 실재와의 교류를 표현한 말이다.[73] 『도덕경』 14장과 21장에서 노자는 황홀의 경지를 밝히고 있는데, 그에 있어서 자연과 합일하는 경지가 이와 관련된다. 종교나 철학에서 말하면 궁극적 실재와의 만남이란 황홀함의 체험이라는 면에서 유사한 것이다. 마치 인간 실존을 사유하면서, 혹은 진리 탐구에 있어서 성리를 궁구하여 한순간 깨달음의 소식을 얻으면 무아지경에 진입함과도 같다고 본다. 이러한 체험들은 대체로 궁극적 실재와 연계되고 있는 것이다.

여기에서 황홀의 경지를 체험하는 것은 자칫 주관에 떨어진 비실재적인 것이라 비판할 수도 있다. 그러나 이는 종교체험의 자기 신념과 확신에서 비롯된다는 점을 고려할 일이다. 라다크리슈난은 샹카라의 마야 이론에 대한 재해석을 통하여 우파니샤드의 브라흐만이 종교의 인격신 이슈와라와 다르지 않다는 것을 말하며, 궁극적 실재의 자기현현인 경험세계는 결코 비실재가 아니다[74]고 주장한다. 달리 말해서 궁극적인 실재를 철학이나 종교 체험의 세계에서 본다면 그것은 허무한 비실재의 체험이 결코 아니라는 것이다. 이는 자신 존재의 확신이 황홀체험이라는 확신으로 이어지며, 나아가 샹카라의 불이론(不二論)과 실재론적 베단타와의 일체의 신비체험과 관련된다.

따라서 궁극적 실재를 통한 신비의 체험은 동양사상에서 말하는 개별아(個別我)가 아닌 전일성(全一性)으로 나아간다. 사물을 변역(變易)의 관점에서 파악하여 음양의 상대(相待)와 유행을 말하는 것이며, 그리하여 역

---

73) 이강수, 『노자와 장자』, 길, 1997, p.62.
74) 라드크리슈난 저, 이거룡 옮김, 『인도철학사』 I , 한길사, 1996, p.30(옮긴이 이거룡 서문).

학(易學)의 자연관은 개별적 사물에 대한 실험에서 얻는 것이 아니라 모든 사물의 전일성과 상호 연관성을 깨달아 고립된 개별아라는 관념을 초극하여 궁극적 실재와의 합일을 지향한다.75) 나의 우주적 합일의 체험이 인간과 자연·만물의 상생적 기운의 만남이라 할 수 있다. 궁극적 실재의 체험은 개별아가 아니라 전일의 우주아가 되는 것이며, 이러한 우주아의 체험이 곧 우주의 생명력을 가중시키는 종교체험으로 이어진다.

　에너지 충만의 우주와 내가 합일되는 경지를 느끼는 것은 개별아에 머무르지 않고 궁극적 실재와의 만남을 통해서도 가능하며, 이는 최고아(最高我)의 체험이라고도 한다. 개별아라는 한정된 무지 무명에 머무르지 않고 이를 파탈한 우주아 내지 최고아를 체험하는 것이 종교체험의 특성이기 때문이다. 우주아 및 최고아가 제한된 개인아로 나타나는 것은 우리의 몸과 감각기관과 의근(意根)과 같은 한정된 부가물들의 영향이며, 이 부가물들은 곧 무지의 소산이다.76) 이에 무지를 제거함으로써 우리는 제한된 개체아가 분별적 망상에서 벗어나 지고의 우주아, 나아가 최고아로서의 궁극적 실재와 교류가 잦아질 때 우리는 실재의 계시와 깨달음의 지혜 속에서 살게 된다. 인도철학에서는 이를 브라흐만과의 합일이라고 본다.

　궁극적 실재와의 합일이라는 체험의 세계에서는 최고아(우주아)를 추구하는 것이며, 이는 명상의 고요한 경지를 체험하는 것과도 같다. 어떤 사람들은 명상의 최고의 경지에서 체험하는 그것은 분명 언어와 형상을 넘어선 절대적이고 궁극적인 경지라고 한다.77) 이것은 자신의 변별 수단

---

75) 곽신환, 「주역의 자연과 인간에 관한 연구」, 박사논문:성균관대학교 대학원 동양철학과, 1987.4, p.174.
76) 길희성, 『인도철학사』, 민음사, 2007, p.206.
77) 박석, 「명상과 사상과의 관계」, 『원불교사상과 종교문화』 30집, 한국원불교학회·원불교사상연구원, 2005.8, p.17.

으로 사용하는 언어, 개념, 나아가 이미지를 벗어나서 궁극적 실재와 최고의 경지에서 만나는 체험이기 때문이다. 종교적 명상이라든가 성리를 통해서 얻어지는 지고의 상태는 나의 깨달음을 향한 궁극적 경지로의 진입이며 그것이 우주아·최고아로서 궁극적 실재와 교류하는 것이라 볼 수 있다.

궁극적 존재라는 대상은 나에게 구원 감정과도 같은 성스러움의 가치체험을 유도하며 이것은 종교적 영역에서 더욱 빛을 발한다. 궁극적 존재에 관한 궁극적 관심 내지는 성스러움에 관한 가치 체험이 종교의 본질[78]이라는 점에서 이는 구원 감정의 종교체험과도 같다. 종교에서 추구하는 정신적 경지는 자기 구원을 향한 성스러움의 체험이기 때문이다. 종교인으로서 성스러움의 체험이 많을수록 그것은 깨달음과 관련되며, 궁극적 실재와 교류가 빈번하다는 의미이다.

이러한 교류의 매체로서 성자들은 성스러운 체험을 통해서 자타 모든 중생에게 구도의 결실을 얻게 해주며, 그로 인해 중생을 구원하는 스승의 지대한 역할이 나타나는 것이다. 고대의 위대한 종교 선각자 및 창시자들은 이러한 성스러운 체험을 경전의 기록으로 남기고 있다. 그들에 의해 전해진 종교사상의 핵심은 우주와 우리의 삶에 대한 궁극적이고 본질적인 통찰인 바, 여기에는 깊은 영감도 필요하고 일상의 평범한 의식 상태를 넘어서는 깊고도 성스러운 의식상태에 대한 체험도 필요하다.[79] 성자의 가르침을 받들어 수행하는 구도자들의 적공은 성스러움의 체험이 중시되지 않을 수 없는 것이다.

---

78) 김성관, 「원불교 일원상 상징의 융화 효능성」, 『원불교학』 제2집, 한국원불교학회, 1997, p.171.
79) 박석, 「명상과 사상과의 관계」, 『원불교사상과 종교문화』 30집, 한국원불교학회·원불교사상연구원, 2005.8, p.4.

이제 종교인은 어떤 방법으로든 궁극적 실재와의 만남을 통해 지속적인 종교체험이 필요하다. 그것은 신앙체험과 수행체험 등을 통해서 이루어질 것이다. 예컨대 우리에게 보편적으로 알려진 명상을 통해서 감추어져 있는 깨달음에 대한 체험의 영역에 있어서 많은 사람들에게 그것은 모든 사상의 영역을 넘어서는 궁극적인 체험이 된다.[80] 우리가 궁극적 실재와의 교류는 빈번할수록 인품의 향상과 신앙적 깊이가 가미될 것이며, 그것이 개인의 인격 성숙에 도움이 되는 다양한 종교체험의 장으로 제공될 것이다.

3) 궁극적 실재의 본질과 절대무

이성을 소유한 존재자로서 인간은 궁극적 실재의 본질을 인식하는 방식에 있어 유(有)의 방법과 무(無)의 방법을 도입하였다. 유는 지식에 의존하는 것이며 상대성을 띠는 것이라면 무는 직관과 초지식에 의존하는 것으로, 그러나 현대인들은 유의 지식에 의존하는 것이 대체적 성향이다. 철학과 종교에서는 존재를 철저히 인식하고 이해하기 위해 무를 도입하였는데, 무는 유에 상대되는 개념이었으나 유라는 존재가 불변의 실체가 아님을 알고 존재의 본질을 알기 위해 무를 절대무로 인식하기 시작하였다.[81] 현상의 상대적 유에서 바라보는 시각의 한계를 인지한다면 본질적 절대무의 세계에서 궁극적 실재의 파악이 요구되는 것이다.

종교와 철학의 세계에서 이러한 절대무가 등장한 것은 현상의 상대적 유의 세계가 지니는 한계를 극복하기 위함이다. 우리에게 감관되는 유의

---

80) 위의 책, pp.8-9.
81) 박상권, 「진리인식에 있어서 무」, 『원불교사상과 종교문화』 40집, 원불교사상연구원·한국원불교학회, 2008.12, pp.24-25.

현상세계에 집착한다면 우리는 평생 언어 문자에 구애될 것이며, 아울러 나의 변별적 영역에 사로잡힌 사유의 세계를 벗어나기 쉽지 않을 것이다. 어떤 실체를 인지하는 수단과 그 한계를 극복하려는 양면적 시각이 필요하다. 여기에 지식이 필요한 것이며 상대유의 세계가 설정되는 것이다. 곁들여 이와 상반된 초월적 절대의 세계, 곧 궁극적 실재의 세계가 직관되는 절대무의 세계도 필요한 일이다. 언어 문자로 모든 것이 표현될 수 있다는 생각은 언어 문자에 사로잡히는 일이다. 유무의 상대성을 극복하고, 언어 문자라는 변별적 인식의 도구마저 넘어서는 일이 요구되는데 그것이 종교적 절대무라는 세계로의 진입이다.

이러한 맥락에서 본다면 차별만상의 현상 세계가 신에 의해 창조되었다는 것이 기독교의 창조론이다. 기독교의 궁극적 실재관은 불교의 연기설, 유교의 태극 음양오행설과 대조되는 독단의 창조설로 거론되고 있다. 이러한 궁극적 실재 곧 신의 창조론은 어거스틴에 의하여 '무로부터의 창조'라는 신학적 해석을 수용하며, 『구약』「창세기」 창조설화(창1장)에서 어거스틴이 강조하는 절대무에서의 창조로 이어진다.[82] 절대무의 혼돈에서 형태적 질서로, 공허함에서 의미 충만의 빛으로 분리되어 드러난다는 것이다.

그러면 동양사상에 있어 궁극적 실재로서 절대무의 영역은 어떻게 접근되는가? 본래 음양의 존재론을 거론하는 『주역』에서의 모든 현상적 존재는 상호 음양 관계에 의해 존재하고 운동 변화하며 세계의 질서를 유지하는데, 당나라 왕필은 모든 변화와 운동의 근거이자 궁극적 상태로서의 무(無)를 언급하였다.[83] 왕필의 무에 있어 존재의 궁극적 양상은 『주

---

82) 김경재, 「기조발표-동서종교사상의 화합과 회통」, ≪춘계학술대회 요지-동서종교사상의 화합과 회통≫, 한국동서철학회, 2010.6.4, p.20.

역』에서 일음일양(一陰一陽)으로 운동하던 음양 관계론과는 다른 존재방식이라 할 수 있다. 왕필의 사상은 대체로『주역』보다는 노자『도덕경』의 영향을 더 받았기 때문이다. 왕필은 노자의 무사상을 적극 도입하여 도의 본질이나 도의 시원으로 거론하는데 이는 절대무와도 같은 성격이다. 노자에서 무는 도의 근원이자 본질로 접근되는 절대무이기 때문이다.

이러한 절대무의 세계가 우연인지는 몰라도 동서 사상에 의해 유사하게 접근될 수 있는데, 그것은 철학자 및 종교적 지도자들의 사유와 관련된 것이다. 하이데거는 절대무를 주장하였고 석가모니는 공(空)사상을 강조하였으며 노자는 무극을 주장하였다. 절대무를 강조한 하이데거나 공사상을 표방한 불교, 나아가 도가의 무극 등은 궁극적 실재의 본질을 절대무의 측면에서 이해하고 있음에 비해, 신비주의 기독교와 유교의 태극사상 등에서는 절대유로 파악하고 있어 서로 상반된 견해를 보이고 있다.[84] 궁극적 실재의 본질을 절대무로 다가서는 측면이 있는가 하면, 절대유로 다가서는 측면이 있음은 종교와 철학의 다원주의적 시각에 기인한다고 본다.

다원주의적 시각에서 볼 때 중국 송대의 주렴계가 밝힌 태극도설의 태극은 절대유의 시각과 관련되어 있다. 근원적으로 그것은 무극에도 근원하고 있으니(無極而太極) 절대무와도 배치되지 않는다고 사료된다. 사실 주렴계의 태극도설은 유교로서는 획기적이고 창조적인 이론의 시도라는 의미에서 그는 신유교의 비조가 되었다. 그가 절대유의 태극을 언급함에 있어서, 무극이라는 말도 구속 없이 사용하고 있는 것은 색다르다.[85] 태

---

83) 임채우,「왕필 역철학의 도가역학적 위상」,『원불교사상과 종교문화』40집, 원불교사상연구원·한국원불교학회, 2008.12, p.247.
84) 노권용,「교리도의 교상판석적 고찰」,『원불교사상과 종교문화』45집, 원광대 원불교사상연구원, 2010.8, pp.267-268.

극도설에서 밝힌 태극은 전통유교를 계승하면서도 신유학의 해석학적 기초를 다채롭게 하고 있다. 절대유와 절대무라는 양자의 사이에서 회통하는 것으로서 '무극이태극(無極而太極)'이라는 언급이 더욱 주목되는 이유이다.

주렴계의 태극론에 의하면 절대유의 경지에서 궁극적 실재가 드러난다는 사고이지만, 절대무를 배제하지 않고 있는 점이 동양 특유의 회통적 시각이다. 그가 설정한 무극과 태극의 관계에 있어서, 절대유에서 인지되는 궁극적 실재라는 말 역시 절대무와 불가분리의 관계 속에 있기 때문이다. 무극이라는 절대무의 경지에서 불교와 기독교의 궁극적 실재가 나타나며, 이에 궁극적 실재가 불교에서는 비인격적인 반면에 기독교에서의 궁극적 실재인 하나님은 인격적인 특징을 가진다는 점이 다를 뿐이다.[86] 아무튼 우리에게 현시되는 부처님이나 하나님은 현재의 삶에서 절대무의 현현이라면, 유교의 태극은 현재의 삶에서 절대유로서의 현현인 것이다.

하지만 절대무의 무(無)는 허무의 무가 아니라 생성 창조의 세계로 나아간다는 것을 상기해 볼 일이다. 절대적 무로 표상되는 우주의 궁극적 진리로서의 일원상은 우주 궁극자인 공이나 무의 상징이 아니라 아라비아 숫자의 제로(0)의 기원을 만들었다는 것이다.[87] 공과 무에서 숫자 0의 유라는 등식을 굳이 거론하지 않아도 유와 무가 넘다드는 경계가 된다.

---

85) 송천은, 「숭산종사의 종교관―일원상을 중심으로」, 숭산종사추모기념대회 『아, 숭산종사』, 원불교사상연구원, 2004.12.3, p.89.

86) 박상권, 「진리인식에 있어서 무」, 『원불교사상과 종교문화』 40집, 원불교사상연구원·한국원불교학회, 2008.12, p.15.

87) 송천은, 「숭산종사의 종교관―일원상을 중심으로」, 숭산종사추모기념대회 『아, 숭산종사』, 원불교사상연구원, 2004.12.3, pp.84-85.

이것은 유생어무(有生於無)라는 노자의 사상과도 통하는 논리이다. 궁극적 실재의 본질이 절대유와 절대무라는 간극 속에서 넘나들 수 있으며, 이러한 사유 성향에 따라서 양면적 시각을 조망할 수 있다는 뜻이다.

이러한 논리를 참조하여 원불교에서 궁극적 실재로 인지되는 일원상 진리를 접근해 보도록 한다. 일원상의 진리에서는 유상과 무상의 양면으로 이해할 수 있다. 소태산은 진리의 본질인 하나에서 출발하여 그 속성인 유와 무, 곧 유상과 무상으로 전개하고 다시 이들을 총섭한 하나를 천명하였으니, 유와 무 등의 어떤 양면 개념을 동원하더라도 진리의 본질이 하나라는 점이 우선시된다.[88] 유·무가 총섭된 세계로서 불교나 형이상학에서의 절대무나 유교의 절대유가 근원적 실체로서 서로 다르지 않다고 보기 때문이다. 내생이 없다는 일회적 생사를 강조하는 절대유의 유교적 사유에 대하여 내생이 있다는 영생의 생사를 강조하는 절대무의 불교적 사유가 설사 다르다고 해도 원불교에서 유상과 무상의 상관적 관계로 인해 회통되고 있는 것이다.

환기컨대 절대유와 절대무의 양면적 세계에서는 절대유 또는 절대무 어느 하나라도 배제하고 있지 않음에 유의할 필요가 있다. 궁극적 실재의 본질을 파악하는데 절대유와 절대무의 회통적 시각에 대한 원불교의 해석학적 접근이 요구된다. 다시 말해서 기독교의 실재관, 힌두교의 실재관, 불교 기신론의 여래장사상 나아가 원불교 은혜 생성론을 주목할 필요가 있다는 것이다. 「일원상의 진리」에서는 일원이 유정 무정의 일체 존재의 근원임을 밝히고, 각 존재들이 본질적으로 어떤 차별도 없는 절대무를 상징한 것이며, 아울러 개별 존재들로 나타난 현상들을 함유한 일체유를 내재하면서 무한한 조화를 생성하고 있다.[89] 이에 궁극적 실재

---

88) 위의 책, p.21.

의 본질이 일원상 진리에서 절대유를 섭렵하면서도 절대무를 지향하는 유상과 무상의 양면성이 교학적으로 재정립되어야 한다고 본다.

5. 궁극적 실재의 탐구와 응답

1) 궁극적 실재의 탐구영역

우리는 이성적 사유와 호기심으로 인해 나와 내 주변의 환경에 대하여 끊임없는 질문과 응답을 추구하려는 본능을 지닌다. 인간으로서 우리는 미완에서 완성에 이르려는 절대적 표상을 세우고 그곳으로 향하려는 철학적·종교적 심리를 지니고 있기 때문이다. 오랜 옛적부터 오늘에 이르기까지 커다란 의문과 끊임없는 연구의 대상으로 되어 있는 것은 자연과 인간에 관한 것으로 종교, 철학, 과학 등 모든 분야에 종사하는 사람들이 우주는 무엇이고 천지는 어떻게 해서 발생하게 되었는가의 발생 요인에 대하여 많은 언급과 의문을 제기해오고 있었던 것이 확실하다.[90] 학제간 연구를 통해 나와 자연 그리고 궁극적 실재의 탐구영역을 용이하게 접근할 수 있는 것은 이성적 사유와 근래의 학문 탐구의 덕택인 것이다.

특히 우리는 종교적 관점 내지 철학적 시각에서 궁극적 실재에 대한 탐구를 지속해 오고 있다. 인류 역사를 통해서 종교와 철학은 절대적 존재 또는 궁극적 실체로서 천지 만물의 창조자나 천지 만물의 궁극적 근원을 오랫동안 탐구해 왔다.[91] 이러한 탐구는 어느 일방에 의존하는 것이

---

89) 박상권, 「진리인식에 있어서 무」, 『원불교사상과 종교문화』 40집, 원불교사상연구원·한국원불교학회, 2008.12, p.16.
90) 불교신문사 편, 『불교에서 본 인생과 세계』, 도서출판 홍법원, 1988, p.51.

아니라 가능한 모든 채널을 동원하여 연구하는 것이며, 그것은 합리적 이성을 발휘하는 역량을 갖게 해준다. 오늘날 구체화된 학문의 영역으로서 자연과학, 인문과학, 사회과학, 종교철학 등의 다방면에서 내 주변과 나의 존재를 있게 한 궁극적 실재에 대한 연구가 활발해지고 있기 때문이다.

돌이켜 보면 궁극적 실재는 종교나 철학에서 다루는 본질 문제에 해당한다. 그것은 베다시대부터 중세까지의 인도사상에 대한 총체적인 조망으로 막스 뮐러의 『인도 육파철학』(1899)이 나온 이래 다양한 학자들에 의해 조망되었다. 라다크리슈난의 『인도철학사』(전2권, 1923) 외에도 히리야나의 『인도철학 개관』(1932)과 『인도철학의 정수』(1949), 다스 굽타의 『인도철학사』(전5권, 1922, 1932, 1940, 1949, 1955), 샤르마의 『인도철학에 대한 비판적 고찰』(1960) 등의 철학서에서 우리의 삶과 세계에 대하여 끊임없이 제기되는 동일한 문제들, 예를 들어 궁극적 실재가 철학사를 통하여 어떻게 다루어져 왔는가를 총체적으로 조망하였다.[92] 철학뿐만 아니라 종교학 등의 분야에서도 이와 관련된 연구가 빈번해졌다.

이와 같이 실존에 대한 보편적 이성을 추구하는 철학은 경이감에서 비롯되어 궁극 문제에 대한 지적 호기심을 불어넣는다. 그것은 궁극적 실재에 대한 철학자들의 사유에 맞물려 주요 목표로 삼는 성향이 강하기 때문이다. 철학은 경이감에서 출발하지만 철학이란 단순히 인간의 지적 욕구를 만족시키려는 것이 아니라 삶의 궁극적인 문제들과 근본적인 관심사들의 해결을 위한 인간의 끊임없는 모색인 것이다.[93] 철학은 지식의

---

91) 朴聖基, 「정산종사의 우주관」, 제17회 원불교사상연구 학술대회보 ≪鼎山思想의 현대적 조명≫, 원불교사상연구원, 1998년 2월 5일, p.80.
92) 라드크리슈난 저, 이거룡 옮김, 『인도철학사』Ⅰ, 한길사, 1996, p.22(옮긴이 서문).
93) 길희성, 『인도철학사』, 민음사, 2007, p.11.

제3장 궁극적 실재와 법신불

호기심에 더하여 체험적 실제에서 나의 존재와 우주 대자연의 존재, 나아가 우리의 삶을 완성토록 하는 궁극적 실재에 대한 탐색을 지속하고 있다.
 이러한 궁극적 실재의 탐색은 엄밀히 말해서 형이상학 분야에서도 깊은 관심속에 진행되어 왔다. 형이상학이란 우주의 궁극적 실재 내지 세계 전체에 대한 체계적이고 포괄적인 해석이며, 이 해석은 하나의 사실적인 성격을 지니고 있다.94) 지식을 수단으로 한 과학이 발달하기 이전에 형이상학적 해석이 설득력을 지녀왔던 것이다. 오늘날 과학적 지식의 동원과 형이상학적 인식의 방법들이 접점을 찾는 방향에서 학제간 연구가 활발해지고 있다. 형이상학이 순수 인문학 분야에서 앞으로 이와 관련된 탐구에 큰 역할을 하리라 본다.
 인문학적 과제를 상기한다면 동양의 궁극적 실재의 개념은 철학은 물론 형이상학에서 주로 모색되어 온 것이 사실이다. 그것들의 탐구 영역이 이와 직결되고 있는 바, 이를테면『주역』의 십익(十翼)과『중용』에서 천·도·성(天·道·性) 등 형이상학적 실체 개념이 주제로 등장하는 것은 전 존재를 포섭할 수 있는 궁극적 실재가 통일의 근거로서 요청되는 시대적 상황과 무관하지 않다.95) 관심을 끄는 것은 인간과 자연의 관계를 설정하여 천인합일의 정신을 도모하는『주역』에서 형이상학의 의미를 설명하고 있다. '형이상자위지도 형이하자위지기'(形而上者謂之道, 形而下者謂之器)라는『주역』「계사전」상의 12장의 언급이 이것이다. 도와 궁극적 실재의 탐구 영역으로서 철학 내지 형이상학이 지니는 의미가 크다고 하지 않을 수 없다.

---

94) 위의 책, p.14.
95) 최영진,『易學 사상의 철학적 연구—주역의 음양대대적 구조와 중정사상을 중심으로』, 박사논문:성균관대학교 대학원, 동양철학과, 1989, p.16.

형이상학에 이어 논리학이나 미학 등에서도 궁극적 실재가 모색될 수 있다. 아리스토텔레스는 논리학, 칸트는 인식론, 나아가 윤리학·미학의 견해가 도출되었는데 이는 궁극적 실재에 대한 이론적 세계관의 구성을 위하여 많은 역할을 해왔다.[96] 다시 말해서 궁극적 실재가 논리적으로 접근될 수 있고, 서구 인식론을 통해서, 또는 윤리학이나 미학 등에서 주로 다루어지고 있다는 것이다. 특히 종교나 철학 등은 이에 대한 관심이 집중되고 있다.

만일 궁극적 실재의 탐구영역이 어느 하나로 좁혀진다면 그것은 합리적이고 보편적 인식의 폭이 사라지는 결과로 이어진다. 역사가들의 경우 문학의 역사, 예술의 역사, 풍습의 역사, 종교의례의 역사, 산업경제의 역사, 과학기술의 역사, 제반 학문의 역사, 허와 실의 역사, 민중의 역사, 인물의 역사 등 제반 분야의 역사를 전공하는데, 그 어느 한 측면에서만 인간의 삶을 본다는 것이 얼마나 큰 잘못이 되는가를 절감할 것이다.[97] 궁극적 실재에 대한 학제간의 연구는 다양한 시각에서 조망되는 관계로 인해 보편성과 그 효용성이 커지고 연구의 영역이 좁혀지는 한계를 극복하게 해준다.

궁극적 실재의 탐구 영역 중에서도 주목되는 것은 불교의 유식학이나 정신분석학 등으로 여기에서 이와 관련된 연구가 심화되어야 한다. 이를테면 불교의 유식학에서 아뢰야식설, 정신분석학에서의 실재관이나 무의식관[98]의 연구가 학자들에 의해 심도 있게 요구된다는 것이다. 물론 여타의 종교와 철학, 과학과 형이상학, 역사학과 문학 등의 제반 학제간

---

96) 쿠르트 프리틀라인 저, 강영계 역,『서양철학사』, 서광사, 1985, p.29.
97) 불교신문사 편,『불교에서 본 인생과 세계』, 도서출판 홍법원, 1988, p.25.
98) 이만,「제8아뢰야식과 무의식에 관한 비교」,『한국불교』 4(한국불교학회 편, 한국불교학 제6집), 불교학술연구소, 1995, p.116.

연구를 통해서 궁극적 실재는 그 특성을 지니면서 체험의 영역으로까지 다양하게 접근되어 탐구될 수 있는 것이다.

  종교적 시각에 한정할 경우, 궁극적 실재에 대한 탐구는 어디까지나 종교 영역이라고 주장할 수 있다. 신앙의 대상과 궁극적 실재는 일치하는 관계 때문이다. 그러나 그것은 종교의 영역이면서도 철학이나 형이상학적 시각을 참조하지 않을 수 없는 것이다. 예컨대 궁극자로서의 일원상은 우주를 관통하는 궁극적 진리를 도형의 상징과 언어로 가시화한 것이기 때문에 형이상학적인 이해를 필요로 한다[99]는 점을 참고할 일이다. 궁극적 진리, 나아가 궁극적 실재에 대한 탐구가 학제간 상호 조명으로 그 지평 확대가 이루어진다는 것은 종교 영역에서도 바람직한 일일 것이다. 그것은 종교에서 추구하는 실재의 영역을 보다 넓은 시각에서 바라볼 수 있기 때문이다.

2) 궁극적 실재에 응답하는 종교

  궁극적 실재에 다가서려면 그것이 지니는 의미가 무엇인가를 정확히 파악해야 한다. 서양학자 폴 틸리히의 언급을 빌리면 이를 궁극적 관심과 연계하고 있다. 그는 종교를 '궁극적 관심'이라 하여 종교 자체는 절대적 존재, 궁극적 진리 등에 대한 궁극적 관심을 의미한다[100]고 하였다. 여기에서 궁극적 관심과 종교의 절대자에 대한 신성이 일치되는 바, 궁극적 실재에 다가서기 위해서는 종교가 당연히 그 본질에 대하여 깊이 다가서도록 해야 한다고 본다.

---

99) 박상권, 「원불교 신앙론」, 『인류문명과 원불교사상』(上), 원불교출판사, 1991, p.228.
100) 원불교학교재연구회 편, 『종교와 원불교』, 원광대출판국, 2003, p.22.

종교란 인간이 실존과도 같은 궁극적 관심에 귀 기울이는 것을 간과할 수 없으며, 이러한 관심이 종교의 핵심적 역할이라 본다. 서구의 폴 틸리히에 이어 동양의 한 철학자는 종교란 한마디로 말해 인간으로서의 생활방식(西谷啓治,『佛敎について』, 1982, p.18)이라고 하였는데, 인간이 인간으로서의 삶에 있어서 궁극적인 관심을 쏟으며 사는 생활방식을 종교라고 하였다.[101] 궁극적 관심이란 관심의 수많은 대상 중에서 정점에 있는 것을 말한다. 그것은 인간의 존재 이유와 인간을 존재하게 하는 그 절대적 원리나 대상에 대한 관심 등을 말한다.

종교의 속성은 무엇보다 궁극적 관심을 벗어나 있을 수 없다. 과학은 현상의 나타난 세계를 사실적으로 언급한다면 종교는 보이지 않는 본체의 세계를 조망한다는 면에서 후자가 궁극적 관심에 주로 관련된다는 뜻이다. 사실 종교는 인간의 행위와 삶의 방법, 그리고 죽음을 인식하고 괴로운 현실을 정당화하는 일련의 상징적 표현과 활동 영역이므로 모든 종교는 궁극적 관심을 취급하려 한다.[102] 형이상학이나 철학에서 다루는 궁극적 실재의 보편적 의미에 더하여 종교는 구원이라는 시각의 차원에서 보다 깊은 경지로 나아가는 특성을 지니고 있는 것이다.

물론 궁극적 실재에 대한 관심을 불러일으키는 것은 종교만이 아니라 철학의 영역이기도 하다. 실재에 대한 신앙적 해석 내지 보편학문적 해석이 이들 양자에게 중요한 과제이기 때문이다. 대승불교의 실재관에 영향을 받아 우파니샤드와 『브라흐마경』을 재해석하고 철저한 일원론적인 존재론을 전개한 것이 샹카라의 불이론적 베단타철학으로, 여기서는

---

101) 이기영, 「현대에 있어서의 종교의 진리성」, 『인류문명과 원불교사상』(下), 원불교출판사, 1991, p.1394.
102) 박영학, 「문명충돌과 한국의 종교·언론 과제」, 제21회 원불교사상연구 학술대회 ≪21세기와 원불교≫, 원불교사상연구원, 2002.1, p.89.

제3장 궁극적 실재와 법신불

순수한 존재, 식(識), 희열로서의 브라흐만이 유일무이한 실재이다.[103] 불교와 우파니샤드 철학은 이처럼 서로 영향을 주고받으며 실재론의 본질 파악과 그 공감대를 불러일으켜 왔다.

그러면 불교의 궁극적 실재에 대한 응답은 무엇인가? 불교의 실재관은 인연생기론(因緣生起論)으로, 법(다르마)을 본 자는 연기(緣起)를 본 자요, 연기를 확철한 자는 해탈한 자 그리고 깨달은 자가 된다.[104] 궁극적 실재가 기독교처럼 저 너머에 존재하는 신이 아니라는 것이다. 기독교의 신·인(神·人) 분리와 달리 불교는 누구나 성불할 수 있으며, 해탈하고 깨달은 자는 궁극적 실재(佛)에 합류한 셈이다. 깨달음의 종교가 전개하는 궁극적 실재의 세계는 위로부터 내려오는 계시의 종교와 달리 현실의 평등적 합일의 세계 곧 생멸과 진여의 양대문에서 일체화되는 것이다.

궁극적 실재와 인간의 합일 내지 분리를 불문하고 상호 관계를 돈독히 하지 않는 종교는 성립할 수 없다고 본다. 토인비는 종교의 본질에 대하여 '우주 현상의 배후에서 그것을 초월한 궁극적 실재에 대한 인간의 관계'로 규정하였는데, 궁극적 실재와의 관계를 전제함이 없는 종교는 성립될 수 없다는 것이다.[105] 인간이 존재하며 의존하는 제1원인으로서의 궁극적 실재를 상정하는 것이 종교의 신앙에 있어서 살아있는 생명력이기 때문이다.

특히 하등종교에 비해 고등종교는 궁극적 실재와 인간의 교류를 직접 주선하는 것으로 보았다. 토인비에 의하면 고등종교란 개개의 인간을 궁

---

103) 길희성, 『인도철학사』, 민음사, 2007, pp.267-268.
104) 김경재, 「기조발표—동서종교사상의 화합과 회통」, ≪춘계학술대회 요지—동서종교사상의 화합과 회통≫, 한국동서철학회, 2010.6.4, pp.17-18.
105) 송천은, 「원불교의 성리인식」, 류병덕 박사 화갑기념 『한국철학종교사상사』, 원광대 종교문제연구소, 1990, p.1127.

극적·정신적 실재와 직접 교류시키려 하는 종교요, 하급종교는 어떤 중간적인 매개(비인간적인 자연 혹은 집단적인 인간 권력)를 통해서 간접적으로 우리를 정신적 실재와 교류시키려 하는 종교를 말한다.[106] 모두가 궁극적 실재와의 교류를 추구하지만 그 수단이나 방법 여하에 따라 종교의 위상과 품격이 달라진다는 것이다. 그에 있어서 미개한 종교나 하등적인 종교를 바라보는 시각은 궁극적 실재와의 교류에 있어 간접적인 방법론으로 접근하는 것이므로 오늘의 고등종교가 될 수 없다고 본다. 중요한 것은 어떤 종교라 해도 궁극적 실재에 직접 교류하여 응답하는 종교여야 한다는 것이다.

종교를 직업으로 하여 살아가는 성직자는 궁극적 실재와 직접 교류하고, 그 실존의 물음에 적극 응답해야 한다. 그들은 절대자와의 교류를 하고 또 주선하는 역할을 담당하기 때문이다. 무엇보다도 인간이 왜 살아야 하며 어떻게 살아야 하는가와 같은 궁극적 물음에 대한 답은 성직자의 입에서 구하는 것이 상식이다.[107] 그들은 일반인들에 비해 신앙적 깊이가 있고 높은 도덕적 수준을 지니는 인품과 권위가 부여되어 있으므로 일반 신도들에게 인생의 상담자로 간주된다. 이에 더하여 신앙의 대상에 대한 깊이 있는 이해는 중생들로 하여금 궁극적 실재를 체험하는데 길잡이가 된다는 면에서 지고의 실재로 인도하는 과제가 성직자들에게서 부여되어 있는 것이다.

원불교의 경우도 이의 예외가 될 수 없다고 본다. 원불교는 처음부터 종교 화해와 궁극적인 일치의 실현을 중시했다.[108] 원불교를 창립한 소

---

106) 토인비(최혁순 역), 『Surving the Future』, 문예출판사, pp.65-66.
107) 류성민, 「성직자 지원자 현황과 전망」, 『전환시대의 성직자 교육 현황과 전망』, 영산원불교대학교 출판국, 1997년, p.16.
108) 宋天恩, 『열린시대의 종교사상』, 원광대학교 출판국, 1992, p.499.

태산은 유년기 지각이 열리던 7세 때부터 궁극적 실재와 직접 교류하려는 구도의 역정이었다. 하늘은 왜 푸르고 구름은 왜 떠다니는가 등 우주의 궁극적 실재를 알고 싶어 하는 마음이 충천하였던 것이다. 그러한 욕구가 충족되지 않자 산신과 도사를 만나려는 의지로 인해 궁극적 실재에 다가서려고 하였지만 허사였으니 "장차 이일을 어찌할꼬"라는 좌절감에 사로잡히고 말았다. 의심의 극단에 가서야 마침내 궁극적 실재로부터의 응답 곧 일원상의 진리를 깨달은 것이다.

　소태산이 깨달은 내역과 같이 어떠한 형태의 종교든 그것이 고등종교에 속한다면 대부분 절대적 진리와 관련된 종교체험이라는 궁극의 세계에서는 상통한다고 본다. 원불교는 유불도 삼교의 교리와의 만남을 통해 궁극적 실재의 보편성을 추구하였다. 원불교의 교리에 입각한 일원상 진리는 모든 종교를 서로 상통시키는 원만한 교리가 되도록 하였고, 정산 종사는 삼동윤리로써 하나로 연결됨을 밝혀주었다.[109] 일원상 진리와 회통하지 않는 종교적 교의는 그것이 고등종교의 종교체험과 회통이라는 면에서 보편적이지 못할 수가 있다. 동서의 모든 종교가 추구하는 궁극의 진리는 직접 교류를 중심으로 하는 절대자 혹은 성자와의 체험세계에서 하나로 만날 수 있음은 보편종교의 역사에서 확인할 수 있다.

---

109) 박장식, 『평화의 염원』, 원불교출판사, 2005, pp.245-246.

제4장
원불교의 문목과 성리

1. 의두 성리가 강조되는 이유

고금을 통하여 화두, 곧 의두·성리가 도가에서 강조되는 이유가 있다면 그것은 무엇 때문인가? 수도인은 누구나 성리만은 통해야 하며 수도인이 성리를 통하지 못하면 정신계의 성년이 될 수 없는 바, 깨치기 전의 닦음이란 곧 오염수(誤廉修)이기 때문이다.[1] 따라서 성리 연마를 통해서 무지와 무명을 극복하고, 혜두를 단련함으로써 진리의 깨달음에 다가설 수 있는 길을 모색하자는 뜻이다.

의두·성리가 강조되는 이유는 또 있다. 소태산은 성리에 근원하지 않는 것을 원만한 도가 아니라 한 것처럼, 부처와 나를 둘로 보는 미혹한 신앙을 극복하라[2]고 하였기 때문이다. 참 성품을 발견하지 못한다면 그것은 사마외도(邪魔外道)일 따름이며, 우상이나 미신숭배의 길로 떨어질 우려가 있는 것이다. 이에 진리적 종교와 사실적 도덕에 근원한 정법교리에서 깨달음의 방편인 의두·성리를 강조하지 않을 수 없다.

문목(의두·성리)은 전통사상의 맥락에서 본다면 유교의 성리, 불교의

---

1) 송천은, 「원불교의 성리인식」, 류병덕 박사 화갑기념 『한국철학종교사상사』, 원광대 종교문제연구소, 1990, p.1131(주5).
2) 박길진, 『대종경강의』, 원광대학교 출판국, 1980, p.273.

화두(공안) 등과 그 맥락이 통한다고 본다. 유교 성리학은 인간의 성품을 성즉리(性卽理)라는 논리 구조와 관련지어 본연의 성품을 궁구해 들어가는 의리학으로 발전하였다. 불교의 화두는 논리를 뛰어넘은 관조와 격외의 문답에 의하여 보다 본질적인 깨달음으로 유도하였다. 원불교의 의두 성리도 전통사상의 흐름과 그 맥락이 통한다고 보며, 이에 본 연구는『수양연구요론』에 나타난 137항목의 문목의 개념과 그 변천을 중심으로 접근하였다. 그것은 오늘날 의두와 성리의 출발이 문목(問目)인 바, 의두ㆍ성리를 연구하는 기초적 접근이 문목이라는 점 때문이다. 이에 원불교의 의두나 성리의 이해는 경전으로서 그 효시가 되는『수양연구요론』의 '문목'에 대한 이해가 선행되어야 한다.

본 연구는 다음의 몇 가지 항목에 대한 문제의식에서 비롯되었음을 밝힌다. 첫째 문목이 처음 등장한『수양연구요론』의 초기교서로서의 의의가 있다면 그것은 무엇인가, 둘째 문목의 개념은 교리적으로 어떻게 변천되었는가, 셋째 문목의 항목은 어떻게 변천되었는가, 그리고 이를 통해 나타난 문목의 의의와 과제는 무엇인가에 관한 것이다. 이는 137조항의 문목을 이해하는데 밝혀져야 할 주요사항들이다.

그간 의두ㆍ성리에 대한 저술이나 선행 연구는 지속되어 왔다. 박길진의『대종경강의』(1980), 안이정의『의두 성리연마』(1988), 송천은의 「원불교의 성리인식」(『한국철학종교사상사』, 1990), 박상권의 「소태산 성리해석의 지향성 연구」(『원불교사상과 종교문화』 32집, 2006.2), 정순일의 「성리개념의 변화와 그 본질」(『원불교사상과 종교문화』 35집, 2007.2) ㆍ「원불교 성리의 성립사 연구」(『원불교사상과 종교문화』 33집, 2006.8), 류성태의 「수양연구요론의 문목 연구」-문목의 변천을 중심으로(『원불교사상과 종교문화』 제45집, 원불교사상연구원, 2010.8) 김영민의『원불교의 성리에 관한 연구』(박사학위논문, 1999)등 다수의 논문3)이 있다.

이러한 연구를 참조하면서 본 연구의 범주는 『수양연구요론』에 나오는 137조항의 문목을 포괄하였음을 밝힌다. 그리고 문목의 범주는 협의와 광의로 나누어지는데, 본 연구는 협의와 광의의 양면에서 접근하였다. 즉 협의의 경우 문목을 의두·성리와 차별화하여 사용한다는 뜻이며, 광의의 경우 문목을 의두·성리와 구별하지 않고 사용한다는 뜻이다. 그것은 원불교 성리와 의두의 출발이 문목에서 비롯된 만큼 문목이 그 양면성을 지니고 있다는 사실 때문이다. 우선 『수양연구요론』의 문목 연구에 있어 문목의 등장배경이 무엇인지 파악하는 것에서 본 연구의 실마리가 풀릴 것이다.

2. 『수양연구요론』의 문목 등장

『수양연구요론』은 『불법연구회규약』과 더불어 원기 12년(1927)에 발간된 원불교 최초의 교서이다. 소태산의 변산 주석기인 원기 5년(1920) 「교리강령」이 확립되던 사상적 기반 위에서 초안되어, 『불법연구회규약』과 함께 발행된 것으로 원불교 최초의 활자화된 교서라는 것이다.4) 이전

---

3) 그 외에도 「원불교 의두에 관한 一考」(『정신개벽』 제16집, 신룡교학회, 1997), 「원불교성리의 신유학적 연원」(원불교학 4집, 1999.12.25), 「원불교성리탐구방법에 대한 연구」(원불교학 3집, 1998.12.25), 「원불교성리의 활용방안」(원불교사상 23집, 1999.12.25), 「성리품 격외문답의 논리구조와 해석학적 의미」(『원불교사상과 종교문화』 37집, 한국원불교학회·원불교사상연구원, 2007.12) 등이 있다.
4) 양은용, 「수양연구요론의 구조와 성격」, 『원불교사상』 14집, 원불교사상연구원, 1991, p.342.

까지는 대종사의 구전심수의 분위기였지만 원기 12년부터는 인쇄 활자본이 보급되었다는 점에서 교법 전파의 시대, 출판문화의 시대를 열었다는 점에서 의의가 크다고 본다.

원기 12년 5월에 발간된 『수양연구요론』은 이보다 2개월 앞에 발행된 『불법연구회규약』과 더불어 교리형성사적 관심을 유도한 교서이기에 충분하다. 그것은 최초로 발간된 교서적 가치에 더하여 소태산의 미래 교법에 대한 방향성을 파악할 수 있기 때문이다. 따라서 전자의 경우는 전문수련과 교강의 형성에 관련하여, 후자의 경우는 불법연구회의 생활규범과 구성조직에 관련하여 교조의 포부와 경륜을 파악할 수 있다. 이 두 교서는 최초의 역사적 출판물이라는 이유뿐 아니라 교단이 성숙된 문화 차원으로 지향한다[5]는 점에서 그 의미를 부여할 수 있다.

『수양연구요론』에는 「정정요론」(상·하)가 산입되어 있는데, 「정정요론」은 한문본 『정심요결』을 번역하여 편입한 것이다. 다시 말해서 이 「정정요론」은 정산이 입수한 한문본 『정심요결』을 이춘풍이 번역하여 소태산이 저술한 『수양연구요론』 전반부의 상하에 편입한 것이다.[6] 그리고 『정심요결』은 『영보국정정편』에 이어 『태극제련내법』을 연원으로 삼고 있다는 점에서 『수양연구요론』 「정정요론」의 계보 파악에 도움이 되고 있다.

이러한 연원서적 의미를 간과할 수 없겠지만 『수양연구요론』은 소태산의 교법 구상에 의한 초기교리 형성의 궤적을 알 수 있다는 점이다. 『수양연구요론』에는 『불법연구회규약』 제1장 총칙 제4조에 '본회는 불조 정

---

5) 이운철, 「출판언론사」, 『원불교 70년정신사』, 성업봉찬회, 1989, p.546.
6) 박병수, 「송정산의 수심정경 연구」, 『원불교사상』 21집, 원불교사상연구원, 1997, p.426.

전의 심인을 오득하고, 공부의 요도 삼학팔조와 인생의 요도 사은사요를 실천함으로써 그 교의로 함'이라는 강령적 언급보다는 삼강령 팔조목에 대한 내용이 구체화되어 있는데, 그것은 '정신을 수양하면 마음이 편안하여 일이 없어지고 심령이 밝아진다 하니 연구할 사, 사리를 연구하면 일과 이치가 밝아진다 하니 연구할 사, 작업을 취사하면 넉넉하고 급함이 곳을 얻어 골라 맞으며 시비이해가 밝아지고 세세생생 그침이 없는 부귀빈천이 들어난다 하니 연구할 사'[7]라는 언급에서 잘 알 수 있다. 이처럼 『수양연구요론』에는 「정정요론」 상·하편의 수록과 더불어 수양의 필요성과 연구의 강령, 진행조건과 사연조건, 공부의 진행순서 등이 자세히 언급되어 있다.

그럼에도 불구하고 본 『수양연구요론』은 원기 17년(1932) 『육대요령』을 발행한 이후 초입자들에게 이의 접근이 허락되지 않았다. 그것은 『육대요령』이 출간되던 1932년까지 5년간 교서로 활용되다가 교리체계를 갖춘 첫 『교전』으로서 『육대요령』의 발간과 그 위상을 세우고자 함이었다. 『육대요령』이 나오기 이전에는 『불법연구회규약』, 『수양연구요론』이 활용되었으나 『육대요령』의 발간과 더불어 이에 체계적인 교리서의 가치를 인정하였기 때문이다.[8] 그것은 또 『수양연구요론』이 과도기에 출판된 임시의 보조 교재였음을 의미하는 것이다.

아울러 『수양연구요론』과 여타 초기교서의 관계를 파악함으로써 그것이 갖는 교서적 위상을 살펴보도록 한다. 우선 본 요론과 『조선불교혁신론』의 관계를 소홀히 할 수 없는데, 혁신론은 비록 원기 20년에 발간되었

---

7) 『교고총간』 4권, 44쪽(한정석, 「교리형성사」, 『원불교70년정신사』, 원불교출판사, 1989, p.384).
8) 한종만, 「보경 육대요령 解題」, 『원불교사상』 4집, 1980, p.278.

다고 해도 이미 원기 5년 변산 주석시에 『수양연구요론』과 더불어 『조선불교혁신론』을 구상하였기 때문이다. 변산 석두암 주석기에 소태산은 밖으로 승려들과 교제하며 재래 사원의 법도를 일일이 청취하고, 안으로 새 회상의 첫 교서 초안에 분망하니 『조선불교혁신론』과 『수양연구요론』 등이 차례로 초안되었다9)는 점을 간과할 수 없다.

나아가 『수양연구요론』과 『육대요령』, 『불교정전』, 『정전』과의 관계를 살펴보도록 한다. 초기교서의 변천사에서 주요 교서 발간의 행적을 살펴보면 『불법연구회규약』 및 『수양연구요론』의 등장과 더불어 원기 17년 『육대요령』의 교리적 체계화에 이어 원기 28년 『불교정전』의 기반 속에 오늘의 『정전』 발간으로 이어진 것이다.10) 본 요론이 비록 초기교단의 임시교재로 활용된 한계가 있다고 해도 후래의 교서 발간에 기반이 되었다는 점에서 교서 형성의 효시적 의미를 지닌다는 뜻이다. 이 요론에서는 처음으로 문목을 등장시키고 문목 연마를 중시하였으며, 후래 교서에서는 이의 영향을 받아 문목이 의두와 성리로 정착되면서 진리 연마의 중요한 교리로 취급하였다는 점에서 상호 이해가 필요하다.

이에 『수양연구요론』에서 주목해야 하는 것은 제6장 「각항 연구문목」이다. 그것은 본 요론에서 문목이 차지하는 비중이 크기 때문이며, 정기훈련 과목에서 문목(의두와 성리)이 차지하는 비중 또한 크기 때문이기도 하다. 문목은 『수양연구요론』의 연구에 해당되는 4개장 중 1개장에 불과하나 그 분량은 상당수를 차지하고 있으며 내용은 '연구할 문목' 137개조11)라는 점에서 『수양연구요론』의 중요성을 알 수 있다.

---

9) 李空田, 「蓬萊制法과 益山總部 建設」, 『圓佛教七十年精神史』, 聖業奉贊會, 1989, p.170.
10) 류성태, 『정전변천사』, 원불교출판사, 2010, pp.129-427참조.
11) 정순일, 「원불교 성리의 성립사 연구」, 『원불교사상과 종교문화』 33집, 한국

특히 교리변천의 과정을 모색할 때 『수양연구요론』에 수록된 문목은 의두・성리의 정착과 관련된다고 보는데, 그것은 원불교의 교리형성에 있어 의두와 성리의 연원이 문목이기 때문이다. 따라서 본 요론의 문목이 어떻게 변천되었는가를 파악함으로써 『수양연구요론』을 통한 교리형성사 내지 교서발전사의 관점에서 문목에 대한 구체적인 천착이 요구된다[12]는 것이다. 이것은 또한 초기교단의 공부 풍토를 형성하는데 있어서 문목이 차지하는 비중이 컸다는 점에서 문목의 변천과정에 대한 연구가 필요하다.

돌이켜 보면 수양과 연구 등 삼학의 전문공부를 위해 소태산은 『수양연구요론』을 발간하고, 본 교서에 문목항목들을 제시하였다. 『수양연구요론』은 전문 수양의 방법과 각항 연구조목을 지정한 경전이니, 석두암에서 소태산은 초안에 그친 후 익산 총부로 옮긴 뒤까지 상당한 시일을 두고 가다듬고 보완하여 원기 12년 5월에 발간하도록[13] 깊은 관심과 노력을 하였다. 그는 원기 5년 봉래산에서 교강 선포와 문목을 연마한 후, 원기 9년 익산총부에 거처를 옮기면서 원기 12년 전무출신 제자들에게 전문 연구공부를 위하여 문목 137항목을 제시한 것으로 사료된다. 따라서 『수양연구요론』은 문목을 통해 전문 연구를 강조하고 있으니, 재가 중심의 교서라기보다는 출가 수도인의 전문 교과서적 성격을 지니고 있다. 본 『수양연구요론』에 문목의 게재에 더하여 『정정요론』(상・하)까지 수렴하였으니 극절한 공부법으로서 전문가의 참고서 역할을 하였다.

원불교학회・원불교사상연구원, 2006.8, pp.64-65.
12) 양은용, 「수양연구요론의 구조와 성격」, 『원불교사상』 14집, 원불교사상연구원, 1991, pp.343.
13) 이공전, 「봉래제법과 익산총부 건설」, 『원불교70년정신사』, 성업봉찬회, 1989, pp.170-171.

더욱이 본 요론의 문목은 『정전』의 의두와 성리 정착으로 이어진다는 점을 고려할 필요가 있다. 원불교 초기교서에 나타난 교리 용어들은 그 효시적 성격이 강하다. 『수양연구요론』, 『육대요령』, 『불교정전』은 오늘의 『교전』과 연계한다면 교리 용어에 있어서 효시의 가치가 얼마든지 발견되며, 그것은 교단의 초기교서에 등장한다는 사실 때문이다. 『수양연구요론』 제6장에서는 「각항 연구문목」이 처음 등장하고 있다는 점에서, 의두 성리라고 할 수 있는 것은 원기 12년에 출간된 『수양연구요론』의 137항 연구문목이라 소추할 수 있다.[14] 『불교정전』과 『정전』에 거론되는 의두와 성리를 조망해 볼 때 『수양연구요론』에 등장한 문목의 효시적 가치를 무시할 수 없다. 이에 문목의 변천사적 접근은 우선 문목의 개념 변천에서 그 실마리를 모색할 필요가 있다.

3. 문목 개념의 변천

문목의 개념은 자연과 진리 연마에 관련되며, 자의적으로는 의심항목 곧 의문요목(疑問要目)의 준말이라 볼 수 있다. 그것은 교서가 정립되면서 의두요목과 성리로 정착되는 과정을 겪었다. 즉 『수양연구요론』에 있던 문목이 『육대요령』에서는 문목·의두, 『불교정전』에서는 문목·의두·성리, 『정전』에서는 문목이 사라지고 의두·성리라는 용어로 정착되었다.

그러면 문목의 개념이 점차 의두와 성리로 변화된 이유는 무엇인가?

---

14) 김영민, 「원불교 의두에 관한 一考」, 『정신개벽』 제16집, 신룡교학회, 1997, pp.84-85.

그것은 대체로 소태산의 구도과정에 나타난 자연현상에 대한 의두가 거의 삭제되었으며, 후래 불조의 공안이 주를 이루는 형태로 바뀌었고 성리에 대한 정의에 약간의 수정이 있었던 것15)과 관련된다. 이러한 전반적인 변화의 추이는 문목이 등장한 『수양연구요론』이 임시교재의 성격에서 점차 교리체계를 갖춘 교서의 발간에 따른 영향을 무시할 수 없다.

교서 발간의 효시가 된 『수양연구요론』의 문목의 개념은 소태산의 구도과정과 관련되어 있다. 그가 구도하면서 매사에 의심을 가졌던 것이 문목들이었기 때문이다. 소태산은 7세에 우주 자연의 이치를 알고자 하는 호기심에서 남다른 면모를 보이고 있다. 그에 있어 사계절의 변천과 일월왕래, 풍운우로, 만물의 생로병사에까지 어느 것 하나 의두 아님이 없었다.16) 9세 때에는 인간사에 대한 의심에 뒤이어 10세에 산신조우를 위해 기도를 시작한 것이며, 15세가 넘어서부터 구사고행을 통해 대각을 이루기까지의 고난의 역정은 자연현상과 관련한 문목의 연마와 관련되는 것이다.

이 같은 문목 연마에 있어서 문목의 개념상 주의할 점은 문목의 용어가 교서의 변천과정에 따라 의두와 성리로 분화되었고, 또한 오늘의 『원불교 전서』에서 사라졌다는 것이다. 즉 『수양연구요론』에서 처음 등장한 문목과 『육대요령』의 훈련편에 등장한 문목의 용어가 『정전』에 보이지 않는 관계로, 오늘의 의두나 성리의 전개로 보아야 한다. 문목이 오늘의 의두・성리의 성격으로 초기교단에서 한동안 사용되었던 것을 고려하자는 것이다.

---

15) 정순일, 「원불교 성리의 성립사 연구」, 『원불교사상과 종교문화』 33집, 한국원불교학회・원불교사상연구원, 2006.8, p.72.
16) 유허일, 「대종사성탑비명병서」 참조(원불교사상연구원 편, 『원불교 인물과 사상』(Ⅰ), 원불교사상연구원, 2000, p.217).

따라서 문목의 개념이 후래 교서에서 어떻게 변천되었는가를 연구해볼 필요가 있다. 초기교서에 나타난 용어의 변천사를 보면『수양연구요론』에서는 각항 문목, 『육대요령』에서는 문목・의두・성리, 『불교정전』에서도 문목・의두・성리, 『교전』에서는 의두・성리로 변화되었음을 알 수 있다(표1 참조).

〈표1〉 초기교서에 나타난 문목의 변천과정

교서 내용	변천 내역	항목 수	비 고
수양연구요론	문 목	137	의두와 성리의 未分
육대요령	문목(의두)・성리		의두는 '의두문목'
불교정전	의두(문목)・성리	47	문목용어는 일기법에 단 1차례 사용
교전(정전)	의두・성리	20	문목 용어는 사라짐

주지하듯이『수양연구요론』에 나온 문목은 자연, 인간, 진리라는 범주 등에 관련되어 오늘의 교서에 등장하는 것처럼 의두나 성리와 같은 역할을 하였다. 소태산은 성리의 대상인 우주의 본래 이치와 인간의 본연 성품이라는 두 영역을 넘나들면서 때로는 구분하고 때로는 하나로 묶어서 설파하고 있는데, 주로 성품에 초점을 맞추어 설명하는 경향을 보인다.17) 이처럼 의두와 성리의 대상을 『수양연구요론』에서 문목이 포괄하고 있으니, 넓게 보면 문목에서는 우주의 대소유무와 인간의 시비이해, 불조의 화두, 인간 자성의 원리가 관련되지 않는다고 볼 수 없으며, 그것은 의두와 성리의 개념을 포괄하고 있다는 뜻이다.

그런데 문목의 개념(표2 참조)을 살펴보면, 『육대요령』에서 다음과 같

---

17) 박상권, 「소태산 성리해석의 지향성 연구」,『원불교사상과 종교문화』32집, 원불교사상연구원, 2006.2, p.94.

이 거론하고 있다. '문목이라 함은 본회 교과서 『수양연구요론』 내 대소유무와 시비이해를 망라하여 지정된 137절의 의두·문목과 기타 일체 인간에 의심다울만한 제목을 이름'이라 하였고, 성리란 '천지 만물의 본래성과 과거 불조의 이르신 천만화두를 해결하여 알자는 과목'이라 하였다.[18] 이어서 『육대요령』의 문목·성리가 『불교정전』에서는 의두·성리로 대신하고 있음도 확인할 수 있으니, 문목의 개념이 의두 및 성리로 변화된 흔적이 보인다.

사실 『수양연구요론』의 문목이 『육대요령』에서 문목과 성리로 대별되는 것은 우주의 대소유무와 인간의 시비이해, 불조의 화두 등을 연마해 들어가는 방법론의 차이이며 그것은 문목과 성리를 구체적으로 구분하는 계기가 된다. 소태산은 『육대요령』에서 '성리라 함은 천지 만물의 본래성과 과거 불조의 이르신 천만화두를 해결하여 알자는 과목'이라고 하였던 점을 보면, 문목은 대소유무와 시비이해, 137절의 의두문목, 일체 인간에 의심다울만한 제목을 대상으로 하였다. 이에 대해 성리는 천지 만물의 본래성과 과거 불조의 천만 화두를 대상으로 하였다. 즉 의두는 분석적 방법에 의한 것이라면 성리는 직관적 방법에 의한 것을 분명히 하기 위해[19] 소태산은 『육대요령』에서 문목과 성리로 대별하였으며, 『불교정전』에서는 문목 대신 의두를 두면서도 양대 경전에서 성리의 범주 차이를 두지 않았다.

---

18) 『육대요령』 제3장 훈련편, 공부의 요도 정기훈련과목, 사리연구 정기훈련과목의 해석.

19) 일반적 성향으로 의두는 분석적 방법에 의한 것이라면 성리는 직관적 방법에 의한 것이라고 할 수 있다. 하지만 엄밀히 양자의 방법적 구분이 어려운 경우도 있다. 의두가 반드시 분석적이고 직관적 방법이 아니라고 하거나, 성리가 반드시 직관적이고 분석적 방법이 아니라고 할 수 있기 때문이다.

〈표2〉 문목 · 의두 · 성리 개념의 변천

교서	문목	의두	성리
수양연구요론			
육대요령	문목이라 함은 본회 교과서 수양연구요론 內 대소유무와 시비이해를 망라하여 지정된 137절의 의두문목과 기타 일체 인간에 의심다울 만한 제목을 이름이니, 어떠한 문목이든지 각자의 연구대로 그 해결안을 제출하여 감정을 얻게 하는 것으로써, 이는 본회 초급교과서를 마치고 연구의 실지경을 밟는 공부자에게 사리간 명확한 분석을 얻도록 함이요.		성리라 함은 천지 만물의 본래성과 과거 불조의 이르신 천만 화두를 해결하여 알자는 과목이니라.
불교정전		의두라 함은 본회 교과서내 대소 유무의 이치와 시비이해의 일이며 기타 일체 인간사에 의심나는 제목을 이름이니, 어떠한 제목이든지 각자의 연구대로 그 해결안을 제출하여 감정을 얻게 하는 것으로써, 이는 본회 초등 교과서를 마치고 연구의 실지경을 밟는 공부자에게 사리간 명확한 분석을 얻도록 함이요, 성리라 함은 우주 만유의 본래 이치와 과거 불조의 이르신 천만 화두를 해결하여 알자 함이요.	성리라 함은 우주 만유의 본래 이치와 과거 불조의 이르신 천만 화두를 해결하여 알자 함이요.
교전(정전)		의두는 대소유무의 이치와 시비이해의 일이며 과거 불조의 화두 중에서 의심 나는 제목을 연구하여 감정을 얻게하는 것이니, 이는 연구의 깊은 경지를 밟는 공부인에게 사리간 명확한 분석을 얻도록 함이요.	성리는 우주만유의 본래이치와 우리의 자성원리를 해결하여 알자 함이요.

문목에 이어서 의두라는 용어도 원불교에서 처음 사용하는 것이다. 『육대요령』에서 의두 용어가 처음 사용되면서 사은 각 항목에 대한 의두 해석을 언급하고 있으며, 정기훈련 과목에서 문목을 설명하면서 의두라는 용어가 거론된다. 문목이란 '본회 교과서 『수양연구요론』내 대소유무와 시비이해를 망라하여 지정된 137절의 의두 문목과 기타 일체 인간에 의심다울만한 제목을 이름'[20]이라 했다. 성리라는 용어는 초기교서 『육대요령』에 처음 등장하는데, 이미 유교 성리학에서 이미 사용하고 있다. 하지만 전통종교와는 개념을 다소 달리하면서 의두와 성리 용어가 원불교에서 수행 방법론으로 정착된 것이다. 불교의 화두는 논외로 하더라도, 유교 성리학의 성즉리라는 이념적 성리 용어와 달리, 실제에 활용할 수 있는 성리연마 방법론으로 정착된 것은 생활불교를 표방하는 소태산의 불교 혁신의 정신과 맞물려 있다.

덧붙여 문목이 변천되는 과정에서 정기훈련 과목에 속하였으니 구체적으로 사리연구의 과목에 소속되고 있다. 『육대요령』의 목차를 보면 염불, 좌선, 경전, 강연, 회화, 문목, 성리, 정기일기, 주의, 조행, 수시설교[21]가 언급되고 있는 것이다. 이는 오늘날 『정전』에 나타난 정기훈련 11과목의 초기 모습이다.

이처럼 『수양연구요론』의 문목이 『육대요령』에서 문목과 성리로 대별되면서 개념의 차별화가 이루어진다. 이것은 『수양연구요론』의 문목 성격과 달리 『육대요령』에서는 경전이나 강연, 회화, 문목, 성리 등이 사리연구의 훈련과목으로서 개념적 접근이 가능하다는 뜻이다.

---

20) 『육대요령』, 제3장 훈련편, 공부의 요도 정기훈련의 과목, 사리연구 정기훈련과목 해석.
21) 『육대요령』, 제3훈련편, 공부의 요도 정기훈련과목.

이어서 문목은 『불교정전』에서 의두로 정착되었으니, 원기 28년(1943) 당시 문목의 개념은 사리간 명확한 분석력을 얻는 의두 개념으로 변천된 것이다. 광의의 입장에서 의두를 성리까지 포괄하는 개념으로 보아, 의두는 성리에 관한 화두뿐 아니라 인간의 시비이해에 대한 넓은 영역까지 포함한다.22) 의두와 성리를 포괄하여 견성·성불의 방편으로 이해한다는 것이다.

이와 달리 협의의 입장에서 의두와 성리의 개념에 차이가 있다면 그것은 무엇인가? 이는 『육대요령』의 문목과 성리를 이해하는 길이며, 소급하면 의두와 성리가 미분 상태였던 『수양연구요론』 문목의 성격을 알 수 있는 길이기도 하다. 이른바 의두가 연구의 깊은 경지를 통해 사리간 명확한 분석을 얻도록 하는 것이라면, 성리는 우주와 인간의 본래 자리를 관조와 직관에 의해 깨달아가는 것이라 할 수 있다.

주목되는 것은 초기교단에서 사용하던 『수양연구요론』의 문목 개념이 의두와 성리의 개념을 포괄하는 것이었다. 『육대요령』에서 문목과 성리로 구분되면서 문목은 분석과 합리의 가치를 중히 여긴 것이며, 성리는 직관과 관조의 가치를 중시하게 되었다. 이에 초기교단에서 사용되던 문목은 그 목적이 합리적이고 설명이 가능한 분석에 있었던 것이다.23) 문목의 개념이 『수양연구요론』에서는 의두·성리의 미분관계로 양자 개념을 포괄하고 있지만 교서의 변천을 따라 변화되었으니, 『정전』에서 문목은 의두로 정착되어 성리와 대별되는 개념으로 전개되었다.

결과적으로 『정전』에서 문목이 의두와 성리로 분기되면서 그 개념 파

---

22) 송천은, 「원불교의 성리인식」, 류병덕 박사 화갑기념 『한국철학종교사상사』, 원광대 종교문제연구소, 1990, p.1132.
23) 정순일, 「성리개념의 변화와 그 본질」, 『원불교사상과 종교문화』 35집, 원불교사상연구원, 2007.2, p.141.

악에 다소 어려움을 가져다 준 점을 상기하지 않을 수 없다. 곧 문목이『수양연구요론』에서는 의두·성리의 총괄적 개념이었지만,『수양연구요론』이후 발간된 교서에서는 의두와 성리의 범주에서 튀어나온 개념이 '불조의 화두'이다. 이 불조의 화두를 의두항목에 넣어야 할 것인가와 이를 성리항목에 넣어야 할 것인가의 의문이 생긴다. 불조의 화두가『육대요령』과『불교정전』에서는 성리에 속하였지만『정전』에서는 의두에 두었기 때문이다. 그러한 간극으로 인해 개념의 변천과정에서 범주의 혼선을 가져다주었으며, 이에 대한 심도 있는 연구가 필요하다고 본다.

오늘날『정전』에 불조의 화두가 의두의 개념으로 포함되어 있지만, 넓은 의미에서 성리의 접근법으로 다가서는 경우가 있는 것도 사실이다. 즉 성리 접근의 방법으로 원불교에서도 화두가 중시되며 화두의 내용은 선종의 화두에서 온 것이 많다는 것으로, 만법이 하나로 돌아가니 하나는 어디로 돌아가는가, 석존의 꽃가지에 가섭이 미소를 전한 것, 모태 중에서 이미 제도를 마쳤다는 것, 한 법도 설한 바가 없다는 것, 만법으로 더불어 짝할 수 없는 것이 무엇이냐는 것 등을 성리의 접근법으로 본다는 견해이다.[24] 이것은 의두와 성리를 반드시 구분해야 한다는 것에 무리가 따를 수 있음을 암시한다.

따라서『정전』의 의두요목은 모두 의두의 소재이고,『대종경』의 성리품은 모두 성리의 소재라는 절대적 구분은 사실상 어렵다. 이에 양자의 개념 혼선도 있겠으나 범주상의 구분보다는 방법상의 구분으로 봄이 바람직하다.[25] 곧 의두와 성리의 범주에 있어 불교 화두, 우주 본원, 자연의

---

24) 송천은,「원불교의 성리인식」, 류병덕 박사 화갑기념『한국철학종교사상사』, 원광대 종교문제연구소, 1990, p.1132.

25) 소태산이 화두를 대상으로 하는 문목이 있음에도 불구하고 화두를 대상으로 하는 성리라는 훈련과목을 새로 설치한 것은, 범주의 문제가 아니고 방법의

이치, 대소유무와 시비이해, 인간자성 원리라는 범주를 명확히 구분하기 어려운 경우가 나타나기 때문이며, 다만 직관과 관조의 방법 내지 분석과 합리의 방법으로 구분하는 경우도 있으나 이 역시 절대적인 것은 아니다.

4. 문목 항목의 변천

『수양연구요론』의 문목은 모두 137개의 항목으로 구성되어 있다. 여기에는 전통종교의 사상과 경전, 그리고 풍수 불공 도참 생사 윤회 부귀빈천 개인의 길흉에 관한 문제, 부처와 공자, 맹자, 육조, 조주, 임제 등과 관련된 화두, 자연 현상의 변화 등이 나타난다.[26] 그리고 뒤이어 발간된 『불교정전』에서는 47항목으로 축소되었으며, 현행본『정전』에서는 20항목으로 정착되었다. 문목이 교서의 정비과정을 통해서 점차 축소되었던 것이다. 원불교 교리가 정착되면서 여러 문목이 정비되는 과정을 밟았다는 것이며, 그것은 후래 문목이 의두나 성리 외에도 다른 교리항목으로 정비되었다는 뜻이기도 하다.

이처럼 변천된 문목 항목을 크게 네 가지로 전개하고자 한다.[27] 먼저

문제 때문일 것으로 생각된다. 즉 문목・성리 모두 화두가 그 범주가 된다는 점에서는 공통이지만, 분석과 관조라는 방법의 차이라는 점에서 구분이 될 수 있다는 것이다(정순일, 「성리개념의 변화와 그 본질」, 『원불교사상과 종교문화』 35집, 원불교사상연구원, 2007.2, pp.127-128).

26) 김영민, 「원불교 의두에 관한 一考」, 『정신개벽』 제16집, 신룡교학회, 1997, 84쪽. 물론 유교의 성리연마는 먼저 논리적 검토가 선행된다는 견해가 있음을 참조할 일이다.

27) 표6~표10의 내용이 모두 이와 관련되어 있으며, 표를 통해 일목요연하게 변화된 항목들을 열거하였다.

『수양연구요론』에서 『불교정전』으로 변천된 의두항목을 점검하는 일이 필요하다. 여기에서 『육대요령』이 빠진 원인은 『육대요령』에 문목 및 의두항목이 나타나지 않기 때문이다. 이어서 『수양연구요론』 문목에서 『정전』 의두로 변천된 내역을 점검하는 것이 필요하며, 또한 『불교정전』에서 『정전』으로 변천된 의두항목을 점검할 필요가 있다. 다음으로 『수양연구요론』의 문목이 현행본 『정전』에 계문과 솔성요론으로 변경된 항목들을 연구할 필요가 있으며, 이에 대한 항목별로 점검해보도록 한다.

첫째, 『수양연구요론』 문목에서 『불교정전』으로 변천된 항목을 내용 중심으로 살펴보고자 한다(표3 참조). 여기에는 항목의 대폭 축소가 나타나는데, 『수양연구요론』 문목 137항목에서 『불교정전』 의두 47항목으로 축약되었으니, 그것은 34%로 축소되었다는 뜻이다. 그리고 축약된 공통 항목을 비교해 보면 미세한 문구 차이가 있으나 내용에는 큰 차이가 없음을 알 수 있다. 우선 문목의 102항목에서 의두요목 19항목로 변천된 내역을 보면 내용의 큰 흐름은 변화가 없으나 의두요목에서 보다 구체적인 서술이 이루어졌다. 이를테면 『불교정전』에서 사미 신회가 곧 대답하여 이르되 "이는 모든 부처님과 모든 조사의 근본이시요, 신회의 불성입니다." 육조 가라사대 "아직 좀 미숙하다"하시고 회양선사가 8년을 생각한 후에 이르되 "설사 한 물건이라 하여도 이치에 맞지 아니 하나이다"하니, 육조 드디어 인가하다[28]라는 내용이 첨가되어 있다.

나아가 문목 104조에 없던 내용이 의두요목 24조에서는 다음의 내용으로 첨가되어 있다. 문득 방망이로써 때려서 이와 같이 세 번 물음에 세 번 다 때린지라, 임제가 이에 황벽을 하직하고 대우선사를 찾아가서 뵈

---

28) 『불교정전』 의두 19조항 참조.

오니, 대우 묻되 "어느 곳으로 좇아 오는고?" 임제 이르되 "황벽화상으로 좇아오나이다." 대우 이르되 "황벽스님께서 어떠한 법문이 계시든고?" 임제 이르되 "제가 불법 적적 대의(的的 大義)를 묻다가 세 번이나 방망이를 맞았는데, 그것이 무슨 허물인가 알지 못하겠나이다." 대우 가라사대 "황벽이 너에 대하여 어머니 같은 자비를 썼거늘, 네가 이제 허물 유무를 묻느냐?" 임제 그 언하에 크게 깨쳤다[29]는 것이다.

덧붙여 『수양연구요론』의 문목 54-55항목이 『불교정전』의 의두에서는 47항목으로 정리되었다. 그것은 문목의 54항목에서 천당 극락을 설명하였고 55항목에서 지옥을 설명하였던 것이 의두에서는 이를 한 항목으로 묶어 극락과 지옥을 동시에 설명하였기 때문이다. '천당이 있고 극락이 있다 하니, 어떠한 곳이 천당과 극락인가 연구할 사' '지옥이 있다 하니, 어떠한 곳이 지옥인지 연구할 사'의 언급[30]이 이것이다. 이것은 상호 내용에 큰 차이가 없지만 문장의 간소화를 위하여 두 문장을 한 문장으로 정리한 것으로 본다.

---

29) 『불교정전』 의두 24조항 참조.
30) 『수양연구요론』의 문목 54-55조항.

제4장 원불교의 문목과 성리   283

〈표3〉『불교정전』 의두요목으로 변용된 문목

문목 항목	『수양연구요론』의 문목	『불교정전』의 의두요목	비고
97	부처님이 도솔천을 여의지 아니하시고 몸이 왕궁가에 내리셨다 하셨으니 어찌하여서 그러한지 연구할 사.	세존이 도솔천을 떠나지 아니하시고 이미 왕궁가에 내리시며, 어머니 태중에 나지 아니하시고 사람을 제도하여 마치셨다.	1
99	부처님이 영산회상에서 설법하신다 하시고 천이백 대중을 향하사 꽃가지를 드시니 가섭은 보고 웃었다 하였으니, 어떠한 의지인지 연구할 사.	세존이 영산회상에 계시더니, 하루는 법좌에 오르시어 꽃을 들어 대중에 보이시니, 대중에 다 묵연하되 오직 가섭존자가 낯에 미소를 띄우거늘, 세존이 이르시되 "내게 있는 정법안장을 마하 가섭에게 부치노라."	8
103	승이 조주선사에게 물어 가라대 "달마조사가 무슨 뜻으로 서역에서 동토로 오셨나이까?"하니, 조주 가라사대 "뜰 앞의 잣나무니라" 하셨으니, 그 의지를 연구할 사.	한 중이 조주선사에게 묻되 "무엇이 이 조사(달마조사를 이른 말씀)의 서에서 동토로 오신 뜻이니까." 조주 이르되 "뜰 앞에 잣나무라."	28
102	육조경에 가라대 "한 물건이 있으되 넓기로 말하면 천지를 뒤덮고, 검기로 말하면 칠통같고, 밝기로 말하면 햇빛 같아서 항상 움직여 쓰는 가운데 있나니라"하였으니, 그 물건이 어떠한 물건인지 연구할 사.	육조 하룻날에 대중에게 물어 가라사대 "한 물건이 여기에 있으되, 위로는 하늘을 기둥하고 아래로는 땅을 대이며 밝기로 말하면 일월과 같고 검기로 말하면 칠통과 같아서 항상 우리의 작용 중에 있나니, 이것이 무슨 물건인고." 때에 사미 신회가 곧 대답하여 이르되 "이는 모든 부처님과 모든 조사의 근본이시요, 신회의 불성입니다." 육조 가라사대 "아직 좀 미숙하다" 하시고 회양선사가 8년을 생각한 후에 이르되 "설사 한 물건이라 하여도 이치에 맞지 아니 하나이다"하니, 육조 드디어 인가하시다.	19
104	임제선사가 황벽선사에게 불법의 적실(的實)하고 적실(的實)한 큰 뜻을 물으니, 황벽이 대답하지 아니하고 곧 일어나서 매 삼십봉을 때렸으니, 그 때리는 뜻이 어떠한 뜻인지 연구할 사.	임제선사가 황벽선사에게 묻되 "불법의 적실하고 적실한 큰뜻입니까." 황벽이 대답하지 아니하시고, 문득 방망이로써 때려서 이와 같이 세 번 물음에 세 번 다 때린지라, 임제가 이에 황벽을 하직하고 대우선사를 찾아가서 뵈니, 대우 묻되 "어느 곳으로 좇	24

		아 오는고.” 임제 이르되 “황벽화상으로 좇아오나이다.” 대우 이르되 “황벽스님께서 어떠한 법문이 계시든고.” 임제 이르되 “제가 불법 적적 대의(的的 大義)를 묻다가 세 번이나 방망이를 맞았는데, 그것이 무슨 허물인가 알지 못하겠나이다.” 대우 가라사대 “황벽이 너에 대하여 어머니같은 자비를 썼거늘, 네가 이제 허물 유무를 묻느냐.” 임제 그 언하에 크게 깨다.	
107	위산선사가 제자에게 말씀하여 가라사대 “내가 죽은 뒤에 이 아래 동구 뉘집에 가서 소가 되어 그 오른 쪽 뿔에 위산 모(潙山某)라 각하였을 터이니, 그 때에 너희가 그 소를 보고 위산이라 하여야 옳을까? 소라 하여야 옳을까?”하였으니, 어찌 하여야 옳을런지 연구할 사.	위산선사가 대중에 이르되 “내가 죽은 후에 소가 되어서 그 뿔에 ‘위산아무’라고 써 있으리니, 그 때 너희들은 위산이라 하여야 옳을까? 소라 하여야 옳을까.”	25
101	승이 조주선사에게 물어 가라대 “개도 또한 불성이 있습니까?”하니, 조주 답해 가라사대 “『없나니라” 하셨으니, 부처님 말씀에 “준동함영(蠢動含靈)이 다 불성이 있다” 하셨거늘 조주는 무엇을 인하여 없다 하셨는지 연구할 사.	한 중이 조주선사에 묻되 “개 자식도 또한 불성이 있나이까.” 조주 이르되 “없나니라.”(부처님 말씀에 일체중생이 다 불성이 있다 하셨거늘 조주는 무엇을 인하여 없다고 하였는고)	27
95	일만법이 하나에 돌아갔다 하니 그 하나는 어느 곳으로 돌아갔는지 연구할 사.	일만법이 하나에 돌아갔으니, 하나 그것은 어디로 돌아갈꼬.	30
96	일만법으로 더불어 짝하지 아니한 자가 어떠한 물건인지 연구할 사.	일만법으로 더불어 짝하지 않은 것이 그 무엇인고.	31
105	사람이 잠이 들어서 꿈도 없을 때에는 그 아는 영혼이 어느 곳에 있는지 연구할 사.	사람이 깊이 잠들어 꿈도 없는 때에는 그 아는 영지가 어느 곳에 있는가.	34
54	천당이 있고 극락이 있다 하니, 어떠한 곳이 천당과 극락인가 연구할 사.	부처님의 말씀하신 지옥이라 하는 것은 과연 어느 곳을 가르치심이며, 부처님의 말씀하신 극락이라 하는 것은 과연 어느 곳을 가르치심인고.	47
55	지옥이 있다 하니, 어떠한 곳이 지옥인지 연구할 사.		

둘째, 『수양연구요론』에서 『정전』으로 변천된 의두들을 살펴보도록 한다(표4 참조). 『수양연구요론』의 문목에서 『정전』 의두요목으로 변천되면서 나타난 특징으로는 거의 불교적 색채를 띤 항목들이라는 점이다. 『수양연구요론』에서 『정전』으로 변천된 의두항목은 모두 8항목으로 여기에서 주목할 점은 문목의 97항목과 98항목이라는 두 항목이 오늘의 『정전』 의두요목 1조로 합해졌다. 아울러 전반의 문목이 의두요목으로 변화되면서 약간의 어구와 문장의 첨삭이 있지만 내용의 큰 변화는 없다는 점이다.

〈표4〉에서 보는 바와 같이 『수양연구요론』의 문목이 『정전』으로 변용된 항목은 모두 8항목뿐이며, 137항목 중에서 8항목만이 『정전』에 변천되었다는 것은 처음 등장한 문목이 현행 의두요목으로 0.6%밖에 수용되지 않았다는 뜻이다. 이처럼 『수양연구요론』의 문목이 『정전』의 의두요목에 거의 섭렵되지 못하였음을 알 수 있다. 문목 항목의 전반이 오늘의 의두요목으로 변천되지 못한 것은 문목과 의두 성격의 일관성을 지니지 못한 원인도 있을 것이며[31] 『정전』의 의두요목이 정체성을 갖추면서 불법의 의두와 성리로 한정하였기 때문일 것이다.

---

[31] 『수양연구요론』의 문목이 오늘의 의두와 성리의 개념과 범주를 포함하는 바, 성리적 성격은 『대종경』의 성리품에 수용되었고 여타 불지품에도 일부 수용되었음을 알 수 있다.

〈표4〉『정전』 의두요목으로 변용된 문목항목

문목항목	『수양연구요론』의 문목	『정전』의 의두요목	비고
47	일만법을 통해다가 한 마음을 밝히라 하였으니 연구할 사.	만법을 통하여다가 한 마음을 밝히라 하였으니 그것이 무슨 뜻인가.	7조
95	일만법이 하나에 돌아갔다 하니 그 하나는 어느 곳으로 돌아갔는지 연구할 사.	만법이 하나에 돌아갔다 하니 하나 그것은 어디로 돌아갈 것인가.	5조
96	일만법으로 더불어 짝하지 아니한 자가 어떠한 물건인지 연구할 사.	만법으로 더불어 짝하지 않은 것이 그 무엇인가.	6조
97	부처님이 도솔천을 여의지 아니하시고 몸이 왕궁가에 내리셨다 하셨으니 어찌하여서 그러한지 연구할 사	세존이 도솔천을 떠나지 아니하시고 이미 왕궁가에 내리시며, 모태 중에서 중생제도를 마치셨다 하니 그것이 무슨 뜻인가.	1조
98	부처님이 비록 어미의 태중에 있으나 드디어 중생 제도하기를 마치셨다 하였으니 어찌하여서 그러한지 연구할 사.		
99	부처님이 영산회상에서 설법하신다 하시고 천이백 대중을 향하사 꽃가지를 드시니 가섭은 보고 웃었다 하였으니, 어떠한 의지인지 연구할 사.	세존이 영산회상에서 꽃을 들어 대중에게 보이시니 대중이 다 묵연하되 오직 가섭존자만이 얼굴에 미소를 띠거늘, 세존이 이르시되 내게 있는 정법안장을 마하가섭에게 부치노라 하셨다 하니 그것이 무슨 뜻인가.	3조
100	성리송에 가라대 "나에게 한 권 경전이 있으되 종이와 붓으로써 쓰지 아니하였으나 항상 광명을 나툰다" 하였으니, 그 의지가 어떠한지 연구할 사.	나에게 한 권의 경전이 있으니 지묵으로 된 것이 아니라, 한 글자도 없으나 항상 광명을 나툰다 하였으니 그것이 무슨 뜻인가.	20조
105	사람이 잠이 들어서 꿈도 없을 때에는 그 아는 영혼이 어느 곳에 있는지 연구할 사.	사람이 깊이 잠들어 꿈도 없는 때에는 그 아는 영지가 어느 곳에 있는가.	10조

셋째, 『불교정전』의 의두요목과 『정전』의 의두요목을 비교하면(표5 참조), 『불교정전』 47항목과 『정전』 20항목 중에서 대체로 일치하고 있는 항목은 모두 16항목이다. 이것은 『불교정전』 의두항목의 수가 절반이상

축소됨과 동시에 『불교정전』 의두요목의 상당수가 『정전』의 의두요목으로 수용되었다는 뜻이다. 내용은 대동소이하며, 다만 『불교정전』의 의두 46항목의 '만약 견성한 사람으로서 명을 마칠 때에 열반을 얻었다면'이 『정전』의 의두 19항목에서는 '열반을 얻은 사람은'으로 축소되어 해석의 차이를 가져올 수 있다. 그것은 '이미 법신에 합하였으니'라는 문구에서 알 수 있으며, 열반자 모두가 법신에 합한 것이냐, 아니면 견성한 자만이 법신에 합한 것이냐[32] 하는 해석학적 과제가 남겨진다.

이어서 『불교정전』에 없는 의두가 『정전』 의두요목에는 4항목이 추가되었으며 추가된 항목의 내용을 보면 다음과 같다. 1) 세존이 탄생하사 천상천하에 유아독존이라 하셨다 하니, 그것이 무슨 뜻인가? 2) 만법을 통하여다가 한 마음을 밝히라 하였으니, 그것이 무슨 뜻인가? 3) 옛 부처님이 나시기 전에 응연히 한 상이 둥글었다 하였으니, 그것이 무슨 뜻인가? 4) 나에게 한 권의 경전이 있으니 지묵으로 된 것이 아니라, 한 글자도 없으나 항상 광명을 나툰다 하였으니, 그것이 무슨 뜻인가? 이처럼 새롭게 첨가된 의두요목의 특성은 교법이 불법에 연원을 둔 것에 초점이 두어져 있으며, 그것은 또 원불교적 색채의 의두가 중심을 이루고 있다는 뜻이다.

---

[32] 참으로 법신불 체험을 할 수 있고 이렇게 하여 궁극에 이르면 대해탈이 되며, 열반세계가 된다(송천은, 「일원상 진리」, 창립10주년기념 추계학술회의 《원불교 교의 해석과 그 적용》, 한국원불교학회, 2005년 11월 25일, p.G 참조).

<표5> 『불교정전』에서 『정전』의 의두요목 비교

의두요목	『불교정전』의 의두요목	『정전』의 의두요목	비고
1	세존이 도솔천을 떠나지 아니하시고 이미 왕궁가에 내리시며, 어머니 태중에 나지 아니하시고 사람을 제도하여 마치셨다.	세존이 도솔천을 떠나지 아니하시고 이미 왕궁가에 내리시며, 모태중에서 중생제도를 마치셨다 하니 그것이 무슨 뜻인가.	1
8	세존이 영산 회상에 계시더니, 하루는 법좌에 오르시어 꽃을 들어서 대중에 보이시니, 대중에 다 묵연하되 오직 가섭존자가 낯(顏)에 미소를 띄우거늘, 세존이 이르시되 "내게 있는 정법안장을 마하 가섭에게 부치노라."	세존이 영산 회상에서 꽃을 들어 대중에게 보이시니 대중에 다 묵연하되 오직 가섭존자만이 얼굴에 미소를 띠거늘, 세존이 이르시되 내게 있는 정법안장을 마하가섭에게 부치노라 하셨다 하니 그것이 무슨 뜻인가.	3
7	세존이 열반에 드실 때를 다다르사 대중에 고하여 이르시되 "내가 처음 녹야원으로부터 지금 발제하에 이르기까지 이 중간에 일찌기 한 글자도 설한 바가 없노라."	세존이 열반에 드실 때에 내가 녹야원으로부터 발제하에 이르기까지 이 중간에 일찌기 한 법도 설한 바가 없노라 하셨다 하니 그것이 무슨 뜻인가.	4
30	일만법이 하나에 돌아갔으니, 하나 그것은 어디로 돌아갈꼬	만법이 하나에 돌아갔다 하니 하나 그것은 어디로 돌아갈 것인가.	5
31	일만법으로 더불어 짝하지 않은 것이 그 무엇인고.	만법으로 더불어 짝하지 않은 것이 그 무엇인가.	6
33	부모에게 몸을 받기 전 몸은 그 어떠한 몸인고.	부모에게 몸을 받기 전 몸은 그 어떠한 몸인가.	9
34	만약 사람이 잠이 깊이 들었으되 꿈도 없는 때에는 그 아는 영혼(靈知)이 어느 곳에 있는고.	사람이 깊이 잠들어 꿈도 없는 때에는 그 아는 영지(靈知)가 어느 곳에 있는가.	10
35	경에 이르시되 일체가 다 마음의 짓는 바라 하니, 그것이 어떠한 의지인고.	일체가 다 마음의 짓는 바라 하였으니 그것이 무슨 뜻인가.	11
21	대매선사가 마조에게 묻되 "무엇이 이 부처입니까." 마조 이르시되 "곧 마음이 이 부처니라."	마음이 곧 부처라 하였으니 그것이 무슨 뜻인가.	12
37	중생의 윤회되는 것과 모든 부처님의 해탈하는 것이 그 원인이 어느 곳에 있는고.	중생의 윤회되는 것과 모든 부처님의 해탈하는 것은 그 원인이 어디 있는가.	13
38	수행하는 사람은 마땅히 자성을 떠나지 아니한다 하니, 어떠한 것이 자성을 떠나지 아니하는 공부인고.	잘 수행하는 사람은 자성을 떠나지 않는다 하니 어떠한 것이 자성을 떠나지 않는 공부인가.	14
39	마음과 성품과 이치와 기운의 동일	마음과 성품과 이치와 기운의 동일	15

40	한 것은 어떠한 것이며 구분된 내역은 또한 어떠한 것인고. 우주 만물이 비롯이 있고 종이 있는 것인가 비롯이 없고 종이 없는 것인가.	한 점은 어떠하며 구분된 내역은 또한 어떠한가. 우주 만물의 비롯이 있고 끝이 있는가 비롯이 없고 끝이 없는가.	16
43	만물의 인과가 보복되는 것이 현생 일은 서로 알고 실행되려니와 후생 일은 숙명이 이미 매하여서 피차가 서로 알지 못하나니. 이미 알지 못할진대 어떻게 그 보복이 되는고.	만물의 인과 보복되는 것이 현생 일은 서로 알고 실행되려니와 후생 일은 숙명이 이미 매하여서 피차가 서로 알지 못하거니 어떻게 보복이 되는가.	17
44	古人이 이르되 천지는 앎이 없으되 안다 하니 그것이 어떠한 의지인고.	천지는 앎이 없으되 안다 하니 그 것이 무슨 뜻인가.	18
46	만약 견성한 사람으로서 명을 마칠 때에 열반을 얻었다면 이미 법신에 합하였으니, 어찌하여 다시 개령으로 나누어지며, 또는 전신 후신의 표준을 알게 되는 것인고.	열반을 얻은 사람은 그 영지(靈知)가 이미 법신에 합하였는데, 어찌 하여 다시 개령으로 나누어지며, 전신 후신의 표준이 있게 되는가.	19

넷째, 『수양연구요론』의 문목에서 현행본 『정전』의 솔성요론과 계문으로 변천된 내역을 살펴보자(표6 참조). 문목이 솔성요론과 계문으로 변천되었다는 것은 초기교단의 문목이 교리의 체계화 과정을 겪기 이전의 여러 의심건들을 모아 문목으로 만들었다는 증거이다.[33] 그것은 교리가 체계화 과정을 거치면서 문목이 『정전』 수행편의 솔성요론과 계문으로 변천된 증거이기도 하다.

여기에서 우선 문목이 계문으로 변용된 내역을 살펴보도록 한다. 문목이 계문으로 변용되었다는 것은 『수양연구요론』 문목의 성격에서 볼 때 본래 의도한 문목으로 볼 수도 있고, 달리 계문으로도 볼 수 있는 항목들이 상당수 포함되었다는 것이다. 계문조항으로 볼 수 있고, 문목으로 볼 수도 있다는 것은 서술 방식상 '연구할 사'로 할 경우 문목으로의 분류가 가능하다는 것이며, 그 외에 의두의 성격을 지닌 계문의 성격으로 볼 수

---

33) 김영민, 「원불교 의두에 관한 一考」, 『정신개벽』 제16집, 신룡교학회, 1997, pp.84-85참조.

도 있다는 것이다.

  구체적으로 문목항목이 계문으로 변용된 내역을 보면 문목 11항목을 제외한 1항목~14항목까지(모두 13항목)가 이에 해당된다. 살생, 도적질, 간음, 망령된 말, 비단같이 꾸미는 말, 한입의 두말, 악한 말, 진심, 술, 의복 꾸밈, 주색낭유, 금은보패 등이 이것이다. 또 문목이 보통급 5개항으로, 특신급 5개항으로, 상전급 3개항으로 분기되기도 하였다. 문목이 계문으로 변화되면서 문구가 축소됨과 동시에 세련된 흔적이 보이며, '~연구할 사'의 내용이 '~말며'라는 어조로 바뀌어 계문의 금지적 성격을 강화하였음을 알 수 있다.

〈표6〉「계문」으로 변용된 문목항목

문목항목	문목 내용	계문 항목	비 고
1	중생을 살생하면 중죄라 하였으니 연구할 사.	연고없이 살생을 말며.	보통급 10조
2	도적질을 하면 중죄라 하였으니 연구할 사.	도둑질을 하지 말며.	〃 2조
3	사사로 음탕한 일이 있고 보면 중죄라 하였으니 연구할 사.	간음하지 말며.	〃 3조
4	망령된 말을 하고 보면 중죄라 하였으니 연구할 사.	망령된 말을 하지 말며.	상전급 6조
5	밖으로는 비단같이 꾸며내고 안으로는 불량하면 중죄라 하였으니 연구할 사.	비단같이 꾸미는 말을 하지 말며.	특신급 8조
6	한 입으로 두말을 하면 중죄라 하였으니 연구할 사.	한입으로 두말하지 말며.	상전급 5조
7	악한 말을 하고 보면 중죄라 하였으니 연구할 사.	악한 말을 하지 말며.	보통급 6조
8	예 아닌 진심이 나고 보면 죄의 근본을 일어낸다 하였으니 연구할 사.	진심을 내지 말며.	상전급 9조
9	술을 과히 먹으면 죄의 근본을 일어낸다 하였으니 연구할 사.	연고 없이 술을 마시지 말며.	보통급 4조
10	예 아닌 의복으로 몸을 윤내고 보면 죄의 근본을 일어낸다 하였으니 연구할 사.	의복을 빛나게 꾸미지 말며.	특신급 4조

12	예 아닌 가무와 낭유를 하고 보면 죄의 근본을 일어낸다 하였으니 연구할 사.	예 아닌 노래 부르고 춤추는 자리에 좇아놀지 말며.	특신급 10조
13	금은보패의 근본을 알지 못하고 금은보패로 윤을 내고 보면 죄의 근본을 일어낸다 하였으니 연구할 사.	금은보패 구하는데 정신을 뺏기지 말며.	특신급 3조
14	때 아닌 때 먹기를 좋아하고 때 아닌 때 잠자기를 좋아하면 죄의 근본을 일어낸다 하였으니 연구할 사.	연고 없이 때 아닌 때 잠자지 말며.	특신급 9조

　이어서 문목이 솔성요론으로 변한 것은 문목 15항목~22항목과 68항목으로 모두 9항목이 여기에 해당한다(표7 참조). 문목항목에서 나타나는 것으로 '연구자는 ~연구할 사'라는 문구 등이 보이며, 솔성요론의 경우 '~할 것이요'라 하여 권면의 성격을 지니고 있다. 그리고 여기에서 주목되는 68항목의 경우 "사람을 믿지 말고 그 법을 믿으라 하였으니 연구할 사"는 『정전』 솔성요론 1조 "사람만 믿지 말고 그 법을 믿을 것이요"로 변한 것을 알 수 있으므로, 문목이 후래 교법의 출전근거[34]에도 관련되어 있음을 알게 해준다.

　그리고 문목이 솔성요론으로 변화되면서 15항목-17항목은 어구 외에 내용의 큰 변화는 보이지 않는다. 다만 문목 18항목-19항목은 솔성요론의 12항목-7항목과 내용상 유사하면서도 해석의 여지에 따라 미묘한 차이가 있을 수 있지만, 두 항목의 해석에 있어 세정을 알아주는 측면과 공경심을 갖는 측면에 있어 모두 공통성이 있는 것이다. 덧붙여 문목 19항

---

34) 물론 『정전』 솔성요론 1조의 출전근거를 엄밀히 살펴보면 불경 『사의경』과 아비달마 『구사론』 등이며, 여기에서 강조된 네 가지 원칙을 소개하여 본다. 1) 法에 의하되 人에 의하지 말라. 2) 義에 의하되 語에 의하지 말라. 3) 智에 의하되 識에 의하지 말라. 4) 了義經에 의하되 不了義經에 의하지 말라(이기영, 「현대에 있어서의 종교의 진리성」, 『인류문명과 원불교사상』(下), 원불교출판사, 1991, pp.1392-1393).

목과 솔성요론 7항목의 비유에 있어 후자에 더 첨가된 것은 "탐한 욕심이 나거든 사자와 같이 무서워할 것이요"라는 것으로, 이는 항목의 서술과정에 있어 권면 내용을 보다 강조하고자 하는 의도가 드러난 것으로 보인다.

〈표7〉「솔성요론」으로 변용된 문목항목

문목항목	문목 내용	솔성요론 항목	비고
15	일일시시로 자기가 자기를 가르친다 하였으니 연구할 사.	일일시시로 자기가 자기를 가르칠 것이요.	8조
16	남의 원 없는 데에는 무슨 일이든지 그 사람의 마음 상하도록 권하지 말고 자기 할 일만 하라 하였으니 연구할 사.	다른 사람의 원 없는 데에는 무슨 일이든지 권하지 말고 자기 할 일만 할 것이요.	15조
17	무슨 일이든지 잘못되는 일이 있고 보면 남을 원망하지 말고 자기 일만 살피라 하였으니 연구할 사.	무슨 일이든지 잘못된 일이 있고 보면 남을 원망하지 말고 자기를 살필 것이요.	9조
18	나 못 당할 일은 남도 못 당한다 하였으니 연구할 사.	정당한 일이거든 내 일을 생각하여 남의 세정을 알아줄 것이요.	12조
19	무슨 일이든지 서로 생각해주고 서로 공경하라 하였으니 연구할 사.	모든 사물을 접응할 때에 공경심을 놓지 말고, 탐한 욕심이 나거든 사자와 같이 무서워할 것이요.	7조
20	연구자는 부당한 일이 있거든 아무리 하고 싶어도 죽기로써 아니할 일이라 하였으니 연구할 사.	부당한 일이거든 아무리 하고 싶어도 죽기로써 아니할 것이요.	14조
21	연구자는 당연한 일이 있거든 아무리 하기 싫어도 죽기로써 하라 하였으니 연구할 사.	정당한 일이거든 아무리 하기 싫어도 죽기로써 할 것이요.	13조
22	혹 사람이 남의 시비는 드러내는데, 내 시비는 감추는 것이 무슨 일인가 연구할 사.	다른 사람의 그릇된 일을 견문하여 자기의 그름은 깨칠지언정 그 그름을 드러내지 말 것이요.	10조
68	사람을 믿지말고 그법을 믿으라 하였으니 연구할 사.	사람만 믿지 말고 그 법을 믿을 것이요.	1조

위의 언급처럼 문목에서 의두요목으로의 변천과정에서 눈여겨 볼 것은 『수양연구요론』에 나오는 문목의 항목수가 크게 축소되었다는 점이다. 그것은 『불교정전』으로 전승되면서 137항목에서 47항목으로, 『정전』의 경우 20항목으로 줄었다는 것이다. 이처럼 『수양연구요론』의 문목이 교서변천 과정에서 왜 축소되었는가 하는 점이 궁금할 것이다. 그것은 소태산이 불교의 간화선을 비판하였는데, 하루 8시간 화두 연마를 하는 것에 대한 우려 때문인 것으로 보인다.[35] 이에 소태산은 화두연마에 지나치게 시간을 소비하지 말고 묵조선과 간화선을 아울러 하는 불교 혁신의 공부법을 제시하였다.

더불어 『수양연구요론』의 문목이 『육대요령』에 섭렵되지 못한 것은 아쉬움으로 남는다. 그것은 『육대요령』에 의두항목들이 따로 게재되어 있지 않고, 사은에 대한 의두해석 내지 훈련과목으로서 의두와 문목이 혼재되어 거론되고 있는 탓이다.[36] 또한 문목항목이 후래 계문과 솔성요론으로 변천된 것은 초기교단의 문목이 의두요목으로 정착되면서 그 성격을 새롭게 정비한 영향인 것으로 보인다. 『수양연구요론』의 문목형성

---

35) 『정전』, 제3 수행편, 제4장 좌선법, 4. 단전주의 필요. 『정산종사법어』, 권도편 38장(그대들이여 화두를 들고 지내는가. 화두를 연마하는 데에는 의리선 여래선 조사선을 차서 있게 별행함이 옳으나, 과거의 선방 공부 같이 온 종일 화두만 계속할 것이 아니요 화두를 마음 가운데 걸어 놓고 지내다가 마음이 맑고 조용할 때에 잠간 잠간 연구해 볼지니라. 그러하면 마치 저 닭이 오래 오래 알을 품고 굴리면 그 속에서 병아리가 생기듯 마음의 혜문이 열리리라).

36) 『육대요령』, 제3장 훈련번, 「사리연구 정기훈련 과목의 해석」, 문목이라 함은 본회 교과서 수양연구요론 內 대소유무와 시비이해를 망라하여 지정된 137절의 의두문목과 기타 일체 인간에 의심다울만한 제목을 이름이니, 어떠한 문목이든지 각자의 연구대로 그 해결안을 제출하여 감정(勘定)을 얻게 하는 것으로써, 이는 본회 초급 교과서를 마치고 연구의 실지경을 밟는 공부자에게 사리간 명확한 분석을 얻도록 함이요.

이 소태산의 교법 구상의 시점에서 볼 때 교리 체재의 정비 이전이라는 점과 문목의 범주가 다소 포괄적인 성격을 지녔음을 알게 해준다. 다시 말해서 문목의 항목에 계문 및 솔성요론의 범주까지 포함되었기 때문이라는 것이다.

5. 문목의 의의 및 과제

　불교의 화두가 등장하게 된 배경은 인도에서 중국으로 선불교가 들어오기 전, 실크로드를 통하여 사찰을 세우고 탑을 조성하면서 비롯되었다. 문헌상의 최초 기록으로는 진(晉)나라 때 편집된 『후한서』 10권 「효명황제기」에 명제(明帝)의 영평(永平) 13년이라 전한다. 운허의 『불교사전』에 의하면 선종에서 고칙(古則)·공안(公案) 등의 1절, 혹은 1칙을 가리켜 화두라 하며 또는 종장(宗匠)의 말에서 이루어진 참선자가 연구해야 할 문제라는 뜻이다.

　이에 화두 곧 공안은 옛 조사들의 선문답의 기록으로 잘 알려져 있다. 보통 1,700공안이라고 하는 것은 『경덕전등록』에 등장하는 1,701분의 선사들이 보여준 기연(機緣)과 언행에서 유래한 것이며, 대표적인 공안집이라 할 수 있는 『무문관』, 『벽암록』, 『선문염송』 등을 보면 실제로 1,650여 가지의 공안이 나와 있다.[37] 그리하여 불타의 깨달음을 선사들이 제자들에게 전수하기 위해 불립문자, 직지인심, 견성성불의 세계로 인도하기 위해 화두가 등장한 것이다.

---

[37] 김방룡, 「보조 지눌과 소태산 박중빈의 선사상 비교」, 『한국선학』 제23호, 한국선학회, 2009.8, p.168(주46).

제4장 원불교의 문목과 성리

이러한 불교의 화두와 유사한 것이 불법연구회의 경우 문목이다. 소태산이 문목을 연마하게 한 계기가 제불 조사의 화두를 참고삼아 연마해 보는 것이 좋겠다고 하면서도 간화선의 화두만 오래 계속하면 기운이 올라 병을 얻기가 쉽다38)고 언급한 것에서 비롯된다. 이에 전통불교의 1,700 공안에 대하여 원불교의 137항 문목(수양연구요론), 47항의 의두(불교정전)와 20항의 의두(정전)로 축약함과 더불어, 불교 선법의 혁신 차원에서 묵조선과 간화선을 병행케 한다고 하였다. 불교 화두의 성격이 이처럼 원불교에서는 문목(의두·성리)으로 등장하게 된 것이다.

주목되는 바 의두와 성리로 구분되기 전, 『수양연구요론』의 문목의 등장과 관련지으면서 문목의 의의를 살펴보고자 한다.

첫째, 문목이 등장한 의의는 먼저 중생으로서 무명의 극복과 사리연마를 위한 것이다. 『수양연구요론』 서(序)에서는 삼학과 문목을 설명한 후 무명에 가린 인간을 선도하라고 하였는데 그것이 바로 무명 극복에 관련된다. "삼강령 팔조목과 각 문목 순서 등을 설명하였으니 본회 제씨는 수양의 빠른 힘을 얻어 연구의 사항을 밝혀내어 암매한 인간의 선도자가 되시기를 절망(切望)하는 바이라."39) 이어서 문목은 주로 사리연마와 관련된다. 곧 『육대요령』의 문목과 『불교정전』의 의두 항목에서는 대소유무의 이치와 시비이해의 일이며, 기타 일체 인간사에 의심나는 것을 밝히는 것이라 하였다.

둘째, 문목은 견성의 중요성과 견성인가의 기준을 설정하는데 의의가 크다고 본다. 소태산은 초기교단에서 많은 제자들에게 문목의 연마를 통해 참 성품을 발견하도록(見性) 독려하였던 것이다. 문목은 이치와 일 등 의심건의 문제로 만들어 맑은 정신으로 두들겨 성품을 깨쳐 견성케 하는

---

38) 『정전』 제3 수행편, 제4장 좌선법, 4. 단전주의 필요.
39) 『수양연구요론』 序.

공부법임을 상기할 필요가 있다.40) 『수양연구요론』 문목 47항목을 보면 '일만법을 통해다가 한 마음을 밝히라 하였으니 연구할 사'를 제시하여 견성을 독려하고 있다. 문목은 자연현상의 깨달음(표8 참조)은 물론 견성 인가에 더하여 깨달음의 기준이 되는 바, 스승이 중생들에게 깨달음의 잣대를 제공하기 위함이었다. 깨달음은 미망을 벗어나 문목 즉 의두·성리를 통해서 이루어가는 것이기 때문이다.

〈표8〉 소태산의 유년기, 깨달음에 관련된 자연 소재 문목

문목 항목	문목 내용	비고
93	星辰은 어떠한 물건인지 연구할 사.	관천기의
118	천지만물이 어느 때에 처음 생겼는지 연구할 사.	〃
119	대지 산천에 초목 수가 몇 개인가 연구할 사.	〃
120	음부경에 가라대 「하늘의 도를 보아서 하늘의 행함을 잡으라」 하였으니 어찌하면 그러한지 연구할 사.	〃
121	주야되는 것은 어떠한 이치인지 연구할 사	〃
122	조수왕래하는 것은 어떠한 이치인지 연구할 사.	〃
123	일월의 본래는 무엇인가 연구할 사.	〃
124	춘하추동 되는 것은 어떠한 이치인지 연구할 사.	〃
125	구름은 어떻게 일어나는 것인지 연구할 사.	〃
126	안개는 어떻게 일어나는 것인지 연구할 사.	〃
127	비 오는 것은 어떠한 이치인지 연구할 사.	〃
128	눈 오는 것은 어떠한 이치인지 연구할 사.	〃
129	뇌성과 번개는 어떻게 일어나는 것인지 연구할 사.	〃
130	지진은 어떻게 되는 것인지 연구할 사.	〃
131	벼락 떨어지는 것은 어떠한 이치인지 연구할 사.	〃
132	우박 오는 것은 어떠한 이치인지 연구할 사.	〃
133	이슬 오는 것은 어떠한 이치인지 연구할 사.	〃
134	서리 오는 것은 어떠한 이치인지 연구할 사.	〃
135	무지개는 어떻게 되는 것인지 연구할 사.	〃
136	바람이라 하는 것은 어디로 좇아오는 것인지 연구할 사.	〃
137	일식과 월식되는 것은 어떠한 이치인지 연구할 사.	〃

---

40) 한정석, 『원불교 정전해의』, 도서출판 동아시아, 1999, p.404.

셋째, 초기교단의 법풍을 진작하는데 도움을 주는 문목의 의의를 무시할 수 없다. 도가에서 의두를 연마하여 진리를 깨달아가는 것은 수도인의 본분사이며, 이에 소태산은 초기교단의 공부 풍토를 지속하기 위해 이러한 문목의 제반 항목을 제시하였던 것이다. 그는 원기 5년에 입산, 변산에서 성리법문을 집중 설하였으니, 이때부터 초기교단의 성리 법풍이 불기 시작하였다. 원기 12년에는 『수양연구요론』을 저술하여 당시의 공부 분위기를 기록물에 남기고 있다. 뒤이어 원기 13년 5월, 제1대 제1회 기념총회 때 송도성은 연구부 업무를 전담하였으며, 본 부서의 역할은 공부인의 감각감상, 문목, 의견안, 처리안 등을 모집 편성하는 업무로서 이 모집된 건들을 소태산 총재에게 감정을 받아 『월말통신』에 발표하는 일이었다.[41] 불법연구회의 연구부에서는 이처럼 초기교단의 의두 연마를 통해 분석과 합리, 나아가 직관에 의하여 우주와 인간의 자성을 알아가도록 성리의 법풍을 조성하는데 노력하였다.

넷째, 문목의 상당수는 소태산이 유불선 3교 사상과 회통의 측면에서 접근되는 의심건들이 발견되는 점에서 그 의의로 다가선다. 『수양연구요론』이 발간될 때에는 「정정요론」이라는 선가의 수련법이 편제되었고, 불교 조사(祖師) 화두의 상당수가 실렸으며, 유교의 공자와 맹자는 물론 도가의 노자까지 거론하고 있다. 그리하여 『수양연구요론』의 137개 항목에 이르는 문목은 불교의 화두, 도교의 수련, 유교의 이념, 일상적 자연현상에 대한 의심건들이 포괄되어 있다. 불교의 화두가 비교적 많지만 도교적 수련과 관련한 내용도 등장한다.[42] 소태산은 이처럼 교리 구상을

---

41) 박용덕, 선진열전 1-『오, 사은이시여 나에게 힘을 주소서』, 원불교출판사, 1993, p.32.
42) 『수양연구요론』의 「각항연구문목」에서는 「정정요론」 내용을 가지고 의두 문목을 삼은 부분들이 많다(41~43, 49, 86~91, 108~113, 120). 49조는 『옥추

하면서 유불도 전통사상의 회통에 있어 문목과 관련지었던 것이다(표 9-10 참조).

〈표9〉 유불도 삼교에 관련된 문목항목 비율

삼교	불교관련 항목	유교관련 항목	도교관련 항목	기타 종교	비고
문목 항목	26, 37, 38, 39, 46, 47, 50, 57, 60, 82, 83, 84, 85, 92, 95, 96, 97, 98, 99, 100, 101, 102, 103, 104, 106, 107, 117	27, 40, 75, 76, 114, 115	41, 42, 43, 44, 49, 53, 86, 87, 88, 89, 109, 113, 120	108	

〈표10〉 이웃종교 경전류의 문목항목

인용 경전	문목 항목	비고
불경인용 및 조사어록	37, 38, 39, 82, 83, 84, 85, 92, 95, 96, 97, 98, 99, 100, 101, 102, 103, 104, 106, 107, 117	
음부경	41, 42, 43, 86, 87, 88, 89, 120	
동경대전	108	
도덕경	109	
주 역	40	
논 어	114	
맹 자	115	

경』등에 주로 언급되는 司過信仰을 나타낸다. 113조는『도덕경』'無爲而無不爲'의 무위자연사상을 내포하고 있다. 41~43, 86~89, 120조 등은『음부경』의 내용들이다. 90~91조 등은『정관경』에 나타나는 '煉形爲氣 眞人'과 '煉氣成神 神人'의 경지를 뜻한다. 110~112조 등은『상청정경』처음의 道의 본질을 술한 '大道無形 生育天地' '大道無情 運行日月' '大道無名 長養萬物'의 번역이다(박병수, 「송정산의 수심정경 연구」, 『원불교사상』21집, 원불교사상연구원, 1997, pp.427-428참조).

제4장 원불교의 문목과 성리

문목의 등장과 그 의의는 이와 같이 여러 측면에서 거론될 수 있지만, 무엇보다도 소태산의 대각을 통해 각증된 진리의 심오한 의심건들을 제자들에게 전하면서 구체적 훈련의 방법론으로 나타난다. 그것이 『육대요령』과 『불교정전』으로 전승되면서 의두와 성리로 전환됨과 동시에 정기훈련법으로 정착되는 계기가 되었다. 정기훈련법으로 경전 강연 회화 의두 성리 등의 훈련법이 등장한 배경은 이러한 문목의 등장과 연계되는 바, 그것은 『정전』 제 3수행편에서 정기훈련의 방법론으로 정착된 것이다.

이에 더하여 문목의 등장을 통해서 알 수 있는 것은 원불교 문목의 개념이나 문목의 항목이 변천된 내역의 파악에 도움을 준다. 그것은 교리 형성사에서 나타나는 문목이 의두와 성리로 변천된 내역을 알게 해주는 점에서 교리 변천사적 의의라고 볼 수 있다.

이제 문목의 연구를 통해서 나타나는 과제가 있다면 그것이 무엇인가를 살펴보도록 한다.

첫째, 문목에서 의두와 성리로 전개되면서 『불교정전』의 성리 범주 일부가 『정전』의 의두로 옮겨간 이유는 무엇인가를 앞으로 규명해 주어야 한다. 다시 말해서 그것은 문목의 변천사에서 볼 때, 문목이 의두와 성리로 정착되는 과정에서 교서편집상 간과해버린 부분이 없지 않으며, 그것이 오늘날 의두와 성리 개념의 혼선을 가져다주었음을 부인할 수 없다.[43] 이에 대한 개념의 변천은 앞으로 교학의 해석상 논란의 여지를 남기고 있다. 의두와 성리의 재정립이 필요하다는 연구는 얼마든지 거론될

---

43) 『수양연구요론』의 문목이 의두와 성리로 정착되면서 개념의 혼선을 가져다 준 사항은 '불조의 화두'이다. 이 불조의 화두를 의두 범주에 넣을 것인지, 성리 범주에 넣을 것인지에 대한 것으로 『육대요령』과 『불교정전』에서는 성리에 속하였지만 『정전』에서는 의두에 두었다는 데서 개념의 혼선을 야기한 것이다.

수 있는 것이기 때문이다.

둘째, 『수양연구요론』의 137 문목항목이 점차 줄어『불교정전』에서 47항목으로, 『정전』에서 20항목으로 축약된 이유가 무엇인가를 설명해 주어야 한다. 물론 불교의 간화선법이 갖는 한계를 극복하고 불교 혁신의 차원에서 그렇다고 이해할 수도 있다. 간화선은 종일 화두만 들고 선을 하면 상기병(想起病)을 유발한다는 지적이 있기 때문이다. "만일 화두만 오래 계속하면 기운이 올라 병을 얻기가 쉽고 또한 화두에 근본적으로 의심이 걸리지 않는 사람은 선에 취미를 잘 얻지 못하나니라"[44]는 소태산의 언급이 이것이다.

셋째, 『수양연구요론』 문목의 자연에 대한 항목들(표8 참조)이 사라졌다는 점을 해석해 주어야 하는 것이다. 『수양연구요론』 문목이 자연현상, 전통종교사상 등 다소 포괄적 성향을 띠었으나, 후래 발간된 교서에 의두와 성리로 전개되면서 자연현상의 문목 부분은 대부분 사라졌기 때문이다. 이것은 교법의 불교적 연원이라는 정체성의 부각과 더불어 나타난 현상이며, 오늘날 과학의 영역에서 자연현상의 의심건들을 해소해주는 성향이기 때문이다.

하지만 소태산은 소년기에 자연현상에 대한 소박한 의문을 되돌아 보고, 우주적 시야를 확대해서 보면 오늘날에도 그와 관련된 중요한 문목을 발견할 수 있다고 본다. 예컨대 변의품의 난제들을 비롯하여 존재의 본질에 관한 자연과학적 과제들, 즉 원자핵, 소립자, 쿼크, 끈이론 등의 현대 물리학은 물론, 세포핵, DNA, RNA, 뇌신경과 정신현상 등 신경과학과 인지과학, 그리고 현대의 초자아심리학 등과 관련하여서는 초기의 그 소박한 질문들을 자연과학의 장에 넘겨버리거나 사라진 역사로 치부

---

44) 『정전』 제4장 좌선법, 4.단전주의 필요.

해버릴 것이 아니다. 그것은 해석학의 적절한 전개에 따라서 얼마든지 오늘날에도 중요한 의미를 지닌 문목으로 심화 확대해나갈 수 있기 때문이다. 더욱이 현대 정보사회의 추이는 자연과학과 인문 사회학의 분리된 연구차원을 넘어서서 상호 보완적 검토가 시도되고 있음은 물론, 특히 존재의 본질규명에 관한 연구에 있어서는 자연과학적 성과를 수용하면서도 그 한계를 넘어서는 시도가 종교 내지 인문학에서 이루어져야 한다고 본다.

6. 의두와 성리로의 변신

문목의 개념 변천에서 고려해야 할 부분으로 '불조의 화두'가 의두에 속하느냐, 성리에 속하느냐에 대한 문제제기는 이미 본 문목변천에 관한 연구에 있어서 핵심부분에 속하는 사항이다. 그것은 『불교정전』과 오늘의 『정전』에 나타난 차이이기 때문이다. 교서 편집상 나타난 개념의 이동은 앞으로 교학 연구에서 있어 지속적인 해석상의 문제를 야기할 수 있다.

이어서 항목의 변천에서 볼 때 의심건의 문목이 의두, 나아가 계문이나 솔성요론으로 변천된 교리 변천사적 의미는 초기교서의 『수양연구요론』이 『정전』 편집 과정상에 나타난 차이라는 것이다. 그리고 문목이 후래 의두요목으로 이동한 흔적이 보이는데, 성리로 이동한 흔적은 『대종경』의 성리품이나 불지품의 내용으로 흡수된 성향이 있다. 구체적으로 말해서 『육대요령』의 사은의 의두 해석과 『불교정전』의 불교 화두 등은 『정전』 편찬에 반영되었으며, 부처의 권능에 관한 것은 『대종경』의 불지품, 개인의 길흉에 관한 것은 『불조요경』의 『현자오복덕경』 편제에 영향을 준 것이다.45) 그것은 『수양연구요론』이 최초의 교서로서 교리가 점차 체계적으로 정착되는 과정에서 일어날 수 있는 일이라 본다.

그리하여 『수양연구요론』 문목의 변천과정을 살펴볼 때, 원불교 교강이 선포된 후 소태산의 교리 구상이 시작되는 단계였던 관계로 문목의 내용 범주와 항목 선정에 불비한 점이 전혀 없었다고는 할 수 없다. 이에 문목이 『육대요령』과 『불교정전』, 『정전』의 의두와 성리로 정착되면서 개념의 혼선은 물론 항목 재정비의 필요성이 거론될 수 있으며, 계문이나 솔성요론으로 변화되는 과정에서 본래 문목으로서의 정체성이 달라지기도 하였다는 것이다.

환기할 바, 본 연구를 통해서 문목이 등장하는 『수양연구요론』이 초기 교서로서 갖는 위상을 상기하지 않을 수 없다. 공부길을 잡은 이에게 소태산이 본 요론을 친히 한 권씩 내려주었다는 점을 간과할 수 없기 때문이다. 물론 『육대요령』이 등장하면서 불법연구회의 공식 교재로 위상을 갖추게 되자 본 요론은 사라지지만, 『수양연구요론』의 최초교서라는 교서적 의미를 지니고 공부가 일반대중이 모두 함께 닦을 수 있는 일종의 수련법을 함장한 책으로 이해될 수 있으리라46) 본다.

아무튼 개념의 변천과 항목의 변천이 중요한 연구의 이슈라고 해도 무엇보다 『수양연구요론』의 문목에서 간과할 수 없는 것이 있다. 그것은 문목을 통해서 소태산의 깨달음이 비롯되었다는 점이다. 소태산은 유년기 시절, 우주 대자연에 대한 의심을 시작하였는데 이와 관련한 문목이 12항목이나 된다는 것이다(표8 참조). 문목이 우주사와 인간사 본래를 포

---

45) 김영민, 「원불교 의두에 관한 一考」, 『정신개벽』 제16집, 신룡교학회, 1997, pp.84-85.
46) 박병수, 「송정산의 수심정경 연구」, 『원불교사상』 21집, 원불교사상연구원, 1997, p.429.

괄하는 것이라면 전자의 경우 17항목 하나하나가 인간으로서 우주 대자연과의 조화에 대한 것으로 일원상 진리의 변·불변의 원리를 그대로 담아놓은 양상이다.

　나아가 문목이나 의두와 성리를 「정기훈련」 사리연구 항목으로 한정하는 경우가 있는데, 초기교단에서는 신앙론에서도 접근되고 있음을 알아야 한다. 이를테면 『육대요령』에서는 사은의 각 의두 해석이 있으며, 『불교정전』에서는 천지은과 부모은의 의두 해석이 있기 때문이다. 의두와 성리가 일원상 진리를 깨닫는 길이라면, 일원상 수행만으로 되지 않으며 일원상 신앙의 길로의 접근이 필요한 것이다. 문목의 변천과정을 고찰하면서 초기교서에 나타난 문목이 수행만이 아니라 신앙 세계에서도 중요시되었던 점을 참조해야 할 것이다.

제5장
원불교 성리의 본질

1. 봉래주석과 성리형성

1) 봉래정사 주석기와 성리

　유년기부터 소태산은 자신을 둘러싼 주변환경에 궁금중이 많았으며, 그의 머리 속에는 우주 대자연의 변화에 대한 호기심으로 가득하였다. 하늘을 보고 의심한 일로서 태양을 잡으러 옥녀봉에 올라간 일이라든가, 구름이나 비바람이 어떻게 생기는 것인가의 의심들이 이와 관련된다. 자연에 대한 의심은 그의 나이 7세시 자연의 이치와 자신의 문제를 알고자 하는 소박한 호기심에서 출발하며, 이 화두는 산신기도와 구사고행을 거쳐 대 입정으로 이어지고 결국 대각을 성취하였으니 그의 대각은 성리 탐구의 결과이다.[1] 유년기 우주와 인간사에 대하여 알고 싶은 간절한 의심이 없었다면 그의 대각도 쉽지 않았을 것이라고 본다.

　7세 이전부터 남달랐던 소태산은 웅대한 기상이 천지에 감응하고 있었다. 대종사 비명을 지은 유허일 선진의 글을 보자. "대종사는 … 천품이 성신(聖神)하시고 기국이 웅장하시와 3, 4세부터 부형장자(父兄長者)의 웅대하지 못한 진리 문답이며 인리향당(隣里鄕黨)의 경탄할만한 대인 기

---

1) 박상권, 「소태산 성리해석의 지향성 연구」, 『원불교사상과 종교문화』 32집, 원불교사상연구원, 2006.2, p.91.

상은 성사(聖師)의 종종 이적이셨다."2) 어린 시절부터 기백이 남달랐던 소태산은 천지신명, 혹은 허공법계라는 호칭을 부르며 진리에 대한 응답을 염원하였던 것이다. 그의 최초 기억으로 4세경 식사 도중 부친과 있었던 담대한 일들이 이러한 응답의 전초라 볼 수 있으며, 그것이 25세가 끝나도록 까지 전개된다.

원기 원년(1916) 26세에 대각을 이룬 후 소태산은 제자들과 방언공사를 마치면서 새 종교로서 불법연구회의 활동은 본격적으로 시작되었다. 초기교단의 경제적 기반을 위한 간척사업으로서 방언공사를 마친 후 자작자급의 정관평을 마련하면서 그는 천지신명을 향해 기도를 올리고, 교법을 구상해야 할 중차대한 사명이 기다리고 있었다. 그것이 그로 하여금 영산회상에서 변산 봉래정사로 옮기게 된 연유이다. 원기 5년(1920)부터 그는 영육쌍전의 정신에 입각하여 부안 변산의 봉래정사에 주석하면서 산전을 개간하고 저녁에는 수도하면서 창립제자들에게 성리법어를 설하기 시작하였다.

이때부터(원기 5) 봉래 주석기의 간고한 생활은 시작되었으니 그야말로 초가산간의 험난한 시절이었다. 소태산은 제자들을 거느리고 신축 정사(석두암)에 있으면서 새로운 교강을 선포, 새 불법을 창안하는데 골몰하였다. 정산종사는 「창건사」에서 대종사의 병진 이후 교화한 순서를 약론하되 "병진년은 어떠한 법을 인용하든지 오직 발심으로써 교화의 주체를 삼으시었고, 정사·무오·기미(1917~1919)는 신성 단결 공심 등으로써 교화의 주체를 삼으셨고, 경신년(1920) 춘하간은 성리설과 입정설을 많이 말씀하셨고, 경신년 추동 이후로는 신제 교강으로써 교화의 주체를 삼으

---

2) 유허일, 「大宗師聖塔碑銘竝序」(원불교사상연구원 編, 『원불교 인물과 사상』 (Ⅰ), 원불교사상연구원, 2000, p.217).

시었다"고 기록하였다.3) 봉래 주석기에 소태산의 성리법설이 주로 설해졌던 것으로 『교사』에 기록되고 있음이 주목된다.

당시 봉래정사에 주석 중 찾아오는 제자들에게 소태산이 성리 연마를 강조한 시기는 교강이 성립되던 창립기의 일이다. 어느 날 정세월은 대종사를 실상사에서 처음 뵙고 대화를 나누었다. "어떠한 말을 듣고 이러한 험로에 들어왔는가?" "선생님의 높으신 도덕을 듣고 일차 뵈오러 왔나이다." 정씨는 전일 남편이 하였던 것과 같은 말씀을 사뢰었다. "이제 나를 보았으니 무슨 원하는 것이 없는가?" "저는 항상 근심 걱정이 많아 갈팡질팡하여 마음 바로 잡기가 원이옵니다." "마음 바로잡는 방법은 먼저 마음의 근본을 깨치고 그 쓰는 곳에 편벽됨이 없게 하는 것이니 그 까닭을 알고자 하거든 성리공부를 하여야 한다."4) 교강 정립기에 설한 소태산의 법설은 정법 교리를 제정하던 시기로서 교법을 연마하고 진리를 깨닫도록 성리 연마를 강조한 것이다.

성리법어가 주로 설해지던 봉래정사에 주석기에 소태산은 불교 지인과 교류를 하였는데, 월명암 백학명 스님과 교류하면서 주고받은 문답이 바로 성리의 진수였다. 백학명 선사는 소태산의 24세 연상이었으며 불교의 화두를 거론하던 당시 변산의 제자들이 격외선에 대해 관심이 많았다. 이에 소태산은 성리 연마는 체를 중심으로 하고 그것이 성리의 깊은 경지라고 하였으며5) 백학명 선사와 주고받은 그의 성리법문이 『대종경』 성리품 18~19장에서 발견된다. 성리에 대한 관심을 갖되 원불교에서 강조하는

---

3) 李空田, 「蓬萊制法과 益山總部 建設」, 『圓佛教七十年精神史』, 聖業奉贊會, 1989, p.170.
4) 박용덕, 선진열전 1-『오, 사은이시여 나에게 힘을 주소서』, 원불교출판사, 1993, pp.316-317.
5) 한종만, 『원불교 대종경 해의』(下), 도서출판 동아시아, 2001, p.70.

성리 연마는 선가의 지향 방식을 벗어나려는 소태산의 고민이 있었던 것이다. 그것이 봉래 주석기의 교강 선포에 따른 미래 불법의 구상이기도 하였다.

새 불법을 창안하던 교법의 제정 과정에서 소태산이 강조한 교법의 특징은 불교 혁신의 의미가 담긴 것으로, 이때 설해진 성리 법문은『대종경』성리품 외에 다른 품에서도 발견된다. 곧 봉래 주석기의 성리법문들로는『대종경』교의품이나 인도품에서도 발견된다. 교법 혁신의 정수가 여기에 나타나는 것으로 교의품 15장의 노부부에 대한 산불공 법문, 인도품 32장의 안타까운 올챙이 법문, 성리품 10장부터의 봉래산 성리 법문 등이 거의 이 초당(원기 5년 주재 봉래산 실상초당)에서 이뤄진 법문이라는 사실이다.[6] 성리에 대한 가르침은 깨달음의 정점에 있다는 점에서 소태산의 언행록인『대종경』은 원불교의 통경(通經)인 셈이며, 불교 혁신의 의미까지 드러나 있다.

봉래정사에서 설한 성리법어 중에서도 만법귀일(萬法歸一)이라는 화두가 심도 있게 다가온다. 어느 날 소태산은 봉래정사에 머물던 중 때마침 큰 비가 와서 층암절벽 위에서 떨어지는 폭포와 사방 산골에서 흐르는 물이 줄기차게 내리는 것을 한참 동안 지켜본 후 언급하였다. "저 여러 골짜기에서 흐르는 물이 지금은 그 갈래가 비록 다르나 마침내 한 곳으로 모아지리니 만법귀일의 소식도 또한 이와 같나니라."[7] 불가에서 가장 많이 거론되는 화두 가운데 하나가 만법귀일이라는 사실에서 보아도 만법귀일과 관련한 성리 법어는 불법의 심오함을 새롭게 드러내는 것이라 본다.

---

6) 李空田,「蓬萊制法과 益山總部 建設」,『圓佛教七十年精神史』, 聖業奉贊會, 1989, p.169.
7)『대종경』성리품 10장.

주로 만법귀일과 관련한 성리 소식을 전한 것은 창립의 인연들에게 불성 회복의 새 불법이 주체가 된다는 것을 은연중 암시하고 있기 때문이다. 소태산은 서중안의 인도로 찾아온 사람이 망상을 없애기를 원하자 마음의 근본을 깨치고 그 쓰는 곳에 편벽됨이 없게 하여야 하는 것이니 그 까닭을 알고자 하거든 이 의두를 연마해 보라면서 '만법귀일 일귀하처'의 화두를 써주었다.8) 이와 관련한 성리는 『수양연구요론』의 각항연구 문목 95조항에서도 발견된다. 그것은 신룡전법상의 익산총부의 선(禪) 해제를 앞둔 법문이었다.

봉래 주석기에 설한 또 다른 성리법문의 정수로는 '변산구곡로 석립청수성'에 관한 것이다. 변산에 가려면 꼬불꼬불한 골짜기를 많이 지나야 하는데 구곡로(九曲路)라는 데가 있으니, 여기에서 석립(石立)하여 수성(水聲)을 듣는다는 것은 세상의 우여곡절을 초월한 느낌이다.9) 구곡로란 그만큼 수려한 봉래계곡을 뜻하며 석립청수성에서 물소리를 듣는 자는, 자연과 인간이 일치된 감정으로서 소태산 자신이라 해도 좋고 혹은 지금 이 순간 무명에서 벗어난 주인공이라 해도 좋을 것이다. 봉래정사에 머물면서 세상에 새 교법을 선포하고 전법하는 신룡전법의 준비기에 어울리는 상징적 법어가 이것이다.

이처럼 성리법어의 진수를 쏟아낸 소태산의 의도는 성리에 대한 깨달음과 중생구원이라는 간절한 염원을 제자들에게 전하려는 의도가 강하게 나타나 있다. 초기교단의 공부풍토에서 문답감정과 성리연마가 집중되어 있다는 것은 이러한 사명을 실행하기 위한 것이었음을 상기할 일이

---

8) 정순일, 「성리개념의 변화와 그 본질」, 『원불교사상과 종교문화』 35집, 원불교사상연구원, 2007.2, p.132.
9) 朴吉眞, 『大宗經講義』, 圓光大學校 出版局, 1980, p.275.

다. 당시 교단에서는 법의문답을 통해 사제간 문답하고 감정 받는 일이 공부의 중심이 되었으며, 이에 따라 바르고 빠르게 교법을 연마하고 성리에 토를 떼는 견성도인들이 더욱 배출되어야 함을 상기할 필요가 있다.[10] 신앙인이자 수행인으로서 깨달음을 향한 구도의 과정은 진리에 대한 각증과 전법에 있기 때문이다.

그리하여 초기교단의 선진들은 일찍부터 성리연마에 공을 들이어 각증(覺證)의 소식을 전하고자 하였다. 일례로 '도가 아니면 앉지도, 말하지도, 행하지도 말라'는 말씀을 자주 하며 실제로 그러한 삶을 살았으니 어렸을 때부터 성리에 밝았고, 진리를 체감하고 교훈을 끌어내었다[11]는 항타원 종사의 전언이 이것이다. 그것은 변산 주석기에 성리를 연마하면서 도락을 삼는 등 실생활에서 도력향상과 법풍진작과 관련되었다는 의미이다. 소태산의 제자 훈도는 이러한 법풍 진작의 성리연마와 직결되었던 것이다.

변산 봉래정사에서 5년 동안 교강을 초안하면서 많은 성리법어를 설한 것은 소태산의 관심입정(觀心入定)과 견성성불에 관련이 깊다. 그것은 간절한 구도 끝에 얻은 깨달음이 봉래정사에서 교법 제정이라는 것과 제자 훈도와 직결되던 시기였기 때문이다. 변산에서 설법한 내용은 이처럼 견성 성불하는 방법이었고 원기 6년에는 교강으로 교화 주체를 삼았으며, 특히 봉래정사에서 소태산은 초안한 교서로 여러 사람의 근기 따라 예비훈련을 실시하였다.[12] 오늘날 우리가 접하는 성리법문은 소태산의

---

10) 김영두, 「원불교학 쟁점의 해석학적 고찰」, 『원불교사상과 종교문화』 39집, 한국원불교학회·원불교사상연구원, 2008.8, p.63.
11) 한창민, 「항타원 이경순의 생애와 사상」, 원불교사상연구원 編, 『원불교 인물과 사상』(II), 원불교사상연구원, 2001, p.260.
12) 김혜광, 「교육사」, 『원불교 70년정신사』, 성업봉찬회, 1989, p.580.

깨달음과 관련된 봉래 제법기에 주로 이루어진 것임을 감안하면 교법 형성과 전개의 방향이 소태산의 불교 혁신에 관련되어 있음을 알게 된다.

2) 성리의 형성과 변천과정

원불교의 성리가 형성되기 시작한 것은 1920년대(원기5-8년)에 소태산이 변산에 주석하던 시기였음은 잘 아는 사실이다. 당시는 교법 초안기로서 그는 창립기의 몇 안 되는 제자들과 이곳에서 산전을 개간하면서도 저녁에는 공부하는 등 주경야독의 간난한 시기를 맞이하였다. 『대종경』 성리품의 내용 중 거의가 변산에서 한 법문으로 그곳에서 영육쌍전을 철저히 하도록 하였던 것이다.13) 교단을 창립하던 초창기에 의식주의 빈곤은 물론 교리의 제정에 있어서도 교강 정립의 단계에 있었다. 하지만 당시 오롯한 창립의 정신에 비추어 볼 때 성리의 심오한 경지를 전한 것은 봉래 주석기였다.

성리 법문은 소태산이 봉래정사에서 머물면서 제자들을 훈도하는 과정에서 주로 설해졌다면, 이에 대한 기록은 신룡전법기로서 원기 1927년 (원기12)에 발간된 『수양연구요론』에 나타난다. 본 교서는 원불교 최초의 교서로서 소태산의 교법 전개에 대한 심회를 엿볼 수 있다. 교강은 물론 성리의 원형에 속하는 문목(問目)이 여기에서 발견되고 있다. 다시 말해서 교리의 변천과정을 모색할 때 『수양연구요론』에 수록된 문목은 의두 및 성리 이전의 성격과 관련된다고 보는데, 그것은 원불교의 교리형성에 있어 의두와 성리의 연원이 문목이기 때문이다.14) 이처럼 기록상에 나타

---

13) 한종만, 「영육쌍전 연구」, 제20회 원불교사상연구 학술대회 ≪원불교 사상과 도덕성 회복≫, 원광대 원불교사상연구원, 2001.2, p.101.
14) 류성태, 「수양연구요론의 문목연구」, 『원불교사상과 종교문화』 45집, 원불

나는 성리는 그 원형의 측면에서 본다면 원기 12년의 일이다.

  초기교서의 발간에 이어 원불교 근본『정전』의 성격을 띠고 1934년(원기19)에 발간된 것이『육대요령』이다. 본 교서에서 원불교 최초로 성리라는 용어가 등장한다.『수양연구요론』의 연구문목에 해당하는 부분의 비중이 축소되고 내역도 분화된『육대요령』의 문목을 보면, 내용상으로는『수양연구요론』의 연구문목이 연구의 대상으로 온전하게 남아있으며, 여기에 교단 최초로 성리라는 용어가 등장하고 있는 것이다.[15] 문목이 의두·성리와 더불어 세 가지 용어가 동시에 등장하고 있다. 이것은 성리 형성과정에 있어서 의두와 문목이라는 것이 거의 같은 형성사적 맥락에서 접근된다는 뜻이다.

  그러면『수양요론』의 문목이『육대요령』의 발간으로 이어지면서 의두와 성리로 나뉘게 된 근본적 이유가 있다면 그것은 무엇인가? 이는 대체로 소태산의 구도과정에 나타난 자연현상에 대한 의두가 거의 삭제되고 후래 불조의 공안이 주를 이루는 형태로 바뀌면서 비롯되는 것이고, 나아가『수양연구요론』이 임시교제의 성격에서 점차 벗어난 성향에 의한 것으로 보인다.[16]『수양연구요론』은 초기교서의 발간이라는 점에서 의의가 크다면『육대요령』은 정전(正典) 성격을 지닌 최초의 교서라는 의미를 지닌다. 여기에서 문목은 보다 세련된 과정으로 진입하는 단계의 성격이며 그것이 점차 의두와 성리로 분화, 정착된 것이다.

  본『육대요령』에 나타난 바처럼 문목의 분화로 등장한 의두와 성리는

    교사상연구원, 2010.8, p.374.
15) 정순일,「성리개념의 변화와 그 본질」,『원불교사상과 종교문화』35집, 원불교사상연구원, 2007.2, p.126.
16) 류성태,「수양연구요론의 문목연구」,『원불교사상과 종교문화』45집, 원불교사상연구원, 2010.8, p.376.

후래 정기훈련 11과목으로 정착되었지만 여기에서도 주목되는 점이 발견된다. 즉 『육대요령』 삼학의 정기훈련 과목의 해석에는 오늘의 정기훈련 11과목에서 의두 성리가 문목 성리로 되어 있다는 점에서 의두가 11과목에 포함되지 않은 상태였다. 이를테면 「정신수양」 정기훈련 과목의 해석-염불, 좌선, 「사리연구」 정기훈련 과목의 해석-경전, 강연, 회화, 문목, 성리, 「작업취사」 정기훈련 과목의 해석-정기일기, 주의, 조행17)이 그것이다. 의두가 정기훈련 과목으로 정착되기까지는 후래에 발간된 『불교정전』을 기다려야 했던 것이다.

의두가 정기훈련의 11과목으로 설정되기 전까지는 주로 의두 문목이라는 용어가 합성어인 것처럼 동시에 불리어져 의두라는 용어가 문목이라는 용어에 부속된 상황이었다. 『육대요령』에 다음과 같은 언급이 있다. "문목이라 함은 본회 교과서 『수양연구요론』 내 대소유무와 시비이해를 망라하여 지정된 137절의 의두 문목과 기타 일체 인간에 의심다울 만한 제목을 이름이니, 어떠한 문목이든지 각자의 연구대로 그 해결안을 제출하여 감정을 얻게 하는 것으로써, 이는 본회 초급 교과서를 마치고 연구의 실지경을 밟는 공부자에게 사리간 명확한 분석을 얻도록 함이요."18) 여기에 대해 성리라는 용어는 문목과 달리 독립되어 그 의미가 규정되고 있다. 성리의 용어가 등장하여 불교의 화두 성격으로 거론되고 있다.

뒤이어 『육대요령』과 『불교정전』에서 문목과 성리가 어떻게 변천되는가를 살펴본다. 소태산은 "성리라 함은 천지만물의 본래성과 과거 불조의 일으신 천만 화두를 해결하야 알자는 과목이니라"(육대요령)고 하였

---

17) 『육대요령』, 제3장 훈련편, 공부의 요도 정기훈련의 과목.
18) 위의 책.

다. 이어서 『불교정전』에서 "성리라 함은 우주 만유의 본래 이치와 과거 불조의 이르신 천만 화두를 해결하여 알자 함이요"19)라고 하였다. 양대 경전에서 미세한 용어의 차이가 발견되는데 전자의 경우 '성리란 천지만물의 본래성' 나아가 후자의 경우 '우주 만유의 본래이치'라는 것이 그것이다. 용어의 미세한 변천일 따름이며 의미상 큰 차이는 없는 것으로 이해된다.

또한 『불교정전』에서 문목이라는 용어가 한번만 등장한다는 점이 주목을 끈다. 그것은 『불교정전』에서 의두와 성리로 정착되었음을 입증하는 것이다. 여기에 나온 문목의 용어는 다음과 같다. "학습란 중 수양과 연구는 전부 시간수로써 기재하되, 염불·좌선·경전연마·문목은 자기가 실행한 시간수를 기재하고, 강연·회화는 자기가 직접 강연·회화를 한 것과 타인의 강연·회화를 들은 시간까지 합하여 기재하며…."20) 이처럼 문목은 정기훈련법 11과목의 성격보다는 상시일기 기재에 나타난 명목상의 문목 항목에 한정된다는 점이다.

문목이라는 용어가 비록 한번 등장한다고 해도 그것이 『불교정전』에서 의두와 성리를 폭넓게 포괄하는 범주의 성향으로 남아있었던 것은 사실이다. 이는 원기 12년에 발간된 『수양연구요론』의 문목이 원기 17년 『육대요령』과 원기 28년 『불교정전』으로 이어지면서 「일기법」에 등장됨으로써 최초에 지녔던 우주와 인간에 대한 근본적 의두 및 성리의 성격을 포함하고 있었기 때문이다. 다만 접근의 방법에 있어서 의두는 분석적 성향을 지니고 성리는 직관적 성향으로 변화되는 양상이었다.

이러한 성향으로 인해 소태산은 『육대요령』과 달리 『불교정전』에서

---

19) 『불교정전』 제3편 수행, 제2장 공부의 요도 정기훈련과목 및 해석.
20) 『불교정전』 제4장 일기법, 1. 상시일기의 대요 「기재법 2」.

문목으로부터 의두와 성리를 독립시켰다. 곧 의두라 함은 대소유무의 이치와 시비이해, 기타 일체 인간사의 의심이라 하였다. 어떠한 의심건이든, 그 해결안을 제출하여 감정을 얻게 하는 것으로 이는 연구의 깊은 경지를 밟고자 하는 공부인에게 사리의 명확한 분석을 얻도록 함이라 했다. 여기에 대하여 성리는 우주 만유의 본래 이치와 과거 불조의 이르신 천만 화두를 해결하여 알아가는 것이라 했다. 전자의 경우 명확한 분석을 얻는 것이라면, 후자의 경우 본래 이치에 대한 관조의 직관력을 얻는 것이라 할 수 있다.

하지만 『불교정전』에 발견되는 성리가 오늘의 『정전』에서는 개념 변화를 가져온다. 그것은 성리에서 말하는 불조의 화두가 의두로 이동됨으로써 나타나는 현상이다. 『불교정전』에서 성리는 우주 만유의 본래 이치와 과거 불조의 이르신 천만 화두를 해결하여 알자 함이라 했다. 그러나 오늘의 『정전』에서 성리는 우주 만유의 본래이치와 우리의 자성원리를 해결하여 알자 함[21]이라고 하였다. 양대경전에 나타난 차이로는 후대경전에서 화두가 보이지 않는다는 점이다. 그것은 『정전』에 의두항목으로 옮겨졌기 때문이다.

이러한 개념 변화의 현상은 소태산의 열반 후 『교전』이 발간됨으로써 나타난 현상이다. 1943년 소태산이 열반한 후 1962년(원기 19) 원불교는 『불교정전』을 새롭게 정비한 『정전』과 『대종경』을 합본하여 『원불교교전』을 발간하였다. 여기에서 의두・성리는 지각변동이라 할 만한 심한 변화를 겪는데, 이전까지는 (불교정전에) 성리에 해당되었던 '불조의 화두'(원불교 교전에는 의두로)를 옮겨 놓았다.[22] 『불교정전』에 거론되던 불조

---

21) 『정전』 제3 수행편, 제2장 정기훈련과 상시훈련, 제1절 정기훈련법.
22) 정순일, 「성리개념의 변화와 그 본질」, 『원불교사상과 종교문화』 35집, 원불

의 화두가 『정전』에서는 의두로 옮겨지게 됨으로써 성리는 물론 의두의 개념 변화가 일어난 것이다. 『불교정전』의 성리를 보면 화두가 그 근간이었지만 『정전』에서는 화두를 빼고 '우주만유의 본래이치와 자성원리'라 하였기 때문이다.

아무튼 성리의 성립사를 살펴본다면, 문목은 물론 의두와의 관계를 살펴보지 않을 수 없다. 곧 『수양연구요론』에는 각항의 문목이 처음 발견되며, 이어서 5년 후 발간된 『육대요령』에는 문목·성리가 나누어진다. 원기 28년에 간행된 『불교정전』에는 의두와 성리가 발견되며, 『정전』 역시 의두와 성리가 발견된다. 다만 『불교정전』과 『정전』에 나타난 의두와 성리 개념의 변화는 앞으로 해석학적 여지를 남겨두고 있다[23]는 점에서 주목되는 바이다.

원불교 초기교서의 변천과정에서 살펴본 성리의 성립사는 점진적 변화를 가져왔다는 점이며, 그것은 문목에서 의두와 성리로의 정착을 가져왔던 점에서 새겨볼만한 일이다. 더욱이 불교 화두 1,700공안이 47개로 축소되고 마침내 20개로 축약한 불교혁신의 의미가 담기어 있음을 간과할 수 없는 부분이다. 또한 『대종경』 성리품은 성리의 본질에 관한 법문으로 구성되어 있기 때문에 분량이 많지 않은 점도 주목할 필요가 있다.[24] 다만 본 성리품은 『수양연구요론』과 『육대요령』 『불교정전』 『정전』으로의 변천과정에 앞서 소태산의 제자들에 대한 수기(隨機) 설법의 성격을 지닌 언행록이라는 점에서 성리의 소박함을 지니고 있다.

교사상연구원, 2007.2, pp.137-138.
23) 이에 대한 연구는 류성태의 「수양연구요론의 문목연구」(『원불교사상과 종교문화』 45집, 원불교사상연구원, 2010.8)를 참조할 것.
24) 박상권, 「소태산 성리해석의 지향성 연구」, 『원불교사상과 종교문화』 32집, 원불교사상연구원, 2006.2, p.93.

제5장 원불교 성리의 본질

2. 성리의 본질과 일원상

1) 성리의 본질

단순한 의미에서 성리(性理)는 성품과 이치(혹은 천리)의 줄인 말로 볼 수 있다. 이는 성리가 추구하는 우주와 인간의 이법을 비켜나 있지 않다는 것이다. 성리는 인간의 심성을 찾아 이에 근원하여 연마하는 것이요, 나아가 우주적 진리를 밝히는 것이기 때문이다. 성리에 근원한다는 것은 좁혀 말해서 우리의 심성 가운데 심왕(心王)을 붙들고 거기에 근원한다는 것이다.[25] 내 마음이 어떻게 생겼으며, 마음의 근원은 무엇인가, 그리고 내 마음은 우주적 진리에서 어떻게 작용하는가에 대한 의심 등은 성리의 길로 인도한다. 이 모두가 본질적이고 궁극적인 질문으로 이어지므로 그것은 무명의 미혹에서 벗어나는 깨달음의 길이다.

무명의 미혹을 벗어나 심성의 원리를 깊이 연마하다 보면 인간의 자성 곧 맑고 고요한 성품을 깨닫게 되는데 이는 우리가 성리 연마에서 추구하는 본질적 동인이 된다. 삼독 오욕의 번뇌에서 벗어나는 길이 깨달음이요 성품을 오득하는 것이라면 그것은 성리공부의 시작이요 끝이라 해도 무리는 아니다. 성리는 수많은 방편을 통해서 깨달음으로 인도해주는 것이기 때문이다. 이러한 성품의 깨달음은 석가모니가 부처된 구경처의 소식이요 소태산이 대각 성인이 된 구경처의 소식이다.

성리의 진경을 맛보고 궁극의 실재를 파악하여 깨달음을 얻는 것이 제불제성의 결정(結晶)이자 성리의 세계에 몰입하는 것이나 다름이 없다. 성자가 추구하는 우주의 궁극적 실재와 성리의 세계는 상통하기 때문이다.[26] 물론 성리 연마가 반드시 궁극적 실재와 합일해야 하는가 하는 점

---

25) 朴吉眞, 『大宗經講義』, 圓光大學校 出版局, 1980, p.273.

에서 문제가 있을 수 있다. 하지만 성리가 심오한 진리의 본질을 추구하는 면에서 절대적 진리 혹은 절대자와의 합일을 지향하는 성향이다. 성리의 본질이 깨달음을 지향하고 또 궁극적 실재에 합일하는 것과 관련되기 때문이다.

성리는 이에 근원적 진리의 체득이라고 의미를 규정할 수 있다. 소태산은 제자들에게 성리를 설할 때 '진리 자리를 일러 봐라' 한다면 제자들은 언어의 도가 끊어진 입정처에 대한 견해를 밝히며 문답 감정을 주고받았을 것이다. 정신의 자주적 주체성을 완성시켜가는 종교적 신앙과 수행에 있어서, 근원적 진리를 체득해야 할 필요성과 탐구의 방법으로 사용되어 왔던 과목들 중에서 성리 탐구를 중심으로 한 소태산의 성리해석[27]이 주목된다. 이에 근거한 성리는 근원적 진리의 체득에 관련되는 것이다.

근원의 진리로서 일원상 진리의 체득은 성리의 공적영지가 드러나는 세계일 것이다. 텅 비어 있으면서도 신령스러운 세계가 성리의 세계이기 때문이다. 『수심결』에서는 다음과 같이 말한다. "만일 법의(法義)를 베풀어 말할진대 성리에 드는 문은 많으나 정과 혜 아님이 없고, 그 강요를 취하건대 다만 자성상의 체와 용 두 가지뿐이니, 앞에서 말한 공적 영지가 이것이라."[28] 성리에 들어가는 문의 정혜를 언급함으로써 여기에서 얻어지는 공적영지의 소식이 밝혀지고 있다. 곧 공적영지를 감지케 하는 것이 성리의 본질이라 본다.

---

26) 송천은, 「원불교의 성리인식」, 류병덕 박사 화갑기념 『한국철학종교사상사』, 원광대 종교문제연구소, 1990, p.1128.
27) 박상권, 「소태산 성리해석의 지향성 연구」, 『원불교사상과 종교문화』 32집, 원불교사상연구원, 2006.2, p.86.
28) 『修心訣』 26章, 答-若說法義인댄 入理千門이나 莫非定慧요 取其綱要컨댄 則但自性上體用二義니 前所謂空寂靈知가 是也라.

다른 입장에서 성리는 대소유무를 드러내주는 공부법이다. 우주 만유를 바라보는 성찰적 안목을 대소유무라는 범주에 이입한다면 그것은 우주와 인간의 본질적 존재론을 언급하는 것이다. 이를 성리와 관련하면, 성리의 소(小)는 형형색색으로 드러나 있는 우주 만유의 세계가 존재하듯이 각각의 경우에 맞는 적절한 마음과 행동을 볼 수 있으며, 성리의 유는 보통 무와 함께 생각하여 변화를 의미한다.[29] 성리는 이처럼 우주의 대와 소, 유와 무의 관계를 잘 관조함으로써 얻어지는 것으로서 일원상 진리의 공적하면서도 영지한 소식이라 본다.

물론 피상적인 입장에서 세상을 대소유무에 바탕하여 보는 것만으로 성리의 본질을 모두 규명할 수는 없다. 그것은 내면의 인간적 삶으로 다가와야 하는 것으로서 종교적 신앙과 수행의 세계와 결부되어 있기 때문이다. 여기에서 인간의 시비이해를 밝게 조명해 보는 지혜가 요구된다. 지금까지는 대소유무의 이치를 깨치는 것만으로 도인이라 하였지만, 앞으로는 대소유무의 이치를 깨쳐서 인간의 시비이해를 밝혀 솔성으로 실행해야 한다.[30] 성리가 우주의 근본 진리를 밝혀주면서도 인간의 내면에 빛이 된다면 이것은 진정한 종교적 소명이다.

이와 같이 대소유무의 이치와 시비이해의 일을 터득하는 길이 성리 연마일진데, 성리는 우주와 나 자신이 일체화되는 길로 인도하는 깨달음의 방법이다. 소태산은 성리의 대상인 우주의 본래 이치와 인간의 본래 성품이라는 두 영역을 넘나들면서 때로는 구분하고 때로는 하나로 묶어서 설파하였다[31]는 것을 주목하지 않을 수 없다. 성리는 인간 본래의 성품

---

29) 김영민, 「원불교 性理의 활용방안」, 『원불교사상』 23집, 원불교사상연구원, 1999, pp.83-84.
30) 한종만, 『원불교 대종경 해의』(下), 도서출판 동아시아, 2001, pp.79-80.
31) 박상권, 「소태산 성리해석의 지향성 연구」, 『원불교사상과 종교문화』 32집,

에 초점을 두면서도 우주 본래로 환원해 보는 것이 요구된다. 인간이 소우주라면 우주는 대우주라는 면에서 대소의 우주를 드나드는 성리 연마는 깨달음으로 인도하는 묘유의 세계이다.

깨달음으로 인도하는 과정에서 성리란 인간이 우주계에 드나들고, 우주계에서 인간을 바라보는 달관적 시각이 흥미롭고 그 의의 역시 간과할 수 없다. 성리는 시공을 초월하는 세계라는 면에서 더욱 그렇다. 시간과 공간이라는 것 자체가 분별이며, 내가 언제 죽는다는 것은 시간적인 분별이고 내 몸이 있다는 것은 공간적인 분별인 이상 성리를 깨치고 체험하는 것은 시간과 공간을 초월하는 것이다.[32] 시간과 공간을 초월하려 할 때 우주의 존재론적 접근과 인간의 생사해탈적 영원성까지도 체험할 수 있다. 성리의 세계는 이처럼 인간사와 우주사의 양면에서 시간과 공간을 넘나드는 진리 연마의 길로 묘사되고 있다.

나아가 성리의 본질에 대한 양자적 접근은 분별 수단의 측면에서 거론할 수 있다. 곧 성리는 언어도단과 언어명상이라는 양자의 측면을 설정하여 그 본질을 이해하는데 용이함을 얻기 때문이다. 『대종경』 성리품에서 성품에 대해 소태산이 설파한 사례를 분석해 보자. 곧 성품은 언어도단의 자리라는 해석과 그럼에도 불구하고 언어로 표현할 수 있어야 한다는 점을 강조하여 언어적 해설을 하고 있는 사례와, 언어적 해석이 표현된 언어 자체에 국집할 수 있음을 경계하여 은유적 행위로 설파한 사례로 요약된다.[33] 언어로 표현할 수 없는 것이 성리라고 단언하고 여기에 멈추어버리면 무엇이 성리인지 설파할 길이 막히어 중생들에게 깨닫게 할

원불교사상연구원, 2006.2, p.94.
[32] 한종만, 『원불교 대종경 해의』(下), 도서출판 동아시아, 2001, pp.62-63).
[33] 박상권, 「소태산 성리해석의 지향성 연구」, 『원불교사상과 종교문화』 32집, 원불교사상연구원, 2006.2, p.94.

제5장 원불교 성리의 본질

길이 없는 것이다.

　이에 더하여 성리는 견성과 솔성의 관계에서 그 본질을 규명할 수도 있다. 곧 견성을 통해서 솔성의 길을 비추어 보는 것이 진정한 성리이기 때문이다. 견성만으로는 도인이라 할 수 없다는 것은 견성을 솔성으로 활용해야 하는 것이니, 견성은 솔성의 길을 성리에 비추어 철저히 알아야 한다.[34] 성리 이해의 정도가 견성에 멈춘다면 그것은 과거 도가의 수동적 성리 연마의 성향에 치우칠 수 있다. 능동적 성리 요해에는 견성에 더하여 솔성이라는 측면을 간과할 수 없다. 성리는 깨달음과 행동이라는, 곧 견성에 이어 솔성과 관련된 성불의 세계에서 더욱 빛을 발하는 것임을 알아야 한다.

　성불을 향한 성리의 본질적 규명에 있어서도 어떠한 방법이 거론되든 인간사의 묘한 이치와 우주 대자연의 원리가 더불어 거론됨직한 일이다. 경산종사는 성리 특별법회에서 다음과 같이 말한다. "새는 반주자가 없어도 노래를 잘하고, 산은 붓과 물감이 없어도 그림을 잘 그린다. 그 그림을 누가 그렸을까? 그 화가를 만났으면 좋겠지만 산에 가서 아무리 기다려도 화가는 나타나지 않는다. 그렇다면 과연 누가 화가인가? 그 자리를 터득해야 한다. 천지의 묘한 이치가 있는 것이다. 그 이치를 확실하게 아는 것이 더 큰 성리를 아는 것이다."[35] 성리의 귀결처는 우리들이 사는 조화로운 세상과 크게 다르지 않다. 중생들이 우주 대자연의 오묘한 세계를 발견하지 못하고 있을 따름이다.

　결론적으로 성리는 우주관, 세계관, 진리관, 인생관이 포괄적으로, 그

---

34) 한종만, 『원불교 대종경 해의』(下), 도서출판 동아시아, 2001, pp.79-80.
35) 장응철 법사의 언급이다(정도연 정리, 「성리특별법회 完-경산 장응철 교무」, ≪원불교신문≫, 2001년 5월 11일, 2면).

러나 깊이 있게 거론될 수 있는 진리 터득의 방법이다. 『수양연구요론』 문목(성리와 의두 이전) 137항목의 전반에 이러한 시각들이 다양하게 노정되어 있다. 성리를 강연히 근원적으로 살펴보면 이는 본교의 우주관이요 세계관이며 진리관이며 인생관의 근거가 되는 것이다.36) 원기 12년에 발간된 본 요론에서 원불교 성리의 근거를 찾아볼 수 있으며, 이는 후래 원불교 정기훈련법 11과목의 하나로 정착된다. 정기훈련법 사리연구 6가지 공부과목 가운데 의두・성리가 등장하는 점에서 성리의 방편은 원불교 훈련법으로 귀결되고 있다.

2) 성리와 일원상

성리는 우주와 인간의 본원을 탐구함으로써 그 근원이 되는 일원상 진리에 더욱 다가서도록 하는 면에서 깨달음을 가져다준다. 소태산은 7세 때부터 우주에 대한 의심에서 비롯하여 인간의 생로병사에 대한 의심을 통해 깨달음을 얻었으며, 그것이 불생불멸과 인과보응이라는 일원상 진리의 선포로 이어진 것이다. 일원상 교리의 선포에 이어 초기교단에서 유행한 성리의 대중화 운동이 주목된다.37) 만일 소태산이 일원상 진리를 깨닫지 못했다면 원불교 창립이란 있을 수 없으며, 성리 공부의 대중화 역시 교단이 있어야 가능한 것이다.

유년기부터 의두 연마에 골몰한 소태산은 26세 청년기에 이르자 대각을 이룬 후 일원상 진리를 세상에 선포하였으니, 그것은 성리 대상의 등장이라는 측면에서 다가설 수 있는 것이다. 곧 대각을 이룬 소태산은 일

---

36) 이은석, 『정전해의』, 원불교출판사, 1985, p.100.
37) 송천은, 「원불교의 성리인식」, 류병덕 박사 화갑기념 『한국철학종교사상사』, 원광대 종교문제연구소, 1990, p.1134.

원상의 진리를 천명하여 모든 교법의 조종을 삼았는데 이를 가리켜 소태산의 성리 해설의 완성된 형상화이다.[38] 성리를 연마하려면 진리 상징의 형상화가 있어야 하는 것이며, 소태산의 깨달음이 일원상이라는 형상의 등장과 직결된다. 성리의 연마에는 일원상 진리의 실체가 무엇인가를 알아야 할 것이며, 기독교에서는 이를 하나님의 계시, 유교에서는 성리학, 불교에서는 화두나 공안이 거론될 수 있다. 원불교의 진리가 형상화된 것이 일원상이며, 이는 성리 연마의 대상이 되었다는 뜻이다.

성리의 대상이 왜 일원상인가 하는 점은 성리 연마의 목표가 일원상 진리의 깨달음에 있기 때문이다. 원불교에 있어서 성리 연마의 내용은 일원의 진리 자체이며, 일원의 진리에 대한 깨달음은 하나의 진리, 하나의 기운에 대한 깨달음으로서 그 본체와 묘용을 이해하는 것이 성리 깨침의 길이다.[39] 깨달음의 대상이 일원상이라는 점에서 성리는 이 일원상의 진리를 연마하는 방법으로 이해되는 것이다.

따라서 일원상 진리를 상정하지 않은 성리 연마는 정법 공부의 본질이 아니다. 연마의 대상으로서 교법의 정수가 목표화되지 않는다는 것은 있을 수 없는 일이기 때문이다. 성리와 의두가 관련되어 있다 하여 일원상은 제쳐놓고 '만법귀일 일귀하처'만을 들고 연마하는 사람도 있다[40]는 비판은 반드시 새겨들어야 할 것이다. 과거 전통불교에 내려오는 화두만을 체로 삼고 일원상을 간과하는 방식은 원불교 성리의 수행법과 동떨어지는 것이다. 원불교에서는 깨달음의 진리가 일원상이므로 일원상을 성리의 중심 테마로 삼아야 하며, 본질적으로 일원상과 관련되지 않는 성

---

38) 김영민, 원불교성리에 관한 연구, 1990, 원광대 대학원 박사논문, p.31.
39) 송천은, 「원불교의 성리인식」, 류병덕 박사 화갑기념 『한국철학종교사상사』, 원광대 종교문제연구소, 1990, p.1131.
40) 박장식, 『평화의 염원』, 원불교출판사, 2005, p.211.

리는 사교(邪敎)의 경우에나 있을 법한 일이다.

성리를 지도하는 입장에서 주의할 사항은 미신적인 것을 극복할 수 있도록 일원상을 근거로 하여 연마하도록 하는 것이 요구된다. 교도들에게 성리 지도를 하면서 언제나 새 시대의 불법으로서 일원상 진리에 반조하도록 하는 것이 바람직하다는 뜻이다. 과거 불교의 방식에 매달려 선사들이 주고받는 연마방법은 소태산이 간화선의 폐단을 언급하면서 혁신된 것이다. 그는 불교 선종의 번거한 화두는 다 놓아 버리고 그 중에 제일 강령과 요지를 밝힌 화두와 경전으로 일과 이치에 연구력 얻는 과목을 정하였다.[41] 진리적 종교의 신앙과 사실적 도덕의 훈련의 정점에 있는 일원상 진리에 바탕한 성리의 연마를 주문한 것이다.

물론 성리 연마라고 해서 불교의 간화선 연마가 의미 없다는 뜻은 아니다. 다만 성리를 연마할 때 과거방식의 격외적인 것을 극복하자는 것이며, 진리적이고 사실적인 방식에 바탕한 일원상 진리로의 귀결이어야 한다는 것이다. 성리는 근본적으로 일원상의 진리에 대한 탐구이며, 우리가 알아야 할 바 화두·공안과 같은 격외 논리는 일원상의 진리로 이끌기 위한 방편에 불과하기 때문이다.[42] 일원상에 귀결되지 않은 성리 연마는 원불교의 핵심 교리를 염두에 두지 않는다는 뜻이다. 이에 공부의 요도 및 인생의 요도를 실천하는 표본으로서의 일원상은 성리 연마의 구심점이다.

그렇다면 성리 연마를 통해서 얻어지는 일원상 진리는 신비적이거나 상대적인가? 그것은 상대적이 아니라 보편적 진리라는 것이다. 보편적

---

41) 『대종경』 서품 19장.
42) 송천은, 「원불교의 성리인식」, 류병덕 박사 화갑기념 『한국철학종교사상사』, 원광대 종교문제연구소, 1990, p.1139.

일원상 진리를 깨침으로서 절대적 지혜를 얻어서 그 지혜의 힘으로 인간의 모든 일을 판단해야 하는데, 이것이 의두와 성리 연마로서 일원의 진리를 실행에 부합시키는 수행이다.43) 이처럼 보편적 진리란 모든 교법이 일원상 진리에 근거할 수 있는 것으로, 불생불멸과 인과보응에 어긋남이 없는 것을 말한다. 성리 연마는 이러한 불멸과 인과를 염두에 둔 교법의 가치를 조망해볼 때 그것이 절대적인 일원상의 깨달음으로 이어지는 것이다.

따라서 일원의 보편적이면서도 절대적 진리를 깨닫기 위해서 성리연마의 방법은 일원상 진리의 공적영지와 진공묘유를 체험하도록 해야 한다. 성리에서 밝히고자 하는 진리의 세계는 성품을 반조함에 있어서, 혹은 진리를 파악함에 있어서 존재론적 진공묘유와 인식론적 공적영지에서 거론되기 때문이다. 성품 또는 성리의 실상은 공적영지나 진공묘유로 이해하는데, 공적이라는 말은 허정의 경지에 영지가 드러나며 영지는 천지의 식(識)과 관계가 있으므로 일원의 진리는 공적영지 진공묘유의 성격을 이해해야 쉽게 들어갈 수 있다.44) 공적허정(空寂 虛靜)하면서 소소영령한 지혜의 세계로 접근하는 것이 성리의 보편적이고 절대적인 일원상 연마에서 중시되는 것이다.

일원상 진리의 공적영지와 진공묘유는 달리 말해서 성리의 체용을 아울러 체득하는 길이다. 공적영지의 인식론이든, 진공묘유의 존재론이든 그것을 양면으로 비추어 볼 때 중층적으로 용이하게 접근된다. 이 모두가 수양론과 관련된다는 면에서 인식, 존재, 수양론이라는 도식에도 어

---

43) 한종만,『원불교 대종경 해의』(下), 도서출판 동아시아, 2001, p.569
44) 송천은,「원불교의 성리인식」, 류병덕 박사 화갑기념『한국철학종교사상사』, 원광대 종교문제연구소, 1990, p.1141.

울린다. 결국 공적영지나 진공묘유의 조화를 체받아 심신작용을 하는 것이 성리를 활용하는 것이라 본다.45) 일원상 진리가 체용의 측면에서 조망된다는 점에서 이러한 성리의 체용적 접근은 성리 연마의 방법론으로서 필요한 일이라 본다.

나아가 성리는 일원상 진리의 체에서 조망되어 현상으로 비추어보는 방식이 근간이며, 이는 무시광겁에 은현자재하는 속성을 지니는 공부이다. 물론 나타난 세계와 숨은 세계가 성리 속에서 동시에 조망될 수 있다. 곧 무시광겁에 은현자재하며 천차만별로 나타나는 현상의 그 근본은 모든 형상이 끊어진 자리로 우리 생명을 유지하고 살아가는 이 전체가 성리 법문이다.46) 분별의 세계로 나타난 세계를 끊어진 미분의 세계로 조망해 본다면 그것은 성리의 묘미를 더해준다.

은현자재의 일원상이 지니는 묘미를 대소유무로 구분할 수 있다면 그것은 성리 연마의 의의를 더욱 드러내준다. 통일체적 일원상 진리가 분별적 세계에서 하나하나 드러나는 것이란 진리의 신비한 조화작용임을 알 수 있는 것이다. 일원은 우주를 통합한 대자리와 소자리를 포함하는데, 여기에서 대소의 차별이 나타나고 나아가 유무의 변화를 보게 되어 성리의 체용이 밝혀진다. 이를테면 성리의 소재를 대와 소로 구분해보고, 나아가 유와 무로 변별해 본다면 그것은 일원상 진리가 생생약동하는 모습으로 드러나게 된다. 일원상의 진리는 대소유무에 분별이 없는 자리로 이해되면서 대소유무에 분별이 있는 자리47)로 이해되기 때문이다.

대소유무를 밝히는 성리 연마라 해도 그것은 결과적으로 성품의 불리

---

45) 김영민, 「원불교 性理의 활용방안」, 『원불교사상』 23집, 원불교사상연구원, 1999, p.83.
46) 박장식, 『평화의 염원』, 원불교출판사, 2005, p.216.
47) 『정전』 제1교의편, 제1장 일원상, 제1절 일원상의 진리.

자성을 체득하는 것이어야 한다. 불리자성의 성품 체득으로 이어지지 않는다면 그것은 아무리 분별력을 동원한다고 해도 개인의 변별지에 불과하기 때문이다. 자성을 떠나지 않는 공부가 성리의 참 수행길이라는 것이다. 불리자성의 공부란 이처럼 대소유무로 나누어 보고, 또 합해보는 지혜를 밝히는 공부이다. 이에 성리의 있는 자리와 없는 자리를 함께 활용하는 것으로서 불리자성 공부가 중요하다[48]는 사실을 인식해야 한다. 대와 소, 유와 무의 분합(分合) 공부가 성리의 불리자성 공부와 관련되지 않는다면 참 성품세계로의 진입이 어려운 것이다.

법신불 일원상이 불리자성의 성리 연마에서 삶의 현실로 응용된다면 성리의 진체는 그 빛을 발할 것이다. 법신불의 광명에서 사은의 중중무진한 생명성을 보고 이를 성리공부의 세계로 응용하는 경우 그것은 성리의 생활화로 이어지기 때문이다. 예컨대 "고기가 그물을 벗어났으나 물에 또한 걸려 있더라"함은 다 법신불의 현현이기 때문이다. 소태산은 성리를 보고 공부하는 사람은 마치 양잿물에 빨래하는 것 같아서 공부가 하루하루 달라진다[49]고 하였다. 성리 연마는 현실을 떠나 있을 수 없다는 것이며, 현실이라는 오탁악세의 오염수를 극복하는 것이 그 진면목이다.

어떠한 세속의 오염수라 해도 이를 극복하려면 일원상에 반조하며 그것을 영원한 성리의 대상으로 삼아야 한다. 정법 신앙의 대상이요 수행의 표본이 일원상이기 때문이다. 나아가 일원상은 수행의 표본이요 신앙의 대상일 뿐만 아니라 성리의 대상 즉 깨달음의 대상이라는 점을 강조할 필요가 있다.[50] 일원상을 통해서 깨달음에 이른다는 것은 이처럼 성리를

---

48) 김영민, 「원불교 性理의 활용방안」, 『원불교사상』 23집, 원불교사상연구원, 1999, pp.85-86.
49) 『대산종사법문』 3집, 제2편 교법 4장.
50) 김성장, 「신앙대상 호칭문제와 일원상 부처님 봉안 의미」, 『원불교사상과 종

통해서 가능한 일이다. 성리 연마에 있어서 일원상을 벗어나 있으면 그것은 신앙과 수행의 근거가 사라진다. 개인의 어떠한 심신작용이라 해도 궁극에 가서는 일원상이라는 성리의 궁극 세계로 돌이키자는 것이다.

이제 성리를 연마하는 일은 일원상이라는 궁극의 대상을 염두에 두면서도 이마저 넘어서는 것이 과제이다. 너무 일원상을 내세우다 보면 그것은 법박으로 이어질 수도 있기 때문이다. 한 제자가 대산종사에게 여쭈기를, 옛날 어느 선사가 산에서 내려오니 길가던 도인이 길을 막고 선사 앞 땅에다 ○을 그려 보이면서, 이 원을 지나가도 도에 어긋나고(매를 맞고), 이 원을 지나가지 않아도 도에 어긋난다는 뜻이 무엇인가라고 하였다. 이에 대산종사 말하였다. "그래서 어찌 하였느냐?" 그 선사는 "발로 ○을 지워버렸습니다." 대산종사 "….".[51] 이는 평범한 예화로 비추어질지 모르지만 성리 연마에 있어서 시사하는 바가 크다. 언어명상이라는 일원의 세계가 언어도단이라는 지고의 경지에서 화두의 진미를 전해주고 있다.

교문화』 37집, 원불교사상연구원, 2007.12, p.63.
51) 박남주, 「설교-성리공부의 칠문칠답」, ≪總部例會報≫제315호, 1999년 2월 21일, 別紙2-3면.

3. 정전과 대종경의 성리

1) 정기훈련 11과목과 의두 성리

정기훈련 11과목 중에서 의두와 성리는 2개 항목에 해당된다. 원불교 훈련법에는 정기훈련과 상시훈련 두 가지가 있는데『정전』제3 수행편에 본 훈련법이 나온다. 상시훈련법으로는 상시응용주의사항과 교당내 왕시주의사항이 있는 반면, 정기훈련법으로는 염불 좌선 경전 강연 회화 의두 성리 정기일기 상시일기 주의 조행 등이 열거된다. 여기에서 의두와 성리가 11과목의 두 개 항목으로 나타나는 것이다.

정기훈련법은 삼학으로 분류되어 설명될 수 있다. 정신수양 과목이 염불 좌선이라면, 사리연구는 경전, 강연, 회화, 의두, 성리 등이 거론된다는 점에서 의두와 성리는 삼학 중에서 지혜를 밝히는 사리연구 항목으로 분류된다. 이른바 성리는 원불교 정기훈련법 11과목 중의 하나이며, 정기훈련법 사리연구 6가지 공부과목 가운데 의두・성리는 그 심오함이 단연 돋보이는 공부법이다.[52] 의두와 성리의 연마를 통해서 삼학의 사리연구가 더욱 심오해진다는 뜻이다. 지혜를 밝히는 교법 연마의 정수가 이러한 의두 및 성리 연마에 직결되는 것이다.

돌이켜 보면 성리라는 용어는 원기 17년에 발간된『육대요령』에 처음 나온다. 정기훈련법의 전문과정에 염불 좌선 경전 강연 회화 문목 성리 정기일기 주의 조행 수시설교가 등장하고 있다. 이러한 정기훈련법에 대응하여 상시훈련법으로 등장하는 것은 상시응용주의사항과 공부인이 교무부에 와서 하는 책임이라는 각각 6조이다.[53] 뒤이어 원기 28년에 발간

---

52) 김도공,「성리품 격외문답의 논리구조와 해석학적 의미」,『원불교사상과 종교문화』37집, 한국원불교학회・원불교사상연구원, 2007.12, p.85.

된 『불교정전』 11과목에서도 성리가 등장한다. 따라서 오늘의 의두와 성리는 원기 17년에 발간된 『육대요령』에 이어 『불교정전』과 『정전』으로 전수되고 있는데, 이러한 과정에서 일부 항목이 변경되었다.

그렇다면 소태산은 왜 11과목을 정기훈련법으로 설정하였는가? 그것은 원불교 훈련의 중요성 때문이며, 이 훈련을 통해서 제자들이 법력을 증진하고 생활 속에서 불법을 실천토록 하기 위함이다. 더욱이 삼학 병진의 수행을 하는데 있어서 훈련법이 유용하다는 것이다. 구타원 이공주의 글을 『회보』 기록을 통해서 소개하여 본다. "진세에서 애착 탐착에 요란해진 마음을 염불·좌선 등으로써 수양을 하여 자성에 정(定)을 얻게 하고, 사리 간에 앎이 없어서 어리석던 마음을 법설·경전·성리 등으로써 연구의 자료를 삼아 자성의 혜(慧)를 얻게 하며, 자행자지로 악행하던 마음을 정기일기와 주의·조행 등으로써 취사공부를 익혀서 자성의 계(戒)를 얻게 하셨나니, 과연 우리가 이 삼대력만 얻고 보면 이목지소호(耳目之所好)와 심지지소락(心志之所樂)을 마음대로 못할 것이 없을 것이요, 그렇지 못한 즉 만사가 실패로 돌아갈 것이니, 그러므로 나는 이 삼대력을 곧 보고(寶庫)의 열쇠라고 생각하는 바이다."[54] 구타원은 훈련법을 삼대력 양성의 중요한 방법으로 생각한 것이다.

여기에서 의두는 원불교에서만 사용하는 고유 용어로 등장하는 점이 주목된다. 불교에서는 화두라는 용어가 있으며, 원불교 의두가 의심머리라는 면에서 불교 화두와 크게 다를 것이 없다. 의두라는 말은 원불교 고유의 용어이며, 문목에서 출발한 이 용어는 소태산이 친감한 『불교정전』

---

53) 『육대요령』 교리도 참조.
54) 『회보』 54호, 회설(구타원종사 법문집 편집위원회 편, 『인생과 수양』, 원불교출판사, 2007, p.52).

까지는 비교적 일관성을 가지고 내려왔지만 오늘의『정전』에서는 성리의 항목에 있던 '불조의 화두'를 의두의 항목으로 편입·병치시켰다.55) 오늘날 불교의 화두가 원불교에서는 의두의 성격으로 접근할 수 있다는 뜻이다. 물론 초기교단에서 화두가 성리였지만 후래의『정전』에서 의두로 정착되었다는 것이다.

그리고 성리는『육대요령』에 처음 등장한다. "성리라 함은 천지 만물의 본래성과 과거 불조의 이르신 천만화두를 해결하여 알자는 과목이니라."56) 그리고 의두라는 항목은 따로 정의되어 있지 않고 의두·문목이라는 용어를 병치하여 사용하고 있다. 다시 말해서 문목이라 함은 본회 교과서『수양연구요론』내 대소유무와 시비이해를 망라하여 지정된 137절의 의두·문목과 기타 일체 인간에 의심다울만한 제목이라 정의하고 있다. 이것은 의두라는 용어가 독립되지 않고 문목에 종속되어 있었다는 뜻이며, 본 문목은 각자의 연구대로 그 해결안을 제출하여 감정을 얻게 하는 것으로써, 본회 초급 교과서를 마치고 연구의 실지경을 밟는 공부자에게 사리간 명확한 분석을 얻도록 하는 것이라 하였다.

의두가 교서에 독립되어서 그 의미를 분명히 하고 있는 교서는 원기 28년에 발간된『불교정전』이다. 여기에서 의두는 다음과 같이 언급되고 있다. "대소유무의 이치와 시비이해의 일이며 기타 일체 인간사에 의심나는 제목을 이름이니 어떠한 제목이든지 각자의 연구대로 그 해결안을 제출하여 감정을 얻게 하는 것으로써 이는 본회 초등교과서를 마치고 연구의 실지경을 밟는 공부자에게 사리간 명확한 분석을 얻도록 함이요."57) 의두

---

55) 정순일,「성리개념의 변화와 그 본질」,『원불교사상과 종교문화』35집, 원불교사상연구원, 2007.2, pp.138-139.
56)『육대요령』, 제3장 훈련편, 공부의 요도 정기훈련의 과목.
57)『불교정전』, 제3편 수행, 제2장 공부의 요도 정기훈련과목 및 해석.

를 설명하는 서두에서 '본회 교과서 내'라는 범주가 설정되어 있는데, 원불교의 정체성을 분명히 하는 것으로 우주와 인간사를 포함한 불법의 전반적 진리라고 풀이할 수 있다.

하여튼 의두와 성리가 정기훈련 과목으로 설정되어 있다는 것은 삼학의 사리연구를 통한 혜력(慧力)을 얻기 위함이다. 이러한 지혜의 힘에는 분석의 지혜와 직관의 지혜가 포함될 것이다. 그것은 의두와 성리의 개념 차이가 있기 때문이다. 다시 말해서 의두요목은 사리간 명확한 분석력을 기르기 위함이라 한 것인데 만법귀일의 경우 그 하나는 무엇이냐, 하나로 돌아가는 실체를 증거하는 분석력을 기르는 과목이므로 의두에 해당하며 성리는 분석이 아니라 직관이라는 것이다.[58] 물론 불교에서는 화두나 공안이라는 범주가 이 두 가지를 포함하고 있지만, 원불교에서는 의두와 성리를 달리 구분하여 지식의 분석과 지혜의 직관이라는 범주의 큰 틀로서 접근된다. 이것은 연마 방법론의 차이로 이해하여도 무방하다고 본다.

의두과 성리는 진리를 연마하고 성품을 연마하는 면에서 모두 사리연구 조항에 해당하여 정기훈련 11과목에 속해 있지만, 구체적으로 접근하는 방식이 다르다. 곧 사리를 연구하고 단련하는 목적은 같으나, 의두는 사리간에 의심나는 문제나 불조의 화두 중에서 의심나는 제목을 연구하여 명확한 분석의 공부라면, 성리는 우주의 원리와 인생의 근본 원리를 연구하여 이를 체득하여 일상생활이 성리에 의한 생활이 되도록 하자는 것[59]이라 할 수 있다. 전자는 보편적이고 일상적인 분석이 요구되는 학문 방법과 유사하다면 후자는 직관과 관조를 통한 근본 원리를 체득하는

---

58) 이은석,『정전해의』, 원불교출판사, 1985, p.204.
59) 안이정,『의두 성리연마』, 원불교출판사, 1988, p.25.

데 그 목적이 있다.

따라서 연구의 범주 상에서 본다면 의두는 보편적이라는 점이고 성리는 이에 대해 다소 상대적인 성격을 지니면서 보다 심오한 세계를 추구해 들어가는 것이다. 즉 의두는 광범위한 반면, 성리는 우주와 인간의 구경 본원에 치중하여 더욱 깊은 깨달음을 중시하는 특징이 있다.[60] 연구의 정도에 있어서, 넓고 포괄적이라는 점은 의두의 성향이고, 깊이에 있어 심오하다는 점은 성리의 성향이다. 그것은 분석과 직관이라는 특성에서 기인하는 것으로 보면 좋을 것이다.

11과목의 사리연구 훈련과목이라 해도 의두와 성리는 대상과 방법론상 상호 차이가 거론되지만 같은 점도 적지 않다. 다시 말해서 의두와 성리의 동이점을 다음과 같이 살펴보도록 한다.[61] 곧 같은 점으로는 1) 의두와 성리가 연구과목으로 지혜를 연마하고, 2) 깨닫는데 목적이 있으며, 3) 활용하는 면이 서로 같다. 다른 점으로는 1) 의두는 의리선으로 언설이 필요하나 성리는 여래선·조사선 격으로 언설이 별로 필요 없으며, 2) 의두는 본래와 지엽까지 연마하나 성리는 본래 자리를 주로 연마하여 지엽까지 통달하며, 3) 의두는 들어가는 범위가 넓고 성리는 들어가는 경지가 깊고, 4) 의두는 궁글리고 분석하며 성리는 직관하고 점두하며, 5) 의두는 자타력을 아우르나 성리는 자력을 위주로 하고, 6) 의두는 바른 길로 가도록 감정을 하고 성리는 어디까지 갔는지 인가를 내리며, 7) 성리문답은 의두에 속하고 견성인가는 성리에 해당됨이 대체로 다르다. 이처럼 의두와 성리에는 다소의 동이점이 있다.

---

60) 송천은, 「원불교의 성리인식」, 류병덕 박사 화갑기념 『한국철학종교사상사』, 원광대 종교문제연구소, 1990, p.1128.

61) 양도신, 『대종사님 은혜 속에』, 원불교출판사, 1991(박장식, 『평화의 염원』, 원불교출판사, 2005, pp.212-213).

의두와 성리 양자는 궁극적으로 지식과 지혜의 깨달음에 진입하는 사리연구 훈련과목으로서 삼대력을 얻는 방법의 하나에 속한다는 것이다. 다시 말해서 정력, 혜력, 계력 가운데 혜력의 병진이라는 점에서 같은 범주에 진입한다. 즉 정기훈련법에는 의두와 성리의 의미가 다르게 표현되어 있지만 내용에서는 의두와 성리는 한 경지[62]라는 것이다. 의두와 성리가 추구하는 깨달음이라는 본질에 있어서 회통하기 때문이다. 그리하여 의두에서 대소유무의 이치를 파악함으로써 얻는 결과와 성리에서 우주와 인간 자성원리를 추구함으로써 얻는 결과가 대동소이하다.

2) 대종경의 성리품

소태산 대종사의 언행록으로서의 『대종경』은 그가 생전에 설한 법어 편편이 후래 제자들에 의해 편집된 것이다. 교조 소태산을 따르던 제자들이 스승의 가르침을 받들면서 일상의 삶과 의식 등에서 전수된 법어가 기록, 법음 전파의 길로 들어섰다는 뜻이다. 여기에는 성리와 관련된 법어가 상당 부분 발견된다. 결과적으로 대중화와 보편화의 교화를 위하여 일원상의 진리가 교리화되었기 때문에 그 이후로는 논리적으로 체계화된 성리의 개념을 갖게 되었다.[63] 소태산은 일원상 진리를 깨닫고 이에 바탕한 여러 성리법어 등을 전파하였는데, 이를 추종하던 제자들이 소태산 사후, 언행록을 만들어 『대종경』이 간행된 것이다.

『대종경』에 수록된 성리품은 주로 소태산의 봉래 주석기에 설해진 법어이다. 원기 5년부터 9년까지 변산 봉래정사에 주석하면서 우주 대자연

---

62) 한정석, 『원불교 정전해의』, 도서출판 동아시아, 1999, p.405.
63) 송천은, 「원불교의 성리인식」, 류병덕 박사 화갑기념 『한국철학종교사상사』, 원광대 종교문제연구소, 1990, p.1139.

을 논하고 인간 본연의 성품을 논하며 미래 불법을 구상하였던 것이다. 주산종사는 봉래정사에서 대종사를 시봉하면서 많은 법설을 기록하여 오늘날『대종경』성리품의 봉래선화(蓬萊禪話)며 봉래정사 시절의 법문이 형성되었다.64)『대종경』에 설해진 심오한 성리법어는 소태산의 깨달음 이후 5년이 지나면서 설해지기 시작한 것이며, 소금강이라는 봉래정사 주변의 자연환경이 수려한 점도 이러한 성리법어를 설하기에 적절한 곳이었다.

소태산의 언행록으로서『대종경』은 모두 15품으로 구성되어 있으며, 그중에서 「성리품」이 주로 성리와 관련한 법어로 편집되었다. 곧『정전』에 밝혀진 법어에는 의두요목이 있다면,『대종경』에는 성리품이 있다는 것이다.『대종경』성리품에는 정기훈련법 공부과목의 하나인 성리에 대한 언설이 담겨 있고 가장 난해한 내용들로 구성되어 있다65)는 점에서 성리품 법어의 심오한 경지가 드러나 있다. 그것은 성품의 이치를 깨닫고 실천할 수 있도록 우주 만유의 본래 이치와 인간 자성의 원리를 밝히고 있기 때문이다.

그렇다면『대종경』각 품에 비추어볼 때 성리품의 의의는 무엇인가? 이공전 교무는『범범록』에서 각 품의 의의를 설명하면서 성리품의 의의를 소개하고 있다. 곧 서품에는 소태산의 대각과 불법연원, 개교의 서설적 법문들, 교의품에는 교법의 주체에 대한 언급을 밝히고 있다. "수행품에는 수양 연구 취사의 공부방법, 공부의 대소 본말 정사·수행상의 수시 교훈들, 인도품에는 도덕의 본말, 인도의 대의, 대인접물하는 처세의

---

64) 박용덕, 선진열전 1-『오, 사은이시여 나에게 힘을 주소서』, 원불교출판사, 1993, p.125.
65) 김도공, 「성리품 격외문답의 논리구조와 해석학적 의미」, 『원불교사상과 종교문화』37집, 한국원불교학회·원불교사상연구원, 2007.12, p.85.

도와 지도 요법들, 인과품에는 인과의 원리와 그 변증·상생과 작복의 권장 등, 변의품에는 우주, 인사, 경의, 교운, 수행 등 각 방면의 의문에 답변하신 법문들, 성리품에는 성리의 근원과 그에 대한 수시 문답들…."66) 이처럼 각 품의 특성에서 볼 때 성리품은 성리의 근원과 제자들에게 전한 수기응변의 법어들이 전개되고 있다.

수기응변의 법어란 소태산이 제자들에게 성리에 근원한 수기법문(隨機法門)을 설하였다는 것이며 그것이 『대종경』의 성리품으로 편집된 것이다. 곧 성리품은 성리의 근원을 밝히고 그에 대하여 수기 문답한 법문들67)로서 제자들의 각자 근기에 따라 설한 법어들로 구성되어 있다. 심오한 진리의 세계를 법어로 설함에 있어서 제자들이 알아듣지 못할 경우 그 법어의 효용성 여부를 떠나서 쉽게 다가서지 못할 수가 있다. 이에 소태산은 자비방편으로 세심한 문답감정을 통해 제자들의 각 근기에 따라 법어를 설함으로써 성리법어가 그 효력을 발휘하고 있다는 것이다.

수기법어란 법어가 제자 심법의 근기에 따라, 또는 주변의 상황성을 고려하여 설해졌다는 뜻이기도 하다. 제자의 근기와 법어의 상황성을 벗어난 가르침은 박제화되어 이해하는데 용이하지 않기 때문이다. 자신이 처한 시공간의 상황성이 부여되어야 교조의 법어를 받아들이는 입장에서 쉽게 체득할 수 있다. 성리품에 담겨 있는 격외의 언설들은 상황에 따라서 제시된 화두이기 때문에 그밖에도 수없이 화두가 만들어질 수 있었다68)는 점에서 소태산은 수기설법을 하였다. 소태산이 초기제자들의 특성에 따라 그에 맞는 세밀한 문답감정을 주고받은 것이 이와 관련된다.

---

66) 원기52년, 「정화통신」(이공전, 『凡凡錄』, 원불교출판사, 1987, p.123).
67) 한종만, 『원불교 대종경 해의』(上), 도서출판 동아시아, 2001, pp.19-20.
68) 박상권, 「소태산 성리해석의 지향성 연구」, 『원불교사상과 종교문화』 32집, 원불교사상연구원, 2006.2, p.98.

나아가 『대종경』 성리품의 성리는 언어도단과 언어명상으로 설해져 있다. 그것은 은유적 표현에 더하여 상징적인 측면과 현실적인 측면이 아울러졌다는 뜻이다. 성리품에서 성품에 관해 소태산이 설파한 사례를 분석해 보자. 첫째 성품은 언어도단의 자리라는 해석과 그럼에도 불구하고 언어로 표현할 수 있어야 한다는 점을 강조하여 언어적 해설을 하고 있는 사례, 둘째 언어적 해석이 표현된 언어 자체에 국집할 수 있음을 경계하여 은유적 행위로 설파한 사례로 요약된다.69) 언어도단의 세계에서는 본체의 세계가 직시되고, 언어명상에서는 현상의 세계가 드러나는 것으로, 양면적 세계가 성리법어로 드러나고 있는 것이다.

주목할 바, 성리법어가 전달되는데 있어서 또한 한문의 운율체 형식의 시어(詩語)가 적지 않다는 점을 고려할 수 있다. 이를테면 변산구곡로 석립청수성 무무역무무 비비역비비(성리품11장)라는 법어가 그것이다. 아울러 절정천진수 대해천진파 부각회신로 고로석두가(성리품19장) 등이 있다. 청풍월상시 만상자연명(성리품 1장)이라는 법어도 시어적 형식으로 전달되고 있다. 만법귀일 일귀하처(성리품 17장)의 경우도 시어 형식으로 전달되는 등 성리의 오묘한 소식이 운문체 형식으로 전해지고 있다. 그것은 불가의 화두에서 전개되는 한시 성격과 유사한 측면을 지니고 있다는 의미이다.

하여튼 『대종경』 「성리품」 전31장에서 소태산의 성리법어가 다 드러나는 것은 아니다. 「변의품」 등에서도 성리법어가 설해지고 있기 때문이다. 이를테면 "이 천지가 성주괴공이 될 때에는 무엇으로 되나이까." 대종사 말씀하시기를 "과거 부처님 말씀과 같이 수화풍(水火風) 삼륜(三輪)으로 되어지나니라." 이어서 "선성의 말씀에 일월과 성신은 천지만물의 정

---

69) 위의 책, p.94.

령이라 한 바가 있사오니 사실로 그러하나이까." 대종사 말씀하시기를 "그러하나니라."70) 성리와 유사한 법어가 어쩌면 소태산의 『대종경』 전반으로 확대할 수도 있다는 뜻이다. 소태산의 법어가 언행록 형식으로 우주사와 인간사에 걸쳐 전개되고 있기 때문이다.

물론 『대종경』 성리품은 모두 31장으로 구성되어 있어서 분량이 많지 않다는 점이 다소 아쉬운 점이다. 불가에서는 성리탐구의 요목으로 1,700 공안을 두고 있지만 성리품은 구체적인 성리탐구 요목을 집성한 것이 아니고 성리의 본질에 관한 말씀들로 짜여있기 때문에 분량이 많지 않다.71) 성리의 분량은 『수양연구요론』 137항목과 『불교정전』 47항목에 이어 『정전』 20항목도 넓은 의미에서 의두와 성리의 범주에서 본다면 적지 않은 분량이다. 우주의 본래사와 인간 자성의 원리, 사리의 대소유무를 밝히는 법어가 『대종경』 「성리품」에서만 발견되는 것이 아니며, 넓은 의미에서 정산종사와 대산종사, 좌산종사, 경산종법사의 법설이 성리법어들이다. 그것은 대체로 일원상 진리를 깨닫게 해주는 자성 회복의 법어들이라는 뜻이다.

앞으로 자성 회복의 성리연마를 하고자 할 때 성리가 설해진 『대종경』을 활용하는 공부가 필요하다. 『정전』과 『대종경』을 읽을 때, 대소유무와 시비이해를 연마하고 실천하는데 도움이 되어야 하며 글만 읽고 성리연마는 따로 한다면 그것은 시간낭비이다.72) 상징적 법어나 시어적 성격의 법어가 우주와 인간의 본원을 통해서, 나아가 대소유무와 시비이해를 통해서 음미된다면 일원상 진리를 터득하는데 상당한 도움이 될 수 있으

---

70) 『대종경』 변의품 7-8장.
71) 박상권, 「소태산 성리해석의 지향성 연구」, 『원불교사상과 종교문화』 32집, 원불교사상연구원, 2006.2, p.93.
72) 박장식, 『평화의 염원』, 원불교출판사, 2005, p.189.

제5장 원불교 성리의 본질 339

며, 그것이 깨달음으로 이어지는 것이다. 차제에 『대종경』 재결집이 이루어진다면 초기교서의 법설 편편을 재정리함으로써 성리품의 법어 항목의 확대가 필요하다고 본다.

4. 원불교 성리와 전통사상

1) 성리와 유교 성리학

원불교 사상을 언급하거나 정립할 때 유불도 삼교 수용의 정신을 간과할 수 없다. 그것은 소태산이 교법을 창안할 때 유불선 삼교를 통합 활용한다는 정신에 근거하기 때문이다. 이러한 통종교적 사상에 바탕해 볼 때 원불교의 의두나 성리라는 개념도 삼교에서 사용하는 용어와 무관하다고 할 수 없다. 그것은 이미 불교가 화두라는 용어를 사용하여 의두와 상관성을 지니고 있고, 또 송대의 유교가 성리학과 관련된다는 점에서 그 관련성이 있기 때문이다.

이러한 유불도 삼교의 정신을 섭렵한 원불교는 교리의 상당부분이 삼교의 교리와 유사한 용어를 지니고 있다. 이를테면 원불교에서 사용하는 성리 용어는 초기교단 당시 유학에서 보편화되어 있던 성리라는 용어에 대한 친숙성 때문일 것이다.[73] 송대에 유행한 신유학의 성리는 우주론과 심성론이 중심이 되어 있으며, 소태산은 유교의 이기론과 불교의 심성론을 응용하여 '심성이기'의 이합집산을 거론했다. 곧 그는 『정전』 의두요목 15조에서 마음과 성품과 이치와 기운의 동일한 점은 어떠하며 구분된

---

73) 김영민, 『원불교의 성리에 관한 연구』, 원광대학교 대학원 박사학위논문, 1999, p.82.

내역은 또한 어떠한가라고 하였다.

　엄밀히 말해서 원불교에서 사용하는 성리 개념은 유교의 성리라는 개념과 일치하지 않으며 다만 주자학의 심성론을 수용한 것으로 보인다. 다시 말해서 성리라는 표현이나 이에 바탕한 솔성 등의 개념을 사용하는 것으로 보아 원불교가 주자학의 심성론을 어느 정도 받아들인 것으로 추측된다[74]는 것이다. 그러나 심성이기의 분합에 관련된 원불교의 성리 연마가 심즉기로서 심(心)을 기(氣)로 본다든가, 성즉리로서 성(性)을 리(理)로 본다는 입장의 성리 표현은 아닐 것이다. 유교의 이기론이 원불교의 심성론에 그대로 혼용된다는 것은 아니며, 대소유무의 이치에 바탕하여 심성이기를 성리 연마의 소재로로 활용했다는 뜻이다.

　심성이기라는 용어의 소재가 의두 및 성리 연마와 관련된다는 점에서 우주론과 심성론은 유교와 원불교 사상에서 교류할 수 있는 근거가 된다. 송대 신유학의 성리학은 우주론에 있어서 이기의 문제가 자주 거론되고 있으며 심성론에 있어서 인성의 문제가 자주 거론되고 있다. 심성이기의 문제 외에도 『대종경』 성리품의 성품이란 능선능악하고 무선무악하다(성리품 2장)는 것은 유학의 맹자와 순자의 사상과 같은 맥락에서 접근된다. 이처럼 우주론과 인성론에서 그 본질을 추구하고 성품을 파악하는 것은 성리의 본질[75]에 속하는 것으로 유불도의 사상에서 회통적으로 거론될 수 있다.

　위의 언급처럼 원불교에서 사용하는 성리 용어는 불교에서는 사용하지 않은 것으로 그것은 주로 송대 성리학에서 사용된 것과 관련성이 있는

---

74) 金洛必, 「근세성리학과 원불교」, 『정신개벽』 1집, 신룡교학회, 1982, p.7.
75) 성리는 우주만유의 본래이치와 우리의 자성원리를 해결하여 알자 함이요 (『정전』 제3 수행편, 제2장 정기훈련과 상시훈련, 제1절 정기훈련법).

것이다. 곧 성리라는 용어는 불교보다는 신유교인 성리학에서 쓰는 용어로서 의미상으로는 적절한 용어이나 성리학의 용어를 사용하게 된 배경은 소태산이나 그 주변의 유교적 배경과 교육 배경에서 자연스럽게 온 것이라 볼 수 있다.[76] 교법을 창안하면서 소태산은 구한말 다분히 조선유교의 영향 속에 있어서 유불도 경전들을 열람하지 않을 수 없었으며, 이미 대각을 이룬 후 이들 삼교의 경전들을 두루 열람하였다.

주지하듯이 소태산이 교법을 창안하던 당시 초기제자 상당수가 유학을 공부한 사람들이었다. 그의 제자들 중에서 유학을 공부한 유학자들이 있었다는 점에서 소태산은 일정 부분 신유학의 영향을 받았을 것이라는 것은 추론하기 어렵지 않다.[77] 정산종사와 주산종사가 유년기에 유학적 풍토에서 공부하였던 점이나, 송벽조 이춘풍 유허일 역시 유교적 풍토에서 공부한 제자들로서 소태산 대종사의 교법 창안 당시 전통종교의 사상을 수렴하면서 활발한 교리 토론이 있었을 것으로 보인다.

사실 원불교 사상 형성기에 유교는 성리뿐 아니라 여타 교리 용어에도 영향을 미쳤다고 볼 수 있다. 수제자들의 유교적 조예에 더하여 교단이 창립되던 구한말 우리나라가 유학적 영향 속에 있었기 때문이다. 초기교단에서 삼학팔조를 삼강령 팔조목이라 한 것은 『대학』에 나오는 용어의 영향을 받았을 것이다. 그리고 그의 핵심사상인 일원상의 진리에 대하여 '우주 만유의 본원'이라고 표현한 것은 불교적인 것과는 거리가 있고 오히려 유교적인 발상이라고 생각되며, 이러한 요인들이 작용하여 성리라는 용어를 수용하였다고 추정해 본다.[78] 유불도 용어들이 원불교 교리가

---

76) 송천은, 「원불교의 성리인식」, 류병덕 박사 화갑기념 『한국철학종교사상사』, 원광대 종교문제연구소, 1990, p.1128.

77) 김영민, 「원불교 성리의 신유학적 연원 연구」, 『원불교학』 제4집, 한국원불교학회, 1999, p.641.

초안되던 당시 자연스럽게 거론되고, 응용되었다는 뜻이다.

　원불교 교리의 형성과정에 있어 유교의 영향은 그 외에도 여러 측면에서 나타난다. 그것은 우선『정전』의 교리도나 교리체계의 유교적 영향,『대종경』의 논어적 편제,『예전』의 유교적 체제와 의례의 전통 수용 등의 형식적인 수용 이외에 무극과 태극 등의 핵심적 교리 등을 수용하고 있으며, 성리 및 음양상승의 변용 등을 들 수 있다.[79] 원불교를 포함한 신종교들은 한국의 전통종교들 중에서 불교의 영향에 이어 유교와 도교의 영향이 적지 않았던 것이다. 조선조 사회에 있어 유학적 풍토가 소태산 생존 당시의 상황과 맞물려 있었기 때문이라 본다.

　구체적으로 성리와 유사한 유교사상의 섭렵은『수양연구요론』의 문목 137항목에 보이는 몇 개의 항목들이다. 여기에서 직접적으로 관련이 있는 항목들을 예로 들어본다. "대인은 천지로 더불어 그 덕을 합하고, 일월로 더불어 그 광명을 합하고, 사시로 더불어 그 차서를 합하고, 귀신으로 더불어 그 길흉을 합한다 하였으니, 어찌하면 그러한지 연구할 사." "어떠한 사람은 효자를 두어서 평생에 몸과 마음이 편하고 집안을 흥왕하는지 연구할 사."[80] 이처럼 유교에서 거론되는 문장의 원용 내지 가치 개념들이 성리의 전신인 문목의 항목들에서 발견되는 것이다.

　그러나 원불교가 신유교의 학문, 좁혀 말해서 성리학을 그대로 수용했다고 한다면 무리일 수 있다. 우주의 근본을 파악하는 점에서 실유(實有)를 주장하는 신유학과는 달리 공(空)을 인정하며 이기(理氣)로 분화되기

---

78) 정순일,「성리개념의 변화와 그 본질」,『원불교사상과 종교문화』35집, 원불교사상연구원, 2007.2, p.137.
79) 鄭舜日,「圓佛敎의 三敎圓融思想」, 제13회 국제불교문화학술회의『儒・佛・道 三敎의 交涉』,. 원불교사상연구원, 1992, p.118.
80)『수양연구요론』, 제2 정정요론 하, 제6 각항 연구문목, 문목항목 40항, 75항.

이전의 일원을 상정하고, 돈오적인 공부방법 등을 인정하는 점에서 상이한 부분도 있기 때문이다.[81] 원불교에서 거론되는 성리 법어의 편편 용어들이 소태산의 각증에 의해 신유학의 성리학을 요해하고 선별 활용한 증거인 것이다. 신유학의 섭렵에 있어서 유교의 현실 긍정적 사유가 원불교의 기세간적 교리 성향과 관련이 있을 수 있다고 본다.

하지만 정산종사는 유교 성리학에 만족하지 않고 불교사상을 주체화한 소태산 대종사의 사상을 폭넓게 이해하고 있다. 그는 전통적인 유불도의 영향 속에서도 이를 극복할 수 있는 사상 체계를 수립하였으며, 수백년간 한국과 중국의 사상계를 지배했던 성리학에 만족할 수 없었기 때문에 성리와 수도에 깊은 관심을 갖고, 입산 기도할 수밖에 없었을 것이다.[82] 전통종교에 대한 우주론과 인성론의 현실적 수용 속에서 소태산과 정산은 유교 사상을 두루 섭렵하면서도 그 한계를 인지, 교판적으로 접근하였다는 것이다.

2) 성리와 불교화두

일반적으로 화두는 불교에서 부처님과 스님들의 말씀·행동이 수행인의 문답 형식으로 이루어진 것으로 수행 과정에서 진리의 본질에 대한 깨달음을 이끌어내는 성향을 지닌다. 화두는 불교 간화선으로 알려지기도 하는데, 사제간 우주와 인간의 본질적인 질문에 대하여 감정을 통하여 깨달음에 이르는 방법이기 때문이다. 양무제가 자신의 공덕을 알리기

---

81) 김영민, 「원불교 성리의 신유학적 연원 연구」, 『원불교학』 제4집, 한국원불교학회, 1999, p.648.
82) 천인석, 「유교의 혁신운동과 송정산」, 정산종사탄생100주년기념 추계학술회의 ≪傳統思想의 現代化의 鼎山宗師≫, 한국원불교학회, 1999.12, p.52.

위해 달마대사를 찾아가 묻자 아무런 공덕이 없다는 뜻에서 '확연무성 소무공덕(廓然無聖 所無功德)'이라 했으며, 이는 아상에 쌓인 무명 중생으로 하여금 깨달음에 이르도록 하였다.

불교 선가의 화두는 깨달음에 대한 열망과 적공을 추구하는 도인들에게 자신의 공부 정도를 가늠하는 매우 소중한 방편으로 새겨지고 있다. 서암화상(瑞巖師彦, ?~887)은 매일 스스로를 향하여 '주인공아'라고 부르고, 스스로 '예'하고 대답하였다. '깨어있는가?'라고 묻고는 다시 스스로 대답하기를 '예'라고 하였다. 또 어떤 날은 스스로에게 '다른 사람에게 속지 말라'하고, 스스로 대답하기를 '예'라고 하였다.83) 이 문답은 많은 이들이 인용하는 유명한 화두(공안)로 알려진 것이다. 서암화상은 암두(827~887)의 법을 이은 것으로 스스로 문답한 것을 이상하게 생각할 수도 있다. 그러나 무명에 가린 자신을 채찍질하는 측면에서 화두를 들고 살아간다면 궁극에 가서 깨달음에 이를 것이다.

초기교단 당시에 소태산은 이러한 선가의 화두를 문목(問目)으로 수용하였다. 의두와 성리 이전의 문목(問目) 137항목이 선가의 화두와 같은 것으로서 원기 12년에 발간한 『수양연구요론』에 수록되어 있으며, 문목은 자연스럽게 화두와 같이 견성의 수단으로 활용되었던 것이다. 성리 해명으로서의 격외의 논리에 대해 소태산이 가지는 입장에는 이미 전통적인 선가의 화두 중에 많은 격외의 논리가 있고 그에 대한 수용을 『수양연구요론』은 물론 『정전』의 의두요목에서 발견할 수 있다.84) 문목이 『육대

---

83) 瑞巖彦和尙 每日自喚主人公 復自應諾 乃云 惺惺著 喏 他時異日莫受人瞞 喏喏.

84) 소태산 자신이 설한 격외의 논리들도 있다(대종경 성리품 12장). 송천은, 「원불교의 성리인식」, 류병덕 박사 화갑기념『한국철학종교사상사』, 원광대 종교문제연구소, 1990, p.1134.

요령』이나 『불교정전』에 계승되었던 것도 이를 의두 성리로 적극 활용하고자 하는 소태산의 의지가 실려 있는 것이다.

불교를 연원으로 하여 인간의 성품을 발견하려는 견성 공부에 있어서, 화두를 깨달음 곧 불성 탐구의 수단으로 활용하는 것은 당연한 일이다. 원불교의 교법이 불교를 주체로 하여 건설된 것임을 비추어 볼 때, 성리는 불교 불성의 맥락에서 파악할 수 있으니 본 성리는 불교의 불성탐구와 불교를 비판한 신유학의 성리탐구가 수용되어 활용되는 측면이 있다.[85] 소태산이 삼교회통의 입장에서 화두를 들고 공부의 수단으로 수렴한 것은 우주와 인간의 본래면목을 꿰뚫어보려는 것이며, 이는 전통불교의 수행법과 일면 상통한다고 본다.

하지만 소태산은 삼교 교판의 입장에서 불교의 화두를 의두로 대칭하고 있다는 점을 간과해서는 안 된다. 불교의 고유용어인 화두 대신 의두나 성리의 용어를 사용한 것은 불교의 화두를 그대로 수용하는 것에 대한 일종의 혁신적 의지가 담겨 있는 것이다. 곧 성리라는 용어를 사용한 것은 전통불교의 간화선적 화두의 교판성에 기인한다. 소태산은 화두가 그 대상이 되는 항목을 구태여 성리라고 정한 데에는 이유가 있었으니 화두의 오염, 즉 그가 본 당시의 한국불교계는 간화선 일색이라고 해도 좋을 만큼 화두의 세계였다.[86] 이에 소태산에게 불교의 화두는 수행 방법상의 개선이 고려된 것이다.

결국 불교의 묵조선과 간화선의 종파주의를 넘어서기 위해 소태산은 고심하였으며, 그로 인해 전통불교의 1천8백 공안이 생활불교의 137문

---

85) 김영민, 「원불교 성리의 신유학적 연원 연구」, 『원불교학』 제4집, 한국원불교학회, 1999, p.630.

86) 정순일, 「성리개념의 변화와 그 본질」, 『원불교사상과 종교문화』 35집, 원불교사상연구원, 2007.2, p.136.

목(의두・성리)으로 새롭게 탄생된 것이다. 이는 소태산의 불교혁신적 의지와 맞물려 있는 것이다. 다시 말해서 원불교 성리의 성격과 위치에 있어 그같은 종파주의를 넘어선 진정한 진리의 달관이었다.[87] 원불교가 수행방법에 있어 불교의 종파주의를 그대로 수용한다면 그것은 불법연구회의 참 정신이 아닐 것이다. 그가 『조선불교혁신론』을 저술하면서 불교혁신의 새 의지를 강하게 드러내고 있음은 주지의 사실이다.

과거 불교에는 교종, 선종, 율종이라는 종파주의가 있었음을 소태산은 인지하고 각 종파가 갖는 특성과 한계를 밝히었다. 그에 의하면, 과거 불가에서 가르치는 과목은 경전을 가르치며, 화두를 들고 좌선하는 법을 가르치며, 혹 염불하는 법을 가르친다[88]고 하였다. 이에 과거 전통불교의 종파가 가르치는 과목을 통일해야 한다고 본 것이다. 선종의 화두와 교종의 경전에 나타난 번거함은 다 놓아버리고 제일 강령과 요지를 통해 일과 이치에 있어서 삼대력 얻는 길을 정한다고 하였는데 그것이 삼학 수행으로 이어졌다.

소태산의 성리 법설이 주로 봉래 주석기에 이루어졌다는 사실은 이미 밝힌 바이며, 당시 그는 과거 지향의 화두를 통한 견성 인가에 대하여 비판적 입장을 분명히 하였다. 봉래정사에 주거할 때 월명암의 주지였던 백학명 선사가 내왕하며 간혹 격외설로 성리를 즐기자, 소태산은 말하기를 "견성하는 것이 말에 있지도 아니하고 없지도 아니하나, 앞으로는 그런 방식을 가지고는 견성의 인가를 내리지 못하리라"[89]고 하였다. 그는 화두를 연마할 때 불교의 견성 인가방식은 바람직하지 않다는 견해를 밝

---

87) 송천은, 「원불교의 성리인식」, 류병덕 박사 화갑기념 『한국철학종교사상사』, 원광대 종교문제연구소, 1990, p.1131.
88) 『대종경』 서품 19장.
89) 『대종경』 성리품 18장.

힘으로써 원불교 성리 연마의 새로운 혁신을 천하에 밝힌 것이다.

과거의 견성인가는 성리의 체가 중심이었지만, 앞으로는 성리의 용을 볼 줄 알아야 한다는 것은 소태산이 생활불교를 표방한 근본 의도와 관련된다. 백학명 선사와 같은 성리 인가의 방식은 성리의 체만을 중심으로 하였음을 간파하였던 것이다. 소태산은 새 시대의 불법 제정이라는 봉래 주석기의 시절, 불교의 화두연마 방식을 개선하지 않을 수 없었다. 과거 선종이 성품의 체를 중심으로 하는 견성인가는 달라져야 한다는 것이며, 앞으로는 성리의 용까지도 밝히는 성리 연마가 되어야 하고 견성인가의 용까지 보아야 한다는 것이다.[90] 생활불교로서 현실 낙원을 강조하는 원불교로서는 견성인가에 있어서 화두 방식의 지양이라는 교판적 입장에 서지 않을 수 없었다.

원불교의 성리 연마는 체는 물론 용을 강조하는 면에서 언어로써 표현이 가능해야 하며, 그것은 원불교 교법의 특성으로서 성리의 현실적 응용과도 관련된다. 성리의 현실 응용을 중시하는 원불교는 옛날같이 산중 등 조용한 곳에서 공안 문답을 즐기거나 일생 불법만 배우다가 마치는 것을 이상적으로 보지 않았다.[91] 후천개벽의 구한말 탄생한 원불교는 당연히 과거불교와의 차별화를 가하지 않을 수 없었으며, 그것은 미래 교법으로서 과거불교가 지닌 한계를 극복하기 위함이었다. 그간 있어온 성리 연마의 방식에 있어서 성리의 초탈적 체(體)에 치중하는 것은 불교혁신의 정신에서 지양되어야 할 사항이었던 것이다.

성리 연마는 성리의 체 중심, 혹은 용 중심이라는 방식의 분별적 인위

---

90) 한종만, 『원불교 대종경 해의』(下), 도서출판 동아시아, 2001, p.70.
91) 송천은, 「원불교의 성리인식」, 류병덕 박사 화갑기념 『한국철학종교사상사』, 원광대 종교문제연구소, 1990, p.1141.

성은 바람직하지 않다. 어느 한편만을 강조하는 것은 편벽된 수행이기 때문이다. 다시 말해서 성리의 세계를 말없는 것만을 능사로 삼아서도 안 되지만, 말 있는 것을 능사로 삼아서도 안 된다92)는 것이다. 말로 표현하는 것에 능사로 삼으면 의리선에 치우치고 조사선은 무시되기 때문이다. 이에 과거 불가에서 화두 연마는 말없는 것에 치우친 폐단이 있었으므로 원불교의 성리 연마는 언어적 표현에 치우칠 수 있음을 알아서 양면을 아우르는 것이 요구된다.

따라서 표현 위주의 언어명상을 고려하자는 것은 아니다. 성리의 연마에 있어서 언어 논리의 초월과 언어 수단이라는 양면성을 염두에 두어야 한다는 뜻이다. 성리 추구에 있어 격외 논리의 수용과 함께 논리적인 것의 병행이 강조되는데 소태산은 격외 논리의 가치를 인정하였으나 문제의 소지도 있음을 지적하고 있다.93) 불교 간화선의 화두 연마를 혁신함으로써 의두와 성리라는 것으로 돌파구를 열었던 것이 이것이다. 분석적이고 의리적인 것으로도 능히 요해할 수 있는 의두 역시 같은 맥락에서 이해된다.

중요한 것은 불교의 공안이나 화두를 생활 속에서 활용할 수 있고 일반인들도 쉽게 알 수 있도록 하는 것은 전법 교화에 있어 필요하다는 것이다. 석가모니의 불법이 새롭게 혁신되도록 하려는 것이 소태산의 포부와 경륜이기 때문이다. 본연 성품의 경지는 언어로 표현할 수 없는 영역이지만 참으로 성품을 본 사람이라면 언어로 표현할 수도 있어야 한다는 것이며, 공안과 격외문답에 대한 논리적·의리적 분석을 통해서 활구를

---

92) 손정윤, 『원광』 제295호, p.140.
93) 송천은, 「원불교의 성리인식」, 류병덕 박사 화갑기념 『한국철학종교사상사』, 원광대 종교문제연구소, 1990, pp.1134-1135.

사구(死句)로 만들자는 것이 아니다.94) 상근기의 경우는 언어도단으로도 가능할지 모르나, 중하근기 누구나 쉽게 알 수 있는 방법은 언어명상으로도 성리가 접근되어야 한다. 이것이 선불교에서 강조하는 화두 연마의 방식을 새롭게 개혁하려는 소태산의 의도이다.

이에 성자가 설한 성리는 만법귀일의 정신에 의해 새롭게 회통되어야 하는 과제를 안고 있다. 성리 안에서는 종교가 하나의 그림자요 방편이므로 성리는 만법귀일에서 이해되는 세계이며, 불교의 화두 같은 성리는 상대가 끊어진 하나의 근원에서 종교들을 만나게 한다.95) 원불교 성리의 혁신적 성격은 종교회통의 면에서 다양하게 나타나고 있다. 원불교가 유불도 삼교의 회통정신을 통해서 유교의 성리학·실학을 섭렵했고, 불교의 화두를 성리와 의두로 섭렵한 것이 교판정신으로 나타난다. 전통불교의 계승과 개벽기 한국의 신종교로서 원불교가 새로운 방식의 성리 연마에 깊은 관심을 가진 이유가 여기에 있다.

3) 원불교 성리의 특징

원불교 성리는 교리적 위상에서 본다면 정기훈련 11과목의 하나로서 의두와 더불어 삼학의 사리연구 항목에 해당한다. 진리를 연마하고 깨달음을 이루는데 주로 성리 연마가 요구된다는 것이다. 무명에 가리어 어리석은 행동을 하는 것을 극복하기 위해서 성리 공부가 필요하며, 그리하여 지혜 광명을 밝히는데 이러한 성리 공부가 긴요하다. 의두·성리의

---

94) 김도공, 「성리품 격외문답의 논리구조와 해석학적 의미」, 『원불교사상과 종교문화』 37집, 한국원불교학회·원불교사상연구원, 2007.12, p.110.
95) 송천은, 「원불교의 성리인식」, 류병덕 박사 화갑기념 『한국철학종교사상사』, 원광대 종교문제연구소, 1990, p.1141.

전신으로 문목96)이 있어 초기교단의 수행인들에게 문맹을 타파하고 진리를 연마하는데 중요하게 활용되었던 점을 참조할 일이다.

　성리의 중요성을 감안할 때, 원불교 성리의 특성을 몇 가지로 파악해 보고자 한다.

　우선적으로 성리 연마의 방법을 거론할 수가 있다. 소태산이 성리를 다루는 해법과 성리를 공부하려는 제자의 지도법을 보면 과거의 방법도 응용하였지만 특유한 방법을 사용하고 있음을 알 수 있다.97) 그것은 기성종교의 화두연마 방법과 차별화된 성향에 기인한다. 이를테면 불교의 화두와 유교 성리학에서의 성리에 대응하여 원불교의 성리가 갖는 특성은 교법의 새로운 창안과 연결되어 있다. 여기에는 기성종단의 화두나 성리 연마에 대한 교판적 혁신의 의지가 담겨 있다는 뜻이다.

　불교의 화두에 대한 원불교 성리의 교판적 성격은 불교의 화두를 적극 활용한다는 점과도 결부되어 있다. 이를테면 만법이 하나로 돌아가니 하나는 어디로 돌아가는가, 석존의 꽃가지에 가섭이 미소를 전하고 모태 중에서 이미 제도를 마쳤다는 것이라든가, 한법도 설한 바가 없고 만법으로 더불어 짝할 수 없는 것이 무엇인가, 마음이 부처라는 뜻이 무엇인가 등이다.98) 불교 화두는 원불교의 성리 소재의 풍요로움에 있어서 응용되며, 그것은 본질적이고 궁극적인 깨달음을 지향하는 점에서는 상통하기 때문이다. 다만 과거 선종방식의 화두 연마는 지양되어야 한다는

---

96) 원기 12년 최초로 발간된 경서로서 『수양연구요론』에는 문목 137항목이 수록되어 있어 초기교단의 의두와 성리를 대신하고 있다.
97) 박상권, 「소태산 성리해석의 지향성 연구」, 『원불교사상과 종교문화』 32집, 원불교사상연구원, 2006.2, p.92.
98) 송천은, 「원불교의 성리인식」, 류병덕 박사 화갑기념 『한국철학종교사상사』, 원광대 종교문제연구소, 1990, p.1132.

것이며, 간화선에서 하는 방식의 격외논리, 또 그러한 방식의 견성인가는 소태산에게 혁신의 대상이었다.

원불교 성리는 간화선의 견성 중시로부터 벗어남과 동시에 그것은 과거 선종의 화두연마 방식에 있어서 번쇄함 때문이었다. 이는 과거 선종이 추구하는 화두에 대한 교판적 성향이며, 그것은 원불교가 견성만을 강조하는 간화선의 화두에 만족하지 않는다는 것이다. 소태산은 이에 말한다. "우리는 이 모든 과목을 통일하여 선종의 많은 화두와 교종의 모든 경전을 단련하여, 번거한 화두와 번거한 경전은 다 놓아 버리고 그 중에 제일 강령과 요지를 밝힌 화두와 경전으로 일과 이치에 연구력 얻는 과목을 정하고…."99) 미래 불법의 성리 연마방식은 고루하고 번거한 것이 극복되어야 한다는 점에서 번쇄한 화두를 지양한 것이다.

나아가 원불교 성리는 선종의 격외를 넘어선 교종의 논리까지 함축하는 특성을 지니고 있다. 소태산은 언어를 넘어선 깨달음의 가치를 인정하지만 초언어·초논리가 언어를 버리는 것이 아니라는 점을 강조하여 선과 교의 일치를 강조하면서 선과 교를 불필요하게 구분하는 입장이 아니다.100) 화두 연마에 있어 과거의 종파주의적 폐단을 극복하려 했기 때문이다. 선종의 초언어적이고 격외적인 연마법과 교종의 이법적 논리성이 포함되는 점을 고려해 보자는 것이다.

이어서 원불교의 성리 연마는 깨달음과 실행이라는 양면을 강조하는 측면에서 본다면 불교에서 화두 연마에 등장하는 돈오 점수의 방법에서 접근해 볼 수 있다. 소태산은 경전공부, 의두, 일기와 같은 점수적 방법들

---

99) 『대종경』 서품 19장.
100) 송천은, 「원불교의 성리인식」, 류병덕 박사 화갑기념 『한국철학종교사상사』, 원광대 종교문제연구소, 1990, p.1135.

을 주된 성리 탐구의 방법으로 채용하고 있지만, 또한 돈오적 방법인 관조를 권유한다.[101] 이 같은 돈오의 방법 속에 점수의 수행이 아우르고 있다. 이것은 과거방식의 상근기적 견성을 강조하는 돈오에 그치는 것이 아니라 행동의 솔성을 유도하는 점수를 거론함으로써 견성·성불의 양면을 추구하고 있음을 반영하는 것이다.

원불교 성리에서 추구되는 깨달음과 실행이라는 특성은 달리 말해서 공(空)사상에 구애됨을 벗어나 실제의 현상계를 넘나드는 것에 목적이 있다. 종래에는 성리 단련에 있어 본체자리 공자리만 치중하는 것이 일반적이었으나 원불교에서는 본체와 현상 그리고 변화를 포함하여 처처불상의 이해를 하는 것이 특징이다.[102] 일원상의 진리에서 본다면 그것은 본체와 현상이 아울러 있으며, 일원즉 사은, 사은즉 삼라만상이라 하는 것도 같은 맥락이다. 성리에서 추구하는 성품의 본질도 현상계에서 응용될 수 있는 세계로 접근되어야 한다. 화두의 이해에 있어서, 불교에서 말하는 본체적 법신불이 원불교에서는 현상적 화신불로도 쉽게 응용되고 있기 때문이다.

원불교 성리는 상즉적 성향이라는 점에서 본체적 측면의 고려도 필요한 일이나 현실적 삶이 강조되는 성향이다. 소태산은 현실에서 성리 공부의 다양한 방편을 제공하는데 그것은 동정간 수양 연구 취사의 세 가지 힘을 얻는 공부법이나 솔성요론, 일기법, 상시응용주의사항, 교당내왕시주의사항들이다.[103] 이처럼 원불교는 생활불교를 강조함으로써 현실의

---

101) 김영민, 「원불교 성리의 신유학적 연원 연구」, 『원불교학』 제4집, 한국원불교학회, 1999, p.646.
102) 송천은, 「원불교의 성리인식」, 류병덕 박사 화갑기념 『한국철학종교사상사』, 원광대 종교문제연구소, 1990, p.1141.
103) 김영민, 「원불교 성리의 신유학적 연원 연구」, 『원불교학』 제4집, 한국원불

삶에서 응용되는 성리 연마로 인도되는 것이 특징이다. 선천시대에는 주로 체적인 면에서 성리가 강조되었다면 후천시대에는 용적인 면에서 성리가 널리 응용되어야 한다는 것이 소태산의 정신이다. 앞으로는 정신문명을 계승하고 현실의 인륜을 실천하면서 그 가운데 성리 연마가 요구되는 것이다.

이러한 면에서 소태산의 성리 연마는 유교의 성리학과 회통적 측면이 있기도 하다. 그것은 인륜과 현실중시의 유교적 특성과 원불교 교법이 불교 혁신적이라는 것과 맞물리기 때문이다. 원불교가 주로 본체적인 화두 연마를 수용하면서도 현상적인 유교의 성리학에 관심을 기울인 것은 전통종교로서 유불도 삼교 수용의 정신에서 통하는 맥락이다. 곧 원불교가 불교의 초탈적 성향을 넘어서서 실제적이며 현실 속에서 성리를 중시하는 특징은 성리학이나 양명학과 유사한 바가 있다[104]는 점을 고려해 보자는 것이다. 이처럼 유교와의 관계에 있어 소통적 성향은 소태산과 그 주변 인물의 유교 교육 및 유교 문화의 배경과 관련되고, 그것은 구한말의 유학적 학풍에 있어서 성리학의 영향을 받았기 때문이라 본다.

구한말 전통종교와의 관계에 있어서, 현실에서 성리 연마를 강조하는 원불교 성리의 특징은 당시의 실학적 유행과도 관련이 있다. 이를테면 원불교는 공리공론적이고 관념적인 성리의 추구보다는 설득적이고 실생활 활용적인 성리의 접근법을 존중하고 있는 것이다.[105] 소태산은 교법 실천에 있어서 인도상의 요법을 강조하면서 실생활에 도움이 되는 생활불교를 지향한 점이라든가, 유교의 실학적 성향을 중시한 면들이 이와

  교학회, 1999, p.644.
104) 송천은, 「원불교의 성리인식」, 류병덕 박사 화갑기념 『한국철학종교사상사』, 원광대 종교문제연구소, 1990, p.1131.
105) 위의 책, pp.1131-1132.

관련된다. 그것은 이념 지향적 성리학에 대한 실천실학의 유행처럼, 원불교의 성리가 현실과 괴리되지 않고 미래지향적 교법 정신과 연결된다는 뜻이기도 하다.

원불교 성리가 궁극적으로 지향하는 것은 그것이 성리의 응용으로서 정적인 좌선에 고착하지 않고 실제의 무시선과 관련되어 있기 때문이다. 무시선 공부는 일원상 진리와 성품의 자리를 대기대용으로 활용하는 공부라 할 수 있으며, 성리 연마와 수도생활을 하는 것도 성리를 보아서 자유자재로 활용하는 것이다.106) 교법이 보기 허울 좋은 납도끼에 불과하다면 그것은 원불교 교법의 현실성과 상반된다. 교법정신은 실생활에 있어 현실 응용적이기 때문이다. 진리적 종교의 신앙과 사실적 도덕의 훈련은 성리가 현실에서 진리적이고 사실적인 측면에까지 접근되어야 한다는 뜻이다.

설사 교법의 현실응용과 실제 지향성을 고려할 경우, 원불교 성리는 전통종교를 액면 그대로 받아들인 것은 아니다. 불교의 화두나 유교의 성리학에서 추구하는 바가 원불교 성리에서 추구하는 바와 차이가 있기 때문이다. 원불교의 성리라는 언어가 성리학파의 전통에서 왔다느니 성리설의 내용이 불교적인 것이 중심이라느니 하는 것은 부질없는 것이다.107) 이에 원불교 성리의 특징은 기성종교의 화두나 성리학파의 차별화에서 거론되며, 다만 우주와 인간의 본래사를 포함한 진리의 심오한 경지를 추구하는 면에서는 공통점이 있는 것이다.

기위 기성종교와 성리를 동이점을 변별해 본다면 원불교의 성리는 현

---

106) 이성택, 『교리도를 통해본 원불교』, 도서출판 숨리, 2003, p.125.
107) 송천은, 「원불교의 성리인식」, 류병덕 박사 화갑기념 『한국철학종교사상사』, 원광대 종교문제연구소, 1990, p.1130.

실중시의 이사병행이요, 생활 속의 불법활용이면서도 출세간적 화두연마를 포함하고 있다. 교법의 연원이라는 면에서 불교의 화두와 격외 논리가 수용되어 있다는 것이며, 특히 격외선 의리선 조사선 모두를 수용하면서도 의리선이 중요시되는 점도 발견된다. 원불교 성리는 당시 문맹의 무지한 사람들에게 인간사와 우주사에 대한 깨달음의 계몽적 성향이었다는 점에서 성리의 대상은 진리의 본체에서 비롯되면서도 현실의 문제들을 간과하지 않았다.

5. 성리의 적공과 방법

1) 성리와 적공

인격 성숙의 적공은 단시일 내에 이루어지는 것이 아니라 꾸준한 노력을 통한 교육과 교화의 과정을 통해서 이루어진다. 공부인으로서 자신을 계발하고 보다 진급된 삶을 위해 진력하는 과정에 의해서 그는 목적하는 바의 인품을 이루는 사실에서 적공이 필요한 일이다. 공부인이 진리를 터득하고 성숙한 인격을 이루는 것이야말로 적공의 과정이 아니겠는가? 『대학』에서도 다음과 같이 말한다. "오직 오늘 하나의 사물을 연구하고 내일 또 하나의 사물을 연구하여 축적된 것이 이미 많은 뒤에 활연히 관통하는 바가 있게 된다."[108] 이처럼 일과 이치를 부단히 연마하여 활연 관통의 지혜를 얻는다면 그것은 성리 연마를 통한 득도와도 같을 것이다.

득도를 위해서 수도인은 진리 연마의 일에 게을리 할 수 없는 일이다. 성리를 통해야 깨달음에 이른다는 사실 때문이다. 자신의 적공, 곧 수행

---

108) 『大學或問』, 惟今日而格一物焉 明日又格一物 積習既多 然後脫然有貫通處耳.

의 과정을 통해서 밝은 지혜를 얻자는 것이다. 대산종법사는 "수도인은 누구나 성리만은 통해야 하며 수도인이 성리를 통하지 못하면 정신계의 성년자가 될 수 없다"고 하는 바, 이는 깨치기 전의 닦음은 오염수라는 의미와 상통하는 바가 있다.[109] 정신의 성숙한 인격을 이루는 것은 진리 연마를 통한 지혜의 수도인의 경지에 이르자는 것으로, 성리 연마가 이와 관련된다.

결국 수도인으로서 성리 연마에는 오롯한 적공이 요구된다. 성리의 연마를 통해서 진리에 터득하는 일이 진급을 향하는 길이라는 점에서 중간에 포기하는 일은 바람직하지 않은 것이다. 정산종사는 이에 근실하며 공(空)한 마음으로 공부와 사업을 하는 사람은 진급에 있는 사람[110]이라 하였다. 사업을 한다고 공부에 등한히 하면 무지해진다. 어디에 있든지 간에 성리 공부에 부단히 임한다면, 득도와 같은 공부의 결실이 이루어진다. 성리의 결실이란 진리의 혜광이요 그것이 오롯한 적공의 결과이기 때문이다.

이러한 적공은 내심 관찰(內心 觀察)의 적공과도 같다. 안으로 자신의 마음을 헤아려 보아서 진리에 밝아지는 정도를 성찰하는 것이기 때문이다. 원불교에서 자신의 적공 정도를 성찰하는데 신분검사법이 활용되고 있는데, 그것은 대소유무의 의두나 성리를 요해토록 하기 위한 내심 관찰에 주안점을 두었다.[111] 성리란 진리의 혜광으로 인도되는 측면에서 안

---

109) 안이정, 『의두 성리의 연마』, 원불교출판사, 1988, p.55.
　　송천은, 「원불교의 성리인식」, 류병덕 박사 화갑기념 『한국철학종교사상사』, 원광대 종교문제연구소, 1990, p.1131(주5).
110) 『정산종사법설』, 제1편 마음공부 31장.
111) 박도일, 「신분검사법과 일기법에 보이는 功過 사상」, 제19회 원불교사상연구 학술대회 ≪鼎山宗師의 信仰과 修行≫, 원광대 원불교사상연구원, 2000년 1월 28일, p.128.

으로 자신을 성찰하는 적공과 관련된다. 아무리 공부를 열심히 한다고 해도 적공의 내심 관찰이 없는 공부는 피상적 과학 공부에 머물 뿐이요 심성의 도야와 같은 도학공부는 아니기 때문이다. 성리 연마가 적공으로서 내심 관찰에 관련되는 이유가 여기에 있다.

내심 관찰의 성리 연마를 통해 고통의 원인인 삼독오욕과 번뇌의 극복이라는 깨달음의 결실을 얻게 된다. 성리에 근거하지 못하고 미망(迷妄)에 떨어지면 그것은 무명의 고통을 겪기 때문이다. 이에 "개인에 있어서도 성리에 근원하여 단련함이 없으면 미하여 짐을 못 면하고 삼독을 벗어나지 못하며 그것은 마치 생수 없는 방죽과 같다"[112]는 법어를 새겨보아야 한다. 성리 연마를 통하여 업장을 녹이는 일이 필요하다는 것이다. 그것은 반야지로 인도하는 것으로, 이에 근거하지 못하는 공부는 미망의 사교(邪敎)로 전도되는 경우가 허다하다.

사교의 미망을 벗어나려면 분별 사량을 초월한 성리 연마 즉 텅빈 공심(空心)으로 관조하는 일이 필요하다. 박광전 종사는 다음과 같이 말한다. "변산구곡로 석립청수성 … 돌이 물소리를 들을 때 호오 청정 증애심 등을 가지고 듣지 않는다. 있는 그대로, 소리가 나는 그대로 듣는다. 그런데 인간은 이러한 공심으로 듣지 않고 나름대로 온갖 분별사량을 하며 듣는다."[113] 소태산 대종사가 『대종경』 성리품에서 밝힌 석립청수성의 소식을 깨닫는 일이란 자신의 편견이나 사량을 벗어날 때 가능한 일이다. 정법에 바탕한 무분별적 성리의 적공이 필요한 이유가 이와 관련된다.

적공이 뒷받침되는 성리 연마를 통해서 지혜가 나오고 해탈이 되어 제반 고통을 극복하게 된다. 경산종사는 성리 특별법회에서 다음과 같이

---

112) 박용덕,『금강산의 주인되라』, 원불교출판사, 2003, p.200.

113) 朴吉眞,『大宗經講義』, 圓光大學校 出版局, 1980, p.275.

법어를 설하였다. "성리를 통해서 무궁무진한 조화와 지혜가 나오고 성리에 의해서 큰 해탈이 나온다. 성리의 관문은 어떤 방법으로든지 뚫어야 한다. 뚫어야 고와 낙에서 벗어날 수 있으며 생사와 윤회의 고통을 근본적으로 해결할 수 있다"(원불교신문, 2001.5.11). 성리 연마가 얼마나 중요한가를 밝히는 것으로 수도인이 해탈의 경지에 이르도록 성리 연마의 필요성이 묘사되고 있다.

따라서 해탈을 위해 하루하루 시간을 아끼어 적공하는 일이 요구되며 그것은 진리 터득이라는 성리 반조에서 비롯된다. 다음의 소박한 글을 소개한다. "촌음이라도 허송세월 보내지 않고 성리에 반조하여 진리를 연마하고 맡은 바 직무에 최선을 다하는 실속 있는 정진으로 살아야겠다."114) 정진 적공이 얼마나 중요한지를 인지하라는 뜻이다. 시간을 허송하지 말고 성리에 자신의 언행을 대조하는 생활을 하자는 것이다. 수도인으로서 성리 연마에 등한히 한다면 그것은 본분사를 망각하는 일이기 때문이다.

그렇다면 성리 연마는 영속적이어야 하는가 하는 의문이 생긴다. 모든 공부가 그렇겠지만 특히 종교적 신행의 일은 영속적일 수밖에 없다. 성리의 연마 없이는 진리의 미망에서 중생의 윤회를 벗어나기 어렵기 때문이다. 윤회의 해탈과 같은 성불의 결실을 얻기 위함이다. 대산종사에 의하면 부처님은 오백년을 닦았지만 오억년이라도 닦겠다고 하였으니 오억년은 세세생생 성리를 놓지 않고 영생을 통해 단련하겠다는 의지를 말한 것이다.115) 적공에 잠시라도 신행을 멈추는 일이 없을 때 그 공덕이

---

114) 이종진, 「대산 상사님을 추모하며」, 『차는 다시 끓이면 되구요』, 출가교화단, 1998, p.67.
115) 곤타원 박제권 종사가 성리법회에서 언급한 내용이다(정도연 정리, 「성리법회－성리는 성불제중의 열쇠」, ≪원불교신문≫, 2002년 5월 3일, 2면).

제5장 원불교 성리의 본질

나타난다는 비장한 의지를 엿볼 수 있다. 그것은 성리를 생활화해야 한다는 대산종사의 수행 의지를 새기는 계기가 될 것이다.

신앙인으로서 성리를 부단히 연마하는 수행 의지를 견지하기란 쉽지 않다. 그것은 방심하지 않고 진리를 터득하는 일이 요구되기 때문이다. 일을 행하기 전, 또 행하면서 적공하는 마음으로 성리를 살펴보는 자세를 가져야 한다는 것이다. "그 일을 행하기 전에 먼저 진리에 비추어서 예리한 두뇌로 판단을 하라. 그 일의 성질과 그 일의 성리에 대해서 먼저 살펴라."[116] 일을 하기 전에 일을 연마하고, 일에 당하여 오롯이 임하며, 일을 한 후에는 그 결과를 성찰하는 자세를 갖는 것이 성리 연마와 직결되는 것이다. 평상심으로 성리 연마에 임한다면 그것은 성리의 적공에 의한 득도인 셈이다.

득도라는 깨달음에 이르도록 일상의 삶과 성리 연마가 직결되는 것이 중요하다. 우리가 일상의 삶에서 성리 연마가 쉽게 접근되지 않는 수도인의 매너리즘에 빠지는 경우가 없어야 한다. 성리의 터득이란 공을 들이려는 의지만 있으면 그렇게 어렵지 않기 때문이다. 소태산은 이에 말한다. "요즘 사람들은 쉬운 것은 싫어한다. 쉬운 것은 알맹이가 없는 것처럼 가치 없게 보고 소홀히 생각들을 한다."[117] 성리란 일상의 삶에서 교법을 연마하고 살아가는 삶의 태도와 직결되는 점에서 방심하지 않고 노력하면 깨달음의 결실로 이어지는 것이다.

---

116) 辛丑日記-1961년 7월 3일(東山文集編纂委員會, 동산문집 Ⅱ『진리는 하나 세계도 하나』, 원불교출판사, 1994, p.41).
117) 김정용,『생불님의 함박웃음』, 원불교출판사, 2010, p.21.

2) 성리와 깨달음

깨달음이란 무엇일까? 그것은 불교의 교리에 의하면 무명(無明)에서 벗어나는 것으로 반야지의 체득과 관련되어 있다. 깨달음의 반야지란 우리가 주관과 객관 어느 하나에 편착된 무명의 상태에서 벗어나게 해준다는 것이다. 개인의 자유와 인간의 평등이라는 이원적 긴장관계는 깨달음의 실천적 체험 속에서 해소되어 평등을 성취하는 자유, 모든 개인을 해탈하게 하는 평등이 된다.[118] 이는 자성의 원리를 깨우치는 것으로 성리의 세계에서 추구하는 것이다. 성리는 주관과 객관의 차별세계에 속박되는 무명의 세계를 벗어나 반야의 자성을 회복하게 해주는 지혜의 등불이기 때문이다.

지혜의 등불로서 깨달음은 주객으로 이원화된 내 마음을 하나로 인지하게 하는 길이며, 그것은 성리를 통해 얻는 견성의 경지와 일치한다. "소태산은 '견성을 하려면 항상 내 몸 하나 구성되어 있는 이치를 연마해 보라'고 말하였다. 처음엔 '성리 깨치는 것이 내 몸 하나 연구하는 것과 어떻게 연관이 될까' 생각해 보았다."[119] 이처럼 360개의 뼈마디가 합하여 육신을 이루고, 이 육신은 정신과 합하여 한 인간이 형성된다. 인간이란 하나의 유기체로 이루어진 것이며, 오장 육부를 나누어 보려는 행위는 의학의 해부학에서 추구할 문제이다. 성리의 세계에서는 인간 자체는 물론 인간과 우주를 미분으로 보는 측면이 있는데, 그것은 주관과 객관의 일체를 통해 깨달음의 세계에 진입한다고 한다.

성리의 목적은 나와 나, 나와 주변이 미분화된 일체의 상태를 인지토록 하여 삶의 지평을 넓히는 것이다. 우주의 원리를 파악하고, 인간의 본

---

118) 불교신문사 편, 『불교에서 본 인생과 세계』, 도서출판 홍법원, 1988, p.147.
119) 박장식, 『평화의 염원』, 원불교출판사, 2005, p.219.

제5장 원불교 성리의 본질

질을 추구하여 우주와 인간이 하나로 다가서는 것을 체험하는 것이기 때문이다. 곧 의두와 성리를 연마하는 목적은 우주의 심오한 진리를 스스로 깨달아 체득하여 성리에 의한 폭넓은 생활을 하자는 데에 있다.120) 성리의 개념에 나타나는 것과 같이 우주의 원리와 인간의 자성을 연마하는 것이 성리라면, 우주와 인간이 대우주와 소우주의 미분된 폭넓은 세계로 접근할 때 그것은 성리의 깊은 소식을 인식하게 된다.

성리의 깊은 소식은 우주의 궁극적 실재를 인지할 때 가능한 일이다. 우주의 실재와 인간의 성품이 합일되는 세계를 인식하도록 성리 연마를 강조하는 것이 종교 본연의 길로서 깨달음의 세계이다. 깨달음이 중시되는 성리는 우주의 궁극적 실재와 성리의 세계는 상통하는 것이 사실이다.121) 우주의 드넓은 세계에 서서 본연의 실재에 대한 관심을 기울이는 것은 인간의 우주적 지평 확대와 더불어 현실 세계에서 맑은 성품을 갖추는 것에도 관심을 갖는다. 곧 우주와 인간의 상통을 자유로이 할 때 깨달음의 길로 인도되는 것이다.

깨달음으로 인도하는 성리는 비록 정기훈련 11과목의 하나에 속한다고 해도 그것이 가져다주는 결실은 원불교 교리에 밝은 지혜를 가져다준다. 그것은 우주와 인간의 본질적이고 궁극적인 세계에 진입하여 지혜 광명을 밝혀주는 면에서 우리에게 깨달음을 인도하기 때문이다. 다시 말해서 성리는 수행의 한 과목이라 해도 궁극적으로 깨달음을 열어주고 깨달음을 활용하도록 함으로써 원불교 사상의 전체를 꿰뚫게 하는 중핵 개념임을 알게 될 것이다.122) 깨달음에 있어서 성리 연마가 강조되는 이유

---

120) 안이정, 『원불교교전 해의』, 원불교출판사, 1998, pp.573-574.
121) 송천은, 「원불교의 성리인식」, 류병덕 박사 화갑기념 『한국철학종교사상사』, 원광대 종교문제연구소, 1990, p.1128.
122) 박상권, 「소태산 성리해석의 지향성 연구」, 『원불교사상과 종교문화』 32

가 여기에 있다.

　돌이켜 보면 소태산은 우주 전체를 꿰뚫어 보는 지혜를 얻도록 하려는 듯이 유년기부터 우주 대자연에 대한 의심을 시작하였다. 그것이 어쩌면 삼천대천세계를 발견한 성리 공부의 출발이었는지도 모른다. 그는 26세의 대각으로 인하여 홀로 기뻐 무어라 말할 수 없는 기쁨의 자부심을 가졌으며, 대각을 이룬 후 외치는 소리 없는 소리는 삼천대천세계에 전파된 것이다.[123] 만유가 한 체성이요 만법이 한 근원이라는 깨달음은 하루 아침에 이루어지는 것이 아니다. 하늘은 왜 푸르고 구름은 왜 떠다니는 가라는 본질적 의심에서부터 부모는 왜 서로 사랑하고 인간은 왜 태어나는가에 대한 의심에 이르기까지 어느 하나가 성리 아닌 것이 없었다.

　인간과 우주의 소통, 나아가 드넓은 세상의 발견은 인격성숙에 의한 성위에 이르는데 그것은 법위의 향상으로 이어진다. 원불교 6단계의 법위등급 가운데 법강항마위의 경우를 살펴보자. 법강항마위는 스스로 심계를 두고 법도 있는 생활을 하며, 성리에 비추어서 재색명리에 대한 욕심을 항복받고 시기 질투와 명상(名相)의 텅 빈 경지로 법력이 뛰어난 단계이다.[124] 성리를 요달하지 못하고서 어떻게 인격 성숙과 더불어 항마위 이상에 승급할 수 있는 것인가? 항마위에 오르면 초성위에 오르는 것이며 그것은 깨달음의 결실이다.

　깨달음의 결실과 같은 성리 연마와 더불어 법위가 향상된다면 이는 교단적 결실로 이어져 천불만성을 배출하는 것이다. 일원상을 표본하여 견성성불의 성리 수행을 잘 하여 천불만성을 배출하고 사사불공의 성리신

　　집, 원불교사상연구원, 2006.2, p.105.
123) 한종만,『원불교 대종경 해의』(下), 도서출판 동아시아, 2001, pp.29-31.
124) 박광수 외2인,『클릭 원불교』, 도서출판 동남풍, 2000, p.166.

앙을 잘하여 평화세계를 건설할 수 있다.125) 성현들의 등장은 곧 국가 세계의 진급과도 관련된다. 평화의 세상이란 곧 국가와 세계의 진급기이도 하다.

개인적으로도 진급의 구극 경지는 성불을 통한 대각도인이 되는 것이다. 성리 연마를 통해 견성성불을 이루어 대각 도인이 되기 위해서는 일직심으로 적공하는 마음이 요구된다. 성리를 통해 대각을 이루는 그 목적을 향해서 일직심이 된다면 성사되지 않음이 없기 때문이다.126) 성리에 의한 적공의 위력이 여기에서 발견된다. 소태산은 유년기부터 청년기까지 일직심으로 우주와 인간의 본연사를 연마하여 여래로서의 인품을 이루었듯이, 누구나 깨달음에 이르도록 성리 연마에 적공을 다한다면 깨달음의 진경을 체험할 것이다.

근래 교단에서는 「대각개교절」을 맞이하면서 깨달음을 환기하는 성리 특별법회를 개최하고 있다. 〈원불교신문〉에서는 이와 관련한 기사가 1998년을 전후하여 지금까지 지속적으로 게재되면서 성리 연마의 중요성을 환기시키고 있다. 예컨대 1998년 4월 20일부터 6일간 중앙총부 대각전에서 성리 법잔치가 주요 행사로 열렸는데, 총부직원과 인근 기관 교도 등 연인원 1천5백여명이 참석한 성리 특별법회에서 양산 김중묵 교무는 성리란 집 없는 사람이 집을 산 것과 같아 수도자가 반드시 알아야만 한다고 하였다. 이현도 교무는 성리란 대종사가 깨달은 진리와 교법과 행하심 그 속에 가득히 들어있다고 하였다.127) 이처럼 소태산의 대각을

---

125) 김인철, 「교단의 정체성과 신앙의 호칭문제」, 제28회 원불교사상연구 학술대회 《개교100년과 원불교문화》, 원불교사상연구원·한국원불교학과, 2009.2.3, p.31.

126) 辛丑日記, 1961년 7월 11일(東山文集編纂委員會, 동산문집 II 『진리는 하나 세계도 하나』, 원불교출판사, 1994, p.46).

기념한 성리 특별법회는 성리를 통한 깨달음을 환기하고 있는 것이다.

 교단적 법풍과 관련하여 성리 연마를 통한 깨달음에 이르려면 성리법회를 자주 개최하여 사제간 문답감정이 필요하며, 성리를 일상생활의 화두로 삼아야 한다. 성리를 연마하는데 있어 스스로 연마하여 해득을 얻은 후 선진이나 선각자의 감정을 얻어서 인증을 받는 일이 중요하다.128) 깨달음에 이르는 길에 있어 문답감정이 없는 독각(獨覺)에 치우칠 경우 편벽의 벽지불로 전락할 수 있다. 사제간 문답감정을 통해 견성의 해오를 얻고, 이를 솔성의 생활과 연결함으로써 성불제중의 대원을 성취해야 할 것이다.

3) 성리연마의 방법

 우리가 적공을 통하여 깨달음에 이르는 간절한 서원으로 다가선다면 성리 체험의 길은 많다고 본다. 길이 없어서가 아니라 정성이 부족하기 때문에 체험의 세계가 멀게 느껴지는 것이다. 『수심결』에서도 말하기를 "또한 성리에 들어가는 길이 많으나 너에게 하나의 문(門)을 가르켜서 너로 하여금 본원처에 돌아가게 하리니, 네가 또한 까마귀 울고 까치 지저귀는 소리를 듣느냐? 가로되 '들나이다'"129)라 하였다. 성리연마에는 특별한 묘방이 있어야 가능한 것이 아니다. 깨달음에 이르고자 하는 간절함에 바탕하여 있는 그대로 우주 대자연의 현상을 직시하며 자성의 원리를 터득하는 것이야말로 성리 연마의 첩경이라 본다.

---

127) 편집자, 「대각개교절 기념 성리특별법회 개최」, ≪원불교신문≫, 1998년 5월 1일, 2면.
128) 안이정, 『원불교교전 해의』, 원불교출판사, 1998, pp.573-574.
129) 『修心訣』18장, 且入理多端 指汝一門 令汝還源 汝-還聞鴉鳴鵲噪之聲麽 曰聞.

그렇다고 아무런 성찰의 계기가 없이 대상에 대하여 무조건 의심을 가지고 접하라는 것은 아니다. 성리 연마에는 무엇보다도 우주의 본래 면목과 인간의 본래 성품을 알아서 그 본연을 직시하는 것이기 때문이다. 성리 연마는 성품을 알아서 성품을 단련할 줄 알아야 하는데 소태산은 그 근본을 밝혀준 것이다.[130] 이는 성리의 연마에 있어서 가장 기초적인 것으로 가상의 세계를 가상으로 알고, 본연의 세계를 본연으로 파악하는 그 본질을 추구하는 것이 요구된다.

이러한 성리 연마의 기초적 자세만 갖춘다면 주변의 상황에 따라 자신의 근기에 맞게 화두를 만들어 탐구하는 방법이 있을 것이다. 성리는 그 모두를 탐구하려 하기보다는 각자 근기에게 맞는 화두 하나를 선택하는 것이 바람직하며, 경우에 따라서는 각자가 자기의 화두를 스스로 만들어서 탐구하는 것도 한 방법이 된다.[131] 누가 제시해준 성리 연마의 방법은 타력에 의존하는 것으로 자신의 동기유발에 도움이 되지 않거나 자신의 근기에도 맞지 않을 수 있다. 의두와 성리는 자신이 도락을 즐기면서 연마할 수 있어야 그것이 흥취로 이어지며 지속적으로 성리 연마를 할 수 있게 된다.

우리가 관심을 기울인다면 성리 연마의 단계적 방법이 없는 것은 아니다. 성리 연마를 통해 성취하는 견성의 몇 가지 단계가 있으며, 이에 정산종사는 견성의 5단계를 말하였다. "첫째는 만법귀일의 실체를 증거하는 것이요, 둘째는 진공의 소식을 아는 것이요, 셋째는 묘유의 진리를 보는 것이요, 넷째는 보림하는 공부를 하는 것이요, 다섯째는 대기대용으로

---

130) 박장식, 『평화의 염원』, 원불교출판사, 2005, p.215.
131) 박상권, 「소태산 성리해석의 지향성 연구」, 『원불교사상과 종교문화』 32집, 원불교사상연구원, 2006.2, p.98.

이를 활용함이니라."132) 성리 연마에 있어서 이러한 기준으로 접근한다면 큰 도움이 되리라 본다. 만법귀일이 성리요, 진공 묘유의 화두가 성리이며, 보림하고 활용하는 것도 성리라는 점에서 이 단계를 밟아나갈 때 견성의 깨달음으로 이어진다.

구체적으로 성리를 연마하는 여러 방법을 하나하나 살펴보도록 한다.

먼저 성리는 진리 탐구 곧 일원상 진리를 파악한다는 면에서 대소유무에 분별이 있는 자리에서 연마하는 것이 요구된다. 대소유무에 근거하여 성리를 연마하라는 선행 연구논문이나 관련 저술이 적지 않다.133) 여기에서 주장하는 한결 같은 논조는 대를 소로 나누어 살펴보는 지혜와 소를 대로 합하여 조망하는 지혜, 변화의 세계에 있어서 유를 무로 나누어 보고 무를 유로 나누어 보는 지혜를 지니라는 것이다. 우주 대자연의 분석과 종합, 생명현상의 변화의 불변을 파악해 보는 지혜는 성리 연마의 핵심 방법이기 때문이다.

또한 성리의 연마는 심성이기의 분합, 곧 이를 나눠보고 합해본다면 더욱 용이해진다. 성리의 테마를 심성이기로 나누고 합하여 보아서 본체의 세계와 현상의 세계에 대한 시각을 넓히자는 것이다. 심성이기는 우리의 본래 마음이요, 일원의 진리인 것으로 그것이 넷이 되었다가 하나가 되고, 하나인 것이 넷으로 되는 이치를 아는 사람은 일원의 진리와 하나가 되어 살아가는 것이면서 성리를 체험하고 성리를 생활화하게 된

---

132) 『정산종사법어』, 원리편 9장.
133) 박장식, 『평화의 염원』, 원불교출판사, 2005, pp.215-216.
한종만, 『원불교 대종경 해의』下, 도서출판동아시아, 2001, p.89.
박상권, 「소태산 성리해석의 지향성 연구」, 『원불교사상과 종교문화』 32집, 원불교사상연구원, 2006.2, p.103.
김영민, 「원불교 性理의 활용방안」, 『원불교사상』 23집, 원불교사상연구원, 1999, p.79.

다.134) 마음 본체의 세계에 침잠하면서 현상의 세계에서 직시하는 진리 탐구는 마음의 원리를 파악하는 지혜를 솟게 한다.

다음으로 성리 연마는 직관의 방법을 따르는 것이다. 직관이란 자신의 지적 변별논리를 뛰어넘어서 바라보라는 뜻이다. 사량 분별심에 의하지 않고 만물을 보는 순간 바로 그 본질을 파악하고 점두되는 것이 직관이며, 그 다음 순간 성리의 세계로 빠져든다는 성리 체험의 소식135)이 전해진다. 세상을 합리적 논리로써 다 요해하려는 행위는 지식 보따리를 풀어서 모든 것을 그 보따리 속에 담아두려는 것으로, 학문이라는 바다에서 벗어나지 못하는 경우가 얼마나 많은가? 이에 논리를 초월한 직관의 세계로서 세상을 바라보자는 것이다.

또 직관과 유사한 용어가 관조라는 것이며, 관조는 사량 분별을 넘어서서 성리를 연마하는 방법이다. 이은석 교무는 『정전해의』에서 다음과 같이 말한다. "원기 26년 1월 익산총부에서 전법게송을 내리니 진리의 당체요 성리의 진체라 하고, 이 자리는 사량으로 알려고 하지 말고 관조로써 체득하라."136) 분별 사량을 뛰어넘는 성리 연마의 방법은 성리의 진체를 체험하는 요긴한 방법이 아닐 수 없다. 물론 직관이나 관조는 넓게 보면 같은 맥락에서 이해될 수 있는 것이다.

아울러 성리 연마의 방법은 외부 세계의 소리를 귀로 듣지 말고 마음으로 묵상하는 것이다. 성리의 문을 이목의 감관작용으로 들어가는 것은 바람직하지 않다. 『수심결』에 나오는 사제간 문답137)을 살펴본다. "네가

---

134) 손정윤, 『원광』 통권 299호, pp.154-155.
135) 오은성, 『견성에 이르는 길』, 원불교출판사, 2008, pp.29-30.
136) 이은석, 『정전해의』, 원불교출판사, 1985, p.100.
137) 『修心訣』 18章, 曰汝一返聞汝聞性 還有許多聲麼 曰到這裏 一切聲 一切分別 求不可得 曰奇哉奇哉 此是觀音入理之門.

또한 너의 듣는 성품 가운데에도 허다한 소리가 있음을 듣느냐?" "이속에 이르러서는 일체의 소리와 일체의 분별을 함께 가히 얻지 못하리이다." "기특하고 기특하다. 이것이 이 관음보살의 성리에 들어간 문이로다." 분별의 수단이 되는 온갖 시비의 소리를 극복하고, 고요한 마음의 상태에서 성찰하는 성리의 진경에 이르는 길이다.

이어서 성리 연마는 격외의 화두 성격이 많으므로 격외 법문에 익숙해지는 방법을 터득하는 일이 요구된다. 격외(格外)란 상식적인 논법을 벗어나는 것이요, 논리력에 의해 유추된 사유를 벗어나는 길이기 때문이다. 『대종경』 성리품에 담겨 있는 격외의 언설들은 상황에 따라서 제시된 화두이기 때문에 그밖에도 수없이 많은 화두가 만들어질 수 있다.[138] 논리적 수단에 의존하지 않고 진리의 소식에 다가서는 자세가 격외의 성리에 익숙해지는 길이다. 해가 동쪽에서 뜬다는 것은 논리에 의한 지식이라면, 해가 서쪽에서도 뜰 수 있다는 것은 격외의 방식이다. 격외는 동쪽과 서쪽이라는 분별을 넘어서라는 것인 바, 동서를 절대 개념화하는 것은 인간의 분별적 지식에 매달리는 한계가 있을 수 있다.

그렇다고 성리 연마는 과거 선종의 화두 연마의 방법을 버리라는 것은 아니며 이를 참조함으로써 상호 조화를 도모하는 방법이 요구된다. 이것은 여래선, 조사선, 의리선 등이 나름대로 의미가 있기 때문이다. 격외로 돌리고 말 것이 아니라 의리선적으로 구명해 봄으로써 공부길에 도움이 되자는 것이다.[139] 격외선이 갖는 장점, 조사선이 갖는 의의, 의리선이 지니는 특징을 살펴서 이를 조화하는 방법이 요구된다. 이에 소태산은

---

[138] 박상권, 「소태산 성리해석의 지향성 연구」, 『원불교사상과 종교문화』 32집, 원불교사상연구원, 2006.2, p.98.

[139] 朴吉眞, 『大宗經講義』, 圓光大學校 出版局, 1980, p.275.

교판적으로 접근하여 묵조선의 한계에 더하여 간화선의 번다한 화두를 극복하라고 하였다.

성리 연마에는 또한 언어명상에 의존하면서, 언어명상마저 넘어서는 방법이 요구된다. "만일 마음은 형체가 없으므로 형상을 가히 볼 수 없다고 하며 성품은 언어가 끊어졌으므로 말로 가히 할 수 없다고만 한다면 이는 참으로 성품을 본 사람이 아니니, 이에 마음의 형상과 성품의 체가 완연히 눈앞에 있어서 눈을 궁굴리지 아니하고도 능히 보며 입만 열면 바로 말할 수 있어야 가히 밝게 불성을 본 사람이라고 하리라."[140] 소태산이 밝힌 성품 연마법은 이처럼 과거방식의 언어명상을 초월하는 것도 필요하지만 언어명상으로 표현해내는 방법을 참조하라고 하였다.

나아가 경전 문구 하나하나를 세심하게 음미하는 자세로 성리에 다가서는 방법이 요구된다. 성리라는 말을 자주 하는데, 덮어놓고 묻는 것과 자료를 통해 접근하는 것이 다르듯 경전은 성리를 연마하는데 있어 세밀하게 관찰하는 지도와 같은 것이다.[141] 길을 모르면 지도를 하나하나 세심하게 참조하여야 한다는 의미이다. 사경(寫經)을 하는데 있어서도 단순한 기록의 노동으로 끝낼 일이 아니다. 『정전』과 『대종경』의 경구(經句)를 하나하나 깊이 있게 음미하면서 사경하고 창의적 문제의식으로 접근한다면 모두가 성리 법어인 셈이다.

궁극적으로 성리 연마의 방법에 있어서 그 주의사항으로는 신비나 이적으로 구하지 말 것, 자가당착으로 오만하지 말 것, 분석적으로만 따지지 말 것, 솔성은 등한히 한 채 견성에만 의존하지 말 것 등이 포함된다. 정법 교리에 근거하여 성리의 본연을 충분히 이해할 때 방법상의 오류는

---

140) 『대종경』 성리품 6장.
141) 박장식, 『평화의 염원』, 원불교출판사, 2005, p.208.

범하지 않을 것이다. 물론 성리 연마에 있어서 접근 방법론만이 능사는 아니며 얼마나 이를 실제에 적극 응용하느냐가 중요하다.

6. 정법교리와 성리의 난제

1) 정법교리와 성리

정금 같은 철이라 함은 잡동사니와 같은 잡철이 없는 정금미옥의 철을 말한다. 설사 세월이 지나면서 철이 녹슬었다고 해도 그것을 용광로에 넣어 다시 정금 같은 철로 재생된 철이기 때문이다. 잡철이 섞이지 않은 철이란 순금처럼 여러 모로 쓸모가 많아 상품 가치가 크다고 볼 수 있다. 용광로를 통해 순수함의 가치를 충분히 이용, 각종 보물을 재생산하기 때문이다. 이를테면 자신을 정금미옥으로 다듬어 바로 세워 놓아야 천하가 나를 반기고 온 세상도 점점 바루어지게 할 수 있다[142]는 것이다.

비유컨대 인격자에 있어서도 불순하지 않은 사람이어야 참 인품을 소유한 자이며, 정법회상의 교리 또한 마찬가지일 것이다. 이와 관련하여 대산종사는 말한다. "철은 용광로를 거쳐야 정철(精鐵)이 되고, 법은 성리에 근거해야 대도정법이 되며 도인은 성리를 단련해야 큰 도인이 된다."[143] 이에 우리 모두가 소리 없는 큰 소리, 빛이 없는 큰 빛, 공(空)이 없는 공, 이름 없는 큰 이름의 주인이 되도록 성리 연마를 하라고 하였다. 용광로를 거친 정금 같은 철처럼 순연한 인품을 기르기 위해 성리를 연마하는 도인, 나아가 정법회상의 새 시대의 교법이 되도록 하려면 부단한 노력이 요구되는

---

142) 좌산상사법문집 『교법의 현실구현』, 원불교출판사, 2007, p.20.
143) 「대산종사법문」 3집, 제2편 교법 6장.

것이다.

　원불교에서 말하는 정법교리는 진리적 종교의 신앙과 사실적 도덕의 훈련에 관련된 일원상을 기반으로 한다. 일원상의 진리에 근거하여 사은과 삼학이라는 신앙·수행의 구체성을 지니며, 그것이 바로 정법교리의 기준인 것이다. 이러한 교리를 성리의 대상으로 삼는다면 정법 수행의 첩경이다. 일원상 진리에 바탕하여 대소유무의 이치로써 인간의 시비이해를 건설한다는 것은 사은에 보은하자는 것이며, 삼학도 성리자리를 바르게 알아 지키며 활용하자는 것이다.144) 정법교리의 수행과 성리의 관련성이 여기에 나타나 있다.

　정법회상을 유지시켜주는 방편으로서 성리 연마가 필요하며, 성리에 근원하지 않으면 사도라고 해도 무리는 아니라 본다. 분별망상 나아가 혹세무민하는 교리는 기복과 신비의 방편에 의존하기 때문이다. 성리에 근원하지 않고 유무 분별심에 의해 만들어진 교법은 도리어 혼란해지며 번거롭기만 하다145)는 지적이 이와 관련된다. 삼학 팔조와 사은 사요와 같은 정법교리를 근거한다면 그것은 정법회상의 길에 들어서지만, 신비의 사술적 교법에 의존한다면 그것은 육사외도와 같은 사교에 휘둘리고 말 것이다. 같은 맥락에서 전통불교에 있어 삼법인, 사제, 팔정도, 십이인연 외에 다른 사설을 늘어놓고 성리 연마를 한다면 그것은 사마외도의 기이한 마법에 떨어진다.

　우리가 외도(外道)라는 말을 사용하곤 한다. 불타의 교설은 한편으로는 육사외도의 사상들과 류(類)를 같이하면서도 다른 한편으로 도덕적 회의주의나 형이상학적 단멸론과 같은 결론에는 빠지지 않는 소위 중도적인

---

144) 박장식,『평화의 염원』, 원불교출판사, 2005, pp.190-191.
145) 朴吉眞,『大宗經講義』, 圓光大學校 出版局, 1980, p.273.

입장을 표방한 가르침이었는데, 이를 정리한 학파가 다름 아닌 차르바카 학파였다.146) 육사외도는 불타의 정법 교설과 동떨어져 있어 자신들의 기행으로서 신비한 가르침에 따르도록 하였다. 정법교리를 연마하도록 하는 성리가 이러한 육사외도의 혹세무민적 방식을 벗어나게 해준다.

이러한 외도의 폐단에 대하여 박광전 종사는 다음과 같이 말한다. "성품을 논하지 않으면 외도이다. 태양은 떠 있으나 눈먼 사람은 보지 못함과 같다. 우주에 편만한 실재가 있다. 이것이 보이지 않는다고 해서 없다고 하는 것은 어린아이가 모태에 들어서 어머니의 얼굴을 보지 못한다고 하여 없다고 하는 것과 같다."147) 외도는 진리적 종교를 벗어나 사이비적 미신에 의존하기 쉽다. 정도와 사도를 논할 때 사도가 곧 외도이며 그것은 미신적이고, 기행적이다 보니 참된 성품의 세계를 논할 수 있는 교리적 기반이 없는 것이다.

이에 소태산의 사교와 관련한 언급은 성리에 근원하지 않음에 대한 경고이다. 성리에 근원한다는 것은 진리적 교법에 근원을 두는 것이기 때문이다. "만일 종교라 이름하여 이러한 진리에 근원을 세운 바가 없다면 그것은 곧 사도라."148) 일원상의 진리로써 우리의 현실 생활과 연결시키는 표준을 삼았으며 그것은 신앙과 수행의 양대문으로 연결하여 놓았다는 것이다. 소태산은 성리를 근원하지 않은 종교란 원만하지 못한 미신의 사교라고 단정하였으며, 그것은 정법교리인 일원상의 진리와 관련을 짓지 않는 미망(迷妄)의 세계로 유혹하기 때문이다.

대산종사도 성리 없는 사도를 언급하고 있다. "도가에 견성하는 공부

---

146) 길희성, 『인도철학사』, 민음사, 2007, p.46.
147) 원불교사상연구원 편, 『숭산논집』, 원광대학교 출판국, 1996, p.67.
148) 『대종경』교의품 3장.

길이 없으면 사도이다. 성리의 단련 없이는 참 도를 얻을 수 없고 참 법을 전할 수도 없다. 그러므로 성리는 꾸어서라도 보아야 한다."149) 성리의 단련 없이는 참된 도의 세계에 들어갈 수 없다는 것을 새겨보면 성리 연마가 정법교리와 직결되어 있다는 것이다. 참된 성품을 발견하는 견성공부란 달리 말해서 정법교리에 기반한 성리 연마와 직결된다는 점을 인지해야 한다. 천진을 드러내고 허식을 극복하게 해주는 정법교리에 대한 성리연마야말로 견성에 있어서 주요 조건에 해당된다.

허식을 극복하고 천진을 드러내는 교법의 정당성은 아무리 강조해도 지나치지 않다고 본다. 미신적 사교에 매달려 있으면 독선과 오만에 떨어질 수 있기 때문이다. 교리 해석에 있어서 교법의 진면목을 벗어난 허식의 가르침이 고금을 통해 지속되어 왔음을 상기할 일이다. 만일 원불교의 교리 해석에 있어서 성리에 근거하지 않고 문자에 얽매여 지식주의나 신비주의로 나아간다면 참 불법은 아니다. 그에 따른 폐단은 반드시 교리의 독단과 오만으로 나타나 다른 종교의 역사현상처럼 그 병폐가 심각할 것이다.150) 기복신앙이나 신비주의에 얽매이는 것은 허식에 사로잡히는 종교행위이기 때문이다.

돌이켜 보면 교세가 안정된 기성종교라 해도 신행(信行)에 있어서 편벽수행에 치우친다면 그것은 사교로 기울 수 있으며 반드시 혁신되어야 할 것이다. 예컨대 불교는 성리의 혜(慧)에 근거를 했고 성리학은 성리의 체(體)에 근거를 두었다면 소태산은 이러한 것을 한 면에 치우친 것이라고 보았으며, 성리는 모든 법의 조종이요 모든 법의 근본이라는 것으로서

---

149) 「대산종사법문」 3집, 제2편 교법 4장.
150) 김성장, 「신앙대상 호칭문제와 일원상 부처님 봉안 의미」, 『원불교사상과 종교문화』 37집, 원불교사상연구원, 2007.12, p.63.

장엄 종교를 절대적 진리에 근거한 종교로 돌려야 한다.[151] 성리는 이처럼 장엄이나 기복의 신행을 진리적 종교로 돌리는 수행법의 하나이다. 불법연구회는 기성종교의 제반 폐단을 극복하고 창립된 종교로서 성리를 정기훈련의 한 과목으로 삼았음을 상기할 필요가 있다.

교리의 훈련법으로 둘 정도로 성리를 강조하면서 사교의 기복행위를 멀리 하도록 한 것은 과거의 일부 종교들이 신도들의 신행을 잘못 인도하여 왔던 역사적 사실의 교훈에서 비롯된다. 성리 활용에 있어서 보다 현실적이고 효율적인 방법이 실지불공법인데, 부처에게 자신의 복락을 비는 기복적 신앙의 한 형태로 불공의 의미가 퇴색되어 왔으니 소태산은 이를 바로 잡기 위해 부처를 특정한 대상에 국한시키지 않고 사사물물이 부처임을 가르쳤다.[152] 기복신앙의 행위는 기성종단이 방편에 치우쳐 퇴색될 때 나타나는 현상의 하나이다. 사교의 타락을 경고하며 정법교리를 밝힌 것은 소태산의 불교 혁신의 사유에서 나온 발상과 관련된다.

만일 교단의 법풍에서 성리 연마가 없으면 법력 향상보다는 허망하고 형식적인 가식의 종교로 남겨질 것이다. 그로 인해 신비적이고 기복적인 껍질에 피해를 볼 우려가 크다고 본다. 좌산종사는 이에 말한다. "우리가 심법에 계인이 되어야 다자탑전분반좌(多子塔前分半坐)랄지 염화미소 등 이러한 성리의 세계가 통해가는 것이다. 이것이 무너져 버리면 모든 것이 허망하고 껍질만 붙들고 있는 것이다."[153] 여기에서 말하는 심법이란 정법에 근거한 심신 작용이며, 이를 통해서 성리의 세계가 언급되고 심

---

151) 한종만, 『원불교 대종경 해의』(下), 도서출판 동아시아, 2001, pp.46-47.
152) 박상권, 「소태산 성리해석의 지향성 연구」, 『원불교사상과 종교문화』 32집, 원불교사상연구원, 2006.2, p.104.
153) 좌산종법사, 「心法에 契印하자」, ≪출가교화단보≫제81호, 원불교 수위단 회사무처, 1998년 11월 1일, 2면.

오한 화두의 세계에 눈을 뜰 수가 있다. 아무리 심오한 성리 연마라 해도 정법에 기반하지 못할 경우 사도(邪道)의 행위에 불과하다.

이에 진리적 종교와 사실적 도덕을 향한 정법교리의 등장은 역사적 필연일지 모를 일이다. 원기 17년 정전의 최초 형태로서『육대요령』을 밝힌 이래, 원기 20년『조선불교혁신론』을 세상에 천명하고 미래 시대의 새 교법을 강조하여 성리 연마를 강조한 소태산의 의지를 상기해야 할 것이다. 진리적 종교는 인류를 참다운 근원으로 인도하는데 기여해야 하며, 원불교 성리의 성격과 위치에서는 성리의 진리적 종교, 원만한 종교를 성취하는데 불가결하다.154) 성리의 세계에서 일원상 진리를 연마하고, 이에 근거하여 교법 응용이 이루어질 때 그것은 신비나 이적의 유혹에서 벗어날 수 있다. 정법회상에 귀의하여 성불 제중이라는 염원이 이루어지도록 하는데 성리 연마가 필요한 이유이다.

성리 연마와 정법교리는 음식요리와 비유한다면 불가분리의 관계에 있다. 곧 정법교리란 반찬의 소재라면, 성리는 깨달음의 방법으로서 요리법에 해당된다고 해도 무리는 아닐 것이다. 아무리 반찬이 많다고 해도 바른 요리법으로 하지 않으면 그것은 반찬의 맛을 반감시킬 우려가 있기 때문이다. 그 요리법은 주견에 끌리어 혼란스럽고 번다해진다면 맛을 올바르게 평가 검증될 수 없는 상황으로 나아간다. 결과적으로 성리에 근원하지 않는 주견의 분별심은 도리어 혼란해지며 번거롭기만 하다155)는 점이다. 주견에 끌린 유무 분별심이란 사심 잡념이요, 이러한 사심 잡념은 정법교리와 멀리 떨어지는 요인으로 작용하며, 그것은 성리 연마를

---

154) 송천은,「원불교의 성리인식」, 류병덕 박사 화갑기념『한국철학종교사상사』, 원광대 종교문제연구소, 1990, p.1131.
155) 朴吉眞,『大宗經講義』, 圓光大學校 出版局, 1980, p.273.

등한히 할 때 나타나는 현상이다.

2) 성리의 난제(難題)

성리 연마란 과연 쉬운 것인가, 아니면 어려운 일인가? 이러한 질문은 후자의 경우를 염두에 둔 것이다. 곧 성리 연마에 관심을 갖기란 쉬운 것이 아니며, 그 이유는 성리 연마의 방법이 용이하지 않기 때문이다. 그럼에도 불구하고 성리 연마는 코풀기보다 쉽다는 생각을 하는 경우가 있다. 성자의 말씀에 의하면 "견성하기가 코풀기보다 쉽다. 썩은 새끼 끊기보다 쉽다. 견성은 꿔서라도 해라. 앞으로 10세 전후하여 다 성리를 볼 것이다. 그러니 솔성하는 법을 배우러 큰 스승 찾으러 다닌다"156)라고 하였다. 성리 연마란 정말 쉬운 것인가를 반문할 수밖에 없다. 우선 성리의 테마를 잡기가 쉽지 않기 때문이다.

성리에 접근하기가 어렵다고만 한다면 깨달음의 길은 멀어질 것이다. 그리고 성리에 흥취를 느끼지 못하면 자연스럽게 진리의 혜안을 얻기도 쉽지 않을 것이다. 과거의 선지자들은 성리를 통해 견성하기가 쉽다고 하였지만 성리 연마가 쉬운 것은 아니다. 그들이 성리 연마를 쉽게 생각한 것에는 전제가 따른다. 성리에 관심을 갖고 적공의 심경으로 진지하게 임하는 자세가 요구된다는 것이다. 견성이라는 깨달음의 길이 쉽다면 부단한 적공의 노력이 요구되지도 않을 것이다. 성리를 너무 쉽게 생각

---

156) 박용덕, 『금강산의 주인되라』, 원불교출판사, 2003, p.200.
"성리란 무엇인가? 들으면 차를 마시라고도 하고 몽둥이를 들고 내리치기라도 한다. 차는 먹어보아야 차 맛을 안다. 매도 맞아 본 사람이 그 아픔을 안다. 이를 두고 성리를 아는 일이 코풀기보다 쉬운 것 아니냐고 반문할 정도이다."〈심익순 원로교무〉(박주명 정리, 「성리특별법회 2-시타원 심익순 원로교무」, 《원불교신문》, 2001년 5월 4일, 2면).

한다면 노력도 없이 아만심이라는 사량 분별심으로 인해 스스로 견성했다고 할 수도 있지 않겠는가?

　여전히 성리가 어렵게 느껴지는 이유는 무엇인가를 살펴보도록 한다. 우선 거론되는 것은 성리를 논리적으로 생각하려는 인간의 합리적 사유 때문이다. 그러나 성리 전달에 있어 상징적 동작 행위도 시이나 격외의 언설과 같은 맥락에서 합리적 사유를 넘어서는 일이 우선시된다[157)]는 것을 알아야 한다. 우리는 학교를 다니면서 논리적이고 합리적 사유에 길들여져 왔다. 오늘의 과학적 사유의 분위기에 편승한 합리적이고 논리적 사유는 성리 연마에 장애가 될 수 있다는 것이다. 편의주의적 사유방식에 길들여진 우리가 종교 세계에 발을 들여놓을 경우 합리적 사유보다는 초합리적이고 직관적인 사유에 젖어든다는 것은 쉬운 일이 아니다. 여기에서 성리 연마의 어려움이 뒤따른다.

　다음으로 성리의 난제로는 언어가 제시하는 말의 형식에 사로잡히는 등 언어의 한계가 따른다는 사실이다. 오성 대감이 어렸을 때 말썽꾸러기로 놀자, 참깨를 한말 주면서 세어 보라고 하니 한 홉(한말의 100분의 1)을 세어본 후 되(한말의 10분의 1)로 되어서 계산해 냈다고 하는데, 이는 고기 한 마리로 온 바다의 고기 수를 계산하는 방법에 가깝다.[158)] 동쪽을 가리키며 그곳을 서쪽이라 한다면 이는 언어가 제시하는 말과 실상이 상반된 결과를 야기하는 결과로 이어져 언어의 사실적 전달에 혼란을 빚게 된다. 성리의 묘미는 동쪽을 서쪽이라 하고, 서쪽을 동쪽이라 하는 경우가 있기 때문이다.

---

157) 박상권, 「소태산 성리해석의 지향성 연구」, 『원불교사상과 종교문화』 32집, 원불교사상연구원, 2006.2, p.99.
158) 한종만, 『원불교 대종경 해의』(下), 도서출판 동아시아, 2001, p.54.

또한 심오한 종교적 세계를 인간의 고정관념과 같은 피상적 분별작용으로 접근할 수 없다는 사실로 인해 성리 연마에 난제가 따른다. 일원상의 본체를 설명할 때 생과 사가 둘이 아니며 동과 정이 둘이 아니라는 언급159) 역시 성리의 성향에 길들여지지 않을 경우 쉽게 이해하기 힘들다. 엄연히 생과 사가 둘이요, 동과 정이 둘이며, 밤과 낮이 둘임에도 불구하고 둘 아니라고 하는 것은 생사, 동정, 주야라는 개념이 우리의 고정관념에 사로잡혀 둘이 아니라는 진리의 심오한 세계에서 현란해지는 것이다. 언어가 갖는 고정관념은 성리의 심오한 진리의 세계를 모두 표현해낼 수 없는 한계에 봉착하곤 한다.

성리의 난제로 여겨지는 또 다른 이유는 진리 전달의 은유적 방법이나 격외문답과 같은 성리의 특성에 기인한다. 성리는 인간 이성의 한계 밖의 영역에 속하는 것으로 간주되어 직관적 깨달음으로 이끌어주는 방법으로 격외의 문답과 같은 신비적 해의나 고도의 은유적 해의법이 상용되어 왔다.160) 이 모든 것들은 성리의 소식을 상징적 표현의 수단에 의지하는 경우와 관련되며, 이 상징적 용어는 은유라든가 신비, 직관의 세계와 관련되어 있다. 독특한 성리 어법의 세계가 난해하게 다가온다는 것이다. 여기에 더하여 시적 언어가 동원된다면 그것은 격외의 초논리와 같은 난해함으로 다가올 수 있다.

또한 성리의 세계에는 수기설법(隨機說法)의 특성이 있는 관계로 이를 받아들이는 사람의 근기가 다른 상황에서 이해하는데 어려워지는 것이다. 옛날 어느 학인이 그 스승에게 도를 물었더니 그것을 가르쳐 주어도

---

159) 『대종경』 성리품 4장.
160) 박상권, 「소태산 성리해석의 지향성 연구」, 『원불교사상과 종교문화』 32집, 원불교사상연구원, 2006.2, p.94.

도에는 어긋나고 가르쳐 주지 아니하여도 도에는 어긋나나니, 그 어찌하여야 좋을 것인가161)라고 소태산은 말하였다. 근기가 수승한 상근기라면 어려운 진리를 가르쳐 주면 쉽게 알겠지만, 하근기의 경우 쉽게 가르쳐주어도 어렵게 여겨진다는 것이다. 이처럼 성리법어는 받아들이는 사람의 근기가 천차만별이기 때문에 어렵게 느껴진다.

그 외에 성리가 어려운 이유로는 우리가 본질 내지 기초적 질문에 쉽게 당황하기 때문이다. 이를테면 단순한 활동과 단순한 사유에 길들여진 상황에서 보다 본질적 질문에 접하면 난해해지는 경우가 많다. 나에게 연필이 있다거나 없다거나 하는 대화 정도에 그쳐왔던 경우 "연필이 왜 필요한가?"라는 본질적 질문에 접할 경우 당황해진다는 것이다. 그러한 본질의 문제에 고민해오지 않았기 때문이다. 한스 큉 교수는 다음과 같이 말한다. "기초적 질문들이 종종 무엇보다 가장 어려운 것이다."162) 본질적이고 기초적인 질문에 어렵다는 것은, 우리의 깊은 사유 없는 일상적 대화가 본질의 문제에 익숙하지 못한 탓이다.

그러면 본질적이고 기초적인 질문이란 무엇인가? 그것은 왜, 어떻게, 무엇이냐는 형식의 질문들이라 본다. 일상적이고 판에 박힌 사유로부터 벗어나 진지해지고 창조적 사유로 이끌어주는 사유가 이것이다. 고도로 발달된 영성지수(SQ)를 시사해 주는 지표에는 비전과 가치에서 영감을 얻는 능력, 왜라든지, 어떨까라는 질문을 하고, 근본적인 답을 찾으려는 뚜렷한 성향163)에 연결된다. 종교의 세계는 절대자와의 대화, 정신세계에

---

161) 『대종경』, 성리품 13장.
162) 한스 큉(독일 튜빙겐대 교수), 「새 세계질서를 위한 지구윤리」, 정산탄백기념 국제학술대회 『미래사회와 종교』, 원광대학교, 2000. 9, p.15.
163) 김헌수, 「영성발달과 원불교」, 제6차 전무출신훈련 교재 『하나 적공 체득』, 원불교중앙중도훈련원, 2001. 6.22-28, p.76.

의 노크 등 영성지수를 높이는 신앙과 수행 집단으로 보아도 좋을 것이다. 여기에서 왜, 어떻게, 무엇이라는 등과 관련된 질문들에 익숙해져야 하며 그것이 성리의 용이한 요해와 직결된다. 이처럼 영성을 키우는 본질적 질문에 익숙해지지 않을 경우 성리는 더욱 어렵게만 여겨질 것이다.

성리의 여러 난제 중에서 난제는 또 있다. 성리 연마가 견성에 머무는 정도에 만족되는 것이 아니라 솔성으로 인도되어야 하기 때문이다. 우주의 본래 이치와 성품의 근본을 깨달아서 무엇을 하자는 것인가를 고려할 경우, 성리 탐구를 견성의 성취로 결론짓는다면 성리의 활용으로서의 솔성, 나아가 성불과 제중의 실적으로 귀결되어야 한다.[164] 성리 연마가 견성 정도에 멈출 경우가 적지 않으므로 솔성으로 이끌어가는 것이 필요하다. 아는 정도의 건조한 지식으로부터 탈피하여 진리의 묘유적 깨달음에 다가서는 지혜를 획득하는 것이 요구된다. 성리 연마의 난제를 극복해야 이유가 이것들이다.

3) 평상심과 성리

평상심이란 무엇인가? 일상의 평정한 마음을 간직하는 것을 평상심이라 할 수 있다. 우리가 외경에 흔들려 평정한 마음 상태를 유지하지 못할 때 우리는 심신간 불안하고 판단에 있어서도 한편으로 기울기 쉽다. 옛 선사의 말씀에 평상심이 곧 도라 하였나니, 평(平)은 고하의 계급과 물아의 차별이 없는 것이요, 상(常)은 고금의 간격과 유무의 변환이 끊어진 것[165]이라고 하였다. 산은 그대로 산이고 물은 그대로 물로 있는 것을 자

---

164) 박상권, 「소태산 성리해석의 지향성 연구」, 『원불교사상과 종교문화』 32집, 원불교사상연구원, 2006.2, p.100.
165) 『정산종사법어』 권도편 45장.

연의 평상 상태라 하는 바, 내 마음이 평정할 때 산이 산 그대로 보이고, 물이 물 그대로 보이는 것이다. 내 마음이 혼란하여 흔들린다면 산이 물로 보이고, 물이 산으로 보여 전도몽상의 생활로 이어진다. 성리 연마는 진리를 탐구함으로써 평상심을 꿰뚫어보는 결실을 얻기 위한 공부이다.

평상심이 성리로 더욱 다가오는 것은 정산종사의 다음 언급에서 알 수 있다. "평상심은 곧 우리의 자성을 가리킴이요 우리의 자성은 곧 우주의 대도니라. 그러므로 이 평상의 진리만 분명히 해득한다면 곧 견성자이며 달도자라 할 것이나 … 우리는 이 평상의 진리를 연구하는 동시에 또한 평상의 마음을 잘 운용하여야 할 것이니라."166) 본 법어에 의하면 평상심이란 우리의 자성이므로 이 자성을 찾아서 견성에 이르는 일이 바로 성리 공부와 다를 것이 없다. 평상의 진리를 해득하는 일이 성리 연마이므로 이 평상심을 간직하는 자세가 성리 공부라고 할 수 있다.

여기에서 성리는 신비 혹은 기이한 문자 놀이가 아니라는 것이다. 매사 신비함으로 다가서는 자에게 성리는 신비적일 수는 있지만 그것은 방편에 불과한 것이다. 교단 창립기에 익산총부 공회당에서 야회를 볼 때 소태산은 말하기를 "내가 지금 이리시내 사람을 다 불러 오라면 불러올 수 있고, 이 나무에서 저 나무로 날아갈 수도 있다. 그러나 그것은 참 법이 아니다"라는 법어를 설하였다.167) 그의 언급처럼 성리를 신비하게 접근할 수도 있지만, 그것은 정법대도의 성리가 아니라는 뜻이다. 성리는 평상의 생활에서 바라볼 수 있고 실천에 옮길 수 있어야 하기 때문이다.

원불교에서 기행의 성리를 숭상하지 않는 것은 원불교가 미신이 아닌

---

166) 『정산종사법어』 권도편 45장.
167) 대종사를 친견한 송자명 원로교무의 전언이다(정도연 정리, 「대종사친견제자 특별좌담(Ⅱ)」, ≪원불교신문≫, 2002년 6월 14일, 4면).

정법에 근거한 진리적 신앙을 도모하고, 상식과 논리가 통하는 인도상의 요법을 수행하기 때문이다. 곧 원불교는 성리를 밝히는데 있어 봉(棒), 할 등의 기행을 숭상하지 않으며, 논리를 초월하는 세계이지만 논리도 유용하게 활용한다.168) 논리를 초탈한 성리도 필요하겠지만 그것은 과거 선종에서 지나치게 강조한 나머지 대중들이 다가서는데 어려움이 많았다. 이에 논리까지 인정할 수 있는 성리의 해법이 생활불교에서 유용하다는 측면에서 진리적 수행과 관련된 평상심을 중시하는 것은 원불교의 성리의 특성이다.

원불교 성리의 특성으로서 평상심에 비추어본 성리는 우리가 접하는 세속의 일상을 벗어나 있지 않다는 것이다. 이를테면 파도가 치는 바다의 수면은 바다가 아니라는 말을 한다면 이것은 성리의 본질이 아니다. 파도치는 수면이나 깊은 바다 속이나 다 똑같은 바다이므로 이러한 성리관을 가지면 웃는 것도 성리요, 밥 먹는 것도 성리이다.169) 우리가 살아가는 현실은 파도가 몰아치는 세파(世波)와 같고, 기이하지 않은 일상적 의식주의 생활이 성리생활이라 한다면 그것은 지극히 평상적인 것에서 진리를 찾는 것인 셈이다.

따라서 성리를 평상의 상태에서 떨어진 것으로 보아 난해한 용어나 초탈적인 사고에 젖어든다면 그것은 평상심을 간직하는 삶과 괴리감을 가져다준다. 사람들은 성리법문이 별것인 줄 알고, 자꾸 성리를 말하지만 대종사의 법은 전부 성리로부터 출발한다.170) 원불교가 추구하는 교법정신은 별것이 아니며, 별것 아닌 관계로 평상심과 동떨어져 있지 않다.

---

168) 송천은, 「원불교의 성리인식」, 류병덕 박사 화갑기념 『한국철학종교사상사』, 원광대 종교문제연구소, 1990, p.1142.
169) 김근수, 『원광』 통권 298호, 월간 원광사, p.35.
170) 심익순, 『이 밖에서 구하지 말게』, 원불교출판사, 2003, p.81.

동과 정이 아우르고, 이와 사가 병행하며, 영과 육이 쌍전하는 교법정신
은 평상의 삶과 일원상 진리가 하나로 어우러진 세상이며 성리의 세계도
이러한 교법 정신을 떠나 있지 않다는 의미이다.

그렇다고 진리의 오묘한 진체(眞體)를 무시한다는 것은 아니다. 다만
성리 연마에 있어서 우주와 인간의 본질에 대하여 사실로 들어간 후 오묘
함으로 진입하는 방편이 뒤따른다. 좌산종사는 "사실로 들어가야 실질이
형성되고, 세밀로 들어가야 정금미옥이 형성되고, 오묘로 들어가야 극치
의 세계에 진입한다며 성리는 진공과 묘유 즉 여래선 조사선 도리를 함께
요달해 가야 한다"[171]라고 하였다. 그의 언급에 의하면 현실을 떠나서 사
실 수행에 들어갈 수 없고, 구석구석 더듬지 않고 세밀 수행에 들어갈 수
없다는 진리 접근의 평상적 방법을 강조하고 있다.

평상적 방법의 성리 연마는 무풍지대의 온실이나 법당 안에서 고고한
자세로 연마하는 것에 제한될 수 없다. 언젠가 일본 시찰단 일행이 익산
총부에 방문하여 귀교의 부처님은 어디에 봉안하였느냐고 여쭈었다. 이
에 소태산은 말하였다. "우리 집 부처님은 방금 밖에 나가 있으니 보시려
거든 잠깐 기다리라." 일행이 의아하게 여기더니, 점심때가 되자 산업부
원 일동이 농구를 메고 들에서 돌아오자 그들을 가리키며 소태산은 말하
였다. "저들이 다 우리 집 부처나라."[172] 농판에서 일하는 산업부원들이
부처라고 하는 것은 상식적으로 쉽게 이해하기 어려운 일이다. 전통불교
의 사유에서는 이러한 신앙 태도가 황당한 일로 비추어질 수 있다. 그러
나 원불교는 평상의 신행을 강조하여 처처불상의 경외심에 의한 성리를

---

171) 좌산종법사, 「바른 수행의 길」(2002년 3월 3일 중앙총부 공회당에서 원광
대 원불교학과 예비교무들에게 배부한 유인물이다).
172) 『대종경』 성리품 29장.

설한 것이다.

　평상의 경외심에 근거할 때 일상의 삶에서 그대로 성리 연마가 가능해지며, 또한 특별한 상황에 처하면 그에 맞게 성리 연마가 가능해진다. 정산종사는 이에 말한다. "공부의 경로는 보통 평범에서 특이한 결심으로, 특이한 결심에서 평상 탄탄으로 하라."[173] 이른바 진리를 요달하는 공부가 성리 연마라면 그것은 평상심으로 하라는 것이다. 세속과 탈세속을 자유롭게 왕래하듯이, 초월과 현실을 혼연히 교류하며 성리를 연마하는 자세는 원불교 성리 연마의 진정한 모습이다.

　원불교의 성리 연마는 초탈과 일상 어디에도 괴리되지 않는 경외심에 바탕한 평상심에서 출발한다. 이렇게 함으로써 성리 추구의 원동력이 되어 성자의 실행력을 얻는다고 하였다. 정산종사는 이에 어느 곳에 있으나 어느 때를 당하나 항상 일심을 놓지 않는 것이 평상심을 운용하는 원동력이라며 '공부하는 이가 평상의 진리를 깨치면 능히 생사고락에서 해탈하는 묘법을 얻을 것이요, 평상의 마음을 운용할 때에는 능히 성현의 실행을 나타내게 될 것'[174]이라 하였다. 성리 연마는 평상의 진리를 통해서 진리의 밝은 지혜를 얻음은 물론 생사해탈에 이를 수 있다는 점에서 평상의 진리를 부단히 연마하는 것이 필요하다.

　평상의 진리를 떠나 성리를 연마하려는 행위는 기행 내지 기복적인 것에 치우칠 수 있으며, 그것은 소태산이 추구하고자 하는 생활불교와 어긋나는 신행인 것이다. 곧 성리 연마는 본체에서 현실로, 현실에서 본체로 그리고 개체에서 전체로, 전체에서 개체로 두루 드나들 수 있어야 한다. 그것이 평상의 생활과 성리의 세계가 연계되기 때문이다. 박장식 종

---

173) 『한울안 한이치에』, 제1장 마음공부 53항.
174) 『정산종사법어』 권도편 47장.

제5장 원불교 성리의 본질 385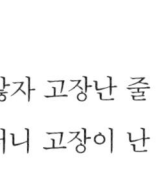

사는 어느 날 TV를 보려고 하는데, 아무리 해도 나오지 않자 고장난 줄 알고 수리기사를 불렀다. "수리기사가 이리저리 살펴보더니 고장이 난 것이 아니라 코드가 안 꽂혀 있었다고 한다. 눈으로 보인 것만 대상으로 해 왔기 때문에 전체를 살피지 못했던 것이다. 바로 성리가 이와 같은 것이다."175) 이처럼 원불교 성리 연마는 평상에서 소재를 찾는 것으로 일상의 삶을 떠난 것이 아니라 그 속에서 쉽게 접근될 수 있어야 한다.

7. 성리 해석학과 교단 100년

1) 성리 해석학

성리를 이해할 때 해석학으로 접근해야 하는 이유는 무엇인가? 성리는 과거 선종의 방식에서 탈피, 보다 설득력을 갖춘 생활불교의 방식으로 대중화되어야 할 필요성 때문이다. 무엇이든 창의적인 접근을 위해선 새로운 방법론의 도입이라는 과제가 있는 것이다. 새로운 해석학은 시대사회가 안고 있는 현안에 대한 교리적 대안까지 제시해야 하므로 원불교 학계가 짊어진 짐은 무겁다고 할 수 있다.176) 성리와 관련한 논문 내지 저술활동은 이러한 해석학적 고민에 부닥치곤 한다. 그것이 성리의 보편적 대중화를 위한 하나의 길이며, 성리의 용이한 설득력에 도움이 되기 때문이다.

---

175) 박장식, 『평화의 염원』, 원불교출판사, 2005, p.216.
176) 양은용, 「원불교 학술활동의 현황과 과제―원불교사상연구원의 학술·연구활동을 중심으로」, 『원불교사상과 종교문화』 47집, 원광대·원불교사상연구원, 2011.2, p.154.

성리의 보다 용이한 접근의 필요성에 비추어 볼 때 성리 해색학적 연구는 적극 권장되어야 할 것이다. 성리의 테마는 다분히 상징적이고 은유적이며, 자기 주관성이 강하게 나타나 있으므로 이에 대한 적극적 해석이 요구된다는 사실 때문이다. 더구나 성리 소식을 시어(詩語)로 읊은 경우도 문자의 해의보다는 언어의 이면에 함축되어 있는 의미를 찾아내야 하고, 작가가 표현하고자 하는 정신조차도 넘어서는 해석이 허용되기도 한다.177) 원불교 해석학이란 성리뿐만 아니라 교리 전반에 포함되는 교학 정립의 과제로서 해석의 애매함을 극복하기 위해서 용이한 해석학적 연구가 권면되어야 한다.

교학과 관련한 해석학적 연구는 난해한 교리에 대하여 대중이 쉽게 이해할 수 있도록 도움을 주는 것에서 출발하여 교리의 가치를 심화시켜주고, 이론적 체계성에 더하여 분별력을 키워준다. 좁혀 말할 경우 성리에 대한 해석학적 접근은 성리가 지니는 난제(難題)를 극복, 진리의 분별력을 키워주고 그것이 의미하는 바를 심오하게 접근토록 해주는 것이다. 가치를 해석한다는 것은 분별한다는 의미를 내포하고 있으며, 여기에 미망의 분별이 아닌 참된 분별의 길, 우주 성품의 본래를 탐구하는 영역인 성리가 필요하다.178) 성리 해석에 있어서 해석학적 접근이 권장되는 이유가 여기에 있다.

해석학적 접근의 가치는 이론 내지 성리 등 궁금한 소재를 새롭게 발견하듯이 문제점을 부단히 분석하고 해석 방향을 제시하는데 있다. 뉴턴이 사과가 떨어지는 것을 보고 만유인력을 발견했듯이 위대한 발견이란 문득 생각해 내는 것이 아니라 피나는 노력을 하는 것이며, 의두·성리

---

177) 박상권, 「소태산 성리해석의 지향성 연구」, 『원불교사상과 종교문화』 32집, 원불교사상연구원, 2006.2, p.97.
178) 위의 책, p.105.

제5장 원불교 성리의 본질

연마에 있어서도 행주좌와 어묵동정 간에 무엇인가 늘 의심을 갖고 생각해야 한다.[179] 성리 연마를 지속적으로 시도하다 보면 문제점을 분석하여 그 방향을 찾는 것이며, 이러한 과정이 성리 해석학의 풍요로움으로 이어질 수 있다.

그동안 해석학은 학문의 여러 분야에서 발전해 오면서 우리가 관심을 갖는 우주와 인간의 본질을 합리적으로 탐구하는데 도움을 주었다. 소태산은 우주와 인간사의 많은 문제에 대하여 가르침을 베풀고 허공법계를 자기 소유로 하고, 형상 있는 천지 만물도 자기의 소유로 수용한다(대종경 성리품26)고 했다. 또 일원상으로 상징되는 우주의 본가 가운데에는 무궁한 묘리와 조화가 두루 갖추어 있다(불지품20)고 하였으니, 이는 성리를 보고 활용하는 사람의 다양하고도 긍정적인 활용에 관한 언급이다.[180] 우주론과 인성론의 본질적 접근에 있어 해석학의 다양한 방법이 요구된다는 면에서 성리 해석학은 성리의 파악에 필요한 방법론이 아닐 수 없다.

그렇다면 어떠한 측면에서 성리 해석학이 역할을 해야 성리의 용이한 이해와 그 정립에 도움을 줄 수 있다는 것인가?

첫째, 성리에 자주 등장하는 언어도단과 언어명상이라는 언어적 표현과 관련한 해석학이 요구된다. 성리의 궁극적 대상이 일원상이라는 점에서 본다면 일원상의 진리가 이러한 언어표현의 양면성을 지니고 있기 때문이다.[181] 일원상서원문의 유상과 무상의 소식은 물론이고,『대종경』성리품에서도 언어의 양면적 구도를 발견하기란 어렵지 않다. 성품은 언어의 도가 끊어졌으므로 언어로 설명해서는 안 된다는 입장이 있는가 하

---

179) 박장식,『평화의 염원』, 원불교출판사, 2005, p.214.
180) 김영민,「원불교 性理의 활용방안」,『원불교사상』23집, 원불교사상연구원, 1999, pp.78-79.
181)『정전』, 제2 교의편, 제1장 일원상, 제1절 일원상의 진리.

면, 참으로 아는 사람은 능히 언어로도 형언할 줄 알아야 한다는 논리가 이것이다. 따라서 성리 해석학에서는 이러한 언어와 관련한 양면적 성향의 성리 해석에 적절한 방법론을 제공해야 한다.

둘째, 성리의 은유적 언설에 대한 해석학적 방법이 요구된다. 은유의 표현법은 접근하기 어렵다는 사실에서 기인한다. 은유적 격외의 언설로 표현한 성리 소식으로서 몇 가지의 예가 있다.[182] 이를테면 1) 배를 타고 오면서 바다의 물과 고기 수를 세어보고(대종경, 성리품12장), 2) 도를 알고자 하는 선승에게 '도가 그대의 묻는 데에 있나니'라고 했으며(성리품 15장), 3) 수행하는데 견성이 왜 필요한가라는 물음에 '국문에 본문을 아는 것과 같나니'라고 했고(성리품 20장), 4) 허공법계를 자기 소유로 등기 이전하라 했으며(성리품 26장), 5) 심성이기를 설명하는 방법으로 염소를 키우는 절차에 비유하였고(성리품 28장), 6) 일터에서 돌아오는 산업부원을 가리켜 '저들이 다 우리 집 부처니라'(성리품 29장)고 하였다. 이러한 성리 법어를 해석학적으로 용이하게 설명해 주어야 할 것이다. 예컨대 바다의 물고기 숫자를 세어보라는 뜻을 사실적으로 이해하기란 쉽지 않기 때문에 성리 해석학이 요구된다.

셋째, 성리에 대한 현실응용의 해석학에 다가서야 한다. 성리는 주로 진리의 본체적인 면이 강조되는 성향이었다. 본체적 측면의 접근도 필요하겠지만 이것이 현실과 괴리감으로 남겨진다면 온전한 성리 이해의 길은 아닐 것이다. 깨침에 대한 실천은 성리의 체에 바탕하여 우주를 한집안 삼고 너와 나를 분별하지 않아야 하지만, 성리의 용으로서 소(小)와 유(有)에 바탕한 실천은 그 동안의 과정을 되돌아볼 때 부족한 점이 있었

---

[182] 박상권, 「소태산 성리해석의 지향성 연구」, 『원불교사상과 종교문화』 32집, 원불교사상연구원, 2006.2, pp.97-98.

제5장 원불교 성리의 본질

다.183) 성리 소재에는 초세간적이고 탈세속적인 세계도 필요하지만 세간적이며 현실의 삶에 도움이 되는 성리 연마가 요구된다는 사실을 간과해서는 안 된다.

넷째, 성리를 통해 생사를 이해하고 해탈하도록 하기 위해서 성리 해석학이 도움을 주어야 한다. 소태산은 성리를 쉽게 알려면 「열반 전후에 후생길 인도하는 법설」에 다 밝혀 놓았으니 그것만 잘 보면 된다고 하였으며, 자신의 몸을 관찰해 보면 쉽다고 하였다.184) 생사 해탈이라는 과제가 성리를 통해서 용이하게 접근되려면 해탈에 적극 도움이 되는 해석학이 필요하다는 뜻이다. 도가에서 진리를 깨닫고 생사를 해탈하는 일이 중심 과제인 이상, 성리에서 이러한 과제를 해결하는 방안으로 활용되는 해석학적 방법론이 요구된다.

그렇다고 성리와 해석학의 상관성은 성리 이해의 절대적 조건은 아니다. 이와 관련하여 해석학이 갖는 한계가 있기 때문이다. 대체로 성리의 대상은 고정적 실체를 갖지 않는다. 성리의 표현도 다양하여 이를 해석할 때 표현된 언어나 행위를 그대로 받아들이지 않고 새로운 사유의 지평을 열어주는 도구에 불과하다는 점을 알아서 자기만의 정신세계를 전개하려는 자세를 가지는 것이 중요하다.185) 성리 요해에 있어 성리 해석학이 능사가 아니라는 것이며, 자신의 직관을 통한 나름의 성리 요해의 방법도 필요한 것이다.

따라서 해석학적 지식을 동원하는 것과 그 체계성을 담보하는 것이 해

---

183) 김영민, 「원불교 性理의 활용방안」, 『원불교사상』 23집, 원불교사상연구원, 1999, p.93.
184) 박장식, 『평화의 염원』, 원불교출판사, 2005, p.215.
185) 박상권, 「소태산 성리해석의 지향성 연구」, 『원불교사상과 종교문화』 32집, 원불교사상연구원, 2006.2, p.99.

석학의 특징이라면, 그것이 깨달음이라는 지극히 직관적이고 주관적인 영역에 접근하는 것은 쉬운 일이 아니다. 성리는 궁극적으로 깨달음의 길로 들어서기 때문에 자세한 지적 해석이 필요 없을지 모르며, 여기에서 해석학이라는 학문적 영역이 크게 요구되지 않을지도 모른다. 하지만 성리 연마는 불법의 보편적 전파와 깨달음의 용이성을 고려한다면 해석학의 영역이 더욱 필요하고, 성리라는 세계로 관심을 이끌어야 하는 사명을 지니고 있다. 성리 해석학에서 성리의 간절한 깨달음의 당위성을 인지하고 그에 맞는 해석학적 지혜를 제공해야 할 것이다.

2) 자신성업봉찬과 교단 100년

2016년은 원불교 창립 100년이 되는 해로서 교단의 세기적 전환기에 해당된다. 원불교가 새롭게 변모해야 할 역사의 종교로 진입하였다는 의미이다. 원기 100년을 성업 기념의 해로 삼고 근래 만반의 준비를 하고 있는 점을 돌이켜 보면, 원기 반백주년 행사도 일면 성업의 일환이었다. 개교반백년 기념대회(1971)의 성업을 달성한 원불교는 교단의 정체성을 굳건히 하고 교재정비와 교학의 정립 및 기관의 설립을 통해 발전에 박차를 다하였다.

지난 반백년 성업봉찬사업과 외적 성장은 상당부분을 이루었다. 이에 대하여 신앙인의 내면적 성숙의 측면에서 적공과 성리 연마는 얼마만큼 중요시하였는가를 반조해볼 일이다. 이를테면 반백년 기념대회를 기념하여 성리와 관련한 성가가 탄생하였던 것을 보면 당시로서도 성리 연마가 매우 중시되었음을 알 수 있다. 그 당시 정광훈 교무는 반백주년 사무장의 책임을 맡으면서 반백년 기념대회 가사를 작사하는 등 의욕적으로 사업을 전개했으며, 원불교 성가 76장 「성리의 노래」와 「무상의 노래」

등을 작사하였다.186) "천가지 만잎사귀 얼기설기 얽혔으나 파헤쳐 들어가면 그 근본은 뿌리 하나, 우주의 삼라만상 여기저기 벌였으나 간추려 들어가면 영명하온 기운하나"라는 1절의 성가 가사가 성리 체험의 세계를 밝히고 있다. 종교적 정서를 고무하는 성가를 통해 성리 연마와 더불어 법력을 향상하도록 한 것이다.

이제 반백년이 훨씬 지난 성업으로서의 원기 100년은 또 다른 교단의 시작이라 본다. 이와 관련한 경산종법사의 성업 5대지표로는 교화대불공, 자신성업봉찬, 세계주세교단, 대자비교단, 보은대불사의 작업들이 전개되고 있다. 여기에서 5대지표의 하나인 자신성업봉찬이란 교단 100년을 맞이하면서 외형의 장엄적 성업봉찬도 필요하지만, 내면의 정진 적공을 통해 법력을 병행함으로서 내외 명실상부한 교단을 만들어가자는 뜻이다. 구체적으로 말해서 의두와 성리의 연마를 통한 자신성업봉찬을 적극 권면함으로써 교도 법위향상과 교단의 법풍을 진작시키자는 것이다.

교단의 법풍 진작이라는 측면에서 100년 성업봉찬의 5대지표로서 자신성업봉찬의 실천 방법론을 살펴보도록 한다. 1) 새 생활 정진운동－선정진, 유무념 공부, 의두정진, 기도정진, 2) 법위향상 운동－상시훈련의 체질화, 정기훈련 정착.187) 이처럼 선(禪) 정진과 유무념 공부는 물론 의두와 성리의 연마가 강조되고 있으며, 그것은 결국 교도의 법위향상으로 이어짐을 알 수 있다. 원기 100년을 기점으로 하여 선 정진이나 유무념 공부, 의두와 성리연마 등이 내적 성숙을 위한 구체적 방법론으로 등장하고 있는 셈이다.

---

186) 원불교사상연구원 編, 『원불교 인물과 사상』(Ⅰ), 원불교사상연구원, 2000, p.381(注7參照).

187) ≪원기95년도 출가교화단 총단회≫, 수위단회사무처, 2010년 9월 28-29일, p.53.

앞으로도 성리 연마의 방법론은 성업봉찬사업을 계승할 때마다 자신 성업의 원리로서 등장할 것이다. 반백주년, 100년 등의 숫자와 관련하여 보면 4-5십년 결실, 4-5백년 결복이란 용어가 거론될법한 일이다. 이러한 숫자의 연원을 보면, 반백년기념사업은 소태산이 『법의대전』에서 예언한 '사오십년 결실이요 사오백년 결복'이라는 데에서 근거하였으니, 교단은 창립2대 및 대종사 탄생백주년 성업봉찬사업 등의 추진으로 더욱 발전시키고 세계종교로 향한 발걸음을 가속화시키고 있다.[188] 세계종교를 지향하는데 있어서 외부적 장식에 치우치지 않고 내면적 수행을 하자는 것이다. 여기에는 자신성업봉찬이라는 대표적 용어에 나타나듯이 외적 장엄사업을 전개하면서도 내적 성리 연마를 통한 출가 재가 모두의 인격향상을 아울러 나가자는 의미가 드러난다.

교단 발전의 내외 병진이라는 교법정신에 어울리도록 소태산은 미래를 밝게 전망하였다. 외적 장식에 못지않게 내적 신앙체험을 요구하는 종교적 성향을 간과할 수 없기 때문이다. 우리가 금강산 같은 실력을 쌓자는 『대종경』의 전망품 법어가 이에 관련되며, 금강산 법문이 인격 성숙을 향한 성리 연마와 별반 다를 것이 없다. 소태산이 금강산을 찾은 것은 심신의 충전에 더하여 미래 불법을 구상하고자 함이었다. 그는 금강산의 절경을 산과 물로 집약하는 성리 법문을 하였으니 "산 외에 산이며 물 외에 물이며"라는 것은 산과 물이 완연한 조사선 경지라 볼 수 있는 바, 금강산이 모두가 성리라는 것이다.[189] 금강산 법문은 금강산과 같은 실력을 쌓으라는 성리 법어로 이해된다. 금강산과 같은 실력을 양성하는 일은 순연한 성리 연마 등을 통하여 가능한 일이 아닐 수 없다.

---

188) 손정윤, 「개교반백년 기념사업」, 『원불교 70년정신사』, 성업봉찬회, 1989, p.338.
189) 한종만, 『원불교 대종경 해의』(下), 도서출판 동아시아, 2001, pp.497-498.

원불교의 커다란 전환기에 해당되는 원기 100년은 내외적으로 교단의 위상이 재정립될 것이다. 명실 공히 교단의 책임과 위상을 견지하려면 외형적 성장과 더불어 내면적 신앙·수행 체험이 아울러져야 한다. 전자의 경우 사회 발전의 외적 자원이라면, 후자의 경우 법위 향상의 내적 자원이 될 것이다. 여기에서 성리 연마를 통한 깨달음의 법력은 내적 자원에 머무르지 않고 사회에 환원하는 일이 요구된다. 곧 성리에 바탕한 안목의 지혜를 사회에 환원하자는 것은 일원상 진리의 현실 구현과 다를 것이 없다. 성리의 활용이란 깨우침의 지혜를 사회에 환원하여 각 종교가 추구하는 현실에서의 중생을 구원하는 깨침의 운동이기도 하며, 여기에 성리 탐구의 의미, 목적과 그 당위성이 있다고 할 수 있다.[190] 종교인의 내적 성숙을 통해 법력을 사회에 환원하는 일은 성리의 응용이요 인류의 밝은 미래를 약속하는 사회윤리의 책무이기도 하다.

따라서 성리가 자신의 견성이라는 깨달음의 방법론으로 등장하는데 여기에 자족해서는 안 된다. 견성에 이어 사회에 다가선 솔성으로 이어지는 것도 성리 연마의 목적이다. 전통적으로 성리 탐구는 깨달음, 즉 견성을 성취하는 방법론의 하나로 치부되어 왔음을 성찰하자는 뜻이다. 곧 견성에 자족하여 더 큰 공부를 하지 않아 견성에 머무른 채 나아가지 못한 수도인이 적지 않았으므로 소태산은 견성을 마친 후에 성불하기 위하여 큰 공을 들일 것을 강조하였다.[191] 원기 100년의 자신성업봉찬과 관련한 화두로서 행동하는 이상적 종교인상으로 기대되는 것이다.

교도의 법위 향상과 교단 발전을 밝게 전망하면서 대산종사는 종법사

---

190) 김영민, 「원불교 性理의 활용방안」, 『원불교사상』 23집, 원불교사상연구원, 1999, p.78.
191) 박상권, 「소태산 성리해석의 지향성 연구」, 『원불교사상과 종교문화』 32집, 원불교사상연구원, 2006.2, p.102.

재임의 후반기에 주로 성리법문을 설하였으며, 그것은 대적공실 법문과 무관하지 않다. 대적공실 법문을 달리 말하면 교단백주년 법문으로 여기에서 석가모니, 대종사, 정산종사, 대산종사의 성리 법문을 열거하여 불불계세(佛佛繼世)의 경륜을 인지토록 하며 성리를 연마하도록 한 것이다. 대산종사의 대적공실 법어의 첫 번째 예거한 성리 법문은 다음과 같다. "세존이 도솔천을 떠나지 아니하시고 이미 왕궁가에 내리시며, 모태 중에서 중생 제도하기를 마치셨다 하니 그것이 무슨 뜻인가? 세존이 열반에 드실 때에 내가 녹야원으로부터 발제하에 이르기까지 이 중간에 일찍이 한 법도 설한 바가 없노라 하셨으니 그것이 무슨 뜻인가?"[192] 여기에서 석가모니와 관련한 의두항목을 제시한 뜻이 무엇인가를 새겨보아야 한다. 소태산이 연원불로 삼은 석가모니, 그리고 불법을 혁신한 원불교가 앞으로 지향할 새 불법의 현실구현이라는 상징적 사명의식을 지닌 법어라 본다.

이어서 대산종사가 스스로 밝힌 의두항목은 다음과 같다. "대지허공심소현 시방제불수중주 두두물물개무애 법계모단자재유(大地虛空心所現 十方諸佛手中珠 頭頭物物皆無碍 法界毛端自在遊)." 이를 해석하면 "대지 허공은 마음에 나타난 바요, 시방 제불은 손안에 구슬이로다. 이치와 사물에 다 걸림 없으니, 법계를 터럭 끝에 놓고 자유로이 놀더라."[193] 대산종사의 대적공실 법어와 원기 100년은 무슨 관계가 있을까를 화두로 삼을 필요가 있다. 원기 100년에 즈음하여 대지허공과 시방제불에 자유자재할 수

---

192) 古佛未生前 凝然一相圓 釋迦猶未會 迦葉豈能傳, 邊山九曲路 石立聽水聲 無無亦無無 非非亦非非, 有爲爲無爲 無相相固全 忘我眞我現 爲公反自成. 大地虛空心所現 十方諸佛手中珠 頭頭物物皆無碍 法界毛端自在遊.(『백년성업봉찬으로 결복교운 열어가자』, 대적공실(교단백주년)』, 원불교중앙중도훈련원, 원기 94년도 전무출신정기훈련, 제5차:6.18-6.24), p.27).
193) 『대산종사법문』 5집, 제1부 무한동력, 17장.

있는 법력과 심법을 키우라는 뜻이요, 교단 미래도 내외 공히 발전해 나가야 한다는 뜻으로 이해된다.

이처럼 대산종사는 석가모니와 소태산 대종사, 정산종사의 법어를 새기도록 하면서 대적공의 법어로 삼도록 하였다. 소태산 대종사는 게송을 설하였고, 정산종사는 삼동윤리를 설하였으며, 대산종사는 이를 기반으로 하여 반백년을 주재하면서 진리는 하나이고 인류는 한가족이라며 교단 미래의 세계적 종교로서 발돋움할 것을 당부하였다. 대산종사는 열반 직전까지 일원불, 원불님, 일원송 등 성리법문을 설하여 교단 백주년을 준비하도록 하였다. 좌산종사에 이어 경산종법사도 그 유지를 받들어 자신성업봉찬이라는 원불교 100년의 큰 경륜을 강조하고 있다.

앞으로도 교단 150년, 나아가 교단 200년이 도래할 것이다. 여기에서 거론할 수 있는 것은 성업이란 외적 장엄에 더하여 내적 성찰이 요구된다는 것이다. 전자의 경우 교단 100년에 이룩하지 못한 교서 대결집이 이루어져야 한다.[194] 『원불교 전서』의 맞춤법, 소태산 대종사 법어의 본질을 견지하면서도 시대의 변화에 따른 용어의 세련미가 고려되어야 한다. 그리고 경서 결집에 있어서 『월말통신』과 『월보』, 『회보』에 있는 소태산 대종사의 법어가 차기 교서결집의 자료에 첨가되어 재편집되어야 하는 과제가 남겨진 것이다. 『정전』과 『대종경』은 한 구절도 고칠 수 없다는 충정은 이해하지 못할 사항은 아니지만 교서 대결집의 차원에서 숙고되어야 하며, 그것은 교단의 종법사를 중심으로 하여 구성원 모두가 공감할 수 있는 차원에서 물꼬를 터야 할 것으로 본다. 이러한 과업 수행에 있어서 불교와 기독교의 교서 결집사를 냉철하게 되돌아볼 필요가 있다.

---

194) 원불교 100년 성업의 하나로 『정전』과 『대종경』의 주석서 편찬사업이 전개되고 있으나, 필자가 언급하려는 것은 주석서 정도가 아니라 『교전』 대결집의 차원을 언급한 것이다.

▶ 哲山 **류성태**

원광대학교 원불교학과 교수

원불교의 정전과 대종경, 유교 四書와 도교사상 등을 강의하고 있다.

〈주요 저서〉
- 정전풀이(상~하)(2009)
- 정산종사법어풀이(1~3)(2008)
- 원불교 해석학(2007)
- 장자철학의 지혜(2011)
- 소태산과 노자, 지식을 어떻게 보는가(2004)
- 원불교와 동양사상1995)
- 원불교인은 어떠한 사람들인가(2002)
- 원불교와 깨달음(2012)
- 경쟁사회와 원불교(1998)
- 지식사회와 원불교(1999)
- 21C가치와 원불교(2000)
- 대종경풀이(상~하)(2005)
- 정전변천사(2010)
- 정산종사의 교리해설(2001)
- 동양의 수양론(1996)
- 중국철학사(2000)
- 정산종사의 인품과 사상(2000)
- 원불교인, 무얼 극복할 것인가(2003)
- 성직과 원불교학(1997)
- 정보사회와 원불교(1998)
- 지식사회와 성직자(1999)

원불교와 깨달음

초판 1쇄 인쇄 2012년 04월 20일
초판 1쇄 발행 2012년 04월 30일

저　　자 | 류성태
펴 낸 이 | 하운근
펴 낸 곳 | 學古房

등록번호 | 제311-1994-000001호
주　　소 | 서울시 은평구 대조동 213-5 우편번호 122-843
전　　화 | (02)353-9907　편집부(02)356-9903
팩　　스 | (02)386-8308
가　　격 | 25,000원
전자우편 | hakgobang@chol.com

ISBN 978-89-6071-247-8　93200

■ 저자와의 협의하에 인지는 생략하며 파본은 교환해 드립니다.